本书出版得到闽南师范大学学术著作出版基金资助

马寄 著

湛甘泉思想研究

以『生』为中心

STUDY ON
ZHAN GANQUAN
THOUGHT

Based on
the Center of "Dynamic"

社会科学文献出版社
SOCIAL SCIENCES ACADEMIC PRESS (CHINA)

图书在版编目（CIP）数据

湛甘泉思想研究：以"生"为中心／马寄著 . 一
北京：社会科学文献出版社，2020.8
ISBN 978 - 7 - 5201 - 5913 - 5

Ⅰ.①湛… Ⅱ.①马… Ⅲ.①湛若水（1466 - 1560）
- 哲学思想 - 研究 Ⅳ.①B248.995

中国版本图书馆 CIP 数据核字（2019）第 288873 号

湛甘泉思想研究
——以"生"为中心

著　　者／马　寄

出 版 人／谢寿光
组稿编辑／刘　荣
责任编辑／单远举
文稿编辑／程丽霞

出　　版／社会科学文献出版社·联合出版中心（010）59367011
　　　　　地址：北京市北三环中路甲29号院华龙大厦　邮编：100029
　　　　　网址：www. ssap. com. cn
发　　行／市场营销中心（010）59367081　59367083
印　　装／三河市尚艺印装有限公司

规　　格／开本：787mm×1092mm　1/16
　　　　　印张：23.75　字数：450千字
版　　次／2020年8月第1版　2020年8月第1次印刷
书　　号／ISBN 978 - 7 - 5201 - 5913 - 5
定　　价／198.00元

本书如有印装质量问题，请与读者服务中心（010 - 59367028）联系

序

我与马寄同志有师生之谊。2001 年 9 月他在我指导下攻读硕士学位，2012 年 9 月再度由我指导攻读博士学位。我对湛甘泉研究的了解可以追溯到 20 世纪 90 年代末。当时应朋友之邀，我兼任南京大学出版社编辑，编辑匡亚明先生主编的"中国思想家评传丛书"中的《陈献章评传》。虽然我的主业是佛学，但对儒学一直抱有浓厚的兴趣。在校读《陈献章评传》的过程中，相对于传主陈献章，我对附传的湛甘泉更感兴趣（《陈献章评传》附有《湛若水生平及其哲学思想》）。湛甘泉与明代"心学"大师王阳明是同时代人。两人过从甚密，志同道合，共同掀起明中后期"心学"思潮。随着中国哲学研究的深入，阳明学成为显学，而甘泉研究则显得落寞许多。甘泉研究的遗憾更体现于其学术理路把握上，甘泉无疑是"心学"家，然而其言说迥异于阳明以"良知"言说"心"。甘泉言说"心"的方式更为曲折，他就"气"言"心"。"气"与"心"的关系可谓甘泉思想的关节点。因了偶尔的机缘，我想指导一名学生，探究甘泉"心学"的独特面貌。

马寄同志硕士研究生毕业后进入闽南师范大学工作。多年来，他倾心学术，一直从事儒学研究，并发表了多篇颇有见地的论文。2012 年 9 月博士入学之初，我建议他以甘泉思想为博士学位论文选题。相较于十几年前，甘泉思想研究已取得长足的进步，已有数篇以甘泉思想为选题的博士学位论文。但我觉得有些研究还有待深入。一是甘泉思想的关节点——"气"与"心"的关系仍然悬而未决。二是有待归纳一条主线贯穿甘泉思想，呈现甘泉思想的整体面貌。"气"、"心"关系如何，甘泉思想的主线是什么，是甘泉思想研究深化和突破的关键。在确立选题时，我建议他重点关注这两个问题。令人欣慰的是，在开题时，马寄以"生"作为论文主线和切入角度。自诞生之日起，儒学就洋溢着"生"的气息。儒学演绎至宋代，理学家们借助《周易》义理性诠释建构本体论、境界论，"生"更是成为儒学核心范畴之一。至明代，白沙学派以"生"为思想内核，建构起整个思想体系。甘泉是白沙传人，以"生"为主线勾勒甘泉思想，确有思想渊源。导师组认同这一主线和切入角度，建议他在研究中留意以下三点。第一，甘泉"生"之思想应追溯到陈白沙，具体的传承情形如何？第二，甘泉思想的关节点是"气"与"心"的关系。在"生"的视域下，如何处理这一关节点？第三，甘泉与阳明同为"心学"大师，两者"心学"有何异同？这是因为在比较中能够进一步体认甘泉思想的特质和他在"心学"史上的贡献和地位。

2016 年 6 月，马寄提交了厚实的论文初稿。审读后，我觉得论文达到甚至超出了预期。在认真研读甘泉全部原始文献及相关文献的基础上，他以"生"作为甘泉思想的主线，逐次阐释甘泉思想的渊源、本体论、工夫论、道统论。在"生"的视域下，甘泉思想得到完整和令人信服的呈现。在占有资料、研究角度和内涵发掘这三个方面，论文颇有建树，无疑会推动甘泉思想研究的深入。马寄的博士学位论文受到论文答辩委员会专家的一致好评。

马寄毕业后，根据我和论文答辩委员会专家的意见对论文进行了修改和充实，即将由社会科学文献出版社出版，我很高兴有机会再次翻阅这部书稿。

相对于既往的甘泉研究，这部书稿给我留下以下五点深刻印象。第一，对甘泉相关原始文献的全面运用。甘泉相关文献迄今尚未得到系统整理，对甘泉研究造成了一定的困难。马寄的研究以《泉翁大全集》（钟彩钧、游腾达点校，明嘉靖三十四年刻本，万历二十一年修补本，台湾图书馆藏）、《甘泉先生续编大全》（钟彩钧点校，明嘉靖三十四年刻本，万历二十三年修补本，台湾图书馆藏）为底本，参考了《湛甘泉先生文集》（《四库全书存目丛书》第五六、五七册，齐鲁书社，1997）、《圣学格物通》（广西师范大学出版社，2015）及《湛甘泉先生文集》其他诸版本。据我所知，这是最可靠、最权威的甘泉文献。这为马寄甘泉思想的研究奠定了很好的文献基础。第二，以"生"为主线，串联起甘泉整个思想，使论述集中、有序，很好地呈现了甘泉思想的整体面貌。在这方面，这部书稿超过了既往的甘泉研究。第三，如前所述，甘泉思想的关节点在于"气"与"心"的关系。在"生"的视域下，一"气"运化，"生意"盎然。"气"乃"生"之基点。"生意"盎然，灌注于天地之间，又归属笼罩于一"心"。"心"乃"生"之渊薮。如此，"气"、"心"之间的扞格便得以消除。此外，书稿还以"生"为视角，论述了"道"（"理"）、"心"、"性"等重要概念及相互关系。第四，书稿运用比较的方法，在论述甘泉思想时，时时对比阳明的相关思想。在与阳明"心学"的比较中，甘泉"心学"的独特意蕴得到充分展现。《明儒学案》载："先生（甘泉）与阳明分主教事，阳明宗旨致良知，先生宗旨随处体认天理。"学界多以"随处体认天理"标识甘泉工夫法门。马寄的博士学位论文却突破这一"定说"，提出"随处体认天理"只是上半句,下半句"而涵养之"常为人所忽略,因此甘泉工夫法门完整的表述应为"随处体认天理而涵养之"。由是将甘泉工夫归于涵养,进而以体认、涵养分别概括阳明、甘泉的工夫论。这不仅对把握阳明、甘泉工夫有很大助益,而且对审视整个宋明理学工夫体系颇有助益。第五,书稿将甘泉思想定位为"气化""心学",这是一个新的理解。书稿提出甘泉言"心"的同时又言"气",大胆地将甘泉思想定位为"气化""心学",认为与其将甘泉思想置于"理学"与"心学"之间考量,不如将其置于"气学"与"心学"之间审视。书稿跳出了宋明理学惯有的研究路径依赖,给整个明代"心学"思潮提供了一个新的研究可能性,也为其后的刘宗周、黄宗羲研究打开了一个全新的视角。这是值得肯定和赞许的。

马寄同志身在南国,素心安立,默应前贤,教书育人,沉潜问学,这种工作和生活方式,是非常难得的,更是令人赞许的。

是为序。

王月清于南京大学
2019 年 4 月 25 日

目 录

引　言

一　选题缘起

湛若水（1466～1560），字元明，初名露，因避祖讳，更名雨，后定名为若水。广东增城甘泉都人，人称甘泉先生。有明中叶，湛学鼎盛，影响极大，王龙溪这样评述明中叶学界："时海内主盟道术，惟吾夫子（王阳明）与甘泉翁。"[1] 龙溪不讳其师，认为湛甘泉、王阳明共主明中叶之"道术"。黄宗羲在《明儒学案》中这样形容王阳明、湛甘泉于明中叶执学界之牛耳："王、湛两家，各立宗旨，湛氏门人，虽不及王氏之盛，然当时学于湛者，或卒业于王，学于王者，或卒业于湛，亦犹朱、陆之门下，递相出入也。其后源远流长，王氏之外，名湛氏学者，至今不绝，即未必仍其宗旨，而渊源不可没也。"[2] 王阳明本人对湛甘泉亦评价甚高，称其人："予求友于天下，三十年来未见此人。"[3] 赞其学："造诣之深，涵养之久。"[4]

同为明儒巨擘，共同掀起明中后期"心学"思潮，然而王阳明、湛甘泉身后遭遇反差极大。前者宗风普化，枝叶繁茂，后者则门户凋零，受人冷落[5]，以至逐渐湮没无闻。究其原委，或许还是因为甘泉站在"巨人"身旁。这里所谓"巨人"，除了王阳明，还有湛甘泉业师陈白沙[6]。在相当长的时间内学界多将甘泉之学视为阳明、白沙二人之学的陪衬：在研究白沙之学时附带提及甘泉之学的承续；在探析阳明思想时，甘泉思想亦以比较者的角色出场。

---

[1] （明）王畿：《刑部陕西司员外郎特诏进阶朝列大夫致仕绪山钱君行状》，《王畿集》卷二十，吴震编校整理，凤凰出版社，2007，第591页。

[2] （清）黄宗羲：《明儒学案》，沈芝盈点校，中华书局，2012，第875页。

[3] （明）罗洪先：《墓表》，《湛甘泉先生文集》卷三十二，《四库全书存目丛书·集部》第五十七册，齐鲁书社，1997，第243页。

[4] （明）王守仁：《答甘泉（己卯）》，《王阳明全集》，吴光、钱明、董平、姚延福编校，上海古籍出版社，2012，第194页。

[5] 刘宗周从师承而言属甘泉学派，然其"最服膺康斋，而白沙则有贬词，甘泉则无称焉"。（清）全祖望：《蕺山讲堂策问》，《鲒埼亭集外编》卷五十，（台北）鼎文书局，2003。

[6] 陈献章（1428～1500），字公甫，号石斋，广东新会白沙里人，人称白沙先生。

在表述完王阳明思想后，唐君毅特别标示出甘泉与阳明之辩难，题为"湛甘泉与阳明学之异同"①。"此甘泉之学以天地与心皆无内外，与象山阳明之旨，亦初无不同。"② 在唐氏看来，甘泉与阳明为学之同在于"心"包天地，含万物。两人之不同，唐氏则归纳为"下手工夫之不同"③。甘泉之工夫乃"随处体认天理，乃意在成其工夫之大"④，而阳明之工夫乃"一良知之心之反照其意念"⑤。陈来在叙述甘泉思想时，同样试图在甘泉与阳明相比较的语境中彰显甘泉的思想内涵。陈来认为，甘泉、阳明思想存在分歧，具体体现在三个方面：对"格物"的不同理解，对"知行合一"的不同诠释，"致良知"与"体认天理"的不同工夫路向。⑥ 钱明在阐述阳明思想时亦不忘比较阳明、甘泉两人的思想。⑦ 在叙述阳明之学的形成时，钱明单立一章来比较王阳明与湛甘泉。该章溢出思想本身，围绕湛门与王门之间的交涉来展开：湛甘泉与王阳明的交涉、湛甘泉与阳明后学的交涉。湛甘泉与王阳明的交涉，钱氏分为两个时期：早期志同道合阶段，后期由于学术精神差异终至分道扬镳阶段。在钱氏看来，二人分道扬镳的原委是"格物"之辩、"致良知"与"随处体认天理"之争的两次论战。⑧

以上三位学者在阐明甘泉思想时，实际上并未直面甘泉思想本身，而是将甘泉思想放在阳明思想的视域下来加以审视，试图通过对两人思想的比较来阐述甘泉的思想。

除了处于王阳明的阴影之下，湛甘泉还处于其业师陈白沙的阴影之下。学人多是在阐述白沙思想时方涉及湛甘泉及其思想。香港学者简又文在其专著《白沙子研究》中，将湛甘泉定位为"白沙学说之宗子"⑨，并称湛甘泉之于陈白沙，犹如"孟轲之于孔子"，即"大贡献不在特立独异的创作，而端在阐扬及补充白沙学说之内容"⑩。日本当代宋明理学大家荒木见悟甚至认为，湛甘泉实际上并未能窥见陈白沙为学之真谛，真正识其真谛者为王阳明，故明代思想的主流并

① 唐君毅：《唐君毅全集·中国哲学原论·原教篇——宋明儒学思想之发展》，九州出版社，2016，第282页。
② 唐君毅：《唐君毅全集·中国哲学原论·原教篇——宋明儒学思想之发展》，第285页。
③ 唐君毅：《唐君毅全集·中国哲学原论·原教篇——宋明儒学思想之发展》，第285页。
④ 唐君毅：《唐君毅全集·中国哲学原论·原教篇——宋明儒学思想之发展》，第285页。
⑤ 唐君毅：《唐君毅全集·中国哲学原论·原教篇——宋明儒学思想之发展》，第285页。
⑥ 陈来：《宋明理学》，辽宁教育出版社，1991。
⑦ 钱明：《阳明学的形成与发展》，江苏古籍出版社，2002。
⑧ 两个阶段是志同道合阶段、分道扬镳阶段。两次论战是"格物"之辩、"致良知"与"随处体认天理"之争。
⑨ 简又文：《白沙子研究》，（香港）简氏猛进书屋，1970，第350页。
⑩ 简又文：《白沙子研究》，第353页。

非按"白沙—甘泉"线索发展，而是演绎为"白沙—阳明"系列。①

这两位学者均未能公允地看待湛甘泉。前者将湛甘泉仅仅定位为"阐扬及补充白沙学说"者，而无视湛甘泉对白沙思想的发展；后者则从今天学界定见视域来反观湛甘泉，否定湛甘泉白沙传人的身份。②

综上所述，不论是站在王阳明身旁，还是站在陈白沙身边，作为陪衬者的湛甘泉长期以来并未以独立的身份出场过。不过，近年来，随着中国哲学研究的深入，明代哲学进入深耕阶段，湛甘泉逐渐浮出学术地平线，得到愈来愈多学人的直接关注，而见证此关注的莫过于海峡两岸学子纷纷以甘泉思想作为博士学位论文的选题。③ 在大陆，童中平、张晓剑、黎业明、王文娟等年轻学者皆将博士学位论文选题聚焦于湛甘泉。④ 在这一批年轻学人中，特别值得一提的是王文娟，其博士学位论文题为《湛甘泉哲学思想研究》，于2012年作为"儒道释博士论文丛书"的一种得以出版。⑤ 该书是大陆学人在大陆正式出版的第一本有关甘泉研究的博士学位论文，是继乔清举《湛若水哲学思想研究》之后论述甘泉思想体系较全面、较见学术功力的甘泉思想研究专著。

台湾地区近年来也有两位年轻学人以甘泉思想作为其博士学位论文的选题，一是赖昇宏⑥，一是黄泊凯⑦，这大大地促进了甘泉思想的研究。

上述博士学位论文无疑具诸多创见，更不乏睿见，其有力地推进了湛甘泉思想的研究。然而，笔者认为这些研究还存在一个缺陷，即多停留在平铺直叙

---

① 〔日〕荒木见悟：《陈白沙与湛甘泉》，李凤全译，《中国人民大学学报》1991年第6期。

② 姜允明与荒木见悟同调，否定甘泉为白沙传人而将阳明作为白沙的传人。详见姜允明《王阳明与陈白沙》，（台北）五南图书出版股份有限公司，2007。两先生之所以有此"创见"，与黄宗羲"有明之学，至白沙始入精微。……至阳明而后大"（《明儒学案》，第79页）的暗示性描述不无干系。也许唐君毅先生的评述更为中允："梨洲所谓明代之学至阳明始大，乃自学术史上言。固非谓阳明之光大白沙之学。至为白沙弟子，而实光大其师之学者，则湛甘泉也。"（唐君毅：《唐君毅全集·中国哲学原论·原教篇——宋明儒学思想之发展》，第284页）

③ 就笔者所及，汉语界以甘泉思想作为博士学位论文选题最早要追溯到20世纪90年代初的乔清举，其博士学位论文题为《湛若水哲学思想研究》，该论文未在大陆出版，而是在台湾地区发行，因此该书对甘泉思想研究的推动作用受到一定的限制。参见乔清举《湛若水哲学思想研究》，（台北）文津出版社，1993。

④ 童中平：《随处体认天理——湛甘泉哲学研究》，博士学位论文，华东师范大学哲学系，2007；张晓剑：《湛若水的"体用浑一"之学与践履》，博士学位论文，浙江大学人文学院，2008；黎业明：《湛若水生平与学术思想研究》，博士学位论文，中山大学哲学系，2009；王文娟：《湛甘泉哲学思想研究》，博士学位论文，北京大学哲学系，2011。

⑤ 王文娟：《湛甘泉哲学思想研究》，巴蜀书社，2012。

⑥ 赖昇宏：《湛甘泉理学思想之研究》，（新北）花木兰文化出版社，2011。

⑦ 2012年，台湾大学文学院哲学系黄泊凯博士从"学"、"觉"两大系统来解析甘泉的工夫论，撰写博士学位论文《湛若水工夫论之研究》。参见黄泊凯《湛若水工夫论之研究》，（新北）花木兰文化出版社，2016。

层面，而缺少一个核心概念来统领这些研究，这就使得湛甘泉思想的整体面貌仍显得模糊，从而导致学人在构建湛甘泉思想时仍处于散乱、碎片的状态，无法形成缜密、统一的思想体系，更遑论高屋建瓴地把捉湛甘泉思想的特质。在仔细研读湛甘泉文本的基础上，笔者认为，湛甘泉思想体系的核心概念是"生"。围绕"生"，湛甘泉构建了其思想体系。"生"之于湛甘泉，恰如"良知"之于王阳明。职是之故，只有在"生"的视域下方能呈现湛甘泉思想的整体面貌，把捉到湛甘泉思想的特质。基于此，本书在阴阳二"气"运化燮和的基础上界说"生"，并进而阐明湛甘泉是如何以"生"建构本体论、敷衍境界论，由此建立其完整、缜密的思想体系的。笔者并不满足于此，还要进而阐明湛甘泉发明、体证"生"之方式及以"生生"为正脉建立的"道统"谱系。约言之，本书希冀在核心概念——"生"的引领下把捉湛甘泉的思想特质，从而在湛甘泉思想研究的整体性与深入性上有所突破。

二 研究现状

在具体阐述甘泉"生"之思想前，笔者要做三个研究综述：一是国内"生"之思想研究综述，二是湛甘泉业师陈白沙"生"之思想研究综述，三是湛甘泉本人"生"之思想研究综述。

"生"，是中国哲学的核心概念之一，"体现了中国哲学的根本精神"[①]。"生生之谓易"（《周易·系辞上》），《周易》最早系统地阐发了天地"生生"思想。随着《周易》成为儒家的基本典籍之一，并被不断诠释，"生"亦成为儒家思维的内在维度。[②] 由于儒家"生"之思想源于《周易》，故学界对儒家"生"之思想的探析主要围绕《周易》展开。[③] 台湾学人罗光敏锐地把捉到"易"之"生生"精神，并在西方基督教背景下，重新阐发中国传统哲学特别是儒家的"生生"哲学。[④] 近年来，随着环境问题的凸显，"生态"成为热门词语。中国哲学从"生"出发阐发"生态"思想亦是题中应有之义。[⑤] 在对

---

① 蒙培元：《人与自然——中国哲学生态观》，人民出版社，2004，第4页。
② 李承贵：《生生：儒家思想的内在维度》，《学术研究》2012年第5期。
③ 有关《周易》"生"之思想研究的文章有郭明俊《〈易〉之"生生"观念及其价值意蕴》，《兰州学刊》2010年第8期；乔清举《论〈易传〉的"生生"思想及其生态意义》，《南开学报》（哲学社会科学版）2011年第6期。随着儒学在有宋的复兴，《周易》"生"之思想成为有宋道学家复兴儒学的重要话语方式之一。有关有宋道学"生"之思想研究的文章有向世陵《易之"生"意与理学的生生之学》，《周易研究》2007年第4期。
④ 罗光：《生命哲学》，（台湾）学生书局，1990。
⑤ 蒙培元：《人与自然——中国哲学生态观》；余治平：《"生生"与"生态"的哲学追问》，《黑龙江社会科学》2013年第1期。蒙氏、余氏之"生态"已远远溢出环境本身的"生态"概念，上升至哲学层面。

"生"的诸研究中，尤其值得关注的是牟宗三先生的《心体与性体》。牟氏实际上是以"於穆不已"之"生"来架构《心体与性体》的整个思想体系，并依此对宋明理学进行分判的。

由于甘泉"生"之思想源于其师陈白沙，故白沙"生"之思想的探索对甘泉"生"之思想的理解不无启迪作用。"以虚为基本，以静为门户"①，白沙思想的突出之处一般被理解为"虚"与"静"。白沙思想多以诗化语言来表述，故其思想意蕴多隐藏在隐晦诗性话语的背后，令人难以参透。然而还是有有心学人通过自己的努力，把捉到了白沙隐晦话语背后的奥义。海外著名学人陈荣捷指出，白沙虽常提及"静"，但这只是白沙"教人之根本方法"。② 白沙"静"之思想特质并不在于此，而在于"静"背后所涌动的"动"，此"动"换言之便是"生"。白沙于"静"中"发现此生生之宇宙，更可云再造此生生之宇宙"。③ 陈荣捷还揭示了白沙"静中养出端倪"之"静"中养出"动"的工夫体系，并高度评价白沙这一创见，认为"此先生所以开理学一新纪年也"④。所谓"理学一新纪年"，指的是白沙开"心学"之先声。需要特别指出的是，白沙之"心学"并非阳明一脉之"心学"：阳明从"良知"来讲"心"，白沙则从"生"来讲"心"。因此白沙之"心学"是有明"心学"另一重要的支脉。湛甘泉是白沙之学的传人，自然承续白沙为学的宗旨。陈荣捷对白沙之学的论断对我们理解甘泉之学不无启迪。

通过对张诩所撰白沙《行状》、《墓表》的详细分疏，景海峰先生将白沙自述为学生涯的三个阶段延展为四个阶段。白沙自述的三个阶段乃其早年为学的三个阶段，张诩则将白沙晚年为学独立成章，从而有了第四个阶段——晚年阶段。景海峰之所以要凸显白沙晚年为学阶段，是因为晚年白沙已跳出早年"静坐"工夫法门，主张"随动随静以施其功"。⑤ 这里景海峰的用意不仅在于要捻出白沙还有个晚年为学阶段，更欲通过"随动随静以施其功"，表彰白沙之学的真谛不在于"静"，而在于由"静"体"动"、由"静"体"生"。在笔者看来，白沙晚年"随动随静以施其功"的理念还有两点值得留意：一是"随动随静以施其功"是"静"中体"动"的必然义理结果，白沙本体讲"动"讲"生"，其工夫必然在本体的牵引下，由"静"转向"动"；二是甘泉

① （清）黄宗羲：《明儒学案》，第 80 页。
② 〔美〕陈荣捷：《白沙之动的哲学与创作》，《王阳明与禅》，（台湾）学生书局，1984，第 69 页。
③ 〔美〕陈荣捷：《白沙之动的哲学与创作》，《王阳明与禅》，第 71 页。
④ 〔美〕陈荣捷：《白沙之动的哲学与创作》，《王阳明与禅》，第 72 页。
⑤ 景海峰：《陈白沙与明代儒学的转折》，《传薪集：深圳大学国学研究所二十周年文选》，北京大学出版社，2004，第 128 页。

"随处体认天理"的"动"中工夫法门并不完全是他自己的创见，其业师"随动随静以施其功"引领着他提出"随处体认天理"。

不论是陈荣捷，还是景海峰，均意识到白沙之学的真谛不在于"静"，而在于"静"背后所蕴含的泪然欲动之"生"。

至于湛甘泉本人"生"之思想，海外以甘泉思想为博士学位论文选题的第一人 Ann-ping Chin Woo 从"非固定"、"感应"两个维度推断出甘泉的"理"就是"生"。① 可惜 Ann-ping Chin Woo 只是点到为止，并未展开详细论证。乔清举在阐述甘泉对"性"之理解时，亦意识到"气之生生不已的性质，亦即气之生理"为"性"②，然而同样未做进一步阐述。王文娟在论及"理"时，以专门一节论述"生生与中正"。③ 然而在阐述时，王文娟并没有揭示"生生"与"中正"间的内在勾连。此外，其仅仅指出"生生"与"中正"是理解"理"内涵的基础④，未能进而点明"理"的内涵就是"生"。郭海鹰博士亦关注过湛甘泉"生"之思想。郭博士认为作为"气种"的"生意"不仅流行于天地间，更植根于人之一"心"之中。⑤ 然而令人惋惜的是，郭博士并没有就此进而探讨"生"在甘泉思想体系中处于何种地位，却转而言满腔之"生意"达于事业，便成就一体之仁政。上述四位博士可谓皆认识到了甘泉"生"之思想，却又未曾审视"生"对甘泉思想意味着什么，职是之故，与作为甘泉思想内核的"生"擦肩而过。

可以说，不论对"生"的概念本身，还是对白沙、甘泉"生"的思想，目前学界都尚处于自发阶段，因此有必要进行进一步探讨。欲进一步探讨，就有必要对"生"进行相应的分疏。

就宋明理学本身而言，"生"是一个重要范畴。牟宗三先生将宋儒所宗者归于《论语》、《孟子》、《中庸》、《易传》与《大学》诸书，而《论语》、《孟子》、《中庸》、《易传》与《大学》诸书进而可归于《诗经》两首诗，一首是《大雅·烝民》："天生烝民，有物有则。民之秉彝，好是懿德。"另一首是《周颂·维天之命》："维天之命，於穆不已。於乎不显，文王之德之纯。"⑥ 前首如牟宗三所言，孟子引以证性善，后者《中庸》引以明"天之所以为天"

---

① Woo, Ann-ping Chin, "Chan Kan-Ch'uan and the Continuing Neo-Confucian Discourse on Mind and Principle," Dissertation, Columbia University, 1984.

② 乔清举：《湛若水哲学思想研究》，第 58 页。

③ 王文娟：《湛甘泉哲学思想研究》，第 77～78 页。

④ 王文娟：《湛甘泉哲学思想研究》，第 76 页。

⑤ 郭海鹰：《湛甘泉的生意说》，《鹅湖》2014 年第 5 期。

⑥ 牟宗三：《心体与性体》（上），上海古籍出版社，1999，第 31 页。

以及"文王之所以为文——纯亦不已",牟氏进而以为此颂诗实开天道性命通而为一之根源。[①] 依据前后文,沟通"天道""性命"者乃牟氏所谓创造之实体——"生"。这充分表明"生"是宋明理学重要的"义理主脉"之一。[②]

牟氏依"生"对宋明理学进行了三系之分判:承周敦颐、张载、程明道之脉的胡五峰、刘蕺山一系,陆象山、王阳明一系,程颐、朱熹一系。在这一不无争议的三系分判中,本无学承根据而完全依于义理而创建的胡五峰、刘蕺山一系之所以俨然成为宋明理学的正宗,就在于该系立论的根基是"即存有即活动",而"别子为宗"的朱熹之所以为"别子"就在于朱熹所倡之"理"是"只存有而不活动"。牟氏这一分判无疑促进了宋明理学的研究,然这一分判由于过于依赖牟氏自己所建构的义理,导致扭曲了历史原貌。如对朱熹之"理"是否可以完全将其理解为"只存有而不活动",尚待进一步商榷。[③]

在牟宗三、唐君毅先生探究的基础上,本书重新审视宋明理学"生"之思想,进而对其义理脉络进行分疏。笔者认为随着《周易》浮出历史地平线,"生"开始进入宋明理学家的视野。不过,宋明理学家在言说"生"时,产生了分歧,从而存在两种不同的话语体系:境界性"生"和表征性"生"。在解析这两种"生"之话语脉络时,笔者发现甘泉"生"之思想与境界性"生"若合符节。由此,本书将甘泉"生"之思想置于境界性"生"这一思想脉络中加以论述,力图在勾勒这一思想脉络的过程中彰显甘泉"生"的思想特质。

境界性"生",本书推之于程颢。程颢曾言:"学者须先识仁。仁者,浑然与物同体。"[④] 程颢倡言为学入手处当先体认生生之"仁",识"仁"之后,则物不外于己,己与物浑然一体。值得留意的是,在评点程颢"仁者,浑然与物同体"时,牟宗三特别指出此"体"非本体,而是"一体"之意。[⑤] 在牟氏看来,"仁"所展现的不是一个客观、固态的本体,而是与万物浑然一体的境界。"浑然与物同体"境界的达成,有待于"识仁"。如何体察此"仁"?凭借高深的学术素养,牟氏抉择出"智的直觉",认为程颢是凭借"智的直觉"体察到"仁"的:"智的直觉不过是本心仁体底诚明之自照照他(自觉觉他)之活动。自觉觉他之觉是直觉之觉。自觉是自知自证其自己,即如本心仁体之为一自体

① 牟宗三:《心体与性体》(上),第 31 页。
② 依牟先生所引《诗经》两句诗歌,宋明道学"义理主脉"一个是"性善",另一个便是"生"。
③ 唐君毅指出:"中国哲学家中,最重生生之道之理,而视之为万物之一原所在,而详发其蕴者,则为宋儒之朱子。"(唐君毅:《中国哲学原论·导论篇》,中国社会科学出版社,2005,第 28 页)相对于牟氏,笔者认为唐氏对朱熹"理"的解析更为中允。
④ (宋)程颢、程颐:《二程集》,王孝鱼点校,中华书局,1981,第 16 页。
⑤ 牟宗三:《心体与性体》(中),第 180 页。

而觉之。觉他是觉之即生之，即如其系于其自己实德或自在物而觉之。"① "智的直觉"重要特质之一是反身向内，对本心、仁体做一直觉式观照。"智的直觉"有自觉、觉他两种功能，但自觉、觉他并非两个觉，而是一个觉，在自觉的同时就觉了他。牟氏将自觉以觉他之过程称为"生之"，这就暗示了万物不能成其为自身，而有待于"心"润之。

对于"仁者，浑然与物同体"，牟氏虽言及"浑然与物同体"的"仁者"境界，甚至围绕"生"来阐述"浑然与物同体"的"仁者"境界，然而其更着意于"仁者"境界本身，于"浑然与物同体"之"仁者"境界的内在机理，并不感兴趣。笔者认为"浑然与物同体"的内在机理就是"生"。反观内省，体察本心仁体，便会觉察到内心汩然欲涌之"生意"。"生"，流行于外，凝于内。体察到内心之"生意"，即体察到天地之"生意"。换言之，学人体察内心之"生意"时，天地之"生意"亦应于心，心之"生意"与天地之"生意"相互感应。"心""物"相感相应，从而万物蕴于一心。从为学宗旨出发，"浑然与物同体"的"仁者"境界可如牟氏所言为"仁底境界"②；从内在机理出发，亦可言之为"生"之境界。相应地，"生"亦可称为"境界"之"生"。从境界来言说"生"，在宋明道学家中并非个案，"静中养出端倪"是湛甘泉业师陈白沙为学之旨趣，"端倪"在笔者看来就是"生"。③ "养出端倪"并非养一己之心，而是通过涵养内心所蕴之"生理"，使内心所蕴之"生理"与天地流行之"生意"相感相应，在此内外"生理"的相感相应中，万物涵于一心之内。

除了从天地境界来理解"生"，在道学家中还存在另外一种讲"生"的话语体系，本书称之为表征性"生"，其代表人物是朱熹。④

程颢之弟程颐曾云："天运而不已，日往则月来，寒往则暑来，水流而不息，物生而不穷，皆与道为体，运乎昼夜，未尝已也。是以君子法之，自强不

---

① 牟宗三：《智的直觉与中国哲学》，中国社会科学出版社，2008，第200页。
② 牟宗三：《心体与性体》（中），第180页。
③ 详见本书第一章相关论述。
④ 美国学者白诗朗就敏锐地觉察到朱熹哲学思想中含有"创造性"（"生"）之因素，并进而将朱熹"创造性"（"生"）之思想与西方过程哲学的开拓者和继承人——怀特海、南乐山之"过程"思想进行比较。参见〔美〕白诗朗《论创造性：朱熹、怀特海和南乐山的比较研究》，陈浩译，中国社会科学出版社，2012。唐君毅亦意识到朱熹"理"中蕴含着"生"，不过唐氏认为朱熹所言之"生""近承周张二程之言生生之理生生之道，远本于《易传》之言生生之意，与《中庸》之言天之生物之道，而亦遥契孟子之言'生则恶可已'，与孔子之言天道之见于'四时行百物生'之旨"。参见唐君毅《中国哲学原论·导论篇》，第282页。对于唐氏这一判断，笔者实在不敢苟同，朱熹所言之"生"与上述诸哲学家特别是明道所言之"生"，差之毫厘，谬以千里。

息。及其至也，纯亦不已焉。"① 程颐在"道"的语境下言在天地运化中万物纷然而生。在这一纷然而生的过程中，天地间万物接续"道"，故"与道为体"。值得留意的是程颢、程颐均提及"体"：程颢言"浑然与物同体"，程颐言"与道为体"，然而两人所言之"体"非一意，程颢"浑然与物同体"之"体"，如牟宗三所云，是"一体"之意，而程颐"与道为体"之"体"是本体之意。在此意义上，程颐与程颢思想旨趣显然迥别。

有弟子问朱熹如何看待程颐上述话语，朱熹如是回应：

> 形而上者谓之道，形而下者谓之器，道本无体。此四者，非道之体也，但因此则可以见道之体耳。那"无声无臭"便是道。但寻从那"无声无臭"处去，如何见得道？因有此四者，方见得那"无声无臭"底，所以说"与道为体"。②

朱熹接着程颐"与道为体"之"体"继续发挥。朱熹发挥的依据是二分的世界观，将世界划分为"形而上"、"形而下"，"形而上"为"道"，"形而下"为"器"。这就是说，朱熹将程颐所暗示的生化之源——"道"言为"形而上"，具体器物则言为"形而下"。"形而上"之"道体"是"生之源"，故其特点是"无声无臭"。在这一特点下，"道体"无形无迹，不可直接体察。那么如何才能体察到"无声无臭"的"道体"？"道体"是生化之源，具体器物是"道体"之表征。③ 由此，朱熹给出的方式是即物而察，察知具体器物之"生生"以推知"道体"之运化。"道体"是"生之源"，具体器物是"道体"之表征，在此意义上，本书将朱熹言"生"的方式称为表征性"生"。④

境界性"生"与表征性"生"均言"生"，不可否认，二者有相似之处，

---

① （宋）朱熹：《四书章句集注·论语集注》卷五，中华书局，1983，第113页。
② （宋）朱熹：《朱子语类》卷三十六，《朱子全书》第十五册，上海古籍出版社、安徽教育出版社，2002，第1355页。
③ 相对于程颐，朱熹更明确地将"道"与世间万物的关系理解为赋与被赋的关系："天地以生物为心者也，而人物之生，又各得夫天地之心以为心者也。"[（宋）朱熹：《仁说》，《晦庵先生朱文公文集》卷六十七，《朱子全书》第二十三册，第3279页] 赋与被赋的依据在于"生"与"被生"。
④ 明代理学家多视"生"为"作弄精神"，避之唯恐不及。参见本书第一章有关陈白沙"端倪"引起的争议。讥讽陈白沙为禅者多为理学家，而同情、支持陈白沙者多为心学家。"生"是神秘体验之一，因此遭到理学家的批评。参见陈来《心学传统中的神秘主义问题》，《有无之境：王阳明哲学的精神》，北京大学出版社，2006。陈白沙"端倪"之争，说明境界性"生"还有所承，所承即为陈白沙；表征性"生"则随着超验性"天道"的式微在明代销声匿迹。

然而我们更应留心二者之别。其一，二者言"生"的方式不一样。在"生"的洋溢下，人与物相互"感应"，故境界性"生"从感应来言"生"。由于"道体"无形无迹，不可直接体察，只能从具体表征来体察，这一具体表征便是体现生意的具象之物。因此，表征性"生"从具象化来言"生"。其二，二者言"生"的宗旨不一样，程颢言"生"，欲通过"生"的感应臻于"浑然与物同体"之境界；朱熹言"生"，则欲通过察知体现"生生"之具象之物，体察"无声无臭"之"天道"。其三，二者的工夫论亦不一样。程颢之"生"蕴于内，故主张"逆觉体认"，工夫着力于内，体内而感于外；朱熹之"生"则流行于外，故用功于外，"今日格一物，明日格一物"，以期"豁然贯通"，使"天理"具于心。其四，"生"与"理"、"物"的关系不一样。程颢虽首揭"天理"，但程颢是就具体器物而言"天理"，认为在具体器物之外不存在一"天理"。"天理"是对天地"生生"的描述，与"生"有直接对应性关系。在天地"生生"过程中，具体器物应运而生。这就是说，在境界性"生"的视域下，"天理"、具体器物、"生"是三位一体的关系。在实然、所然的思维模式下，朱熹将"天理"、具体器物二分。于大化中生而化，化而生，流行不已。在这一生化过程中，具体器物只是实然性流行。有实然，必有所然。所然便是"天理"，"天理"支配着具体器物生化之过程。由此，"天理"、具体器物与"生"的关系便展现为"天理"是"生"之所然，具体器物是"生"之实然。①

通过对有宋道学家"生"之话语的分疏，本书将宋明道学家言说"生"的话语体系分疏为境界性"生"与表征性"生"。一方面，从"生"之侧面审视宋明道学，有利于深化对宋明道学的理解；另一方面，在境界性"生"与表征性"生"的分析比较中，更易把捉甘泉思想的特质②，让甘泉思想在此叙述模式中找到归属③。程颢、陈白沙、湛甘泉，一脉相承，共同倡导"生"，同

---

① 唐君毅在"天理"是"生"之所然的意义上将朱熹之"理"归宗为"统体之理"。参见唐君毅《中国哲学原论·导论篇》，第285页。
② 湛甘泉属"理学"还是属"心学"，尚存在争议，不过从"生"之维度来看，湛甘泉明显承明道境界性"生"，与表征性"生"格格不入，在此意义上湛甘泉无疑属"心学"一脉。
③ 在现有的宋明道学叙述模式中无法找到湛甘泉的位置。常见的"理学"、"心学"叙述模式，湛甘泉总处于尴尬的位置："理学"无法容纳湛甘泉的"气"、"道"、"心"、"性"同倡；"心学"无法容忍湛甘泉染有"理学"色彩。广而论之，"理学"、"气学"、"心学"三系，任何一系都无法概述湛甘泉繁复的思想。牟宗三以五峰蕺山、象山阳明、伊川朱子三系来叙述宋明理学，在此三系中，牟氏并没有为湛甘泉安放一个位置。

由"生"而臻浑然与物同体之境界。①

三　研究主体内容

境界性"生"由程颢开其端，陈白沙承其绪，湛甘泉光其大。

如前所言，程颢所谓"天地万物为一体"境界的内在机理是"生"。但是，在程颢"道"的话语体系中，"生"只是"道"的内涵之一，被遮蔽于"道"的多重内涵之中，一直无法以独立者的身份出场。陈白沙一方面继承程颢从境界性来讲"生"②，另一方面突破程颢"生"被"道"多重内涵所遮蔽的窠臼，将"生"与"道"直接对接，由此"生"获得与"道"同等的本体地位，并第一次以独立者的身份出场。尽管陈白沙不愿直白地言说"道"的内涵，但透过其诗化的语言，还是可以探析到其所言之"道"就是"生生"之意。在此基础上，陈白沙不避时嫌，利用道家"自然"概念来进一步阐述"生生"之"道"。

虽然程颢、陈白沙言说"生"有很大的差异，但是两者均强调受用性，于是两者均止步于"生生"之境界论，至于宇宙图景之本体论，程颢、陈白沙均无意于此。这就导致程颢、陈白沙虽言"生生"，然而"生生"还是没有现实宇宙论的支撑，其境界论未免过于玄微、缥缈。因此，这一境界论的光大、成熟，尚待宇宙论的支撑。正因为觉察到此，所以湛甘泉不仅从"生"出发，构建"生生"之境界论，还从"生"出发，建构"生生"之宇宙观。在"生生"宇宙观的支撑下，"生生"之境界论才更为丰赡、笃实。

众所周知，陈白沙张扬着诗性性格，其思想并无完整体系。假若承认陈白沙以诗性话语发明代"心学"之先声，那么湛甘泉、王阳明则跳出诗性话语，在严密的思维下，分别构建了严谨的"心学"思想体系。在此意义上，湛甘泉、王阳明是明代"心学"的成型者。虽同为严谨的"心学"思想体系，王阳明、湛甘泉构建"心学"体系的方式却并不相似。阳明"心学"思想体系完全建构在一己之"心"的基础上，是一"心"（"良知"）的自我演绎。"良

---

① 此相承之脉非笔者的杜撰，湛甘泉亦以"生"为线索、以"与物浑然同体"为宗旨来编撰"道统"，详见本书第四章。

② 陈白沙早年困惑于"此心此理未有凑泊吻合处"，于是"舍彼之繁"，趋于"静坐"，于"静坐"中"见吾心之体，隐然呈露，常若有物"。"常若有物"之"物"显然所指向的就是"生"。"生"不可理性地把捉，只能感性直观地体察，"静坐"便是直观体察的主要方式。经由"静坐"体察到内心所蕴之"生意"，在内心"生意"的发动下，物我相互感应，从而此"心"此"理"一体无二。不论从工夫法门、体察对象，还是所臻之境界，皆与明道境界性"生"若合符契。在此层面上，本书认为白沙继承明道，所言之"生"乃境界性"生"。

知"自我演绎的境界论尚无可指责，然宇宙观亦设定在"良知"的圈子里自我演绎，则缺乏客观实际的内容，这一点不免与程颢、陈白沙玄微、缥缈的宇宙观殊途同归。甘泉思想体系无疑属"心学"系统，然而其思想体系并非建基于一己之"心"，而是建基于世间万物生化流行的"生"。于是，甘泉思想体系跳出了一己之"心"的自我演绎，有客观实际的内容。因此，相对于阳明思想体系之一"心"自我勾画、自我虚拟，甘泉思想体系更为丰赡、笃实。

白沙思想可谓晦涩，甘泉思想可谓繁复。甘泉思想繁复的原委在于甘泉之学尽管属"心学"，可并不那么纯粹，不免染有"理学"色彩。①可问题在于，甘泉在何种意义上染有"理学"色彩？笔者认为甘泉思想染有"理学"色彩并非其有意、主动接受程朱理学的影响②，而是在以"生"建构其宇宙观时，与程朱理学家一样具备了宇宙观。"心学"特质在于境界论，"理学"特质在于宇宙观，甘泉之学属"心学"系统，因此一方面保持"心学"的特质，有完整的"境界"论，另一方面如"理学"般，有严密、笃实的宇宙观。在此意义上，甘泉思想不可避免地染有"理学"色彩。

言"生"还得从"气"说起。湛甘泉是在天地一"气"的观念上建构起宇宙论的。在湛甘泉看来，盈天地间一"气"而已，在此意义上，"气"是世间森罗万象的基质。从此出发，湛甘泉建构了其宇宙观。

盈天地间一"气"而已，一"气"分阴阳。阴、阳二"气"相摩相荡，万物由此化生，天地由此灵动。正是在此意义上，湛甘泉指出"道"非别为一物，就是天地间流动不已的"生"。值得留意的是，阴、阳二"气"相摩相荡并不直接对应"生"，趋于"道"。阴阳二"气"相摩相荡，可能就于燮和，亦可能趋于偏斜。阴、阳二"气"相摩相荡趋于偏斜，"生意"索然，则远离"道"；阴、阳二"气"相摩相荡，就于燮和，"生意"盎然，则趋于"道"。因此，阴、阳二"气"之燮和是"道"的必要前提。在此前提下，"生"才应运而生，"道"才豁然而显。

湛甘泉从"生"的维度界说"道"，建构其宇宙观，具有两重意义。其一，"生生"之"道"已慢慢侵蚀程朱理学的根基。程朱理学所言之"理"乃就所然而言，以区别于实然之物。在所然、实然的视域下，程朱理学的世界观是二分的：形而上之"道"，形而下之"器"。当湛甘泉从"生"而言"道"时，"道"则贴着"气"而言，从而"道"并不外在于物。由此，"道"摆脱

---

① 学界在阐述甘泉思想时，多指认甘泉思想染有"理学"色彩，如于化民认为："湛若水提倡'心性无二'，表明其思想的浓厚心学色彩，又兼有了程朱性即理和陆王心即理的双重含义。"参见于化民《甘泉学派的理学思想及与王学的异同》，《孔子研究》1992 年第 1 期。

② 从现有文献来看，未有直接证据证明甘泉受程朱理学的影响。

了物之所然者身份，成为物之存在样式——"生生"的一种描绘。相对于程朱理学之"理"在"气"先，"理"主"气"从，湛甘泉则强调即"气"而言"理"，"理"即"气"而在。甘泉之"理""气"观可概括为"气"与"理"同体，相即为一。当甘泉如此言说"道"时，"道"便失去了形而上性，程朱理学亦失去了其理论基点，实然、所然之思想架构就此坍塌。其二，湛甘泉以"生"为"道"迎合了宋以来本体"去实体化"的思潮。① 从"气"之运化燮和谓"生"来言说"道"，消弭了程朱理学"理"的超验性、固态性，从而使"道"具有具象、灵动的特征。由于程朱理学建基于抽象、超验的"理"，故严谨有余，而思想显示出僵硬、呆滞的面貌；甘泉之学则建基于"生"，在"生"的带动下，呈现出灵动、活泼的气象。

围绕"生"，湛甘泉建构了其宇宙观。然而"生"不仅流行于天地，更萃于人，敛于"心"，凝于"性"："人者天之生理也，心者人之生理也，性者心之生理也，道者性之生理也，天不能不生人，人不能不生心，心不能不生性，性不能不生道。"② 在"生"的贯穿下，物、人、"心"、"性"得以同条共贯。

"天地之大德曰生"，天地以"生"为"德"，然而天地在"生"的过程中，无心而"生"。天地无"心"，人即其"心"。由于充满天地之"生意"，故人为天地造化之精灵，作为造化之精灵的人不仅承负着"成己"的责任，更承载着参赞天地、化育万物的使命。天地"生意"体于人，人之"生意"体于"心"，"心"之"生意"发动便是"知觉"。湛甘泉这里所谓"知觉"并非一般性思虑，而是心之本体灵觉。发挥此"知觉"，则能"体天地万物而不遗"③。湛甘泉形象地以"谷种"喻"心"："心"如谷种，内蕴"生生"之意。"尽心"则"知性"，"性"乃"生意"之渊数。在"生意"的泛滥下，"性者，天地万物一体者也"④。

在"生"的视域下，湛甘泉诠释了"道"、"心"、"性"诸概念，从而构建了周延、缜密的宇宙观、"心""性"论。甘泉之用心不仅在于通过"生"构建宇宙观、"心""性"论，更在于通过"生"构建宇宙观、"心""性"论的同时，展现其"生"之境界论。在湛甘泉看来，"生"，流行于天地，萃于

---

① 明中后期主张"气质之性"的学者越来越多，以往的学人多从社会背景来诠释，陈来则回到文本本身，认为朱熹之后的道学家们在对"理"的理解上多主张"理"的条理说，这导致了只能承认"气质之性"的存在。参见陈来《元明理学的"去实体化"转向及其理论后果》，《诠释与重建——王船山的哲学精神》，北京大学出版社，2004。
② （明）湛若水：《孔门传授心法论》，《泉翁大全集》卷三十一，钟彩钧、游腾达点校，明嘉靖三十四年刻本，万历二十一年修补本，台湾图书馆藏，第29页。
③ （明）湛若水：《心性图说》，《泉翁大全集》卷三十二，第8页。
④ （明）湛若水：《心性图说》，《泉翁大全集》卷三十二，第8页。

人，敛于"心"，凝于"性"。在"生意"的流溢下，物不在外，"心"不在内，"心"、物浑然一体，相感相应。由于"生意"流贯内外，故"生意"盎然的前提非待于外，而系于一"心"；发明本然"心""性"，将"心"所蕴之"生意"发动起来，"生意"发于内，感于外，由此内外贯通，物我浑然。通过"生"的流行，内外相感相应，湛甘泉构建了天人浑一的境界。在此意义上，湛甘泉一如程颢、陈白沙，倡导境界性"生"。

围绕"生"，湛甘泉建构了其宇宙观、境界论，形成了完整的思想体系。而且，在"生"的内外一贯下，其宇宙观、境界论毫无罅缝，浑然一体，这在宋明道学中可谓独树一帜。湛甘泉试图克服程朱理学与阳明"心学"的各自弊端，从而将宇宙观与境界论融为一体。这既迎合了明中叶以来的"心学"思潮，又将程朱理学之长处——宇宙观吸纳入"心学"体系，从而克服"心学"玄虚、高蹈之弊端。

在阐述湛甘泉本体论、境界论之后，本书继续阐述湛甘泉的工夫论及"道统"论。

并不满足于以"生"建构其宇宙观、境界论，湛甘泉还试图阐明如何发明、体证内心所蕴之"生生"。体证、发明内心所蕴之"生生"的方式，甘泉称为"随处体认天理而涵养之"。

尽管陈白沙晚年提出"随动随静以施其功"，然而终究还是摆脱不掉"静"之形象。为了扭转"静"之形象，湛甘泉将"静"翻转为"随处"，从而将体证"天理"的着力点从"静"转向"动"。对于"随处"，湛甘泉这样诠释："所谓随处体认天理者，随未发已发，随动随静，盖动静皆吾心之本体，体用一原故也。"① 这段话蕴含两层含义：第一层含义是所谓"随处"，乃随"未发"、随"已发"，随"动"、随"静"。"未发"，言为"静"；"已发"，言为"动"。因此"随处"涵"动"涵"静"。第二层含义是涵"静"于"动"。从"动"、"静"一"心"出发，湛甘泉认为"动"、"静"应合于一。合于"动"，还是合于"静"，湛甘泉并未明言。不过在他处，湛甘泉给出了答案："孔门之教皆欲事上求仁，动时着力。"② 在湛甘泉看来，儒门工夫皆"动"中工夫，这就是说，湛甘泉主张"动"、"静"合一，实乃合一于"动"。

宋明道学家发明、体证"天理"的方式不外体认、涵养，湛甘泉亦如此。在湛甘泉看来，体认"天理"只是在"心"中种下颗种子，此种子能否发芽，

---

① （明）湛若水：《答孟生津》，《泉翁大全集》卷九，第16页。
② （明）湛若水：《答余督学》，《泉翁大全集》卷八，第11页。

尚待涵养。体认、涵养还牵涉到先后次序，由于素养、品质不同，对于体认、涵养的先后次第道学家们各自有不同的主张。由于体认、涵养关系的复杂性，湛甘泉在不同的语境下，倡导不一样的主张。"随处体认天理而涵养之"，不无暗示先体认后涵养。与此同时，湛甘泉亦云："孰或先焉，孰或后焉？体认也者，知至至之也，是为存养，其扩充之功尽之矣。"① 可见"随处体认天理而涵养之"只是湛甘泉体认、涵养方便的教法，为了确立为学当先有个大头脑，湛甘泉才不得不如此而言。超越此范畴，此模式便会失效。在湛甘泉看来，体认不可言之为先，涵养不可言之为后，体认、涵养是"即"的关系：即体认即涵养。笔者认为，这才是湛甘泉在体认、涵养的关系上的真实主张。

"随处体认天理而涵养之"之于湛甘泉，正如"仁"之于孔子，只是为学之宗旨，至于如何具体发明、体证"生生"，尚待具体的工夫法门——"勿忘勿助"。经由"勿忘""勿助"、"无欲"、"全放下"、"无己"诸步骤，汰滤心灵杂质，心灵趋于"虚"之廓然空灵，由"虚"而"中"。"中"则念念分明，心念于一瞬间湛然而放。由此心地虚明无滞，心灵底蕴之"生生"方汩然而涌。

依据以"生"释"道"，湛甘泉建构了自己的"道统"。湛甘泉"道统"有两个方面的内涵：一是"道统"所倡之"道"，一是"道统"所承之"统"。有弟子问何谓"中庸"，湛甘泉这样回答："过而失正，即非天理。圣人作易，随时合道，非为诡世也。大易者，中庸之宗祖。"② 湛甘泉首先诠释了什么是"中庸"，认为过于"中"则失于"正"，亦即非"天理"。于此湛甘泉实际上将"中庸"等同于"天理"。湛甘泉进而从"易"的角度诠释"中庸"，认为随时变易即"中庸"。在这一诠释中，"中正"被提升到本体的地位，与"道"是同位之格。于有宋诸子中，湛甘泉极其推崇周敦颐、程明道："其周濂溪、程明道乎！微二子，道其支离矣。舍二子，吾何学矣？"③ 在推崇、钦佩的基础上，湛甘泉以周敦颐、程颢为中轴，建构了"道统"所承之统。再往前追溯，"道统"之所启者乃孔子、孟子，往后延续，"道统"之所承者乃湛甘泉业师陈白沙。湛甘泉编撰这一"道统"谱系固然是为了倡导"中正"之学，与此同时亦将自己置于其时儒门正统地位。儒门之内，入湛甘泉法眼者，符合"中正"之学者，则被湛甘泉编入其"道统"谱系中；未被编进其"道统"谱系中者，湛甘泉则将其打为另类，编入另册，视为"曲学"，贴上"支离之学"的标签。所谓"支离之学"，湛甘泉如是云："今夫为朱、陆之辨者赜矣，或失

---

① （明）湛若水：《雍语》，《泉翁大全集》卷六，第1页。
② （明）湛若水：《问疑录》，《泉翁大全集》卷七十五，第32页。
③ （明）湛若水：《雍语》，《泉翁大全集》卷六，第6页。

则外，或失则内，或失则高，或失则下，皆支离之咎也。支离也者，二之之谓也。"① 迄明中叶，仍有不少学人纠缠于二百多年前的朱陆之辩。可在湛甘泉看来，朱熹失于外，失于下，陆九渊失于内，失于高，因此不论朱熹，还是陆九渊，均脱离不了支离的窠臼。

明中叶以来学界盛行儒、释、道会通思潮②，甚至儒门之内亦不乏假儒以倡佛、老者。为了正本清源，湛甘泉忍不住站出来，对假儒倡佛、老者的主张进行呵斥。假儒倡佛者多为阳明后学，鉴于自己与阳明同道的关系，甘泉不便直接发声，于是便选择随着明中叶"心学"盛行而重新出场的慈湖，通过对慈湖的挞伐表明自己的立场。如果说假儒倡佛，无涉于自身，湛甘泉只是出于"道统"意识而进行挞伐，那么，假儒倡老者，湛甘泉则无法脱身其间。其弟子王道深受儒道会通时风的影响，撰《老子亿》，以儒学之言阐老子之说。为了撇清自己与王道的关系，表明假儒倡老只是王道个人之观点，而非湛门之学说，甘泉不顾年老身衰，撰《非老子》。

总体而言，湛甘泉是位"心学"家。难能可贵的是，湛甘泉是明中叶"心学"最早倡导者之一，但其并未被束缚于"心学"之窠臼。可以说"心学"甫一诞生，湛甘泉就充分意识到"心学"可能之流弊。于是，湛甘泉一方面主动调整"心学"本身的内涵，在"心学"框架内，如理学家般建构其宇宙观，从而使"心学"有客观性内容的支撑，另一方面建立自己的"道统"论，在"道统"的意识下，指出"心学"可能滑向是内非外之弊。而湛甘泉之所以能如此，离不开其思想的内核——"生"。

---

① 黎业明：《湛若水年谱》，上海古籍出版社，2009，第67页。
② 明中叶儒、释、道三教会通思潮详见程曦《明代儒佛融通思想研究》，合肥工业大学出版社，2008。

第一章　甘泉思想之源："生生"思想
与白沙"自得"之学

在正式进入甘泉思想世界探析其思想奥义之前，本书首先审视一下陈白沙的思想。陈白沙是湛甘泉业师，湛甘泉是白沙传人。所以我们欲进入甘泉思想世界，陈白沙是必经的门槛。当然，湛甘泉并不是也不可能完全承袭陈白沙思想。本章首先阐述陈白沙为学性质，检讨陈白沙工夫，然后再具体审视湛甘泉在哪些方面承袭了陈白沙思想，又在哪些方面对陈白沙思想进行了损益。

第一节　"自得"之学

一　有明"心学"之始：白沙开创

明初叶，为了加强统治，掌控社会意识形态的主导权，统治者一方面对儒生持打压的姿态，另一方面又利用唐宋以来的科举制度，利诱儒生，使其奔竞于其中。与此相应，作为理学代表的程朱之学，在统治者编撰《永乐大典》、《五经大全》、《四书大全》、《理性大全》等大型类书过程中被定为一尊，并钦定为科举考试的内容。由此，程朱理学从学术形态转变为官方哲学。在此转变过程中，程朱理学亦付出了沉重代价，即背离其自身，而异化为官方意识形态的一部分。面对明初此种持续恶化的儒学生态，《明史》编撰者如是感慨："原夫明初诸儒，皆朱子门人之支流余裔，师承有自，矩矱秩然。曹端、胡居仁笃践履，谨绳墨，守儒先之正传，无敢改错。"[1] 可见，明初诸儒守成有余，创新不足。故明初儒学面临的主要课题是如何走出官方程朱之学，使儒学本具的活力重新焕发。

"有明学术，从前习熟先儒之成说，未尝反身理会，推见至隐，所谓'此亦一述朱，彼亦一述朱'耳。"[2] 明初诸儒以程朱理学为圭臬，故其如程朱般

---

[1] （清）张廷玉等：《明史》卷二八二《儒林传一》，中华书局，1974，第 7222 页。
[2] （清）黄宗羲：《明儒学案》，第 178 页。

执着于外，未能反身向内。鉴于此，走出程朱之窠臼，反身向内，发明本然心性，成为有明初期真儒的使命。那么，是谁承担了这一历史使命，开此风，肇其始？下面几段引文也许给出了答案："愚谓我朝理学开端，还是白沙，至先师而大明。"① "周程以后，白沙得其精，阳明得其大。"② "有明之学，至白沙始入精微。……至阳明而后大。"③

从以上几段引文可知，开其风、肇其始者乃陈白沙。王龙溪所云"我朝理学开端，还是白沙"，此"理学"非狭义的程朱理学，乃广义的"理学"，广义的"理学"包含狭义的程朱理学及"心学"，龙溪所云"理学"应包含"心学"。故《明史》编撰者云："学术之分，则自陈献章、王守仁始。"④ "学术之分"，意味着明初沉寂一段时间后，"心学"又异军突起，冲破程朱理学之窠臼。相对于程朱理学特别是意识形态化的程朱理学而言，"心学"是切于身心之学。正是在此意义上，黄宗羲才在"有明之学，至白沙始入精微。……至阳明而后大"后，又补充一句："作圣之功，至先生而始明，至文成而始大。"⑤这里所谓"作圣"指向的便是身心。可见，在明中叶，儒学悄然发生变革，从"理学"转向"心学"，而肇其始、播其风者即陈白沙。陈荣捷这样评价陈白沙："白沙子之学，基于简易之功与自得之乐。不为功夫节目所拘，直叩本体……故能撒尽唐宋以来之支离芜蔓，意必固我，而立其简易，致其自然。于是岭南士风焕然一新，而有明一代之学术亦随之而趋于新颖纯简。其革新创造之伟大为何如耶！"⑥ 陈氏之评价充分揭示了陈白沙在明代学术史上的地位与意义。

约言之，在有明哲学史上，陈白沙是承前启后的人物。陈白沙之前，官方程朱理学一统学术江湖。陈白沙开有明中叶"心学"之先声。陈白沙之后，王阳明、湛甘泉踵其迹，"心学"遂成为不可抑制之思想潮流，风被天下，人人以讲"心学"为时尚。

有明理学殿军刘宗周这样评点白沙之学：

先生学宗自然，而要归于自得。自得故资深逢源，与鸢鱼同一活泼，

① （明）王畿：《复颜冲宇》，《王畿集》卷十，第 260 页。
② （明）聂豹：《留别殿学少湖徐公序》，《聂豹集》卷四，吴可为编校整理，凤凰出版社，2007，第 98 页。
③ 〔清〕黄宗羲：《明儒学案》，第 79 页。
④ 〔清〕张廷玉等：《明史》卷二八二《儒林传一》，第 7222 页。
⑤ 〔清〕黄宗羲：《明儒学案》，第 79~80 页。
⑥ 〔美〕陈荣捷：《〈白沙子研究〉序二》，简又文：《白沙子研究》，第 5 页。

而还以握造化之枢机，可谓独开门户，超然不凡。至问所谓得，则曰“静中养出端倪”。向求之典册，累年无所得，而一朝以静坐得之，似与古人之言自得异。孟子曰“君子深造之以道，欲其自得之也”，不闻其以自然得也。静坐一机，无乃浅尝而捷取之乎！自然而得者，不思而得，不勉而中，从容中道，圣人也，不闻其以静坐得也。先生盖亦得其所得而已矣。①

这段评述语言虽简短，却精准地把握到了白沙之学的精髓。在刘宗周看来，白沙之学围绕“自然”而展开，故白沙之学可谓“自得”之学。刘宗周还将白沙“自得”之学归于“自然”。“自得”乃儒门为学特质之一，孟子就曾言“君子深造之以道，欲其自得之也”（《孟子·离娄下》）。孟子言“自得”，乃基于刻苦的自励、岁月的磨砺。前人“自得”多遵循孟子这一“深造”的方式。陈白沙则放弃这一传统方式，寻觅到新的“自得”的方式——“静坐”，即陈白沙从“静坐”中“自得”。对于这一新的“自得”方式，刘宗周深为不满，訾议为“无乃浅尝而捷取之乎”。当然这只是刘宗周早年的看法②，早年刘宗周对陈白沙新的“自得”方式有所偏见，不过在以后的岁月中，其改变了早年的这一訾议态度。刘宗周曾这样评论白沙之学：“白沙先生之学，以自得为宗，他自言如舟之有舵，操纵在手，全不费力。看来也只是下得深造之功，所以能如此。筑阳春台，一坐三年，为却何事？吾辈如何下得这般工夫。倘无此工夫，虽宝山在前，终成当面错过。”③

　　基于此，本章亦围绕“自得”之学来揭开白沙思想的面纱。本章首先阐述陈白沙“自得”之学的内涵，接着阐明陈白沙“自得”之学的特质，最后检讨白沙之学的工夫法门，并进而审视湛甘泉是如何承续、损益陈白沙“自得”之学的。

二　“自得”之学：得之于己

　　如许多士人一般，早年陈白沙亦曾措意于程朱之学，记诵程朱之学章句，以企通过科举踏上仕途。不料屡试不中。在人生艰涩之中，陈白沙蓦然觉察到程朱理学已堕落为记诵之学，成为获得利禄的手段，于是决意放弃此学，另辟新途，以安顿自己的身心。

　　陈白沙所辟新途便是“静坐”：

---

① （清）黄宗羲：《明儒学案》，第4～5页。
② 黄宗羲在编辑《师说》时，选择的是刘宗周早年的看法，这对白沙是不公平的，并有可能误导后人对刘宗周对陈白沙态度的理解。
③ （明）刘宗周：《刘宗周全集》第二册，浙江古籍出版社，2007，第357页。

比归白沙，杜门不出，专求所以用力之方。既无师友指引，惟日靠书册寻之，忘寝忘食，如是者亦累年，而卒未得焉。所谓未得，谓吾此心与此理未有凑泊吻合处也。于是舍彼之繁，求吾之约，惟在静坐，久之，然后见吾此心之体隐然呈露，常若有物。日用间种种应酬，随吾所欲，如马之御衔勒也。体认物理，稽诸圣训，各有头绪来历，如水之有源委也。于是涣然自信曰："作圣之功，其在兹乎！"①

白沙一度就学于吴康斋②门下，然"未知入处"，故回归故里。在故里，白沙为学分为两个阶段：第一个阶段是求于书册，然此"心"与此"理"始终未能契合；第二个阶段是"静坐"，并由此体察到本心之体。

由"静坐"而踏入"自得"之域后，陈白沙自忖除了程朱之学外，还有一学，便是"自得"之学：

夫学有由积累而至者，有不由积累而至者；有可以言传者，有不可以言传者。……大抵由积累而至者，可以言传也；不由积累而至者，不可以言传也。③

"由积累而至者"所指的便是程朱理学，而"不由积累而至者"所示的便是"自得"之学。"由积累而至"之程朱理学，其特征是强于记诵，措意于辞章。白沙尖锐地指出："今之学者各标榜门墙，不求自得，诵说虽多，影响而已，无可告语者。"④"今之学者"，指的就是遵循程朱者，其弊具体而言有二：一为学人囿于一孔之见，标榜程朱之学，而诽谤他学；二为学不求自得，而以记诵为得，此只是循于外，无益于自己的身心。陈白沙认为，读书之要非在于记诵，而在于体悟书中所蕴之意："以此知读书非难，领悟作者之意，执其机而用之，不泥于故纸之难。……吴草庐亦云，提耳而诲之，可使不识一字之凡夫立造神妙。"⑤ 在与胡金宪的信函中，陈白沙点出读书为学不应拘泥于故纸堆。在此意义上，陈白沙如是评述章句之学："读书不为章句缚，千卷万卷皆

① （明）陈献章：《复赵提学金宪》（一），《陈献章集》卷二，孙通海点校，中华书局，1987，第145页。
② 吴与弼（1391~1469），字子傅，号康斋。
③ （明）陈献章：《复张东白内翰》，《陈献章集》卷二，第131页。
④ （明）陈献章：《与湛民泽》（九），《陈献章集》卷二，第193页。
⑤ （明）陈献章：《与胡金宪提学》（二），《陈献章集》卷二，第152页。

糟粕。"① 陈白沙进而引用元朝硕儒吴澄之语, 以阐明教之得法, 即便不识字之愚夫愚妇亦能立至神妙之境。

剩下的问题便是如何领会作者之意, 陈白沙给出了答案, 那就是: "非得之书也, 得自我者也。盖以我而观书, 随处得益; 以书博我, 则释卷而茫然。"② 读书之法非在舍己从人, 而在舍人从己。舍己从人, 意味着读书时以博识为意, 读书时可能若有所得, 然放下书时又茫然无所得。舍人从己, 意味着读书时若时时警觉于己, 则时时有所得益。读一般学人之书如是, 读圣贤之书亦不外乎此: "圣贤之言具在方册, 生取而读之, 师其可者, 改其不可者, 直截勇往, 日进不已, 古人不难到也。"③ 圣贤所寓之意, 具于书册中, 生民读其书册, 当师法其可者, 修正其不可者, 勇猛精进, 日进不已, 方能进于古圣先贤之境。陈白沙读书之法恰如章沛先生所评述: "如果学不由自得, 那无非是人云亦云, 拾人唾吐, 熟读章句, 作影响之谈, 称不上学问。"④

在告别程朱依傍之学后, 陈白沙这样表述其向往之学:

> 吾道有宗主, 千秋朱紫阳。说敬不离口, 示我入德方。……圣学信匪难, 要在用心臧。……道德乃膏腴, 文辞固秕糠。……枢纽在方寸, 操舍决存亡。⑤

鉴于其时为学氛围, 陈白沙不得不表示其学宗于朱熹。然陈白沙意不在此, 略做铺陈后, 迅速转向其用意所在。陈白沙还是将为学分为注重"道德"与"文辞"两类, 并将前者喻为"膏腴", 将后者喻为"秕糠"。在这一形象的比喻中, 鲜明地彰显了陈白沙的为学姿态。"道德"之学, 即"用心臧"的圣学。此圣学, 陈白沙坚信并不艰难, 关键在于操存与否。

此圣学, 陈白沙又称为"自得"之学。陈白沙将圣学归于"自得"之学有段曲折的历程: "予少无师友, 学不得其方。泪没于声利、支离于秕糠者, 盖久之。年几三十, 始尽弃举子业, 从吴聘君游。"⑥ 失意于科场后, 陈白沙迷途知返, 放弃科举之途, 从学于吴康斋。然而于吴康斋门下仍"未知入处"。

---

① (明) 陈献章:《题梁先生芸阁》,《陈献章集》卷四, 第 323 页。

② (明) 陈献章:《道学传序》,《陈献章集》卷一, 第 20 页。

③ (明) 陈献章:《赠容一之归番禺序》,《陈献章集》卷一, 第 19 页。

④ 章沛:《陈白沙哲学思想研究》, 广东人民出版社, 1984, 第 138 页。

⑤ (明) 陈献章:《和杨龟山此日不再得韵》,《陈献章集》卷四, 第 279 页。

⑥ (明) 陈献章:《龙冈书院记》,《陈献章集》卷一, 第 34 页。

不得已，白沙"比归白沙，杜门不出，专求所以用力之方。既无师友指引，惟日靠书册寻之，忘寝忘食，如是者亦累年，而卒未得焉。所谓未得，谓吾此心与此理未有凑泊吻合处也。于是舍彼之繁，求吾之约，惟在静坐，久之，然后见吾心之体隐然呈露，常若有物"①。在这段自述中，陈白沙表述了其早年为学由"未得"至圣域的历程。他重点描述了从"未得"跨入圣域的工夫法门——"静坐"，至于从"未得"跨入圣域的心路历程，则语焉不详。《陈白沙先生年谱》则对此进行了详细的描述："闭户读书，益穷古今典籍。彻夜不寝，少困则以水沃其足。久之乃叹曰：'夫学贵自得也。自得之，然后博之以载籍。'遂筑台，名曰春阳，静坐其中，足不出阃者数年。"② 从"未得"跨入圣域的机枢在于"自得"，正是在"自得"的鼓舞下，陈白沙才从事"静坐"工夫法门。

经由"静坐"，告别外在"文辞"，回归本然心体，陈白沙确立了其为学宗旨——"自得"。"是故道也者，自我得之，自我言之，可也。不然，辞愈多而道愈窒，徒以乱人也，君子奚取焉？"③ 在陈白沙之视域下，"自得"包含两个方面的内涵：其一，就所得之内容而言，"自得"指涉的是世界本体——"道"；其二，就得之方式而言，"自得"非关乎外，乃得之于己。在陈白沙看来，与其晓晓多舌，不若得之于己。

陈白沙极其重视"自得"，认为"自得"是为学的起脚处："为学莫先于为己、为人④之辨，此是举足第一步。"⑤ 陈白沙在"为己"、"为人"语境下阐述"自得"是为学之起脚处。为学起脚处当于"为己"、"为人"有所辨析，否则第一步迈错，为学即便孜孜矻矻，亦与圣学南辕北辙。明末理学殿军刘宗周深刻体察到白沙之学的归趣是"自得"，故这样评点陈白沙之学："先生（白沙）……要归于自得。"⑥ "自得"乃贴着一己之"心"而言，在此意义上，陈白沙是有明"心学"第一人，为明代中叶"心学"之滥觞。

作为陈白沙为学宗旨的"自得"有何特点？陈白沙曾这样描绘"自得"："山林朝市一也，死生常变一也，富贵贫贱威武一也，而无以动其心，是名曰'自得'。自得者，不累于外物，不累于耳目，不累于造次颠沛，鸢飞鱼跃，其

---

① （明）陈献章：《复赵提学佥宪》（一），《陈献章集》卷二，第 145 页。
② （清）阮榕龄：《陈白沙先生年谱》，《陈献章集·附录二》，第 807 页。白沙弟子张诩所撰《白沙先生行状》有类似描述。
③ （明）陈献章：《复张东白内翰》（一），《陈献章集》卷二，第 131～132 页。
④ "为己"、"为人"语出《论语·宪问》："古之学者为己，今之学者为人。"
⑤ （清）黄宗羲：《明儒学案》，第 89 页。
⑥ （清）黄宗羲：《明儒学案》，第 4 页。

机在我。"① 置身之所虽有山林、朝市之别，然心无动于外，处之为一，白沙谓此才可称为"自得"。"自得"乃得之于己，其前提则是摆脱外物的纠缠、耳目的牵累、造次颠沛的缠缚。在这一境地下，心灵生机活泼、灵动不已。这就是说，白沙"自得"之学的第一个特点是灵动性。陈白沙还曾这样评述诸"乐"："富贵非乐，湖山为乐；湖山虽乐，孰若自得者之无愧怍哉！"② 在陈白沙的心目中，世间之"乐"有三：富贵之"乐"、湖山之"乐"、"自得"之"乐"。在这三"乐"中，陈白沙认为富贵之"乐"不若湖山之"乐"，湖山之"乐"不若"自得"之"乐"。"自得"之"乐"的根源在于心地坦然，无所愧怍。这就是说，白沙"自得"之学的第二个特点是"乐"。陈白沙"自得"之学散发着"乐"的气息。

从程朱章句之学走出来的陈白沙，基于"自得"的体悟，甚至如是批评程朱章句式研读六经方式："六经，夫子之书也；学者徒诵其言而忘味，六经一糟粕耳，犹未免于玩物丧志。"③ 在指出程朱章句式研读六经的弊端后，陈白沙点出正确的读书法：

> 学者苟不但求之书而求诸吾心，察于动静有无之机，致养其在我者，而勿以闻见乱之，去耳目支离之用，全虚圆不测之神，一开卷尽得之矣。④

陈白沙指出学者读书之要并不在于书籍本身，而在于借书籍回归本然心体。至于怎样回归本然心体，陈白沙留意到动静、有无之机乃回归之枢要，察于此机所蕴之机，就是"涵养之"。与此同时，还要勿以见闻扰乱本心，防止耳目的支离之用。在此涵养之下，本然心体就会保全其本然的神妙莫测。在此心境下，开卷自有所益。

前心、后心，一心也；前圣往贤是此心，今日愚夫愚妇亦是此心，体察前圣往贤本然之心，便是体察己之本然之心。由此白沙取消了经的神圣性，经不再是前圣往贤的专利，愚夫愚妇亦可分享："虽匹夫匹妇，胸中自有全经。"⑤ 经非别在，就在一己之心内。

通过两种读书法的比较，陈白沙阐明正确的读书法，意在批评程朱理学专意于章句训诂，却遗忘了自己的本心。在此意义上，陈白沙主张与其留意圣贤

---

① （清）黄宗羲：《明儒学案》，第 90 页。
② （明）陈献章：《湖山雅趣赋》，《陈献章集》卷四，第 275 页。
③ （明）陈献章：《道学传序》，《陈献章集》卷一，第 20 页。
④ （明）陈献章：《道学传序》，《陈献章集》卷一，第 20 页。
⑤ （明）陈献章：《夕惕斋诗集后序》，《陈献章集》卷一，第 11 页。

之言，不如关注圣贤言语背后的本心："往古来今几圣贤，都从心上契心传。孟子聪明还孟子，如今且莫信人言。"①

陈白沙认为，言语可有可无。弟子张诩深契陈白沙这一为学特点，故如是评述其学："先生（白沙）尝以道之显晦在人而不在言语也，遂绝意著述。故其诗曰：'他年倪遂投闲计，只对青山不著书。'又曰：'莫笑老慵无著述，真儒不是郑康成。'"② 张诩一再引用白沙诗句，以阐发白沙"道"之或显或晦，全在于人是否有心去发觉，而不在于言语本身。

假如说程朱理学流弊之一是过于专注章句训诂，而遗忘了自己的本心，那么，在陈白沙看来，拘迫则是程朱理学的另一流弊。程朱理学拘泥于教条，墨守成规，日用中强调"居敬"："惟是动容貌、整思虑，则自然生敬，敬只是主一也。"③"敬有甚物？只如'畏'字相似。不是块然兀坐，耳无闻，目无见，全不省事之谓。只收敛身心，整齐纯一，不恁地放纵，便是敬。"④ 面对如此拘谨、刻板的要求，生性洒脱的陈白沙显然不适应。"大抵吾人所学，正欲事事点检。今处一家之中，尊卑老少咸在，才点检着便有不由己者，抑之以义则拂和好之情。于此处之，必欲事理至当而又无所忤逆，亦甚难矣！"⑤ 程朱理学专注于日用间事事点检，这一为学风格显然与陈白沙洒脱的为学性格格格不入。首先，在一家之中，尊卑老少，其乐融融，若事事点检，身心有所缚，则天伦之乐亦失于其间。其次，以义处事，则拂逆本然之情。最后，欲求事理至当，心又无所违逆，陈白沙认为这是很难达到的境界。

"戒慎恐惧"，亦是程朱理学常见工夫法门。对于这一工夫法门，陈白沙如是评点：

> 戒慎恐惧，所以闲之而非以为害也。然而世之学者不得其说，而以用心失之者多矣。斯理也，宋儒言之备矣。吾尝恶其太严也，使著于见闻者不睹其真，而徒与我哓哓也。⑥

对于"戒慎恐惧"工夫法门本身，陈白沙并不反对。不过对于程朱理学视域下的这一工夫法门，陈白沙则有所警惕。于"戒慎恐惧"中诚惶诚恐，程朱理学

---

① （明）陈献章：《次韵张廷实读伊洛渊源录》，《陈献章集》卷六，第645页。
② （明）张诩：《白沙先生行状》，《陈献章集·附录二》，第880页。
③ （宋）程颢、程颐：《二程集》，第149页。
④ （宋）朱熹：《朱子语类》卷十二，《朱子全书》第十四册，第369页。
⑤ （明）陈献章：《与李德孚》（二），《陈献章集》卷三，第240页。
⑥ （明）陈献章：《复张东白内翰》，《陈献章集》卷二，第131页。

家唯恐心失之于外。此未免失之于拘谨、严肃。陈白沙则主张于此工夫间，保持心体的散逸、闲适。基于此，陈白沙毫不掩饰地表达了对程朱理学的厌恶之情。陈白沙入木三分地指出，若如程朱理学家们于"戒慎恐惧"上用功，则工夫过度关注于耳目，于本然心体则擦肩而过。

白沙之学与程朱理学方枘圆凿，格格不入。由此可见，白沙之学另有所承："鼓瑟鸣琴，一回一点。气蕴春风之和，心游太古之面。其自得之乐亦无涯也。"① 孔子高足颜回、曾点得孔子为学之真谛——"乐"，白沙"自得"之学亦散发着"乐"的气息。故陈白沙将其学溯至颜回、曾点。东林学派领军人物高攀龙在整理儒门学脉时，敏锐地觉察到陈白沙"自得"之学与曾点之学有学脉相承关系："自古以来，圣贤成就俱有一个脉络。濂溪、明道与颜子一脉，阳明、子静与孟子一脉，横渠、伊川、朱子与曾子一脉，白沙、康节与曾点一脉。"② 明末硕儒黄宗羲接着高攀龙云："（白沙）远之则为曾点，近之则为尧夫，此可无疑者也。"③ 高攀龙、黄宗羲不仅将白沙之学远溯至孔子两高足颜回、曾点，更将其学近追于北宋五子之一——邵雍。曾点、邵雍、陈白沙，一脉相承，自成一学统。

明中叶学者郭棐则在更广泛的学承中言说白沙之学："先生（白沙）之学，以自然为宗，不离日用而见鸢飞鱼跃之机，诚近领康斋之传，而上接濂溪之派者也。"④ 郭棐认为白沙之学近承吴与弼，远续周敦颐。

通过本人叙述及他人评述可知，在陈白沙心目中，于儒家程朱理学之道德严肃主义学统外，尚另有一学统。这一学统，陈白沙曾语重心长地说："仲尼、颜子之乐，此心也；周子、程子，此心也，吾子亦此心也。得其心，乐不远矣。愿吾子之终思之也。"⑤ 这一学统肇始于孔子、颜子、曾子，光大于周敦颐、邵雍、程颢，一路衍演流变至陈白沙自己。这一学统一脉相承的是"心"，特质是"乐"。相对于程朱理学道德严肃学派，此派可称为洒然自得学派。

陈白沙生动地描绘了洒然自得之乐：

> 舞雩三三两两，正在勿忘勿助之间。曾点些儿活计，被孟子一口打并出来，便都是鸢飞鱼跃。若无孟子工夫，骤而语之，以曾点见趣，一似说

---

① （明）陈献章：《湖山雅趣赋》，《陈献章集》卷四，第 275 页。
② （明）高攀龙：《高子遗书》卷五《会语》。
③ （清）黄宗羲：《明儒学案》，第 80 页。
④ （明）郭棐：《纂辑白沙至言跋》，《陈献章集·附录三》，第 920 页。
⑤ （明）陈献章：《寻乐斋记》，《陈献章集》卷一，第 48 页。

梦。会得，虽尧舜事业，只如一点浮云过目，安事推乎？①

"舞雩三三两两"出于《论语·先进》，是"曾点之乐"的重要话语形式之一。"曾点之乐"为孔门及后世儒学"乐"的重要意象之一。白沙极为推许这一意象，甚至如是云："我无以教人，但令学者看'与点'一章。"② 白沙并不单提"曾点之乐"，而是将"曾点之乐"与"勿忘勿助"联系在一起。"勿忘勿助"，语出《孟子·公孙丑上》，是养"浩然之气"的重要形式之一。从孟子起，"勿忘勿助"便是儒家工夫特质之一，强调在为学用功时，一方面当专心致志，顷刻不离于本然心性，另一方面不可预设，应不急不躁，泰然自若。前者源于《论语》，后者出自《孟子》。二者有不同的话语谱系，历代儒者从未将两者联系起来。陈白沙则别出心裁，在境界与工夫的语境下，将两者勾连起来。"勿忘勿助"指向的是"乐"的工夫，"曾点之乐"指向的是"乐"的境界。这就是说，"曾点之乐"源于"勿忘勿助"，于"勿忘勿助"之间，优柔厌饫，悠然间"乐"从心而生。这一勾连，还有另一特别之处。"曾点之乐"，有宋诸儒皆倡导有加。然而诸家倡导皆停留在境界层面上。陈白沙则从"勿忘勿助"这一工夫法门中加以提倡。在陈白沙心目中，若无"勿忘勿助"的优柔厌饫，"曾点之乐"便如"空中楼阁"。在"勿忘勿助"工夫法门上倡导"曾点之乐"，"曾点之乐"便不再是缥缈的境界，而有笃实的工夫根底。

有宋道学家力倡"曾点之乐"者不外乎周敦颐、邵雍，早年刘宗周敏锐地觉察到了这一点："盖先生（白沙）识趣近濂溪而穷理不逮，学术类康节而受用太早，质之圣门，难免欲速见小之病者也。"③ 抛开对白沙的訾议，刘宗周确在白沙身上看到了周敦颐、邵雍的影子。白沙自己也于明道、康节的诗中体会到与自己的性情相契之处："只看程明道、邵康节诗，真天生温厚和乐，一种好性情也。"④ 在有宋道学家中，白沙引周敦颐、邵雍、程颢为自己的志同道合者。

其实，在有宋道学建构的过程中，与"曾点之乐"同为《论语》"乐"之意象的"颜回之乐"是其重要一环。道学宗主周敦颐为人极具"颜回"之气象。程明道回忆其受教于濂溪时，濂溪常以寻"颜回之乐"相教："昔受学于周茂叔，每令寻仲尼、颜子乐处，所乐何事。"⑤

---

① （明）陈献章：《与林郡博》（七），《陈献章集》卷二，第217页。
② （清）黄宗羲：《明儒学案》，第75页。
③ （清）黄宗羲：《明儒学案》，第5页。
④ （明）陈献章：《批答张廷实诗笺》，《陈献章集》卷一，第74页。
⑤ （宋）程颢、程颐：《二程集》，第16页。

周敦颐以"颜回之乐"授程颢，其本人如是阐述"颜回之乐"的内涵：

> 夫富贵，人所爱也。颜子不爱不求，而乐于贫者，独何心哉？天地间有至贵至爱可求，而异乎彼者，见其大而忘其小焉尔。……见其大则心泰，心泰则无不足。无不足则富贵贫贱处之一也。处之一则能化而齐，故颜子亚圣。①

周敦颐认为，颜回能处陋巷而不忧，就在于他体见本然心体后，无所不足。无所不足，素富贵则处之富贵，素贫贱则处之贫贱，天地万物齐一于心。在此意义上，周敦颐极其推许颜回，言之为亚圣。

宋代著名学者黄庭坚极其推许周敦颐："春陵周茂叔，人品甚高，胸中洒落，如光风霁月。"② 弟子黄淳也认为陈白沙承周敦颐之脉："先生（白沙）之学，心学也。先生心之所流注者，在诗文。善读者，可想见其天地胸襟、濂洛造诣。否则，等糟粕耳。"③ 刘宗周晚年也抛开早年的偏见，重新审视周敦颐与陈白沙之间的学承："只'无欲'二字，直下做到圣人。前乎濂溪，后乎白沙，亦于此有得。"④ 同乡后学屈大均在指出陈白沙以"濂、洛之学为宗"的同时，进而点出"孔孟之学在濂溪，而濂溪之学在白沙"。⑤

时人如是形容邵雍："初至洛，蓬荜环堵，不芘风雨，躬樵爨以事父母，虽平居屡空，而怡然有所甚乐，人莫能窥也。"⑥ 可见陈白沙与邵雍性情相投，均甘于清贫，于闲适中自得其乐。陈白沙在自己的著述中，一再提及邵雍，并引为知己：

> 树倒藤枯始一扶，诸贤为计得毋疏。阅穷载籍终无补，坐破蒲团亦是枯。定性未能忘外物，求心依旧落迷途。弄丸我爱张东所，只学尧夫也不孤。⑦

陈白沙厌倦章句，倾情于诗意，通过诗这一文学形式来表述自己的心迹。

① （宋）周敦颐：《通书·颜子》，《周敦颐集》，陈克明点校，中华书局，1990，第31页。
② （宋）黄庭坚：《濂溪词并序》，《周敦颐集》，梁绍辉、徐苏铭等校点，岳麓书社，2007，第151页。
③ （明）黄淳：《重刻白沙子序》，《陈献章集·附录三》，第903页。
④ （明）刘宗周：《刘宗周全集》第二册，第401页。
⑤ （清）屈大均：《白沙之学》，《广东新语》卷十，中华书局，1985，第306页。
⑥ （元）脱脱等：《宋史·道学传一》，中华书局，1977，第12727页。
⑦ （明）陈献章：《次韵廷实示学者》，《陈献章集》卷五，第495页。

邵雍亦类此，故白沙非常推崇邵雍，认为诗到邵雍为至："诗到尧夫不论家，都随何柳傍何花。"①

朱熹赞程颢"可比颜子"②。与陈白沙一样，程颢亦提倡"自得"之学："大抵学不言而自得者，乃自得也；有安排布置者，皆非自得也。"③ 明道将为学之要归于"自得"，乃源于其自身的为学体验："吾学虽有所受，天理二字却是自家体贴出来。"④ 程颢自谓其学虽有所受，然其学之内核——"天理"却是自家体认，自得于己。体认"天理"，程颢指出待于放开："观天理，亦须放开意思，开阔得心胸，便可见，打揲了习心两漏三漏子。"⑤ 放开，心无杂染，便趋于所谓"颜回之乐"。在程颢的思想体系中，"颜回之乐"具有重要地位："若颜子箪瓢，在他人则忧，而颜子独乐者，仁而已。"⑥ 程颢将"颜回之乐"与"仁"联系在一起，认为颜回之所以能处贫而不改其乐，就在于能体"仁"于己。正是从"仁"出发，程颢诠释了天人合一、物我贯通的境界："仁者，以天地万物为一体，莫非己也。认得为己，何所不至？若不有诸己，自不与己相干。"⑦ 这一境界，程颢以诗表达为："闲来无事不从容，睡觉东窗日已红。万物静观皆自得，四时佳兴与人同。"⑧ 不论对程颢之心境，还是对程颢之境界，陈白沙均钦慕不已。陈荣捷曾这样感慨程颢对白沙的影响："明道对陈白沙影响甚大。"⑨

洒然自得学派所提倡的"曾点之乐"、"颜回之乐"，即便道德严肃学派亦不回避与之相关的意象。程颐如是云：

> 须知"义理之悦我心，犹刍豢之悦我口"，玩理以养心如此。盖人有小称意事，犹喜悦，有沦肌浃骨如春和意思，何况义理？⑩

程颐在自己理论内核"理"的范畴中言说"颜回之乐"相关意象，认为"理"之悦己之心犹若刍豢之悦己之口。

---

① （明）陈献章：《得世卿、子长近诗，赏之》（三），《陈献章集》卷六，第684页。

② （宋）朱熹：《朱子语类》卷九十三，《朱子全书》第十七册，第3107页。

③ （宋）程颢、程颐：《二程集》，第121页。

④ （宋）程颢、程颐：《二程集》，第424页。

⑤ （宋）程颢、程颐：《二程集》，第33页。

⑥ （宋）程颢、程颐：《二程集》，第352页。

⑦ （宋）程颢、程颐：《二程集》，第16页。

⑧ （宋）程颢、程颐：《二程集》，第482页。

⑨ 〔美〕陈荣捷：《宋明理学之概念与历史》，（台北）"中央研究院"中国文哲研究所，1996，第226页。

⑩ （宋）程颢、程颐：《二程集》，第66页。

理学集大成者朱熹对“曾点之乐”的相关意象亦津津乐道：

> 曾点之学，盖有以见夫人欲尽处，天理流行，随处充满，无少欠缺。故其动静之际，从容如此。而其言志，则又不过即其所居之位，乐其日用之常，初无舍己为人之意。而其胸次悠然，直与天地万物上下同流，各得其所之妙，隐然自见于言外。视三子之规规于事为之末者，其气象不侔矣，故夫子叹息而深许之。①

朱熹回到“曾点之乐”的语境，言其所志不过乐其日用之常而已。而日用之常正是“天理”流行处。

上述程颐、朱熹所述“曾点之乐”、“颜回之乐”相关意象，其共同点是从“理”的层面加以诠释，即认为“曾点之乐”、“颜回之乐”乃体“理”、循“理”之乐。这显然是过度诠释。事实上，在“曾点之乐”、“颜回之乐”的原初语境中并无此意。程朱认为“乐”源于“理”，程颢对此不以为然：“圣人，仁之至也，独能体是心而已，曷尝支离多端而求之自外乎？”② 在程颢看来，圣人只求内在之本然心体便可，不必自作支离，求之于外。

在上述两种诠释“颜回之乐”、“曾点之乐”的模式中，陈白沙显然站在洒然自得学派一边。在明初道德严肃学派流行于世、主宰学界之时，陈白沙重倡“颜回之乐”，为严肃的学术平添了生机，对僵硬的道德不无冲击作用。故张学智先生如是评价白沙的学术贡献：“由敬畏到洒落，是陈献章学术转变中最值得注意的方面。”③

第二节 “自得”之学的特质：“自然”

“自得”，不论是得之于“道”，还是得之于“心”，抑或得之于内，皆得之于“自然”。在白沙的视域里，“自然”溢出了物质性自然的范畴，是个境界性概念。在此意义上，本书将“自得”之学的特质界定为“自然”。

---

① （宋）朱熹：《四书章句集注·论语集注》卷六，第 130 页。
② （宋）程颢、程颐：《二程集》，第 74 页。
③ 张学智：《明代哲学史》，北京大学出版社，2000，第 40 页。

一 宇宙观：生化之"自然"

在临潭而感中，白沙言及其宇宙观：

> 天地间一气而已，屈信相感，其变无穷。人自少而壮，自壮而老，其欢悲、得丧、出处、语默之变，亦若是而已，孰能久而不变哉？变之未形也，以为不变；既形也，而谓之变，非知变者也。夫变也者，日夜相代乎前，虽一息变也，况于冬夏乎？生于一息，成于冬夏者也。夫气上蒸为水，下注为潭。气，水之未变者也。一为云，一为潭，变之不一而成形也。其必有将然而未形者乎。默而识之，可与论《易》矣。①

在此，陈白沙指出世界之质料是"气"。在陈白沙看来，世间万物乃一"气"所化而成。正是在一"气"之相屈相伸感应的过程中，天地间森罗万象得以诞生。"屈信相感"，陈白沙清醒地意识到"气"之存在状态并非静止，而是运化不已。为了使众人感知到这一观点，陈白沙还以人之生长、情绪变化为例：自少而壮，自壮而老，其情绪变化、所得所失、出处语默，皆一"气"之变动所致。从一"气"屈伸来阐述万物化生的"气"论思想，在其时是学界常识，同时代的哲人多持有类似观点。陈白沙"气"论思想的殊胜之处在于，世人多依据外在形体的变化来判断变化，而陈白沙对此有所超越。在陈白沙看来，依据外在形态的变化来判断变化与否乃未知变之真谛。所谓变，外在形体的变化固然可谓变，外在形体未变亦不可谓不变。为了说明此中含义，陈白沙从时间、空间两个维度来加以阐明。就时间维度而言，变，恰如日夜相代，一呼一吸间皆未停，况乎四季之更迭。变，起于一呼一吸，成于冬夏。从空间维度而言，白沙以一潭之水的云蒸雾绕为例。"气"，忽上蒸而为无形之云，忽下贯而为有形之潭。"气"，水之本然形体，倏变为云，倏变为潭，乃水之变化不一而成不同的形态。从时间、空间两个维度，陈白沙力图阐明世间无时、无物不在变化。在此意义上，陈白沙之世界观可谓变之世界观。在阐述变之世界观后，陈白沙继续追问世间是否定然存在规约事物而没有具体形状者。这里陈白沙所追问的对象乃程朱理学所谓本体之"理"。陈白沙提示，若能识得此"理"，则可学《易》，体会到《易》所阐发的"生生"之意。

通过以上的阐述可知，陈白沙宇宙观是"气"化的宇宙观。饶有趣味的是，在言"气"后，陈白沙并没有如程朱理学般触及使"气"之为"气"

---

① （明）陈献章：《云潭记》，《陈献章集》卷一，第41~42页。

者——"理"，而是继续探讨"气"，言及"气"之变，强调天地间变化不已。在这一阐述过程中，陈白沙有意识地回避了程朱理学的核心性概念——"理"，这就说明白沙宇宙观的核心概念不再是"理"，而是"变"。"理"是事物之所然，"变"是事物呈现之特征。于不动声色中将核心概念进行了转换，白沙的宇宙观非程朱理学所能羁绊，已溢出程朱理学所然之"理"的藩篱。

在"变"的宇宙观引导下，陈白沙敏锐地觉察到世间瞬息万变。基于此，白沙提出这样一种睿见："元气塞天地，万古常周流。闽浙今洛阳，吾邦亦鲁邹。星临雪乃应，此语非谬悠。"[①] 世间唯有一"气"。一"气"流行，瞬息万变，沧海桑田。这里陈白沙利用了两个例证来加以阐明。一是地理性变迁。众所周知，闽浙与洛阳相隔千里，岭南与齐鲁相隔千山万水。陈白沙却直觉式感知到昔日的闽浙地区今天成了洛阳，岭南亦曾与齐鲁相互交错。二是自然性现象。星降则下雪，本是自然界偶然巧合现象，陈白沙接受其时感应说，指证这正表征着世界处于运动变化之中。

既然天地间生生不已、瞬息万变，那么"变"的根源何在？陈白沙并未将此推于一外在的主宰者、所然者，而是回到"气"本身，就"气"之运化而言："天地至无心。比其著于两间者，千怪万状，不复有可及。至巧矣，然皆一元之所为。"[②] 在陈白沙心目中，天地间森罗万象，千姿百态，一物有一物自身的独特之处，可谓至巧。天地间所以如是，皆在于一元之"气"，一"气"运化，化生出森罗万象。此处在指出"变"的主体为"气"的同时，还点出"气"运化的特点——"无心"。"无心"，乃无成心、无造作之谓。这就是说，万物虽生于一"气"，然一"气"在化生万物过程中，非成心、造作而化，乃"无心"而化。

天地"无心"而万物化生，有心之人却敏而体之："坐忘一室内，天地极劳攘。颠浪雷殷江，流云墨推障。高田水灭顶，别坞风翻舫。大块本无心，纵横小儿状。江门三两诗，饶舌天机上。"[③] 虽坐一室之内，陈白沙却体察到天地运化不已，"极劳攘"。虽劳攘，然而天地何尝有心为之。在申言该诗时，弟子湛甘泉紧紧抓住"大块本无心"之"无心"，做如是诠释："天地心普万物而无心，其劳攘纵横如小儿之状，岂有意为之者哉？所以我之诗，饶舌以言天机之上耳。盖无心即天机也。"[④] 湛甘泉深契白沙该诗之密意，揭示了白沙言而又止之"天机"。该"天机"便是天地虽"无心"却普施天意、化生万物，

① （明）陈献章：《五日雨霡》，《陈献章集》卷四，第305页。
② （明）陈献章：《仁术论》，《陈献章集》卷一，第57页。
③ （明）陈献章：《八月二十四日飓作，多溺死者》，《陈献章集》卷四，第303页。
④ （明）湛若水：《八月二十四日飓风作，多溺死者》，《陈献章集·附录一》，第767页。

这一普施、化生过程如儿童游戏般，何曾有意而为？在湛甘泉看来，白沙虽自称其诗"饶舌"，却在言而又止间透露出此"天机"。

天地"无心"而万物自生自长，是白沙诗文重要主题之一："大块无心，孰夭孰寿，消息自然，匪物有咎。委变化于浮云，达荣枯于疏柳。"① 在这一段文字中，为了强调天地"无心"而万物自消自息之"自"性，陈白沙还引入另一重要概念——"自然"。陈白沙之所以要引入这一概念，在于申述万物之消息非有一外在主宰者、支配者，而是万物自消自息。"自然"本是道家概念，为老、庄所提倡，然陈白沙不避时嫌，大胆地借用。陈白沙所以大胆借用道家之"自然"，在于其心目中天地"无心"化生万物，与老、庄所倡万物之自然而然、反对外在人为造作异曲同工。在此意义上，陈白沙曾如是云："尝疑大块本全浑，不受人间斧凿痕。"② 陈白沙亦曾怀疑过天地浑然而化，不过很快就体会到天地间万物本自化自成，非待于人为造作而成。

不过这并不意味着白沙所倡之"自然"完全承袭老、庄："天下未有不本于自然，而徒以其智收显名于当年、精光射来世者也。《易》曰'天地变化草木蕃'，时也。随时屈信，与道翱翔，固吾儒事也。"③ 相较于逞一己之私智、留美誉于后世，陈白沙显然更赞同"自然"。陈白沙指出，天地间万物无不本于"自然"。不过，陈白沙只是借用"自然"概念，并没有就此滑向道家，而是继续坚持儒家的基本理念。④ 为了表明自己并没有就此滑向道家，陈白沙特意将"自然"拉回到《周易》"天地变化草木蕃"的语境。"天地变化草木蕃"指涉斗转星移、草木荣枯，在这一指涉过程中陈白沙凸显出"时"这一概念。草木时荣时枯，乃天地"时"之变。草木尚如此，何况人乎？随"时"而伸而屈，由此与"道"浑然一体。约言之，陈白沙视域下的"自然"除了染有道家"自然"之自然而然、反对人为造作色彩外，还深深浸染着"生"之色彩。浸染着"生"之色彩的"自然"，在白沙看来，乃儒门固有之事，非假于外家。

唯恐于此未能完全彰显儒门"自然"之意，在与弟子林时矩的信函中，陈白沙做了更为详细的阐述：

> 宇宙内更有何事，天自信天，地自信地，吾自信吾；自动自静，自阖

---

① （明）陈献章：《祭黄君朴文》，《陈献章集》卷一，第111页。
② （明）陈献章：《云封寺有曲江遗像，戏题》，《陈献章集》卷六，第678页。
③ （明）陈献章：《题吴瑞卿采芳园记后》，《陈献章集》卷一，第71页。
④ 援"自然"以入儒门，非自白沙始，北宋五子之一的程颢就是其典型。陈白沙推许程颢，职是之故，笔者认为陈白沙接受道家"自然"概念，非直接源于道家，而是假手于程颢。

> 自辟，自舒自卷，甲不问乙供，乙不待甲赐；牛自为牛，马自为马；感于此，应于彼，发乎迩，见乎远。①

虽然在这段话中陈白沙并未直接言及"自然"，但在"自"的话语中陈白沙所欲表达的无不是"自然"之意。从表面来看，陈白沙所言之"自然"与道家所言之"自然"如出一辙，均指向自然而然。然而陈白沙的自然而然的背后，洋溢着盎然生意，与道家虚寂的底色相去甚远。② 约言之，陈白沙与道家均言"自然"，然道家所言之"自然"局限于对事物自性的一种形容，摆脱不了虚寂的底色；陈白沙所言之"自然"则是对天地自然生化的一种描述，其背后透着盎然的生意。

陈白沙亦自喻："昭昭《圣学篇》，授我自然度。"③ 其"自然"之学乃儒门圣圣相授。明末理学殿军刘宗周深深体察到白沙为学这一特质，如是评述白沙之学："先生学宗自然。"④

二　境界论：与物翱翔

通过"自然"，陈白沙勾勒出生化不已的宇宙观。在陈白沙的视域中，生化不已的宇宙观不仅是对宇宙的一种客观描绘，更体现着陈白沙所憧憬的境界。境界，不是对宇宙的一种客观描述，而是宇宙在人心之中的一种呈现。欲解析境界，还是先回到人，审视人在宇宙中处于何种地位，与万物是何种关系。

对于上述两个问题，陈白沙这样回答："元气之在天地，犹其在人之身，盛则耳目聪明，四体常春。其在天地，则庶物咸亨，太和缊缊。"⑤ 人与万物一般，均为一"气"所化生。为了凸显"气"在天地间的始基性，陈白沙于此将"气"指称为"元气"。"元气"流行于人之身，则耳聪目明、四体畅然；流行于天地，则万物茂盛、气化盎然。在此意义上，"人与天地同体"⑥。人与万物浑然一体，则原初的混沌境地是人之精神家园，更是人之故乡的意象。人

---

① （明）陈献章：《与林时矩》（一），《陈献章集》卷三，第 242 页。
② 陈少明在探析白沙心学与道家自然主义关系时，在指出自然主义与虚无主义在老庄哲学中是一体两面的同时，亦清醒地意识到白沙是自然主义者，而非虚无主义者。参见陈少明《白沙心学与道家自然主义》，陈鼓应主编《道家文化研究》（第四辑），上海古籍出版社，1994。
③ （明）陈献章：《读张地曹偶拈之作》，《陈献章集·附录一》，第 770 页。
④ （清）黄宗羲：《明儒学案》，第 4 页。
⑤ （明）陈献章：《祭先师康斋墓文》，《陈献章集》卷一，第 107 页。
⑥ （明）陈献章：《与湛民泽》（七），《陈献章集》卷二，第 192 页。

随着成长，距此家园愈来愈远。现实世界是恶浊的，陈白沙不愿与其同流合污，希冀回到原初的家园："大流无此奇，偶值银河倾。愿回银河流，免与世浊并。"① 在奇妙的想象中，陈白沙表达出其欲摆脱浊世之羁绊，回归人类原初家园——大自然的一种憧憬。隔离人与原初家园——大自然的屏障主要是人之欲望及由欲望而构成的所谓"我"。陈白沙怀着乡愁的冲动，摆脱后天欲望之纠缠，打破欲望所构成的"我"，希冀重新回到天地间，在天地间翱翔。在诗歌中，陈白沙不时地表达对这一境界的向往："一痕春水一条烟，化化生生各自然。七尺形躯非我有，两间寒暑任推迁。"② 在春日溪边泛起若有若无雾霭这一意象中，陈白沙对天地之生生化化进行了生动的描绘。当然陈白沙并未单纯耽于这一意象，继而表达欲臻于这一境界，当忘却自己的形躯。在对宇宙场景的描述中，陈白沙亦不忘对翱翔天地境界的向往："混沌固有初，浑沦本无物。万化自流形，何处寻吾一？"③ 表面看来，该诗似乎是陈白沙对宇宙场景的描述，不过末句还是透泄出该诗的寓意。"何处寻吾一"，湛甘泉诠释为"能于万化之中，而知一体之实，可谓语性矣"④，难令人满意。白沙该诗前两句无疑是对宇宙本初状态的描述。后两句则回到天地。天地间万物自生自化，于此中，并无"我"的踪迹。这就是说，"何处寻吾一"，并不是在凸显"一体之实"（主体之人），而恰是在消弭"一体之实"。唯有消弭"一体之实"的自我意识，"一体之实"方能翱翔于天地间。

陈白沙如是评价其得意弟子张诩之学："盖廷实之学，以自然为宗，以忘己为大，以无欲为至，即心观妙，以揆圣人之用。其观于天地，日月晦明，山川流峙，四时所以运行，万物所以化生，无非在我之极。"⑤ 这何尝不是白沙本人之学的一种表述？白沙之学围绕天地生生化化"自然"之境而展开。这一境界的展开尚待于"即心观妙"，即通过天地间的日月晦明、山峦穆然、流水湍动、春夏秋冬之流转，体悟天地间生生化化。然而此生生化化皆不外乎我之一心。

通过以上阐述，我们可以知悉，在白沙思想体系中，人本内嵌于天地之中，为万物之一例。这就是说，在原初的境地中，人并不在万物之外。这一原初境地意味着三点。首先，这一原初境地展现于一心，故原初境地亦可谓境界。

---

① （明）陈献章：《大流垂玉》，《陈献章集》卷四，第284页。

② （明）陈献章：《观物》，《陈献章集》卷六，第683页。

③ （明）陈献章：《神泉八景，为饶鉴赋其四，赠之·太极涵虚》，《陈献章集》卷五，第522页。

④ （明）湛若水：《神泉八景，为饶鉴赋·太极涵虚》，《陈献章集·附录一》，第792~793页。

⑤ （明）陈献章：《送张进士廷实还京序》，《陈献章集》卷一，第12页。

其次，于这一境界中，人放飞自己，从而实现了自我。最后，在这一境界中，实现了自我的人，与自然浑然一体。基于此，本书将这一境界称为"与物翱翔"。

如何臻于这一境界？陈白沙认为臻于这一境界的路径便是"无欲"、"忘己"。世间之欲不外利、名，"无欲"即遗名去利。世人多为利所困，为名所缠："富贵何忻忻，贫贱何戚戚！一为利所驱，至死不得息。夫君坐超此，俗眼多未识。勿以圣自居，昭昭谨形迹。"① 陈白沙感慨世人囿于一孔之见，碌碌于蝇头之利，至死犹未喻，认为李世卿则超越于此，惜世俗之人未识其高洁。"丈夫重出处，富贵如浮烟。"② 在白沙看来，富贵如浮云，虚幻不实，人之为人应关注其立根之处。世人视名亦如视利一般，多沉溺其间，白沙则视之如粪土："天下功名无我关。"③ 白沙一生以退隐不仕为人生旨趣，故在其心目中，名利皆人之羁络，高明之人当摆脱此羁络："高人谢名利，良马罢羁鞅。"④

陈白沙在其思想宗旨——"自得"的语境下言说摆脱名利羁绊的境地："卓乎有以自立，不以物喜，不以己悲，盖亦庶几乎吾所谓浩然而自得者矣。"⑤ 超越一己之得而喜、一己之失而悲，于此际卓然自立，此可谓"自得"。但此"自得"，非究竟之"自得"，因为此"自得"尚系于外，真正之"自得"无系于外，乃系于得失本身，得失本身便是欲望之欲望——生死。名利，可能刹那勘破；生死，则非一时可以勘破。众生贪生怕死，就在于执着个"我"，"我"之为"我"，在于有个形骸。因此，超越生死，就在于勘破形骸："文定从西方之教，苟有得焉，则能以四大形骸为外物，荣之、辱之、生之、杀之，物固有之，安能使吾戚戚哉？"⑥ 这里，白沙话语的对象是僧人，故借用佛教话语来言说如何勘破形骸。在佛教的视域下，人之躯骸乃由地、水、风、火构成，梦幻非实，故人之形骸非人之为人本身，当以外物视之，形骸遭受荣、辱、生、杀，乃物之本然，怎么可以因之而悲切？白沙进而把生死看成自然现象："人生如逝水，花发见南枝。"⑦ 既然生死是自然现象，那么面对生死应当泰然处之，洒然应之。弟子林时矩母亲去世，白沙如是开导："纵浪大化，此往彼来，吾将校计其短长非耶？沟填壑委，在我者一切任之，而独留情

① （明）陈献章：《送李世卿还嘉鱼》（三），《陈献章集》卷四，第314页。
② （明）陈献章：《赠林汝和通判》，《陈献章集》卷四，第286页。
③ （明）陈献章：《挽钟太守美宣》（二），《陈献章集》卷六，第648页。
④ （明）陈献章：《归田园》，《陈献章集》卷四，第292页。
⑤ （明）陈献章：《李文溪文集序》，《陈献章集》卷一，第8页。
⑥ （明）陈献章：《与僧文定》，《陈献章集》卷三，第246页。
⑦ （明）陈献章：《病中咏梅》（三），《陈献章集》卷四，第397页。

于水菽非邪?"① 人生在世, 若纵浪于大化流行中, 故不必计较夭寿。填之于沟, 委之于壑, 一切任其自然, 即便孝悌亦不必留情。

约言之, 摆脱形躯之小我, 达于"无己", 才能超越生死。也许下面的话是对白沙"无欲"、"忘己"的最好总结: "士从事于学, 功深力到, 华落实存, 乃浩然自得, 则不知天地之为大、死生之为变, 而况于富贵贫贱、功利得丧、屈信予夺之间哉!"②

如何才能"无欲"、"忘己"? 白沙强调不随流俗而变: "出处语默, 咸率乎自然, 不受变于俗, 斯可矣。"③ 不随流俗而变, 则定于内, 于是日用酬酢莫不出于"自然"。

随顺"自然", 有待于回归天地之自然, 忘情于自然。弟子湛甘泉深契其师此中真意, 陈白沙倍感欣慰, 致函如是教诲: "此学以自然为宗者也。承谕近日来颇有凑泊处, 譬之适千里者, 起脚不差, 将来必有至处。自然之乐, 乃真乐也。宇宙间复有何事?"④ 陈白沙指出其学以"自然"为宗。白沙所以将"自然"视为其学之宗旨, 就在于"自然"之中有真乐。体"自然"所蕴之真乐, 宇宙间又有何事可置于心?

相对于尔虞我诈的社会, 陈白沙更钟情于自然, 于自然中, 才觉得自在, 才能体会到快乐: "湖山之盟信如何也? 江山鱼鸟, 何处非吾乐地?"⑤ 在亲近自然中, 白沙获得超然的感觉: "来雁知天寒, 归人看月色。超超尘外心, 浩矣周八极。"⑥ 陈白沙一生皆亲近自然, 同乡后学屈大均曾如是描绘陈白沙翩然于山水间: "白沙先生尝戴玉台巾, 扶青玉杖, 插花帽檐, 往来山水之间。"⑦

早年陈白沙游学于吴康斋门下, 未寻得个入处。及告别吴康斋归自己家乡——白沙后, 陈白沙杜门静坐, 试图于静坐中寻觅到入处, 不过仍徘徊于得之外。沮丧之余, 陈白沙"迅扫夙习, 或浩歌长林, 或孤啸绝岛, 或弄艇投竿于溪涯海曲, 忘形骸, 捐耳目, 去心志, 久之然后有得焉, 于是自信自乐"⑧。可见, 陈白沙之"自得"与纵情山水不无关涉。

自得后, 成化二年 (1466) 陈白沙再次北上赴京。北上的过程中, 白沙并未迫不及待, 直接赴京, 而是借此机会, 做了一次"壮游", 并作一赋以纪此行:

---

① (明) 陈献章:《与林时矩》(二),《陈献章集》卷三, 第 243 页。
② (明) 陈献章:《李文溪文集序》,《陈献章集》卷一, 第 8 页。
③ (明) 陈献章:《与顺德吴明府》(三),《陈献章集》卷二, 第 209 页。
④ (明) 陈献章:《与湛民泽》(九),《陈献章集》卷二, 第 192~193 页。
⑤ (明) 陈献章:《与胡金宪提学》(四),《陈献章集》卷二, 第 154 页。
⑥ (明) 陈献章:《经鳄洲》,《陈献章集》卷四, 第 281 页。
⑦ (清) 屈大均:《白沙逸事》,《广东新语》卷九, 第 277 页。
⑧ (明) 张诩:《白沙先生墓表》,《陈献章集·附录二》, 第 883 页。

　　丙戌之秋，余策杖自南海循庾关而北涉彭蠡，过匡庐之下，复取道萧山，溯桐江叙舟望天台峰，入杭观于西湖。所过之地，盼高山之漠漠，涉惊波之漫漫；放浪形骸之外，俯仰宇宙之间。当其境与心融，时与意会，悠然而适，泰然而安。物我于是乎两忘，死生焉得而相干？①

　　陈白沙之钟情山水不仅表现在现实中，亦折射于梦境中："我梦名山为点头，名山到处是真游。床头买酒黄金尽，那向长江更买舟？"②其实，感受自然之美，非待名山大川。陈白沙平生未得仕进，多赋闲于乡，与其师吴与弼一般，亲执其劳。于田间劳作的过程中，陈白沙深感自然之美，于自然之美中自得其乐：

　　君子固有忧，不在贱与贫。农事久不归，道路竟徒勤。青阳动芳草，白日悲行人。沮溺去千载，相知恒若新。出门转穷厄，得已聊一欣。甘雨濡夕晰，繁花暮春津。独往亦可乐，耦耕多近邻。百年鼎鼎流，永从耕桑民。③

　　范规从学于陈白沙，其父隐归西江之浒、花山之荫，因号东圃。应范规之请，陈白沙赠其父东圃诗一首并序之。在序言中，陈白沙这样描绘东圃翁："醉则曲肱而卧，藉之以绿草，洒之以清风，寤寐所为，不离乎山云水月，大抵皆可乐之事也。"④该诗并序并非单纯的应酬之作，东圃翁与陈白沙心心相印，陈白沙才不惮其烦，欣然而作。

　　约言之，放下诸欲，回归自然，于是陈白沙不再执着于形躯化、欲望化之"我"，而将其看作物之一例。成为物之一例，其面对物，乃以物观物；以物观物，则物我交融，与天地同流，与物翱翔。

第三节　生："心""道"凑泊之机

　　在解析了陈白沙"自得"之学的特质为"自然"之后，"自得"学的内涵便很清楚了。

①　（明）陈献章：《湖山雅趣赋》，《陈献章集》卷四，第 275 页。
②　（明）陈献章：《次韵廷实进士送伦长官出游》，《陈献章集》卷六，第 592 页。
③　（明）陈献章：《怀古田舍》，《陈献章集》卷四，第 295 页。
④　（明）陈献章：《东圃诗序》，《陈献章集》卷一，第 22 页。

一　"生生"："道"之内涵

白沙"自得"之学，如前所言，乃得之于"己"，得之于"内"。然此"己"、此"内"非局限于一"己"、一"内"，否则便如释教般陷入荒忽寂灭之中。儒家之"内"、"己"总是与宇宙万物紧密地联系在一起。"道"象征着天地万物，于是"心"与"物"的关系便转换为"心"与"道"的关系。所谓未得者，心与理未能凑泊，在为圣意识的鼓动下，陈白沙早年焦虑于"心"与"理"（"道"）未能凑泊为一。换言之，"心"与"道"应相互凑泊。在此意义上，"心"、"道"相互凑泊可谓陈白沙为学之主旨。"心"、"道"如何相互凑泊？此尚须回到"道"之内涵，只有明晰"道"之内涵后，"心"、"道"相互凑泊问题才能迎刃而解。那么白沙之"道"的内涵是什么？学界对此关注有加。① 不过目前关于白沙"道"之研究，有两个局限：一是就思维方式而言，囿于本体思维，执着于有一个所谓具体本体之"道"；二是就具体阐述"道"之思想内涵而言，纠缠于"道"与"气"、"心"的关系，而"道"的内涵始终处于学者视域之外。"道"的具体内涵是什么？陈白沙视之为"天机"，"天机"不可泄，故陈白沙故作神秘，未曾明言。本书试图通过对"道"诸特征的解析来泄漏这一"天机"，揭示陈白沙视域下"道"的内涵。

"道"的第一个特征是至大：

> 道至大，天地亦至大，天地与道若可相侔矣。然以天地而视道，则道为天地之本；以道视天地，则天地者，太仓之一粟，沧海之一勺耳，曾足与道侔哉？天地之大不得与道侔，故至大者道而已。②

在常人看来，天地可谓至大，然而在陈白沙看来，相比于"道"，天地可谓沧海之一粟，故世间至大者乃"道"。

"道"的第二个特征是无可言状：

> 或曰："道可状乎？"曰："不可。此理之妙不容言，道至于可言则已涉乎粗迹矣。""何以知之？"曰："以吾知之。吾或有得焉，心得而存之，口不可得而言之。比试言之，则已非吾所存矣。故凡有得而可言，皆不足以得言。"曰："道不可以言状，亦可以物乎？"曰："不可。物囿于形，

---

① 具体研究概况可参见苟小泉《陈白沙哲学研究》，中华书局，2009，第100～101页注释。
② （明）陈献章：《论前辈言铢视轩冕尘视金玉》（上），《陈献章集》卷一，第54～55页。

道通于物，有目者不得见也。”“何以言之？”曰：“天得之为天，地得之为地，人得之为人。状之以天则遗地，状之以地则遗人。物不足状也。”曰：“道终不可状欤？”曰：“有其方则可。举一隅而括其三隅，状道之方也。据一隅而反其三隅，按状之术也。”①

在这段自拟的对话中，陈白沙力图阐明“道”不可言状，可言状者皆涉粗迹；这一不可言状者，唯心可体之。不可言状之“道”，不可以用具体形象来形容，不可以用明晰概念加以界定。

“道”的第三个特征是“虚”“实”一贯：

> 夫道至无而动，至近而神，故藏而后发，形而斯存。……知者能知至无于至近，则无动而非神。藏而后发，明其几矣。形而斯存，道在我矣。……夫动，已形者也，形斯实矣。其未形者，虚而已。虚其本也，致虚之所以立本也。②

在陈白沙看来，与其以“虚”抑或“实”来直接界说“道”，不若将“道”置于“虚”、“实”一贯下来加以审视。“虚”、“实”本一体，不过在“动”“静”过程中，分而为“实”、为“虚”。“道”本“虚”，发而为“实”，呈现为具体事物。相对于具体事物之“实”，“虚”更为根本。

“道”的第四个特征是遍在性：“道无往而不在，仁无时而或息，天下何思何虑，如此乃至当之论也。”③ 也就是说，“道”无往而不在，遍于万物之中。

“道”的第五个特征是即物而在：

> 溪上梅花月一痕，乾坤到此见天根。谁道南枝独开早，一枝自有一乾坤。④

> 知暮则知朝，西风涨暮潮。千秋一何短，瞬息一何遥。有物万象间，不随万象凋。举目如见之，何必穷扶摇？⑤

---

① （明）陈献章：《论前辈言铢视轩冕尘视金玉》（下），《陈献章集》卷一，第56页。
② （明）陈献章：《复张东白内翰》，《陈献章集》卷二，第131页。
③ （明）陈献章：《与张廷实主事》（十一），《陈献章集》卷二，第164页。
④ （明）陈献章：《梅月，用庄定山韵》（三），《陈献章集》卷六，第660页。
⑤ （明）陈献章：《偶得寄东所》（一），《陈献章集》卷四，第310页。

第一首诗描绘月下溪边梅花悄然绽放，这一意象正泄露了"天根"。第二首诗描述有一物流行于万物间，万物时凋时敝，然而此物却始终生意盎然，无凋无敝。此物并不在他处，举目便可视之。通过上述两首诗歌意象的呈现，陈白沙阐述了"道"即物而在的特性。

由此可见，"道"不是某一具体之物。若借用西方哲学话语，称之为"本体"论，似乎大而无当，于"道"之内涵的了解并无助益。其实，"道"之诸特征描述完，"道"之内涵便呼之欲出。同乡后学屈大均泄露了陈白沙所谓的"天机"：

> 白沙先生善会万物为己，其诗往往露泄道机，所谓吾无隐尔。盖知道者，见道而不见物；不知道者，见物而不见道。道之生生化化，其妙皆在于物。物外无道，学者能于先生（白沙）诗深心玩味，即见闻之所及者，可以知见闻之所不及者。物无爱于道，先生无爱于言，不可不察也。①

屈大均直言陈白沙"善会万物为己"，这便意味着陈白沙已臻于将万物纳于一己之心的境界。这是陈白沙为学的宗旨，亦是陈白沙所谓"天机"之所在。对于这一"天机"，陈白沙常常不是直接、显白地表露，而是通过其诗歌所勾勒的朦胧意象来加以呈现。屈大均则透过诗歌所勾勒的朦胧意象体察到白沙所谓的"天机"。他的体察方式是将"物"、"道"相对待：执着于物，则无法见"道"；见"道"，则物无碍于"道"。"道之生生化化"，此语最为紧要，屈大均将白沙欲言而未言之所谓"天机"直接、显白地表达出来。"道"非具体一物，故"道之生生化化"与其说是"道"之生生化化，不如说"道"就是"生生化化"。"生生化化"之"道"，非局限于"道"之本身，而是流行于世间，体现于"物"。在这个意义上，"道"即物而在，物外无"道"。在屈大均看来，学人若能深心玩味白沙之诗，则可知所见闻者及不可见闻者。屈大均可谓独具慧眼，解读出陈白沙欲言而又止之"天机"。

其实，在陈白沙话语体系中，类似"生生化化"之言，不胜枚举："鱼跃鸢飞，乃见真机。"②"鱼跃鸢飞"乃是"生生化化"之征象，于其间自可体见天之"真机"。陈白沙有诗云："虚无里面昭昭应，影响前头步步迷。说到鸢飞鱼跃处，绝无人力有天机。"③"生生"虽无形迹，然而在"虚无"的形迹下

---

① （清）屈大均：《白沙诗》，《广东新语》卷十二，第347～348页。
② （明）陈献章：《拨闷》，《陈献章集》卷四，第277页。
③ （明）陈献章：《赠周成》，《陈献章集》卷六，第566页。

蕴含无限的"生意"，事物由此"生意"而相互感应。若滞于形迹，事物则会失却"生意"，只能囿于自身，无法与他物相互感应。自然之所以能表现出"鸢飞鱼跃"，在于无人力安排。"些儿欲问天根处，亥子中间得最真。"① "亥"时、"子"时是一天转换为另一天之际，此际"生意"欲萌。若有心，于此际便可体察到"天根"。"正翁眼时元活活，到敷散处自乾乾；谁会五行真动静，万古周流本自然。"② 生意不仅流行于天地间，亦流行于一己之"心"。反身内观，内心生意泪然。白沙不禁感慨：谁能体会万物流行变化本于五行之自然推演？下面的文字更透露出白沙欲隐之"天机"："一生生之机，运之无穷，无我无人无古今，塞乎天地之间，夷狄禽兽草木昆虫一体，惟吾命之沛乎盛哉。"③ "生生"流于古今，塞乎天地，永无停息。在此"生生"流行下，值得留意的有两点：其一，世间万事万物，不论夷狄、禽兽、草木、昆虫，在"生意"的流行下，浑然一体，无有差别；其二，人为万物之灵，故天地间"生生"之意充沛者莫过乎人。

陈白沙欲言而又止之"天机"便是"生"。在明确"道"的内涵就是"生"后，回头再重新审视"道"的诸特征，原本似乎晦涩难解处便豁然开朗。其一，"生生化化"至大，天地之大不足以相伴。其二，"生生化化"自然流动，故不可具体言状。其三，"生生化化"本无形，故"虚"；"虚"，泪然欲发，故动；动而生万物，故"实"，"实"乃静。"虚""实"参半，动静相即。其四，"生生化化"流行于天地间，贯穿于万事万物中，故具遍在性。其五，陈白沙通过诗的形式勾勒"生生化化"的即物而在，体会"生生化化"不必舍近求远，眼前之物，"生意"正盎然。

在厘清"道"的内涵后，"道"与世界基质——"气"的关系也清晰起来。"道超形气元无一。"④ 作为世界大全的"道"自然超于"气"之上，但此"超"非"超脱、脱离"之意，而是"超胜、胜过"之意。⑤ 黄明同眼光独到，敏锐地觉察到"道"超"气"之内蕴。换言之，"道"之超越于"气"，仅从本体层面而言。逾出此层面，"道"的超越性便失效。在现实世界中，"道"、"气"又是什么关系？下面的白沙诗句透出一些信息："半属虚空半属身，细缊一气似初春。"⑥ 前句是对生生化化之"道"的描述，生生化化，流行而无痕，

① （明）陈献章：《夜坐》（一），《陈献章集》卷五，第422页。
② （明）陈献章：《枕上谩笔》，《陈献章集》卷六，第647页。
③ （明）陈献章：《古蒙州学记》，《陈献章集》卷一，第27~28页。
④ （明）陈献章：《次韵张东海》，《陈献章集》卷五，第499页。
⑤ 黄明同：《陈白沙哲学的理论路向及其影响》，《广东社会科学》1995年第2期。
⑥ （明）陈献章：《夜坐》（一），《陈献章集》卷五，第422页。

故谓"虚";生生化化,凝聚而显为物,故言"实"。后句则是对世界基质——"气"的勾勒。陈白沙以"絪缊"来描述"气"的存在形态,"絪缊"乃浑沦、浑然之意。"气"的这一存在形态"似初春",意味着浑沦、浑然之"气"孕育着动之趋向,意味着"气"总是处于动的态势之中。动的态势寓意着"生生化化",于是"道"与"气"之间隐秘的关系便被揭示出来了。"道"、"气"本为一体。"道"为"生生化化","生生化化"需有主体,有主体才有此"生生化化",此主体便是"气"。"气"之生生化化便是"道",相应地,"道"乃"气"之生生化化。无"道","气"便凝滞、呆板,不可为"气";无"气","道"便成为悬空的"道"体。

约言之,陈白沙超越、突破了程朱理学的"道"、"气"观。在程朱理学思想体系中,相对于"气","道"具有先在性、主宰性。陈白沙则扭转此风,认为"道"非别为一物,"气"之生生化化就是"道",从而取消了"道"的先在性、主宰性。自明中叶起,"气"本论逐渐成为学界的共识,"理"本论则逐渐失去市场,儒家本体论渐从"理"本论转向"气"本论,而开其风、肇其始者乃陈白沙。

二 "心":"道"之舍

在阐明"道"之内涵、"道""气"关系之后,我们还是回到白沙之学的主旨,审视"道"与"心"如何相互凑泊。

儿女是父亲的最大牵挂,作为父亲的陈白沙如是教诲诸子:"儿曹莫问前程事,若个人心即是天。"① 陈白沙善意地提醒诸子不应以世俗利禄为意,而应以天——万物之大全不外乎一"心"作为人生旨趣。"道"乃万物之"道",故"道"亦不外乎一"心":"是故道也者,自我得之,自我言之,可也。"② "道"不外乎一"心",由此"道"切于己,是就人之"自我"而言的。

万物不外乎一"心",或者说"道"不外乎一"心",是儒家共识。其中的机枢在于陈白沙在何种层面上言说万物不外乎一"心"或"道"不外乎一"心"。

欲回应这一问题,还是先审视下面一段文字:

> 圣道至无意。比其形于功业者,神妙莫测,不复有可加。亦至巧矣,

---

① (明)陈献章:《示儿》(五),《陈献章集》卷六,第664页。
② (明)陈献章:《复张东白内翰》,《陈献章集》卷二,第131页。

然皆一心之所致。心乎，其此一元之所舍乎！①

在此段文字中，陈白沙一如既往地表述天地"无心"而化生万物。不过，在表述这一思想时，陈白沙引入了另一重要概念——"心"。"一元"即一元之"气"。"心乎，其此一元之所舍乎！"这就是说，"气"不仅流行于天地间，更流行于一己之"心"内。当陈白沙如此言说时，其实一"气""无心"，化生万物无外乎一"心"。尽管在此化生过程中"无心"而化，万物却灿然而呈，可谓至巧。

通过上述文字，我们可以知悉陈白沙是在"气"的层面上阐述万物不外乎一"心"的，于是作为万物大全之"道"亦不外乎一"心"。从"气"的层面上阐述万物不外乎一"心"，"道"亦不外乎一"心"，只是触及"道"不外乎一"心"的基点，至于其中的内在机理还待继续探索。

于此，陈白沙一如既往，欲言又止："至无有至动，至近至神焉。发用兹不穷，缄藏极渊泉。吾能握其机，何必窥陈编？"② 在一系列隐喻中，陈白沙表达了其所欲隐藏的言而又止者："至无"，乃指无形"生生化化"。"生生化化"虚而欲发，故"至动"；"至近"乃一己之"心"，一己之"心"神妙莫测，故"至神"。"渊泉"，喻"心"，汩然欲涌之"生生"，乃蕴于"心"。若能把握"心"中生化之机，则何必沉溺于书本？

至此，万物不外乎一"心"、"道"不外乎一"心"的内在机理终于得到揭示：在"生生"的畅然中，内外一贯，由此"心"包乎万物，"道"居于一"心"之内。在此视域下，"心"、"道"相互凑泊的谜底亦得以显白。"道"之内涵是"生生化化"，而"生生化化"之渊数在于"心"。在此层面上，"道"与"心"实现相互凑泊。于此间，"道"、"心"相互凑泊具体形态亦得到彰显："道"寓于"心"，"心"乃"道"之寓所。

正如"气"不仅流行于天地间，更流行于一己之"心"内，"生"不仅流淌于天地间，更流淌于一己之"心"内。一己之"心"，正是天地间生意最益然处，如泉眼之于泉。除了隐喻地对此加以表述，其实陈白沙亦曾明言："凡天地间耳目所闻见，古今上下载籍所存，无所不语。所未语者，此心通塞往来之机，生生化化之妙，非见闻所及，将以待世卿深思而自得之，非敢有爱于言也。"③ 白沙将世间事物分为耳目所闻见、古今书籍所记载者与耳目所未闻见、

---

① （明）陈献章：《仁术论》，《陈献章集》卷一，第57页。
② （明）陈献章：《答张内翰廷祥书，括而成诗，呈胡希仁提学》，《陈献章集》卷四，第279~280页。
③ （明）陈献章：《送李世卿还嘉鱼序》，《陈献章集》卷一，第16页。

古今书籍所未记载者。前者便是具体事物，后者则是具体事物背后所蕴之"生"。由此，白沙善意地提醒弟子李承箕当深思而自得之。

作为诗人，陈白沙亦不忘在诗歌中表达"生"之意象："无我无人无古今，天机何处不堪寻！风霆示教皆吾性，汗马收功正此心。"①"天机"逾越人我，超越时间，似乎缥缈不可寻，然若息心而观，天地间风雨雷霆无不在向有心之人泄漏"生生化化"之"天机"。"生生化化"不外乎人之一"心"，故在识取"生生化化"之"天机"的同时，亦在识取人之本性。

"生生"之"道"贯于万物，注于一己，万物可能有始，一己可能有终，"生生"之"道"却无增无损、无始无终地流淌于天地间："君子之所得者有如此，则天地之始，吾之始也，而吾之道无所增；天地之终，吾之终也，而吾之道无所损。"②

饶有趣味的是，上文陈白沙将"道"言为"吾之道"。确实，"生生"本不外乎一"心"，故"道"亦"吾之道"。确认"道"在一己之内后，世人人生意义亦无外乎体认此"道"：

> 终日乾乾，只是收拾此而已。此理干涉至大，无内外，无终始，无一处不到，无一息不运。会此则天地我立，万化我出，而宇宙在我矣。得此霸柄入手，更有何事？往古来今，四方上下，都一齐穿纽，一齐收拾，随时随处，无不是这个充塞。……此理包罗上下，贯彻终始，滚作一片，都无分别，无尽藏故也。③

"生"，流行于天地，凝结于一"心"，是"生"沟通了"心"与"道"。换言之，在"生"的层面上，"心"、"道"相互凑泊，陈白沙最初所悟仅此而已。

第四节　白沙工夫法门的检讨

基于"虚"、"静"之形象，陈白沙为学亦多被后世学人定位为"静坐"，本书对此进行检讨，力图纠正陈白沙工夫为"静坐"的错误认识。

---

① （明）陈献章：《示诸生》（一），《陈献章集》卷五，第494页。
② （明）陈献章：《论前辈言铢视轩冕尘视金玉》（上），《陈献章集》卷一，第55页。
③ （明）陈献章：《与林郡博》（七），《陈献章集》卷二，第217页。

一 "静坐"：对白沙工夫的检讨

在"道"、"心"相互凑泊的奥秘被揭示后，于陈白沙，剩下的便是通过什么样的工夫法门来体证使"道"、"心"相互凑泊的"生"。学界主流意见认为白沙通过"静坐"工夫法门来体证"生"，其所依据的是陈白沙对自己为学经历的总结：

> 仆才不逮人，年二十七始发愤从吴聘君学。其于古圣贤垂训之书，盖无所不讲，然未知入处。比归白沙，杜门不出，专求所以用力之方。既无师友指引，惟日靠书册寻之，忘寝忘食，如是者亦累年，而卒未得焉。所谓未得，谓吾此心与此理未有凑泊吻合处也。于是舍彼之繁，求吾之约，惟在静坐，久之，然后见吾此心之体隐然呈露，常若有物。日用间种种应酬，随吾所欲，如马之御衔勒也。体认物理，稽诸圣训，各有头绪来历，如水之有源委也。于是涣然自信曰："作圣之功，其在兹乎！"有学于仆者，辄教之静坐，盖以吾所经历粗有实效者告之，非务为高虚以误人也。①

白沙自言通过"静坐"体证到本然心体之跃动，在此语境下"此心"、"此理"得以相互凑泊。在以后的岁月中，白沙亦一再提及"静坐"，倡导于"静坐"中用功："学劳扰则无由见道，故观书博识，不如静坐。"② "老拙每日饱食后，辄瞑目坐竟日，甚稳便也。"③

基于以上文献，后世大多强调白沙的"静坐"工夫。黄宗羲如是评述白沙工夫："以虚为基本，以静为门户。"④ 四库馆臣亦这样总结白沙之学："史称献章之学，以静为主。其教学者，但令端坐澄心，于静中养出端倪。颇近于禅，至今毁誉参半。"⑤

对于这一学界通识，笔者认为尚有商榷的余地。白沙为学经历除了《复赵提学金宪》中之自述外，还有其弟子张诩在《白沙先生行状》中的描述：

> 先生之始为学也，激励奋发之功多得之康斋。自临川归，足迹不至城府。……闭户读书，尽穷天下古今典籍，旁及释老、稗官、小说。彻夜不

---

① （明）陈献章：《复赵提学金宪》（一），《陈献章集》卷二，第 145 页。
② （明）陈献章：《与林友》（二），《陈献章集》卷三，第 269 页。
③ （明）陈献章：《与光禄何子完》，《陈献章集》卷二，第 156 页。
④ （清）黄宗羲：《明儒学案》，第 80 页。
⑤ （清）永瑢等：《四库全书总目》卷一七〇《别集类》，中华书局影印本，1981。

寐，少困则以水沃其足。久之乃叹曰："夫学贵乎自得也。自得之然后博之以典籍，则典籍之言我之言也。否则，典籍自典籍，而我自我也。"遂筑一台名曰阳春，日静坐其中，足不出阃外者数年……久之，又叹曰："夫道非动静也。得之者，动亦定，静亦定，无将迎，无内外，苟欲静即非静矣。"于是随动随静以施其功。……盖其学初则本乎周子主静，程子静坐之说，以立其基。其自得之效，则有以合乎见大心泰之说。故凡富贵、功利、得丧、死生，举不足以动其心者。其后造诣日深，则又以进乎颜氏之卓尔。①

相对于陈白沙自叙的三个阶段，《行状》所勾勒的白沙为学阶段则有四。《行状》勾勒白沙为学的前三个阶段与陈白沙自叙为学阶段大同小异，即从学于吴与弼、闭门读书、"静坐"。除了前三个为学阶段，《行状》多出来的第四个为学阶段为："随动随静以施其功。"初一看似乎陈白沙自叙更有说服力，然而结论不能这样简单地得出。《复赵提学佥宪》只是陈白沙对其早年为学经历的一段回忆，而张诩追随陈白沙多年，其追忆更是对陈白沙一生特别是晚年为学经历的总结。若进而审视"随动随静以施其功"，便会发觉"随动随静以施其功"并不是对"静坐"的否定，而是接着"静坐"而讲，从而亦将"静坐"包含其中。陈白沙自叙直接将其优入圣域之原因归于"静坐"。在《行状》行文中，张诩对"静坐"未置可否，不过从其行文语气及添加第四个为学阶段来看，张诩对"静坐"并不满意。在张诩的语境中，正是在对"静坐"反思的基础上，陈白沙才进入为学的第四个阶段："随动随静以施其功。"张诩视域下的晚年陈白沙意识到"道"本无所谓"动"、"静"，故体"道"后，"动"时安宁，"静"时亦安宁，不会因物之往来而或将或迎；"道"亦无所谓内外，由此随"动"随"静"以施其功。假若欲"静"，则已非"静"。这就是说，陈白沙晚年体察到"动"、"静"本为一体，并在此引领下，其工夫从"静"转向"动"。

景海峰先生高度评价张诩这一抉发，并留意到这一抉发对于白沙工夫的意义："实际上，白沙之'主静'是动静合一的，只不过在言语上多用'静坐'一词，给人以专一静而不及动的印象，再加之对动描述不多，不以动、静对举，所以就易遭人误解。可能张诩意识到了这一点，故在《行状》中，特意加上'随动随静以施其功'一阶段，作为白沙学术思想发展的第四个时期。"②

---

① （明）张诩：《白沙先生行状》，《陈献章集·附录二》，第879～880页。
② 景海峰：《陈白沙与明代儒学的转折》，《传薪集：深圳大学国学研究所二十周年文选》，第128页。

景氏之所以高度评价张诩这一抉发，就在于"随动随静以施其功"将白沙的工夫从"静"引向"动"，从而颠覆了白沙为学"静"之形象。

张诩不仅在《白沙先生行状》中如是描述白沙工夫之转变，在《白沙先生墓表》中亦如出一辙：

> 壮从江右吴聘君康斋游，激励奋起之功多矣，未之有得也。暨归杜门，独扫一室，日静坐其中，虽家人罕见其面，如是者数年，未之有得也。于是迅扫夙习，或浩歌长林，或孤啸绝岛，或弄艇投竿于溪涯海曲，忘形骸，捐耳目，去心志，久之然后有得焉，于是自信自乐。
>
> 其为道也，主静而见大，盖濂洛之学也。由斯致力，迟迟至于二十余年之久，乃大悟广大高明不离乎日用。一真万事真，本自圆成，不假人力。其为道也，无动静内外，大小精粗，盖孔子之学也。濂洛之学非与孔子异也。①

《墓表》将陈白沙为学划分为三个阶段：为学之起点——从学于吴与弼，此与《行状》相同；第二阶段则有别于《行状》，《行状》将第二阶段归于泛观博览，《墓表》则将其简略，直接跨越至《行状》的第三阶段——"静坐"。尽管《墓表》与《行状》将"静坐"置于不同的为学阶段，二者对"静坐"的评价却并无二致：于"静坐"中未能寻得个入处。正因为"静坐"中未寻得个入处，才有《墓表》为学第三阶段之工夫——浩歌于长林、孤啸于绝岛、独钓于寂溪。于这一阶段，陈白沙趋于"无我"，这才寻得个入处，优入圣域。在描述完白沙为学三个阶段后，为了凸显陈白沙动中用功，张诩还将儒门工夫分为两类：一类是周敦颐的"静"中用功之法门，一类是孔子无动静内外的工夫法门。张诩将白沙打造成具有反省精神的儒者形象：早年承周敦颐之绪，于"静"中用功，并主张于"静"中见心体之大；晚年即悔其曾经的工夫——"静坐"，认为广大高明之心体不离乎日用常行，本心一真，万事则自然圆成。为学故当无间于动静、内外、大小、精粗，此盖儒门为学之真谛。在广大高明心体视域下，"动""静"并不是二分的。在此指引下，周敦颐"静"之工夫法门、孔子无动静内外之工夫法门并无二致。

由此审视"以虚为基本，以静为门户"，其实并无违连之处。早年，陈白沙徘徊于圣学门外而不得入："厌见乾坤多事在，纷纷万有不如空。"② 与世俗

---

① （明）张诩：《白沙先生墓表》，《陈献章集·附录二》，第883页。
② （明）陈献章：《和元夕客中韵》，《陈献章集》卷五，第451页。

相互纠缠，陈白沙渐生厌倦之情，欲回归内心。而回归的路径便是"静坐"。置身僻处，闭目缓息，放下诸念，心系一缘，乃至于"静"："诗、文章、末习、著述等路头，一齐塞断，一齐扫去，毋令半点芥蒂于我胸中，夫然后善端可养，静可能也。"① 在趋于安息、平静后，陈白沙如是形容此心之状态：

> 人心上容留一物不得，才著一物，则有碍。且如功业要做，固是美事，若心心念念只在功业上，此心便不广大，便是有累之心。是以圣贤之心，廓然若无，感而后应，不感则不应。又不特圣贤如此，人心本来体段皆一般，只要养之以静，便自开大。②

心灵安息、平静后，外无所染，内无所滞，于是本然心体如云岫般腾然而现，表现出其本然之通透性、感应性。心之这一特性，陈白沙又言为"虚"："灵台洞虚，一尘不染。浮华尽剥，真实乃见。"③

值得留意的是，这里白沙所谓的"虚"非虚寂、空无之意，而是空旷寥廓之意，以形容胸次澄然，"心体"悠然。陈白沙由"无欲"而"静"，由"静"而"虚"，"虚"为心灵之底色。在"虚"之底色的映衬下，"真实乃见"，那么"真实"又是什么呢？"断除嗜欲想，永撤天机障。身居万物中，心在万物上。"④"天机"乃生化之萌，生生不已。外在欲望有碍于"天机"之运化，故当去除、杜绝外在欲望，以使"天机"得以畅发。处于"虚"之状态，"心"则与物同运，与天同化：

> 人与天地同体，四时以行，百物以生，若滞在一处，安能为造化之主耶？古之善学者，常令此心在无物处，便运用得转耳。学者以自然为宗，不可不著意理会。⑤

陈白沙"静坐"之宗旨就是体察"生"："生意日无涯，乾坤自不知。受风荷柄曲，擎雨柏枝垂。静坐观群妙，聊行觅小诗。临阶爱新竹，抽作碧参差。"⑥陈白沙凭借"静坐"而优入圣域。该圣域鸢飞鱼跃、空灵活泼，而非

---

① （明）陈献章：《与林缉熙书》（十五），《陈献章集·陈献章诗文续补遗》，第975页。
② （清）黄宗羲：《明儒学案》，第85~86页。
③ （明）陈献章：《湖山雅趣赋》，《陈献章集》卷四，第275页。
④ （明）陈献章：《随笔》（四），《陈献章集》卷五，第517页。
⑤ （明）陈献章：《与湛民泽》（七），《陈献章集》卷二，第192页。
⑥ （明）陈献章：《四月》（二），《陈献章集》卷四，第339页。

枯寂、落寞之地。灵动的心灵必然外发、流贯于日用常行中。白沙由"静坐"而优入圣域后慨然云："日用间种种应酬，随吾所欲，如马之御衔勒也。"优入圣域后，日用常行，随心所欲，并未逾规矩半步，这实际上已超越"静"的语境。

约言之，虽然陈白沙提倡"静"、"虚"，然其所倡之"静"、"虚"，只是工夫之必经路径，陈白沙所着意的并不是"静"、"虚"工夫路径本身，而是"静"、"虚"背后的"生生"。

知悉陈白沙工夫并非"静坐"可以概括后，我们对陈白沙所谓"静坐"做了一番检讨。

当张诩如是言说白沙工夫时，不可回避的是白沙确实倡导过"静坐"，于是张诩这样为其业师回护：

> 其（白沙）始惧学者障于言语事为之末也，故恒训之曰："去耳目支离之用，全虚圆不测之神。"其后惧学者沦于虚无寂灭之偏也，故又恒训之曰："不离乎日用而见鸢飞鱼跃之妙。"[1]

在张诩看来，陈白沙之所以倡"静"，其实只是针对其时学人为学之弊——浸于语言文字之末。为了克服此弊，学人为学当于"静"中用功。为了防止学人由此而滑向"虚无寂灭"，陈白沙转而倡"动"，于"动"中体察天地间流行的"生生之意"。这就是说，相对于"静"中用功，张诩视域下的白沙认为"动"中用功才是最高境界。

张诩视域下的陈白沙晚年工夫为由"静"转"动"，那么陈白沙是否如张诩所认为的有这样的工夫之转呢？这还需要回到白沙语境，看他自己是如何言说的。

在致友人罗一峰的信函中，陈白沙如是评价"静坐"：

> 伊川先生每见人静坐，便叹其善学。此一静字，自濂溪先生主静发源，后来程门诸公递相传授，至于豫章、延平二先生，尤专提此教人，学者亦以此得力。晦庵恐人差入禅去，故少说静，只说敬，如伊川晚年之训。此是防微虑远之道，然在学者须自量度何如，若不至为禅所诱，仍多静方有入处。若平生忙者，此尤为对症药也。[2]

---

[1] （明）张诩：《白沙先生行状》，《陈献章集·附录二》，第880页。
[2] （明）陈献章：《与罗一峰》（二），《陈献章集》卷二，第157页。

从表面来看，此信函中陈白沙似乎在表彰"静"中用功——有宋诸儒皆以"静坐"相授。不过，陈白沙指出其力倡"静坐"的根本原委在于时人为学非溺于利禄之学，即陷于支离之弊，疗此二弊，"静坐"乃最佳良方。言下之意，在陈白沙看来，"静坐"只是针砭时人为学之弊的方便法门，并非究竟工夫。

友人蒋世钦建"大塘书屋"，应蒋氏之请，陈白沙为其"赋五言近体一章"后，意犹未尽，继而撰写一文，以阐发"诗中之旨"：

> 颔联言为学当求诸心必得。所谓虚明静一者为之主，徐取古人紧要文字读之，庶能有所契合，不为影响依附，以陷于徇外自欺之弊，此心学法门也。颈联言大塘之景，以学之所得，《易》所谓复其见天地之心乎？此理洞如，然非涵养至极，胸次澄彻，则必不能有见于一动一静之间。①

陈白沙逐句阐述所题之旨。该诗首先指出书屋主人为中书蒋世钦，颔联进而提示学人"静"乃契入本然心体方便法门，颈联则借大塘之景来说明"动"中体察天地间流行之"生生之意"。这处处在暗示陈白沙"动"、"静"并倡，于"动"、"静"中同时用功。换言之，"动"、"静"并重才构成了陈白沙完整的工夫图景："善学者主于静，以观动之所本；察于用，以观体之所存。"② 经由"静"之工夫，便能察外在行为之所本所源。察于外在行为，则能察"心体"之所存。在这一"动"、"静"并用的工夫过程中，陈白沙主张于"动"、"静"交互中用功。

这就是说，陈白沙晚年对早年"静坐"工夫进行反省并非张诩的虚构。在陈白沙看来，"静坐"确实可裨益于学，然而"静坐"亦有滑向"虚无寂灭"之虞。更加之陈白沙经由"静坐"体察到"道"，知悉"道"体无分于"动"、"静"。既然"道"体无分于"动"、"静"，那么工夫亦应无分于"动"、"静"，应于"动"、"静"交互中用功。不过白沙提出于"动"、"静"交互中用功，乃针对"静坐"而言，故于"动"、"静"交互中用功所指向的是"动"中用功。在陈白沙看来，天地间流淌着生生之意，"静"中可体察生生之"道"，"动"中又何尝不可？这亦充分表明白沙晚年已超越其早年"静坐"的工夫法门，不仅倡导"静"中用功，亦倡导"动"中用功。甚至相对于"静"中用功，陈白沙更为倡导"动"中用功。

陈白沙是哲人，亦是书法家，他还曾利用书法来说明"动"中用功的合

---

① （明）陈献章：《书自题大塘书屋诗后》，《陈献章集》卷一，第68~69页。
② （清）黄宗羲：《明儒学案》，第89页。

理性：

> 予书每于动上求静，放而不放，留而不留，此吾所以妙乎动也。得志
> 弗惊，厄而不忧，此吾所以保乎静也。法而不圉，肆而不流，拙而愈巧，
> 刚而能柔。形立而势奔焉，意足而奇溢焉。以正吾心，以陶吾情，以调吾
> 性，吾所以游于艺也。①

这是陈白沙自我阐述的《书自题大塘书屋诗后》所寓之意。在《书自题大塘
书屋诗后》中，陈白沙阐述了该诗寓意——颔联提示学人"静"是契入本然
心体的方便方式，颈联借大塘之景来说明应在"动"中体察天地间流行的
"生生之意"。

"动"、"静"并重构成了陈白沙完整的工夫图景："善学者主于静，以观
动之所本；察于用，以观体之所存。"②经由"静"的工夫，则能察外在行为
之所本所源。察外在行为，则能察体之所存。

有趣的是张诩从"动"的视域来审视陈白沙，陈白沙亦从"动"的视域
来审视张诩：

> 廷实之学，以自然为宗，以忘己为大，以无欲为至，即心观妙，以揆
> 圣人之用。其观于天地，日月晦明，山川流峙，四时所以运行，万物所以
> 化生。③

在这段评价弟子张诩的话语中，陈白沙从为学宗旨、工夫着力点两个方面来评
点其弟子。从为学宗旨来看，陈白沙认为张诩承继了自己的学脉——"自然"。
从工夫着力点来看，张诩也以天地之流行来体察天地之"道"的"生生"。

陈白沙另一重要弟子湛甘泉，聪明睿智，体悟其师晚年力倡"动"、"静"
并重，并在此基础上提出自己的为学工夫法门——"随处体认天理"。尽管湛
甘泉与张诩思想不尽相合，但在对陈白沙晚年为学特质的认定上倒是一致的，
这就更好地佐证了陈白沙晚年"动"、"静"相贯的主张。

王阳明弟子陈九川亦洞察到陈白沙晚年"动"、"静"相贯的思想，于是
其这样评论白沙"静中养出端倪"："白沙静中养出端倪，是磨炼于妄念朋思

---

① （明）陈献章：《书法》，《陈献章集》卷一，第80页。
② （清）黄宗羲：《明儒学案》，第89页。
③ （明）陈献章：《送张进士廷实还京序》，《陈献章集》卷一，第12页。

之间，体贴天理出来。性无内也，道无外事也，静而无静者也。是谓同归一致。"① 陈九川指出，陈白沙虽主张"静中养出端倪"，"静"的背后所渗透的却是"动"，于此"静而无静"中磨炼，方能体察出"天理"。陈九川还指出其中的机理在于陈白沙的"性"、"道"观。"性"，不局限于一己之内；"道"，不存于事物之外。内外一体，"静"并不是绝对的"静"。由此，陈九川得出"动"、"静"殊途同归的结论。

正如简又文先生所云，他与陈荣捷"发挥先生（白沙）之'主静''主动'学说之真谛……而使先生之学，益得昌明"②。可惜时间流逝已近半个世纪，现在的学界仍受"以虚为基本，以静为门户"的影响，以"静"、"虚"为白沙工夫底色，而未觉察到"静"、"虚"背后所蕴之"生生"，从而误解了陈白沙的工夫法门。

尽管陈白沙晚年仍倡"静坐"，其内心却已知悉"动"、"静"相贯之"理"，突破了早年"静坐"工夫法门。陈白沙之所以能突破早年"静坐"工夫法门，是因为"静坐"所体"端倪"的内在规约性。

二 "生生"："端倪"之内涵

陈白沙早年"静坐"，确有所悟："隐然呈露，常若有物。"此若隐若现之"物"，白沙名为"端倪"："为学须从静中坐养出个端倪来，方有商量处。"③

如何看待"端倪"是白沙之学的一桩公案。从程朱理学正统观视之，罗钦顺认为这是陈白沙在故弄玄虚：

> 今乃欲于静中养出端倪，既一味静坐，事物不交，善端何缘发见？遏伏之久，或者忽然有见，不过虚灵之光景耳。④

罗钦顺认为白沙所谓"端倪"只是静坐久之，忽开眼所见虚灵之光景而已。

白沙同门胡居仁对白沙"端倪"之说与罗钦顺的评述相似：

> 陈公甫云："静中养出端倪。"又云："藏而后发。"是将此道理来安排作弄，都不是顺其自然。⑤

---

① （清）黄宗羲：《明儒学案》，第460页。
② 简又文：《白沙子研究》，第175页。
③ （明）陈献章：《与贺克恭黄门》（二），《陈献章集》卷二，第133页。
④ （清）黄宗羲：《明儒学案》，第1120页。
⑤ （清）黄宗羲：《明儒学案》，第35页。

在胡居仁看来,"静中养出端倪"是"安排作弄",违背白沙自身为学旨趣——"自然"。

明朝理学殿军刘宗周对于白沙"端倪"之说亦极为不满[1]:

> 静中养出端倪,不知果是何物?端倪云者,心可得而拟,口不可得而言,毕竟不离精魂者近是。[2]

刘宗周对"端倪"不满的原委在于"端倪"近似"精魂"。

这是其时同辈、后学对白沙"端倪"一说的评点。数百年后,今之学人又是如何理解"端倪"的呢?苟小泉在其博士学位论文中两处述及"端倪"。一处是第二章第二节,将"涵养善端"作为"静坐"的作用之一。另一处是第二章第三节,将"养出端倪"作为"静坐"的重大意义之一。

其实,在"静坐"的语境中,"善端"即"端倪"。陈白沙是这样教诲其弟子林光的:"夫养善端于静坐,而求义理于书册,则书册有时而可废,善端不可不涵养也,其理一耳。"[3] 林光则如是描述其师之工夫:"先生教人,其初必令静坐,以养其善端。"[4]

在具体阐述"端倪"时,苟小泉将"端倪"诠释为"真心"。[5] 这一诠释固然无不当,然过于疏阔。中国古哲先贤无不以体心明性作为自己的为学宗旨。关键在于"心"、"性"的具体内涵是什么,不同的哲人对此有不同的理解。就陈白沙而言,其"心"的内涵如前文所言,是"生生化化"之义。故与其将"端倪"诠释为"真心",毋宁将其理解为"生生化化",或者更确切地将其理解为"生化"之萌发。其实,苟先生是在解析过程中不知不觉地指涉于此的,他还引用陈荣捷之语以证明:"不只在静中见动,且在静中创出动来,此于周子、二程与象山均大进一步矣。"[6]

在具体阐述"端倪"之前,还是先审视一下"善端"。"善端",源于孟子的四端说:"恻隐之心,仁之端也;羞恶之心,义之端也;辞让之心,礼之端

---

[1] 刘宗周对白沙"端倪"态度有前后期的变化,详见陈畅《明代理学的"研几之辨"——以刘宗周中年、晚年对白沙端倪说的不同评价为中心》,《国际阳明学研究》(第1卷),中国社会科学出版社,2011,第177~205页;柯小刚主编《儒学与古典学评论》(第一辑),上海人民出版社,2012。

[2] (清)黄宗羲:《明儒学案》,第5页。

[3] (明)陈献章:《与林辑熙书》(十五),《陈献章集·陈献章诗文续补遗》,第975页。

[4] (清)黄宗羲:《明儒学案》,第106页。

[5] 苟小泉:《陈白沙哲学研究》,第70页。

[6] 〔美〕陈荣捷:《白沙之动的哲学与创作》,《王阳明与禅》,第70~71页。

也；是非之心，智之端也。人之有是四端也，犹其有四体也。"（《孟子·公孙丑上》）仁、义、礼、智乃四德，四德源于恻隐之心、羞恶之心、辞让之心、是非之心等四心。在此意义上，恻隐之心、羞恶之心、辞让之心、是非之心等四心便可称为"四善端"。在孟子的原初语境中，"四善端"无疑染有伦理道德的色彩。但到了宋代，"善端"说跳出了伦理范畴，而进入宇宙范畴：

> "生生之谓易"，是天之所以为道也。天只是以生为道，继此生理者，即是善也。善便有一个元底意思。"元者善之长"，万物皆有春意，便是"继之者善也"。"成之者性也"，成却待它万物自成其性须得。①

"善"之所以能跳出伦理范畴，进入宇宙范畴，就在于明道将"善（端）"拉入《周易》的思想体系。明道在《周易》所谓"生生之谓易"的语境下言说天道。于是继天道之"生生"，便是"善"。"生生"流淌于天地间，待"生生"之最初发端及"生生"之落地。"生生"最初之发端，明道在《周易》卦辞"元、亨、利、贞"之"元"的语境下加以言说。"元"，乃"元、亨、利、贞"之首，由此"元"对应着"生生"（"善"）之方始流淌。"生生"方始流淌，若万物皆有"春意"。此便是《周易》所谓"继之者善也"。"生生"之落地，便是万物禀受"生生"之意而成其自性。此便是《周易》所谓"成之者性也"。

在程颢的笔下，"善（端）"显然超越了伦理范畴，是在宇宙"生生"意义上而言的。如程颢一般，陈白沙亦超越伦理范畴，其所言"善端"，已指涉到天地境界，具生意萌发之义。从生意萌发来审视"善端"，并非笔者的创见，前人亦有类似的说法。葛涧闻"白沙先生静中端倪之说"，叩问其师湛甘泉如何看待。湛甘泉这样回答："斯言也，其为始学者发与！人心之溺久矣，不于澄静以观其生生之几，将茫然于何处用力乎？孟子四端之说，则有然者矣。"②湛甘泉认为白沙之言可为初学者指示门径。尘俗中人心多为欲望所染污，不于澄然静寂中体察心地"生生"之几，于何处用功？饶有趣味的是湛甘泉亦认为内心生生之几可追溯到孟子四端说。

在白沙语境下，"善端"便是"生生"发端之义。"端倪"之义亦不外乎此。

阳明弟子王龙溪如是诠释"端倪"：

---

① （宋）程颢、程颐：《二程集》，第29页。
② （明）湛若水：《雍语》，《泉翁大全集》卷六，第13页。

端即善端之端，倪即天倪之倪，人人所自有，然非静养则不可见。宇
泰定而天光发，此端倪即所谓把柄，方可循守，不然，未免茫荡无归。①

王龙溪言"端"即"善端"之"端"。这一典故，如上所言，出于孟子四端
说。倪即"天倪"之"倪"。这一典故出于庄子。庄子将是非一体、浑然无别
称为"天倪"。② 自然之分界，所指乃自然本身。不论是道德之"善端"，还是
自然之"天倪"，王龙溪均将其引向内心，即人心所固有。既然人心所固有，
那么非静养不可体见。王龙溪意犹未尽，进而云本心充满生意，"端倪"则是
窥见内心生意的把柄，否则便茫然无所入处。

现代海外儒学大师陈荣捷从"端倪"字义本身加以发挥："端者始也，以
时间言。倪者，以空间言。端倪实际指整个宇宙。即静中可以养出生生活泼的
宇宙之意。"③ 陈荣捷将"端倪"理解为宇宙，进而将宇宙理解为"生生活泼"
的宇宙，最后得出"静中养出端倪"就是静中养出"生生活泼"的宇宙这一
结论。

至此，我们可以说"端倪"乃生意发端之意，"静中养出端倪"意味着静
中汰滤心地之渣滓，由此"生意"如雨后苗蘖之拔节，在无声无息中悄然生
发。这与陈白沙"以虚为基本"之为学宗旨不无暗合。换言之，"静中养出端
倪"与"以虚为基本"可以异文互释。

黄宗羲以"以虚为基本，以静为门户"概述白沙之学，确有其源。陈白沙
自己也说过："夫动，已形者也，形斯实矣。其未形者，虚而已。虚其本也，
致虚之所以立本也。"④ 相对于有形之动的无形之"虚"乃天地之本。"虚"不
仅是对无形之"本"的形容，更是接近"本"的不二路径。"本"为何？就是
"生生"。"生生"无形无迹、於穆不已，故陈白沙言之为"虚"。既然无形之
"本"外显为"虚"，那么接近"本"的方式只能是"虚"。"虚"，未免染有
禅宗之气韵、道家之气息，由是时人多訾之为禅，今人多议之为道。⑤ 然不论
訾之为禅，还是议之为道，均无碍陈白沙之为儒。第一，就"本"而言，
"虚"只是"生生"之"本"的一种外显形式。"本"本身并不趋于虚寂、就

---

① （明）王畿：《南游会纪》，《王畿集》卷七，第 152 页。
② "何谓和之以天倪？"曰："是不是，然不然。是若果是也，则是之异乎不是也亦无辩；然若
　 果然也，则然之异乎不然也亦无辩。……忘年忘义，振于无竟，故寓诸无竟。"（《庄子·齐
　 物论》）"天倪"，郭象释曰："天倪者，自然之分也。"
③ 〔美〕陈荣捷：《白沙之动的哲学与创作》，《王阳明与禅》，第 71 页。
④ （明）陈献章：《复张东白内翰》，《陈献章集》卷二，第 131 页。
⑤ 时人訾之为禅，前已言；今人多议之为道，如张运华《从陈白沙的主静修持方法看道家思
　 想的影响》，《五邑大学学报》（社会科学版）2005 年第 1 期。

于枯槁，而是"生意"沛然蕴于内。第二，从接近"本"的路径而言，"虚"乃"无欲"之意。① "无欲"，才能透显心地"生生"之底色。

毋庸讳言，陈白沙确受道家、道教之影响，言"静"说"虚"，然此只是在工夫层面上借鉴道家、道教。就"本"、"体"层面而言，陈白沙并没有偏离儒家，仍坚持儒门"生生"的基本立场。

第五节　陈白沙与湛甘泉

明晰了白沙思想内涵，我们就可以回到本书论述的对象湛甘泉。陈白沙是湛甘泉业师，湛甘泉是在陈白沙的引导下才踏上为圣之途，并优入圣域的。然而，优入圣域后的湛甘泉并没有对陈白沙亦步亦趋，而是有所承续，有所损益。

一　优入圣域：陈白沙之引导

尽管存在诸多争议，白沙学派传人，笔者认为，还是非湛甘泉莫属。②

湛甘泉少经坎坷，十四岁才入蒙学，经十余年寒窗，二十七岁（弘治五年，1492）终中乡试，满怀信心至京畿，然次年会试名落孙山。弘治七年，落第回乡的湛甘泉心情沮丧。同乡先哲陈白沙此时居乡无意仕宦，视世之名利若敝屣，遗世独立，逍遥于山水间，在士林中享有盛誉。于是湛甘泉往学于白沙门下。已过耳顺之年的陈白沙，欲验湛甘泉求学之诚意，故意对湛甘泉说："此学非全放下，终难凑泊。"③ 湛甘泉心领神会，毅然焚烧"部檄"，以示绝意仕途，一心向学。由此，湛甘泉开启了长达六年的白沙门下问学生涯。

湛甘泉聪颖敏捷，潜心向学，深得陈白沙之意。陈白沙晚年筑楚云台，原先弟子李承箕在此居住，湛甘泉来了以后，陈白沙便让湛甘泉居住，并书与李

① （明）区大伦：《游江门记》，《陈献章集·附录四》，第945页。
② 另一个有资格成为白沙之学传人的是张诩。张诩在《白沙先生行状》中云："临殁，具书趣至白沙，寄以斯文，告门人罗冕曰：'吾道吾付吾某矣。'……因执某手曰：'出宇宙者，子也。'……呜呼，言犹在耳，不肖某斗筲之器，何修何为而后可以少副我先生负托之重乎？"（《陈献章集·附录二》，第881～882页）张诩俨然以白沙之学传人自居。
③ （明）洪垣：《墓志铭》，《湛甘泉先生文集》卷三十二，《四库全书存目丛书·集部》第五十七册，第246页。

承箕："时来湛雨者，始放胆来居之，冷焰迸腾，直出楚云之上。"① 楚云乃陈白沙所筑之台，以供弟子居住。然楚云之台非一般弟子可居，在陈白沙心目中，只有承其学脉者方能居之。由此可见陈白沙对湛甘泉极为器重，视湛甘泉为其得意门生。湛甘泉亦不负陈白沙之所望，很快领会其师学问之真谛，优入圣域，弘治十年（1497），居乡的湛甘泉函告陈白沙己学有所得，"日用间随处体认天理"，陈白沙欣然回函："来书甚好。日用间随处体认天理，着此一鞭，何患不到古人佳处也。"② 这一回函意味着陈白沙高度认可甘泉之学，在陈白沙看来湛甘泉已优入圣域。弘治十二年，即陈白沙卒前一年，赠湛甘泉诗三首，其二云："皇王帝伯都归尽，雪月风花未了吟。莫道金针不传与，江门风月钓台深。"③ 唯恐诗不达意，陈白沙随诗加了按语："达磨西来，传衣为信，江门钓台亦病夫之衣钵也。兹以付民泽，将来有无穷之托。珍重，珍重。"④诗及按语明白无误地昭示陈白沙将己之衣钵传授于湛甘泉。

弘治十三年，陈白沙卒，湛甘泉以父礼事之："为之制斩衰之服，庐墓三年不入室，如丧父然。"并云："道义之师，成我者与生我者等。"⑤ 在以后的岁月中，湛甘泉未曾忘却陈白沙指导提携之恩，一直对其尊崇备至。为纪念陈白沙，"若水生平所至，必建书院以祀献章"⑥。以建书院讲学的方式传播白沙之学，也许是对陈白沙最好的纪念。

"他年倘遂投闲计，只对青山不著书。""莫笑老佣无著述，真儒不是郑康成。"⑦ 陈白沙为诗性性格，无意著述，故其思想多隐而未发。作为江门之学传人的湛甘泉，一方面不惮艰辛，对陈白沙诗歌进行诠释，撰成《白沙子古诗教解》二卷，试图将白沙思想意蕴完全揭示出来；另一方面，鉴于陈白沙之诗性性格，其思想多感性表述，湛甘泉则以理性方式，借用概念、范畴，试图将白沙思想体系化。因此，从为学风格、个人性情方面审视，湛甘泉确不尽同于陈白沙，但在心性、工夫诸领域，湛甘泉多承续白沙之学脉。笔者认同简又文先生对湛甘泉与陈白沙为学之间关系的判断："甘泉之大贡献不在于特立独异的创作，而端在阐扬及补充白沙学说之内容，使其抽象的与片段的遗训，较为

---

① （明）洪垣：《墓志铭》，《湛甘泉先生文集》卷三十二，《四库全书存目丛书·集部》第五十七册，第 246 页。

② （明）陈献章：《与湛民泽》（十一），《陈献章集》卷二，第 193 页。

③ （明）陈献章：《江门钓濑与湛民泽收管》，《陈献章集》卷六，第 644 页。

④ （明）陈献章：《江门钓濑与湛民泽收管》，《陈献章集》卷六，第 644 页。

⑤ （明）罗洪先：《墓表》，《湛甘泉先生文集》卷三十二，《四库全书存目丛书·集部》第五十七册，第 243 页。

⑥ （清）张廷玉等：《明史》卷二八三《儒林传二》，第 7267 页。

⑦ （明）张诩：《白沙先生行状》，《陈献章集·附录二》，第 880 页。

具体化及系统化，而尤要者则于'践履笃实'四字更为注重，'由静而动'之理更益为发挥，遂收发扬光大之殊功。"① 对于王文娟博士"甘泉在学问规模、本体论与工夫论路径及风格气质皆有不似白沙之处"② 的判断，笔者则不敢苟同。在学问规模、风格气质上，湛甘泉确实迥异于陈白沙，但若言湛甘泉之本体论、工夫论路径不似陈白沙，笔者则不敢苟同。陈白沙为湛甘泉奠定了基本学术路向，湛甘泉多在白沙思想体系内展开其思想演绎。然而这并不意味着湛甘泉亦步亦趋地追随陈白沙。基于陈白沙、湛甘泉二人所处时代、所面临问题等差异，湛甘泉对于陈白沙思想，在承续的同时，亦进行了修正和损益，从而形成了自己思想的独特面貌。

二 承续与损益：甘泉之于白沙

（一）承续：本体、"心"、"性"

"（湛甘泉）大抵得之师门（陈白沙）为多。"③ 焦竑对陈白沙、湛甘泉之间关系的判断，笔者深以为然。至于湛甘泉从陈白沙那里承续了什么，笔者认为，无外乎本体、"心"、"性"的内涵。

如前所言，就本体而言，陈白沙将"道"理解为"生生"，故陈白沙本体思想可界定为"生生"。湛甘泉是其授业弟子，陈白沙自然将这一不传之奥授之：

> 有学无学，有觉无觉。千金一瓠，万金一诺。于维圣训，先难后获。天命流行，真机活泼。水到渠成，鸢飞鱼跃。得山莫杖，临济莫渴。万化自然，太虚何说？绣罗一方，金针谁撷？④

湛甘泉心领神会，把握了陈白沙教诲的真谛。故在追忆业师陈白沙时，湛甘泉以"生生"为核心理念，描绘陈白沙之为学、为人：

> 先生独得不传之奥，以传后人。扩前圣之未发，起历代之沉沦，至无而动，至近而神。因圣学以明无欲之敬，举鸢鱼以示本虚之仁。卓有见乎神化初不离乎人伦，即一事一物之末而悟无声无臭之根，于勿忘勿助之间而见参前倚衡之全。握无为之机而性成久大之业，启自然之学而德有日新

---

① 简又文：《白沙子研究》，第353页。
② 王文娟：《湛甘泉哲学思想研究》，第408页。
③ （明）焦竑：《尚书湛公》，《熙朝名臣实录》卷二十二，明刻本。
④ （明）陈献章：《示湛雨》，《陈献章集》卷四，第278页。

之源。无疑所行，行所无事；沛乎如行云流水，就之如和气阳春。①

在为学上，湛甘泉所刻画的白沙之学完全围绕"生生"而展开。为了凸显
"生生"，湛甘泉将"生生"诠释为千古不传之学，而陈白沙则"扩前圣之未
发，起历代之沉沦"，始揭而示之。儒门为学不外乎本体、工夫。就本体而言，
陈白沙虽然体"生生"之"道"，然视之为"天机"，不愿直接显白，于是利
用"用"的方式来指点。一是自然之"用"：鸢飞鱼跃；二是伦常之"用"：
日用伦常。就工夫而言，陈白沙提倡"勿忘勿助"，在"自然"工夫法门中，
抉发"生生"不息之源。在为人上，湛甘泉所描述的陈白沙，洋溢着"生生"
之德，处事无所滞碍，就之如沐春风。

"生生"之"道"，生化不已。就"生生"运化之无形无相而言，可谓之
"虚"；然就"生生"运化终落实为有形有相之物而言，又可谓之"实"。至于
"虚"、"实"之间的关系，陈白沙并未认真思虑过，只是随感触而言之。对于
这一关系，湛甘泉则缜密地思量过，并予以系统归纳总结，其中自然多有自己
的理解和发挥，称为"过度阐释"亦不为过：

> 惟夫子有生乃异，始读孟子，志于天民。二十年举于乡，二十有七年
> 罢于礼闱，从学于吴聘君，闻伊、洛之绪，既博记于群籍，三载囧攸自
> 得；既又习静于春阳台，十载囧协于一，乃喟然叹曰："惟道何间于动静？
> 勿助勿忘何容力？惟仁与物同体，惟诚敬斯存，惟定性无内外，惟一无
> 欲，惟元公、淳公其至矣。"故语东白②张子曰："夫学至无而动，至近而
> 神，藏而后发，形而斯存；知至无于至近，则何动而非神！故藏而后发，
> 明其几矣；形而斯存，道在我矣。夫动已形者也，形斯实矣，其未形者，
> 虚而已矣。虚其本也，致虚所以立本也。"语南川林生曰："夫斯理无内
> 外，无终始，无一处不到，无一息不运。会此，则天地我立，万化我出，
> 而宇宙在我矣。得此把柄，更有何事？上下四方，往古来今，浑是一片。
> 自兹已往，更有分殊，终日乾乾，存此而已。"甘泉湛生因天壶梁生以见，
> 语之曰："噫！久矣！吾之不讲于此学矣。惟至虚受道，然而虚实一体矣。
> 惟休乃得，然而休而非休矣。惟勿忘勿助，学其自然矣。惟无在不在，心
> 其无忘助矣。"问体认天理，曰："惟兹可以至圣域矣。"问参前倚衡，曰：
> "惟子是学矣。"问："东所张生敏也，子何不之讲？"曰："弗问弗讲，且

---

① （明）湛若水：《奠先师白沙先生文》，《泉翁大全集》卷五十七，第1页。
② 此处疑为"东所"之误，陈献章弟子张诩，号东所，而"东白"为张元祯之号。

顺其高谈，然而禅矣。"甘泉生曰："夫至无，无欲也；至近，近思也；神者，天之理也。宇宙，以语道之体也。乾乾，以语其功也。勿忘勿助，一也，中正也，自然之学也。皆原诸周、程至矣。惟夫子道本乎自然，故与百姓同其日用，与鬼神同其幽，与天地同其运，与万物同其流，会而通之，生生化化之妙，皆吾一体充塞流行于无穷，有握其机，而行其所无事焉耳矣。惟夫子学本乎中正，中正故自然，自然故有诚，有诚故动物。"①

在自我构建陈白沙"动"之工夫后，湛甘泉又通过对陈白沙致其三位得意弟子——张东所、林南川及湛甘泉本人信函的分析，勾勒出"虚"、"实"之间的关系。在致张东所的信函中，陈白沙主要阐述了"虚"之内涵；在致林南川的信函中，陈白沙主要表述了"实"之内涵；在致湛甘泉的信函中，陈白沙则表达了"虚"、"实"一体之思想。于此叙述模式中，湛甘泉认为陈白沙授予张东所、林南川的皆一偏之教，而授予自己的"虚"、"实"一体之学乃中正之学。湛甘泉似乎在暗示自己之"虚"、"实"一体之学乃承陈白沙之学的正统。笔者认为，"虚实一体"之授不无湛甘泉自我杜撰成分，但是否能就此否认陈白沙无此思想元素，尚待商榷。只是陈白沙无意于撰述，故此思想只是被朦胧、诗性地表述出来，而湛甘泉深体陈白沙此中意蕴，故借陈白沙之口，完整、系统地表述出"虚实一体"的思想。②

对于"心"、"性"内涵的理解，湛甘泉亦承陈白沙之绪。

> 终日乾乾，只是收拾此而已。此理干涉至大，无内外，无终始，无一处不到，无一息不运。会此则天地我立，万化我出，而宇宙在我矣。得此霸柄入手，更有何事？往古来今，四方上下，都一齐穿纽，一齐收拾，随时随处，无不是这个充塞。色色信他本来，何用尔脚劳手攘？舞雩三三两两，正在勿忘勿助之间。曾点些儿活计，被孟子一口打并出来，便都是鸢飞鱼跃。……此理包罗上下，贯彻终始，滚作一片，都无分别，无尽藏故也。③

一如既往，陈白沙以诗化语言描绘"道"体之"生生"气象。"道"体之"生生"流行于天地间，亦贯注于一己。贯注于一己之"生生"便是"性"，

---

① （明）湛若水：《明故翰林院检讨白沙陈先生改葬墓碑铭》，《泉翁大全集》卷五十九，第4～6页。
② 参见王文娟《湛甘泉哲学思想研究》，第414页。
③ （明）陈献章：《与林郡博》（七），《陈献章集》卷二，第217页。

由是一己方成为一己。“性”之“生生”落实于一己便是“心”，“心”可谓“性”之于一己的器皿。宇宙不外乎“生生”不已之“性”，于是万物不外乎一己之“心”，“心”包乎万事万物。物外求“心”，“心”外求物，均是缘木求鱼。

甘泉思想体系中“心”、“性”内涵无外乎此：

> 故心也者，包乎天地万物之外，而贯夫天地万物之中者也。中外非二也。天地无内外，心亦无内外，极言之耳矣。①

由于“性”内在于一“心”，于是天地间“生意”内蕴于一“心”。基于此，一“心”包乎天地万物，贯于天地万物之中。在“生意”盎然的背景下，“心”与物的关系就展现为物不外“心”，“心”不外物。显然，湛甘泉“心”、“性”思想承白沙为学之绪，只是陈白沙以诗化语言表述，湛甘泉则以理论化语言加以系统阐述。

（二）损益：思想焦点与工夫的确认

在思想焦点与工夫确认上，湛甘泉则对陈白沙进行了损益。

如前所云，“自然”是白沙之学的修养目标。作为修养目标的“自然”，原本是“一种无任何负累的、本然的、绝对自由”②的境界，湛甘泉却将之修正为一种修养方式、修养特质。

为了倡导“自然”境界，陈白沙特赋诗一首：

> 天地无穷年，无穷吾亦在。独立无朋俦，谁为自然配？舂陵造物徒，斯人可神会。有如寿厓者，乃我之侪辈。永结无情游，相期八纮外。③

该诗开篇刻画了天地生化不已，陈白沙自己则遗世独立于其间这一意境。遗世独立的陈白沙不禁思索可以与谁相伴。千古间，白沙想到的是“舂陵”、“寿厓”两人。“舂陵”便是周敦颐，“寿厓”乃一高僧，曾与周敦颐交游。在陈白沙心目中，这两人乃同道中人。职是之故，陈白沙表达愿与周敦颐、寿厓翱翔于天地之外。

湛甘泉为陈白沙晚年得意弟子，陈白沙自然一再以此教诲：

---

① （清）黄宗羲：《明儒学案》，第878页。
② 崔大华：《江门心学简述》，《中州学刊》1986年第2期。
③ （明）陈献章：《晓枕》，《陈献章集》卷四，第309~310页。

　　此学以自然为宗者也。承谕近日来颇有凑泊处，譬之适千里者，起脚不差，将来必有至处。自然之乐，乃真乐也。①

在此，陈白沙教诲湛甘泉"此学以自然为宗者也"。陈白沙之所以如是教诲，就在于湛甘泉上封信函告知白沙近日学有所得，"心"与"理"颇能凑泊。对此，陈白沙深感欣慰，认为湛甘泉为学起步处不差，将来必优入圣域。为了进一步启迪湛甘泉，陈白沙以"自然"之学示之。言下之意，优入圣域当循"自然"之学。恐湛甘泉对"自然"之学信不及，陈白沙又以"自然"之学的效应——"真乐"启之。

　　此信函，陈白沙只是提及"自然"之学及其效应，至于"自然"之学的具体内容，仍语焉不详。在其后另一信函中，陈白沙则将"自然"之学和盘托出：

　　人与天地同体，四时以行，百物以生，若滞在一处，安能为造化之主耶？古之善学者，常令此心在无物处，便运用得转耳。学者以自然为宗，不可不著意理会。②

对于"自然"之学，陈白沙从本体、工夫两个向度加以阐述。就"本体"而言，陈白沙将"生生"本体展开的境界完全揭示出来：人与天地间万物相互贯通，浑然一体。恐湛甘泉于此未能领会，陈白沙还以"自然"工夫加以指点："心"当随四季轮转、百物化生而运化，若滞于一处，则失却"生意"，人怎么可能成为万物之主？信末，陈白沙还提醒湛甘泉此便是"自然"之学，不可不着意于此。

　　湛甘泉在后来回忆师训时自不可避免涉及这一教诲："自初拜门下，亲领尊训至言，勿忘勿助之旨，而发之以无在无不在之要。"③ 在湛甘泉的印象中，白沙之教诲主要围绕本体、工夫两个层面进行。就本体而言，陈白沙强调"无在无不在"，希冀湛甘泉能够体察自然生生化化之妙；就工夫而言，陈白沙言"勿忘勿助"，以自然工夫合自然本体。

　　湛甘泉不仅在"自然"的语境中回忆陈白沙的具体教诲，在勾勒白沙之学时，也以"自然"为中心：

---

① （明）陈献章：《与湛民泽》（九），《陈献章集》卷二，第 192～193 页。
② （明）陈献章：《与湛民泽》（七），《陈献章集》卷二，第 192 页。
③ （明）湛若水：《上白沙先生启略》，《泉翁大全集》卷八，第 1 页。

　　白沙先生之诗文，其自然之发乎？自然之蕴，其淳和之心乎？其仁义忠信之心乎？夫忠信、仁义、淳和之心，是谓自然也。夫自然者，天之理也。理出于天然，故曰自然也。在勿忘勿助之间，胸中流出而沛乎，丝毫人力亦不存。……夫先生诗文之自然，岂徒然哉？盖其自然之文言，生于自然之心胸；自然之心胸，生于自然之学术；自然之学术，在于勿忘勿助之间，如日月之照，如云之行，如水之流，如天葩之发，红者自红，白者自白，形者自形，色者自色，孰安排是，孰作为是，是谓自然。①

　　白沙诗文是出于"自然"而发？在该篇序文中，湛甘泉开篇就抛出这一问题。不过湛甘泉并未直接回答这一问题，而是首先将"自然"做视域的转换，"自然"在陈白沙视域下是对天地"无心"而化的一种形容，湛甘泉则将之拉入伦理视域下。然而湛甘泉并未停步于此，而是进而将"自然"从外在拉回到内在，就一"心"而讲。在这两重转换下，忠信、仁义、淳和之心均可谓"自然"。接着，湛甘泉才诠释"自然"的具体内涵。湛甘泉还是接着陈白沙在天地大化语境下言说"自然"，不过显然未接着陈白沙话语而说。基于"自然"乃就忠信、仁义、淳和之心而言，"勿忘勿助"是抉发"自然"的不二路径。在将"自然"拉回到一"心"后，湛甘泉才回答白沙诗文何以是出于"自然"而发。在深信陈白沙无意于诗文，其诗文皆出于"自然"而发后，湛甘泉指出白沙之诗文源于"自然"之心胸，"自然"之心胸源于"自然"之学术，"自然"之学术源于"勿忘勿助"间。在"勿忘勿助"间，湛甘泉重新回归天地。这一重新回归过程，犹若天地间万物是其所是，无所安排，无所作为。

　　通过上述湛甘泉对白沙之学的表述，我们可以知悉湛甘泉确实继承了陈白沙"自然"之学。然而在继承的同时，湛甘泉又对此进行了相对大胆的修正，即将"自然"从对天地"无心"而化的形容，修正为达于这一境界的路径——"勿忘勿助"。

　　湛甘泉这一修正方式，并非偶然为之，乃其一贯作风：

　　先生语水曰："千古有孟子勿忘勿助，不犯手段，是谓无在而无不在，以自然为宗者也，天地中正之矩也。"世之执有者为过，泥空者以为不及，岂足以知先生中正之心之道哉？夫心也者，天地之心也；道也者，天地之理也。天地之理非他，即吾心之中正而纯粹精焉者也。是故曰"中"，曰

_____

①　（明）湛若水：《重刻白沙先生全集序》，《陈献章集·附录三》，第896页。

"极"，曰"一贯"，曰"仁"，曰"仁义礼智"，曰"孔、颜乐处"，曰
"浑然与天地万物为一体"，皆天理也，尽之矣。尧、舜、禹、汤、文、武
之所谓"惟精惟一"，所谓"无偏无党"，即孔子之所谓"敬"也。孔子
之所谓"敬"即孟子所谓"勿忘勿助"也。孟子之"勿忘勿助"，即周、
程之所谓"一"，所谓"勿忘勿助之间正当处，而不假丝毫人力"也。程
子之"不假丝毫人力"，即白沙先生之所谓"自然"也。皆所谓"体认乎
天之理"也。夫自然者天之理也，故学至于自然焉，尧、舜、禹、汤、
文、武、孔、孟、周、程之道尽之矣。①

孟子曾云："必有事焉而勿正，心勿忘，勿助长也。"（《孟子·公孙丑上》）陈
白沙将此发挥为"千古有孟子勿忘勿助，不犯手段，是谓无在而无不在，以自
然为宗者也，天地中正之矩也"，并以此教诲湛甘泉。显然陈白沙这一教诲的
内核在于"无在而无不在"，湛甘泉则故意忽略"无在而无不在"，紧紧抓住
"勿忘勿助"。在湛甘泉视域下，"勿忘勿助"已超越工夫法门，而进入这一工
夫法门所趋于的本体领域。"勿忘勿助"所趋于的本体不再是陈白沙所谓的
"无在而无不在"，而是"吾心之中正而纯粹精焉者"。湛甘泉进而以此贯穿儒
门对本体的诸表述：曰"中"，曰"极"，曰"一贯"，曰"仁"，曰"仁义礼
智"，曰"孔、颜乐处"，曰"浑然与天地万物为一体"。不满足于"勿忘勿
助"对本体的概述，湛甘泉还欲以此概述儒门诸圣贤的工夫法门：尧、舜、
禹、商汤、周文王、周武王之"惟精惟一"、"无偏无党"，孔子之"敬"，孟
子之"勿忘勿助"，周敦颐、二程之"一"、"勿忘勿助之间正当处，而不假丝
毫人力"，陈白沙之"自然"。为了凸显自己，湛甘泉将以上诸圣工夫法门汇
归于自己的工夫法门——"随处体认天理"。

约言之，陈白沙以"自然"之学教授湛甘泉，甘泉亦接受了白沙"自然"
之学。不过陈白沙、湛甘泉师徒二人讲"自然"之学的方式并不一致：陈白沙
多从本体向度上言说，湛甘泉则多在工夫向度上言说。换言之，陈白沙、湛甘
泉两人思想焦点存在差异：陈白沙思想的焦点在于本体，湛甘泉思想的焦点则
在于工夫。

诗性性格的陈白沙虽觉察到所谓"道"便是天地之"生生"，然而其视之
为"天机"，不愿直接显白，于是只是用诗歌以意象的方式隐晦地加以表述。
对于天地之"生生"，鉴于当时的学术环境，湛甘泉则策略性地采取旧瓶装新
酒的方式，以"天理"来表述。与此同时，在湛甘泉看来，与其若有若无地隐

---

① （明）湛若水：《白沙书院记》，《泉翁大全集》卷二十七，第34~35页。

晦地表述天地之"生生"，不若在工夫中直接加以体认。

假若思想的焦点从本体转向工夫，是湛甘泉对白沙之学的损，那么对陈白沙晚年工夫的确认，则是湛甘泉对白沙之学的益。

本书已为陈白沙"静坐"说进行了辩白，陈白沙虽不反对"静坐"，甚至在一定程度上提倡"静坐"，然而这并不意味着陈白沙的工夫法门就是"静坐"。陈白沙早年确曾由"静坐"优入圣域，体心体所蕴之"生生"。但到了晚年，陈白沙对"静坐"进行了翻转，于日用常行中，亦能体会到心体"生生"之流行。晚年陈白沙仍倡"静坐"，系针对士风奔竞于仕途、无所用心而言。作为白沙之学的传人，湛甘泉对陈白沙晚年为学之意蕴心领神会，由日用之"动"体悟到心体之"生生"，故提炼出"随处体认天理"。湛甘泉将这一工夫法门告知陈白沙，陈白沙深以为然："日用间随处体认天理，着此一鞭，何患不到古人佳处也。"①

湛甘泉倡"随处体认天理"，于"静坐"则"忧虑重重"："若舍书册，弃人事而习静，即是禅学，穷年卒岁，决无熟之理。"② 湛甘泉惕于"静坐"，盖惮于舍弃书册，沉浸于"静坐"易流于异学——禅学。流于禅学，则有背于圣学。有学人问湛甘泉："学主静坐也，何如？"湛甘泉并未直接回答，而是反诘："子谓忠信笃敬，视听言动，非礼之勿，果求之动乎？果求之静乎？故孔门无静坐之教。"③ 孔子以"忠信笃敬""非礼勿视，非礼勿听，非礼勿言，非礼勿动"为教法，湛甘泉诘问此是"动"中用功，还是"静"中用功。在此反诘下，湛甘泉得出孔门无"静坐"之教法的结论。

既然惕于"静坐"，相应地，湛甘泉多提倡"动"中用功："古之论学未有以静为言者，以静为言者，皆禅也。故孔门之教，皆欲事上求仁，动时着力，何者？静不可以致力，才致力，即已非静矣。"④ 在"古""今"对比的语境中，湛甘泉认为古圣从未以"静"为教。为了彻底排斥以"静"为教，湛甘泉甚至将"静"处用功归于禅学。为了具体论证这一论断，湛甘泉还以儒学创始者孔子为例。孔子为学宗旨无外乎求"仁"。"仁"，只可于事上求之，"动"时着力。在湛甘泉看来，"静"处不可着力，一着力，心即非"静"。湛甘泉进而提出这样的主张："故善学者，必令动静一于敬，敬立而动静混矣。此合内外之道也。"⑤ 湛甘泉所倡"动"中用功之"动"，非"动""静"相对

---

① （明）陈献章：《与湛民泽》（十一），《陈献章集》卷二，第193页。

② （明）湛若水：《大科书堂训》，《泉翁大全集》卷五，第13页。

③ （明）湛若水：《雍语》，《泉翁大全集》卷六，第30页。

④ （明）湛若水：《答余督学》，《泉翁大全集》卷八，第11页。

⑤ （明）湛若水：《答余督学》，《泉翁大全集》卷八，第11页。

而言之"动",而是"动"中含"静"之"动",在"动"中含"静"之"动"中,实现了"动""静"浑一。而关于"动""静"浑一实现的方式,湛甘泉重新捡起程朱理学之"敬",于"敬"中,湛甘泉实现了"动""静"浑一。"动""静"浑一,方符合湛甘泉内外合一之学的为学特点。

无可回避的是,陈白沙多言"静坐",湛甘泉不能不为其师回护:"静坐久隐然见吾心之体者,盖先生为初学言之。"① 面对陈白沙确曾提倡"静坐",湛甘泉改变策略,将"静坐"定位为初学工夫法门,从而取消了"静坐"工夫法门的合法性。

为了回护其师,湛甘泉甚至虚构故事:

> 世人皆说石翁禅学,不然。初年想亦从这里过来,观教人只以周子圣学章无欲为言。及某梦一老人,说要山中坐一百日,以告翁,翁不欲,云:"只恐生病。"又说:"东所说虽在膏火煎熬之极,而常有清凉之气,此是禅学。"观此可知。②

时人多訾议陈白沙为禅,湛甘泉就此为陈白沙辩护。湛甘泉故意扭曲性地回忆陈白沙只曾以周敦颐"无欲"教授弟子,不曾以"静坐"相授。湛甘泉还杜撰说自己在白沙门下时曾梦见一老者,以山中"静坐"百日的工夫法门相授。湛甘泉以之就问于陈白沙,陈白沙断然加以否定。

简言之,陈白沙晚年工夫着力点已从早年"静坐"翻转为于"动"中用功,只是陈白沙晚年一如既往地沉浸于与物翱翔的境界,无意于具体工夫。当得意弟子湛甘泉提出"动"中工夫法门——"随处体认天理"时,陈白沙欣然认同。这就是说,就工夫法门而言,湛甘泉总体上还是接续了陈白沙晚年为学脉络。只不过陈白沙晚年无意于工夫法门的探究,湛甘泉则明确将陈白沙晚年工夫确认为"动"中用功,并进而以"随处体认天理"加以表述。基于此,湛甘泉才优入圣域,树立自己为学的根基。

白沙之学乃"自得"之学,从而开有明"心学"之先声。作为白沙之学传人的湛甘泉,自然以发明"本心"作为其为学宗旨。承袭陈白沙,湛甘泉从"生"来理解"心"、"性"。不过白沙之学亦存在缺陷,即过于强调受用性,于是在白沙思想体系中本体论、境界论始终处于核心地位,工夫论则处于可有可无的地位,这实际上导致白沙思想流于高蹈、缥缈。为了避免这一思想流

---

① (明)湛若水:《新泉问辨录》,《泉翁大全集》卷六十九,第16~17页。
② (明)湛若水:《知新后语》,《泉翁大全集》卷三,第11页。

弊，湛甘泉将为学的焦点从境界论、本体论转移至工夫论。在工夫法门上，湛甘泉将陈白沙晚年工夫确认为"动"中用功，并进而依此提出自己的工夫法门——"随处体认天理"，实现对陈白沙早年"静坐"工夫的翻转。在确立自己"动"中用功之工夫法门——"随处体认天理"后，湛甘泉才最终开辟出自己为学的一片新天地。

第二章 "生生"：甘泉思想的内核

正因陈白沙多以诗化语言来表述，故其思想未免晦涩难解。湛甘泉则遭遇与其师一样的命运，学人总是无法把捉到甘泉思想的脉搏。这并不是说湛甘泉亦如其师陈白沙一样以诗化语言表述其思想，而是说湛甘泉既讲"气"又讲"心"，于是学界便有湛甘泉究竟是"气"学家①还是"心"学家②之争。我们欲进入湛甘泉的思想体系，首先就必须审视湛甘泉是如何处理"气"、"心"之间的关系，以消弭其思想体系中"气"、"心"之间的张力的。在这方面，不同的学人进行了不同的探索。其中最简单的方式莫若二元论③，但正因其过于简单，于事并无补。另一思路是在"气"、"心""合一"论的框架下进行探索。《宋明理学史》试图用"理气一体"、"道、心、事"合一来弥合"气"、"心"二者之间的扞格。④ 方国根则在"道气合一"、"理气合一"前提下力图说明"心气不二"，进而推论"道"或"理"与"心"、事合一。⑤ 朱汉民认为在明代几位著名的"心学"大师中，甘泉是最具折中、调和倾向的思想家，其主张"道、心、事合一"。在此主张下，"气"与"心"就不矛盾。⑥ 李书增等人则进行了严密的推理："宇宙一气"则"理气一体"，"理气一体"则"天地一性"，"天地一性"则"天地古今，同此一心"。在"同此一心"的前提下，"心"、"气"无间。⑦ 黄明同则在"体用一原"的理论架构下，主张"心包万物，气塞天地"。⑧

---

① 陈郁夫认为"就学术而言，甘泉修正朱子理气心性二分，而统之以一气。"参见陈郁夫《江门学记：陈白沙及湛甘泉研究》，（台湾）学生书局，1984，第152页。
② 陈来认为"天理"为心之中正之体，因此甘泉持"心学"立场。参见陈来《宋明理学》，辽宁教育出版社，1991，第289页。
③ 蔡方鹿：《湛若水哲学的二元论倾向》，《广东社会科学》1987年第3期。
④ 侯外庐、邱汉生、张岂之主编《宋明理学史》（下），人民出版社，1987，第178页。
⑤ 方国根：《湛若水心学思想的理论特色——兼论湛若水与陈献章、王阳明心学的异同》，《哲学研究》2000年第10期。
⑥ 朱汉民：《宋明理学通论——一种文化学的诠释》，湖南教育出版社，2000，第41页。
⑦ 李书增、岑青、孙玉杰、任金鉴：《中国明代哲学》，河南人民出版社，2002，第359页。
⑧ 黄明同：《陈献章评传·附传：湛若水生平及其哲学思想》，南京大学出版社，1998，第286~292页。

以上诸位学人煞费苦心地进行了探索，虽未取得一致意见，却达成了一项共识，即湛甘泉是在"合一"中消弭"心"、"气"之间的张力的。至于具体合一于"气"还是合一于"心"，诸学人并未达成一致。笔者认为，合于"一"之"一"非"气"亦非"心"，而是"生"。① 在湛甘泉的视域中，世界洋溢着生机，散发着灵气，"气"、"心"均处于世界之生生流行中。在生生流行的脉动中，"心"与"气"得以合一。换言之，在"生"的视域下，"心"与"气"便不再存在张力。

本章力图阐明湛甘泉是由"生"建立起其宇宙论、本体论的，进而在"生"的前提下，明晰甘泉"道"、"心"、"性"诸概念，由此展现湛甘泉的境界论。然而本章并未停留于此，而是进而在"生"的视域下，审视"道"、"心"、"性"如何一体无二，本体论、境界论如何浑然一体，而这正是湛甘泉"生"思想特质之所在。

第一节 "生"：一"气"运化

湛甘泉思想的核心是"生"，换言之，以"生"为支点，湛甘泉建构了其整个思想体系。湛甘泉"生"之思想源于"气"，一"气"相摩相荡，运化不已，由此"生"勃然而显。

一 气化论：化生万物

在湛甘泉看来，"气"乃世界之始基。中国哲学史上最早倡导宇宙之始基为"气"者，可追溯至道家创始人——老子。至有宋时，儒家体系内不乏接纳"气"从而提倡"气"论者，其中最具有代表性者莫若北宋五子之一的张载。② 至有明中叶，理学家普遍认同这一观点，湛甘泉亦不外乎此：

> 天地间无一物相肖其形者，无一物不同受其气者。于其无一相肖，见

---

① 汪晖敏锐地觉察到"在整个明朝时期，思想家们的主要努力方向就是攻击、批评和摆脱程朱理学的理气二元论，从心和物（气）这两个不同的方向追求心一元论，或气一元论，以弥合理与气的分离"（汪晖：《现代中国思想的兴起》上卷第 1 部，生活·读书·新知三联书店，2008，第 298 页）。其实除了汪晖先生所云从"心"、"物"（"气"）两个方向一元外，还有一个方向，便是湛甘泉所云的"生"。换言之，在明朝一元化的思潮中，除了"心"一元论、"气"一元论外，还有湛甘泉所倡导的"生"一元论。

② 甚至有学人基于此，将有宋理学分为理、气、心三大系。参见《张岱年文集》第六卷，清华大学出版社，1995，第 291 页。

造化之无穷；于其同受气，见造化之本一。①

作为哲人的湛甘泉超越了常人，当其审视世间万物时，具有双重的眼光：一是从外在形迹审视，万物姿态万千，各是其所是；二是从内在根源审视，万物同受一"气"而生。具有双重眼光的湛甘泉从繁复的表象背后觉察到万物之始基为"气"。

饶有意味的是，湛甘泉以"造化"形容一"气"运化。"造化"本指天地之创化、自然之繁衍。在此意义上，"造化"可谓"生"。"造化"之主体，湛甘泉将其指定为"气"，于是"生"就源于"气"之运化。正是在"气"之运化过程中，天地才生意盎然，生生不已。可见，湛甘泉以"气"为"生"之基质，有"气"方有"生"。湛甘泉从"气"讲"生"，"生"本盎然，滞则为物。追根溯源，物之为物有待于一"气"运化，正是在"气"之运化中芸芸之物方得以诞生。

对于"气"化生万物，湛甘泉从两个层面加以论述。第一个层面是"气"为万物之质料："宇宙间其一气乎！"② 天地虽森罗万象，然不过一"气"耳。为了说明"气"为万物之本，湛甘泉形象地以父母生子来比喻"气"化生万物："夫天地之生物也，犹父母之生子也，一气而已也。"③ 第二个层面是"气"之运化。"气"化生万物还有待于"气"之运化。"气"之运化存在两种形态："上下四方之宇，古今往来之宙，宇宙间只是一气充塞流行。"④ 形态之一是运化滞塞，形态之二是运化充畅。

相对于"气"之质、"气"之滞，湛甘泉更着意于"气"之生生不已。

为了申言"气"之运化不已，湛甘泉从"气"的至大至刚说起：

> 山木之根可破石，此是至大至刚以直处。此气无处不到，大也。其力，刚也。物不能御，直也。其气之贯不分木石，木石非二物也。⑤

山中树木盘根于乱石间。对于这一不同寻常的现象，湛甘泉认为其源于"气"之"大"、"刚"、"直"三个特征。无所不至，谓"大"；无所不摧，谓"刚"；物莫能御，谓"直"。然而湛甘泉并未止步于此，而是进而指出基于一

---

① （明）湛若水：《新论》，《泉翁大全集》卷二，第25页。
② （明）湛若水：《新论》，《泉翁大全集》卷二，第21页。
③ （明）湛若水：《新论》，《泉翁大全集》卷二，第23页。
④ （明）湛若水：《寄阳明》，《泉翁大全集》卷八，第5页。
⑤ （明）湛若水：《知新后语》，《泉翁大全集》卷三，第9页。

"气"贯穿树木、石头，树木、石头本非二物。

"气"之"大"、"刚"、"直"三个特征，充分展现了"气"的运化不已。"气"运化的动力何在？湛甘泉这样阐述："一气充塞，流行于天地，故有屈伸升降进退相乘也，元非二物。"①

"阴阳"、"五行"是其时士子基本思维模式，于是湛甘泉亦将"气"之运化置于这一思维模式之下：

> 阳升则浮，阴降则沉，浮沉相荡而润下生焉。阳精则明，阴精则晦，晦明相感而炎上生焉。阳刚则伸，阴柔则屈，屈伸相循而曲直生焉。柔以溶之，刚以结之，溶结相推而从革生焉。刚以辟之，柔以阖之，阖辟相荡而稼穑生焉。天地之生也，先气而后质，故水、火多气，木、金、土多质。②

"阴气"、"阳气"相摩相荡，与五行便勾连在一起。"阳气"上升则浮，"阴气"下降则沉，浮沉相荡，润（水）则生；阳精则明，阴精则晦，晦明相感，炎（火）则生。阳刚则伸，阴柔则屈，屈伸相循，曲直（木）生。柔以溶之，刚以结之，溶结相推，从革（金）生。刚以辟之，柔以阖之，阖辟相荡，稼穑（土）生。最后，湛甘泉总结"阴气"、"阳气"与五行的关系：天地生生过程中，"气"先产生，然后才有具体之物，所以水、火多气质，木、金、土多具体材质。

相对于五行，"阴"、"阳"这一思维模式在湛甘泉思想体系中更占主导地位。在"阴"、"阳"思维模式下，"气"之展开便是"阴"、"阳"二气。"阴气"、"阳气"相摩相荡，世间万物应运而生："故天地之所以能化生万物者，以阴阳变合之不齐也。"③"阴"、"阳"二气相互歧异、抵牾，导致二者相互交织，相互摩荡，万物由此而生，世界由此而灵。

湛甘泉把"阴气"、"阳气"形象地喻为夫妇，在夫妇比喻中"阴"、"阳"二气化生万物的具体过程跃然纸上：

> 夫妇者，阴阳之象也。男健女顺者，刚柔之象也。日作夜息者，动静之象也。男外女内者，天地之象也。成男成女者，万物之象也。

① （明）湛若水：《答行大仆卿王德征问》，《泉翁大全集》卷十一，第6页。
② （明）湛若水：《知新后语》，《泉翁大全集》卷三，第1页
③ （明）湛若水：《寄阳明》，《泉翁大全集》卷九，第31页。

有阴阳而后有刚柔，而后有动静，有动静而后有天地，有天地而后有万物。①

湛甘泉以夫喻"阳气"之健、之刚，以妇喻"阴气"之顺、之柔。生民日出而作，日落而息，此正是动静的意象。有"阴"、"阳"，则有刚有柔、有健有顺。有刚柔、健顺则有动静，有动静则有天地，有天地则有万物。

综上所述，湛甘泉认为"气"是世界之始基。一"气"流行，故"气"存在屈伸、升降、进退诸形态。基于"阴阳"的思维模式，"气"分为"阴气"、"阳气"，"阴气"、"阳气"相摩相荡，世界由此灵动不已，"生"由此勃然而显，在此过程中产生森罗万象。

二 "虚""实"相即："气"之聚散

为了具体阐释在"气"之运化过程中"生"应运而生，湛甘泉从"气"之聚散、感应两个层面来加以论证。

正德七年（1512），出使安南途中，舟泊梁家庄，湛甘泉赋诗一首，较为简练地概括了其"气"论思想："万物宇宙间，浑沦同一气。充塞与流行，其体实无二。"②宇宙间浑沦一体，不论是充塞，还是流行，究其实，无二，均为一"气"。在这一表述中，湛甘泉认为就"气"的存在状态而言，可分为流行、充塞。流行，无形无相，故为虚；充塞，有形有迹，故为实。"虚"、"实"是湛甘泉"气"论思想中一对重要范畴。

若对"虚"、"实"这对范畴进行溯源的话，无疑可追溯到北宋五子之一的张载。自隋唐起，释教便盛行于中华大地。不过随着儒门"道统"意识的增强，有宋学人对释教颇为忌讳。释教倡"缘起性空"，认为世界非假即幻。假、幻，在一定意义上可言为"虚"。因此"虚"与释教有天然的紧密勾连。基于此，儒门多惮于释教之讥，于"虚"避之唯恐不及。然张载不惮于俗儒之訾议，大胆借用此概念，以构建其宇宙观："气之为物，散入无形，适得吾体；聚为有象，不失吾常。"③在张载看来，"气"存在两种形态：一是无形无迹的隐微之物，一是有形有迹之具体事物。有形有迹之具体事物是"气"，无形无迹的隐微之物亦是"气"。"气"时聚时散，故"虚""实"相互转化。不论是"聚"还是"散"，均各得其所。然而这只是对"气"之聚散的描述，张载宇

---

① （明）湛若水：《新论》，《泉翁大全集》卷二，第18页。
② （明）湛若水：《舟泊梁家庄檃括与应元忠语》，《泉翁大全集》卷四十，第11页。
③ （宋）张载：《正蒙》，《张载集》，章锡琛点校，中华书局，1978，第7页。

宙论核心性概念"太虚"与"气"的关系又是怎样的呢？"太虚不能无气，气
不能不聚而为万物，万物不能不散而为太虚。循是出入，是皆不得已而然
也。"① "太虚不能无气"，张载想要表达的是"太虚"乃"气"之渊薮，"气"
泪然从"太虚"而出，从"太虚"而出的"气"聚而为物，散则无形，归于
"太虚"。时聚时散，"气"出入于"太虚"："太虚无形，气之本体，其聚其
散，变化之客形尔。"② 相对于"气"之时聚时散，作为"气"之"渊薮"的
"太虚"则恒常。

"虚之一字，先儒鲜有道及者，后之学者无识见，便以为佛老之学，怕向
此中寻求，惟有张子'虚者仁之原'，何等识见！"③ 对于张载"虚"这一发
见，湛甘泉极为推许，并将其纳入自己构建的宇宙观体系之中。

从天地一"气"出发，湛甘泉对释教的虚无世界观进行了批驳：

> 上下四方之宇，古今往来之宙，宇宙间只是一气充塞流行，与道为
> 体，何莫非有？何空之云？虽天地弊坏，人物消尽，而此气此道亦未尝
> 亡，则未尝空也。④

宇宙间一"气"流行，湛甘泉不禁诘问：何物不在？何空之有？由此，他得出
这样的结论：天地可能凋敝，人、物可能消逝，可此"气"、此"道"从古至
今，未曾消亡。在天地一"气"的基调上，湛甘泉驳斥了天地间存在所谓绝对
的"虚空"状态。

基于世界的基质是"虚空"，释教主张世间万物皆幻象。对于这一世界观，
湛甘泉坚决予以批驳："自有此气充塞以来，色色皆真。只可言无声无臭，不
可言幻。"⑤ 在湛甘泉看来，世间万物由一"气"化生，皆真实存在。至于不
可见之"虚"，只可称无声无臭，却不可称虚幻。

通过对释教虚幻世界观的批驳，湛甘泉实际上承认了世界的实在性。当
然，实在性并不等于实体性，世界存在两种形态：一是实体之有形，一是无迹
之无形。如何处理实体之有形与无迹之无形之间的关系？湛甘泉回到张载，借
用张载的"太虚"说来处理两者之间的关系：

---

① （宋）张载：《正蒙》，《张载集》，第7页。
② （宋）张载：《正蒙》，《张载集》，第7页。
③ （明）湛若水：《答王宜学二条》，《泉翁大全集》卷九，第6页。
④ （明）湛若水：《寄阳明》，《泉翁大全集》卷八，第5页。
⑤ （明）湛若水：《新泉问辨录》，《湛甘泉先生文集》卷八，明嘉靖十五年刻本，第93页。

今之学者只怕说著一虚字，张子曰："虚者，仁之原。"先师白沙先生与予题小圆图屋诗有云："至虚元受道。"又语予语："虚实二字可往来看，虚中有实，实中有虚。"予谓太虚中都是实理充塞流行，只是虚实同原。①

时人惮于释教之讥，故于"虚"避之唯恐不及，湛甘泉则不避时讥，仍采纳"虚"之话语。值得留意的是，湛甘泉言"虚"，当源于其业师陈白沙。白沙亦倡"虚"，不过陈白沙所倡之"虚"多就境界论而言。当言"虚"时，湛甘泉当然承白沙境界论之"虚"。但是，湛甘泉所言之"虚"，在言境界论之"虚"的同时，亦涉及宇宙论之"虚"。换言之，湛甘泉所言之"虚"嫁接了境界论之"虚"与宇宙论之"虚"，融境界论之"虚"与宇宙论之"虚"于一体。从宇宙论的视域来言"虚"，显然接受了张载宇宙论之"太虚"说。承张载所言宇宙论之"虚"，湛甘泉所云之"虚"，"不是绝对的虚无，也不是空，而是与有形之物相对而言的，是无形之客观实在，即指气之本然状态"②。"气"是宇宙的本然状态，运化不已，于是实"理"无不流行于其间。在此意义上，湛甘泉认为"虚实同原"。"虚"是"气"，"实"亦是"气"，"虚"、"实"同源于一"气"。

这就是说，湛甘泉是在"虚"、"实"的语境下处理实体之有形与无迹之无形之间的关系的。"虚"、"实"表现为不同样态：前者无形无痕，后者有形有迹，然"虚"、"实"不外乎一"气"："气"聚则为"实"，"气"散则为"虚"。

有人请教如何看待张载的"虚空即气"说，湛甘泉这样回答："实有也。风云雷雨也何生？气也，有形则见耳！知风云雷雨之所由生，则知气之所在，又何有虚空？"③湛甘泉以"实有"应之，实际上认同了"虚空即气"。风云雷雨，缥缈变幻，处于虚实之间，最能体现"虚空即气"，湛甘泉特以此为例加以说明。风云雷雨何以倏忽变幻？这是因为"气"瞬息而动。知风云雷雨倏忽变幻，则知"气"之所在，故天地间何有虚空？

为了进一步打消众人对"虚"即无的误解，湛甘泉还举了呼吸之例：

虚无即气也，如人之嘘气也，乃见实有，故知气即虚也。其在天地万

① （明）湛若水：《新泉问辨录》，《泉翁大全集》卷六十九，第21页。
② 张立文主编《气》，中国人民大学出版社，1990，第17页。
③ （明）湛若水：《新论》，《泉翁大全集》卷二，第20页。

物之生也；人身骨肉毛面之形也，皆气之质，而其气即虚无也。是故知气之虚实有无之体，则于道也思过半矣。①

生民徐徐吐纳，便可感知所谓"虚"中尚有"气"的存在。"气"流行于天地间，化生天地万物，即便人之"骨肉毛面"亦莫能外。湛甘泉甚至认为，若能领会"气"之虚实、有无本为一体，便可谓体悟到"道"。

"虚"非无，而是"气"存在的一种样态，这种样态亦可言为弥散。"气"时聚时散，弥散则为"虚"，凝聚则为"实"。在这一过程中，"气"时"实"时"虚"，时"虚"时"实"，循环不已。若进一步追问"虚"、"实"何者为天地之本、生生之源，湛甘泉认为是"虚"：

> 空室空木之中，有物生焉。虚则气聚，气聚则物生。故不待种也，气即种也。古之气化而生也（"古"，康熙二十年本作"得"），故虚者生之本。②

"虚"犹如"空室空木"，于虚空中物油然而生。"虚"极则"气"聚，"气"聚则物生。在"气"聚物生的过程中，非有所谓的物之种，"气"即物之种。在此意义上，"虚"是生生之机枢，"虚"之中蕴含无限的生意。

换言之，"实"为"气"，"虚"亦不外乎"气"。只是"虚"为"气"之散，"实"为"气"之聚，聚散只是"气"的一时存在样态，故"虚"、"实"可相互转化、相互蕴含。在"虚"、"实"这种关系中，"生生"汩然而涌。

对于"虚"、"实"相互转化的具体过程，湛甘泉还是将其置于五行思维架构下加以描述：

> 天地之初也至虚，虚者无也。无则微，微化则著，著化则形，形化则实，实化则大。故水为先，火次之，木次之，金次之，土次之。天地之终也至塞，塞者有也。有则大，大变而实，实变而形，形变而著，著变而微。故土为先，金次之，木次之，火次之，水次之。微则无矣，而有生焉。有无相生，其天地之终始乎！③

① （明）湛若水：《新论》，《泉翁大全集》卷二，第18页。
② （明）湛若水：《新论》，《泉翁大全集》卷二，第18页。
③ （明）湛若水：《新论》，《泉翁大全集》卷二，第16页。

湛甘泉将天地之初设想为"虚","虚"呈现为无,无则在化育过程中逐渐演化为实体。实体终亦由化育过程回归"虚"、"无"。在五行这一思维模式下,湛甘泉演绎了天地由"虚"而"实"、由"实"而"虚"的循环过程。

《周易》是儒家基本典籍之一,湛甘泉亦在《周易》语境下言说"虚"、"实"之间的循环。有弟子叩问:"数往者顺,知来者逆。当以何说为是?""数往者顺,知来者逆"出于《周易·说卦》,是对天地生化的一种诠释模式,在易学史上,郑玄、邵雍、朱熹等易学大师对此均曾做出各自的诠释。

湛甘泉这样回应:

> 朱枫林之说亦只就图粗言之耳。其言圆图自乾一至震四,自巽五至坤八,皆自南而北、自上而下,为顺。方圆自乾一之八卦,至坤八之八卦,皆自北而南、自下而上,为逆。逆数者,谓画卦自下而上也。盖天地之运不顺不行,天地之交不逆不生。顺而行所以生物,逆而生所以自生。夫易之极,数知来,皆生数也。于语言图象外得之。①

湛甘泉首先对其时具有代表性的元末明初朱升的观点进行批驳,认为朱升囿于卦象,在卦象内自我演绎。湛甘泉则抛开卦象,回到卦意,从天地运化来言说"顺"、"逆",在"顺"、"逆"运化中,天地万物得以化生。张沛先生敏感地阅读出"顺"、"逆"运行背后所蕴含的"虚""实":"'顺'是气到万物的'从无到有','逆'是万物到气的'从有到无'。并且,这一过程不断地循环往复、周而复始,天地万物从无到有,从有到无,再从无到有,万物复归于气即预示着气将聚结成为新的万物,覆灭就是生成的一个循环。"② 张沛将"顺"理解为"从无到有",将"逆"理解为"从有到无",于是"顺"、"逆"之间的转化便演绎为天地"虚"、"实"之间的相互运化。

从天地"虚"、"实"之间相互运化的立场出发,湛甘泉反对道家"无"生"有"的宇宙演化模式。有学人受道家思想影响,认为"无能生有",并以此叩问于湛甘泉。湛甘泉这样反驳:"有无一体,才说生则便不是。"③ 在湛甘泉看来,"有""无"一体,"虚""实"相即。由此审视,"虚""实"间的关系只可言相互转化,不可言"生"。

---

① (明)湛若水:《语录》,《湛甘泉先生文集》卷二十三,《四库全书存目丛书·集部》第五十七册,第140页。
② 张沛:《湛若水"合一之学"的逻辑演进及其哲学反思》,《国学学刊》第33卷,北京大学出版社,2014,第238～239页。
③ (明)湛若水:《天关精舍语录》,《泉翁大全集》卷十三,第34页。

对于"虚"、"实"之间的关系，湛甘泉接着张载"太虚即气"话语而言。① 然而这并不意味湛甘泉完全承袭张载"太虚即气"之说。弟子蒋信阅读张载"气之聚散于太虚，犹冰凝释于水"，感到困惑，便就"然则气有聚散乎"请教于湛甘泉。湛甘泉对此的回答是："然。"这反而使蒋信更加困惑，因为湛甘泉业师陈白沙曾云："气无聚散，聚散者物也。"该句与张载"气之聚散于太虚"存在扞格："气之聚散于太虚"意味着"气"有聚有散，而"气无聚散，聚散者物也"则指涉"气"无聚散。在这一困惑下，蒋信不禁继续追问："然则气果无聚散乎？"湛甘泉的回答仍然是："然。"蒋信更加困惑："何居？"湛甘泉如是解释："以一物观，何讵而不为聚散？自太虚观，何处而求聚散？"② 从具体一物来看，有聚有散；从"太虚"本身来看，则无所谓聚与散。

通过上述解析，我们可以知悉，张载、湛甘泉同样讲"虚""实"，倡"聚散"，然两人"虚""实"、"聚散"的着意点并不一致。张载"太虚即气"所着意的是"太虚"乃"气"之聚散、往来的渊薮，而湛甘泉所着意的是"虚""实"相即，相互转化。在这一相即、相互转化的过程中，"生意"跃然而显。

三 感应：万物相感

"实"亦"气"，"虚"亦"气"，在湛甘泉的宇宙观中，"气"是天地万物的基质，宇宙间一"气"而已。"气"散则为"虚"，"气"聚则为"实"（物）。然而这只是处理"气"与万物之间关系的第一步。欲进一步探讨"气"与物之间的关系，"体""殊"、"体""用"的话语体系必然进入湛甘泉的视域。

弟子蒋信就"一体万殊"加以叩问，湛甘泉如是回应："一其万矣，万其一矣，万一皆一，是故体用一原。"③ 一即万，万即一。万物皆源于一本，因此"一"与"万物"的关系可言为"体用一原"。

"体用一原"，又可称为"理一分殊"④、"一体分殊"。为了更生动地阐述

---

① 在宋明理学体系中，除了张载讲"气"外，程朱亦讲"气"，不过两者讲"气"的方式并不一样。张载在循环论的意义上讲"气"之聚散，而程朱在相继不已的意义上讲"气"之再生。参见杨立华《宋明理学十五讲》，北京大学出版社，2015。湛若水显然是接着张载在"气"之循环意义上讲"气"之聚散，与程朱之生生不已的"气"之再生迥异其趣。

② （明）湛若水：《雍语》，《泉翁大全集》卷六，第16页。

③ （明）湛若水：《雍语》，《泉翁大全集》卷六，第16页。

④ "理一分殊"是宋明理学重要命题之一，伊川已点出此命题，朱熹则在"理一"的基础上阐明"理一分殊"。参见曾亦、郭晓东《宋明理学》，南京大学出版社，2009，第245~251页。

"一体分殊"，湛甘泉以池鱼为例：

> 宇宙间其一气乎！气一则理一矣。如池浑浑，群鱼生焉，是谓同体。
> 溢则同生，涸则同死。一体之谓也。其形体、呼吸、性情、潜跃之异者，
> 分之殊尔。见之者谓之知道。①

湛甘泉将整个宇宙比喻为一个池塘，池水粼粼，群鱼悠然，可谓同为一体。池水满溢，鱼则同生；池水干涸，鱼则同死。一池之鱼生死相关，这可谓一体相感。一池之鱼形体、呼吸、性情、潜跃迥异，此可谓"分殊"。只体知"一体"，或只体知"分殊"，在湛甘泉看来，均只是把握到"道"的一面，只有既体知"一体"，又体知"分殊"，方可谓把握到"道"。

相对于程朱倡导"理一分殊"，湛甘泉则主张"一体分殊"。在"理一分殊"这一倡导中，程朱欲于"分殊"中把握"理一"，这就是说，"理一分殊"的侧重点在于"理一"，"分殊"只是途径、手段。湛甘泉所主张的"一体分殊"，"一体"、"分殊"同倡。这就是说，"一体"与"分殊"无所谓谁为主导、谁为途径和手段，两者同为主体，处于平等地位。

湛甘泉有时亦沿袭程朱"理一分殊"这一话语而说，然而话语的内涵已悄然发生改变："理一分殊，二之则非。理一之中，分殊具焉。如人一身，四肢百体。是故知理一则知分殊矣。"② 在湛甘泉看来，虽分而言"理一"、"分殊"，然不可就此将"理一"、"分殊"截然二分，因为"分殊"已具于"理一"之中。为了形象地说明其中的道理，湛甘泉以人之四肢百体与人之一身为例。于此值得留意的是，湛甘泉虽沿袭程朱之"理一分殊"话语，然而二者话语内涵迥然有别：程朱所谓"理一"是万物"分殊"之"理"的推导③，湛甘泉所言"理一"则建基于痛痒相关的"一体"。

在对"理一"的内涵进行矫正的同时，湛甘泉还对"理一分殊"进行了进一步发展：

> 观风草便是感应之理。风行草偃，伸而屈也；风去而草仰，屈而伸也。非特二物相感应，而风草各自有感应。风之来，伸也，而屈存焉；风之去，屈也，而伸生焉；是风之感应也。草之偃，屈也，而伸存焉；草之

---

① （明）湛若水：《新论》，《泉翁大全集》卷二，第21页。
② （明）湛若水：《新论》，《泉翁大全集》卷二，第22页。
③ 万物"虽各自有一个理，又却同出于一个理尔"。参见（宋）朱熹《朱子语类》卷十八，《朱子全书》第十四册，第606页。

仰，伸也，而屈存焉；是草之感应也。公事有阴阳亦此理。①

"分殊"之物间痛痒相关，湛甘泉将之称为感应。风吹草动，感于此，应于彼，这便是"感应"的最佳征象。这一征象指向的是"理一"、"分殊"间痛痒相关。虽此中的原理并不一致，然就"理一"、"分殊"而言，程朱早已涉及。湛甘泉并未停留于此，而是进而指出不仅风、草间可相"感应"，而且风、草自身亦各自发生"感应"。如风吹时，乃伸，屈则藏于其间；风息时，乃屈，伸则藏于其间。草亦不外乎此。这就是说，湛甘泉不仅倡导"理一"、"分殊"痛痒相关，而且主张"分殊"间相感相应。这显然已溢出程朱"理一分殊"的范畴，可谓对这一范畴进行了发展，即将感应的焦点从"理一"与"分殊"转移到"分殊"间。"分殊"间相感相应，在感应下所展开的世界便是个有机体。

之所以有这样的转移，与湛甘泉将"气"定位为世界之基质相关："感而通之，一气也。气也者，通宇宙而一者也，是故一体也。一体故氤氲相通，痛痒相关，不交而交矣。"② 在这一表述中，湛甘泉完全避开"理"、"体"这类形上概念，直接从形下之"气"展开。湛甘泉将天地间理解为浑然一"气"。在一"气"相贯的场域中，万物纷纷化生。既然万物皆为一"气"所化，那么天地氤氲相通，万物浑然一体，一物感于此，他物必应于彼。即便二物不相接触，亦遥相感应。若追问感应的内在机理，那便是一"气"相贯。

人乃天地之灵，故感应的最高形态莫过于天人感应："天将雨，人身必润；天将晴，人身必燥。"天之阴晴，人之润燥，本来是自然生理现象，湛甘泉却从中觉察到："此可见感应之理，此便是人即天地之气。"③ 人亦为一"气"所化，故为万物之一例。在一"气"的贯通下，天人彼此相互感应。

上文所言之感应只是具体自然感应现象，然而湛甘泉并不满足于此，更欲借感应而体知天地之"仁"：

> 虫之感也，以春而鸣；草木之感也，以阳而生。观其所感，而天地之仁可见矣。虫之寂也，蛰而息；草木之寂也，归其根。观其所寂，而万物之仁可见矣。④

---

① （明）湛若水：《知新后语》，《泉翁大全集》卷三，第9页。
② （明）湛若水：《神交亭记》，《泉翁大全集》卷二十八，第27页。
③ （明）湛若水：《知新后语》，《泉翁大全集》卷三，第10页。
④ （明）湛若水：《知新后语》，《泉翁大全集》卷三，第9页。

随着四季的轮回、阴阳的消长，虫迎春而鸣，草木由阳而长；虫入秋蛰伏，草木由阴而归根。在这一时寂、时感过程中，湛甘泉体察到了天地之"仁"。

经由天地之"仁"，湛甘泉提升了感应的境界。湛甘泉通过感应这一独特视角来观察整个世界：

> 天下古今只是感应而已矣。何以感之即应，疾于影响？宇宙内只是同一气同一理，如人一身，呼吸相通，痛痒相关，刺一处则遍身皆不安。又如一池水，池中之鱼皆同在此水，击一方则各方之水皆动，群鱼皆惊跃。此与孔子梦周公同，以其气一理一也，否则何以能感应？此可以知道。①

湛甘泉干脆将天地、古今皆归于感应。何以天地、古今此感彼应疾于影响？湛甘泉认为在于天地同此一"理"，同此一"气"，就如人之身一处疼痛，全身皆不安。为了进一步说明"感应"，湛甘泉还举了两个例子：一例是一池之水感于此应于彼，一鱼惊恐，他鱼皆惊恐；另一例，湛甘泉则跳出自然感应现象，讲孔子梦见周公。语末，湛甘泉这样总结：若能体察到"感应"，便能体察到天之"道"。

程朱理学流行于明代思想界，在涉及宇宙观时，自然亦从"理"出发来演绎世界的图景。超验、抽象之"理"所勾画出来的世界图景未免会僵化、呆滞。湛甘泉则从一"气"出发构建其"气"化论的宇宙观，在"气"化论世界观的维度下，世界或"虚"或"实"，或感或应，这就恢复了世界本然的活泼、灵动。湛甘泉"气"化论世界观的意义便在于暗暗侵蚀程朱理学超验、抽象之"理"，使世界之基从超验、抽象之"理"回到流动、活泼之"气"。

第二节　"道"：运化燮和

一"气"运化即为"生"，"道"便应运而生。其实，湛甘泉从"气"的层面谈"虚"论"实"时，"道"就不时出场。

弟子葛涧就张载"虚无即气"叩问于湛甘泉，湛甘泉这样评述：

> 人知有形者之为气，而不知无形者亦气也，横渠子独以无形者为气。

---

① （明）湛若水：《洪子问疑录》，《泉翁大全集》卷七十八，第10页。

盖未悉有无虚实之体焉耳。①

湛甘泉感慨世人只知有形有相者为"气"，而不知无形无相者亦为"气"，唯张载卓尔不群，意识到无形无相者亦为"气"；世人之所以未能意识到虚无即"气"，乃在于未能体察到有无、虚实为一"体"。

如何理解有无、虚实为一"体"之"体"？湛甘泉如是诠释：

> 聚亦吾性，散亦吾性，故张子曰："知死而不亡者，可与语性。"有聚有散者，即人物而语之也。死而不亡者，即天地而语之也。然则即天地宇宙胞内、上下四方、古今往来，只是一气，何聚散之有？故知此则知道矣。孔子曰："朝闻道，夕死可矣。"②

聚是天地之性，散亦是天地之性。话语一转，湛甘泉就着张载之语"知死而不亡者，可与语性"，指出天地间不论万物抑或生民，皆有聚有散，有生有亡，然而天地本身无聚无散，永恒存在。何以做出这样的论断？湛甘泉还是回到天地间浑然一体之"气"的语境，天地间浑然一体之"气"何曾有聚有散、有生有亡？由此，湛甘泉得出这样的结论：懂得这点才算知悉"道"。

可见，湛甘泉论"道"，是紧贴着"气"而言的，也就是说，他是在"气化论"的背景下阐述"道"的内涵的。

一 "道"：即"气"而在

湛甘泉论"道"针对性很强，所针对的就是当时的官方哲学——程朱理学。

程朱理学总体特征可言为二元论。这一理论框架下的"理"、"气"论具体展开为三个层面：一是"理"、"气"二分，二是"理"主"气"从，三是"理"先"气"后。

"天下之物，则必各有所以然之故，与其所当然之则，所谓理也。"③朱熹严格分判"理"和"气"，"气"为"一阴一阳"，"理"为"所以一阴一阳"。"一阴一阳"是对事实的描述，为实然，指向形而下。"所以一阴一阳"是对事实原委的揭示，为所然，指向形而上。形而上之"所然"与形而下之"实

---

① （明）湛若水：《雍语》，《泉翁大全集》卷六，第36页。
② （明）湛若水：《问疑录》，《泉翁大全集》卷七十五，第4页。
③ （宋）朱熹：《四书或问·大学或问上》，《朱子全书》第六册，第512页。

然"，在朱熹的视域中，是两个层面的概念："天地之间，有理有气。理也者，形而上之道也，生物之本也。气也者，形而下之器也，生物之具也。"① 形而上为"理"，形而下为"气"，形上之"理"是生物之本，形下之"气"是生物之具，故形上之"理"支配、主宰着形下之"气"。在此意义上，形上之"理"相对于形下之"气"来说，形上之"理"更具根本性、主宰性，"理""气"关系可谓"理"主"气"从。尽管朱熹一再言说"理"、"气"不离不杂，似乎要取消"理"、"气"的先后问题，然这只是就现实、具体层面而言，从超验、本体层面而言，朱熹还是坚持"理"先"气"后。有人问朱熹：如何看待"理"在先，"气"在后？朱熹回答："有是理，然后有是气。"② 在他处，朱熹从形上、形下层面予以具体诠释："是以人物之生，必禀此理然后有性，必禀此气然后有形。"③

在论及有宋学术与有明学术时，日本著名学者冈田武彦指出："一言以蔽之，由二元论到一元论……从思想史看就是宋代到明代的展开。"④ 在有明一元论的思潮中，"理""气"一元论是其重要内容之一。有明时，不论"理学"，抑或"心学"，均倡"理""气"一元论。发"理""气"一元论之先声者，湛甘泉居其一。

基于"理""气"一元论，湛甘泉对程朱理学"理""气"二元论展开了针锋相对的批驳。如前所云，在湛甘泉的世界观里，天地间只有一"气"而已，"气"是世界唯一的质料，至于悬于"气"之外的绝对、主宰之"理"，湛甘泉则坚决地予以否定：

> 古之言性者，未有以理气对言之也。以理气对言之也者，自宋儒始也，是犹二端也。夫天地之生物也，犹父母之生子也，一气而已矣，何别理附之有？⑤

在湛甘泉心目中，古圣先贤言"性"从未将"理""气"相对而言，将"理""气"打成两端，实自宋儒始。这里的"宋儒"显然指的就是程朱。天地之生

---

① （宋）朱熹：《答黄道夫》，《晦庵先生朱文公文集》卷五十八，《朱子全书》第二十三册，第 2755 页。

② （宋）朱熹：《朱子语类》卷一，《朱子全书》第十四册，第 115～116 页。

③ （宋）朱熹：《答黄道夫》，《晦庵先生朱文公文集》卷五十八，《朱子全书》第二十三册，第 2755 页。

④ 〔日〕冈田武彦：《王阳明与明末儒学》，吴光等译，上海古籍出版社，2000，第 1 页。

⑤ （明）湛若水：《新论》，《泉翁大全集》卷二，第 23 页。

物，湛甘泉喻为父母生子，乃一"气"化生，非别有"气"外之"理"主宰、支配"气"的运行化生。

在取消了形上之"理"后，湛甘泉的世界观便是一"气"流行的"一元"论模式，程朱所构建的"理""气"二元论模式就此塌陷。由此，世界之根基从形上、抽象之"理"回到形下、具体之"气"。取消"理"之神圣性、绝对性，将世界的根基建基于形下之"气"后，其时学人面临两种选择：一种是"革命"方式，取消"理"之话语，直接以"气"之话语来构建其世界图景；另一种是"中庸"方式，依然言说"理"，暗地里却采取釜底抽薪的方式，从"气"的维度来言说"理"。故从表面上看，在描绘世界图景时，"理"仍然占据世界图景的核心地位，但是在"气"垄断了构建世界的要素，世界图景完全由"气"来勾勒、涂写的场景中，"理"已完全被架空，成为徒有虚位的傀儡。

其时，程朱理学是官方哲学，直接取消"理"，会承担极大的政治、学术风险，于是湛甘泉采取第二种方式即"中庸"方式。表面仍在言说"理"，内里却悄然抽空了"理"的超验性内涵，于是此"理"只能通过"气"来呈现。换言之，即通过"气"来言"理"："宇宙间其一气乎！气一则理一矣。"[1] 宇宙间一"气"充塞流行，"气"一则"理"一，"气"、"理"浑然一体。

由"气"、"理"浑然一体，湛甘泉进而推论："天道无己，天非他，即人物而在耳。"[2] 湛甘泉认为，"道"非超验性存在，而是即此世间具体人、物而在。这就是说，"理"即"气"，"气"即"理"。在这一语境下，"理"、"气"无二。从此点出发，湛甘泉断然否认外"气"可以寻觅到"道"：

> 外气以求性道也，吾只见其惑也。是故夫子川上之叹，子思鸢鱼之察，易一阴一阳之训，即气即道也。气其器也，道其理也，天地之原也。器理一也。[3]

在敬贤崇圣的氛围中，古训往往更具有说服力。于是湛甘泉便引用孔子"川上之叹"、子思"鸢鱼之察"、《周易》"一阴一阳"等古训，这些古训皆指向一点——即"气"即"道"。在这些古训的共同指向下，"理"退去原本超验、神圣的面纱，落实为具体、感性的"气"。既然"理"、"气"打并为一，那么

---

① （明）湛若水：《新论》，《泉翁大全集》卷二，第21页。
② （明）湛若水：《新论》，《泉翁大全集》卷二，第5页。
③ （明）湛若水：《新论》，《泉翁大全集》卷二，第26页。

外"气"去求所谓"性"、所谓"道",在湛甘泉看来,迷惑至甚。有此迷惑者乃今人,古圣则绝不可能堕落至此:

> 以见理不离物也,非离物外人伦而求诸窈冥昏默以为道也,可见古人实学处。《易》曰:"形而下者谓之器,形而上者谓之道。"道器同一形字,故《易》不离形而言道,《大学》不离物而言理。①

湛甘泉将古圣之学指认为"实学",古圣"实学"之"实"在于"理"不离物,离物外人伦而沦于玄冥昏昧者则不可谓之"道"。为了论证古圣"实学"之"实",《周易》云:"形而上者谓之道,形而下者谓之器。"湛甘泉抓住此句,指出"道"、"器"均就同一"形"而言,因此《周易》不离"形"而言"道"。《周易》如此,《大学》亦如此。

从不离"形"而言"道"的古圣"实学"出发,可以得出即"气"即"道"("理")的结论。在他处,湛甘泉还专门从"形"的向度来阐述即"气"即"理":

> 理气亦是合一,故《易》曰:"形而上者谓之道,形而下者谓之器。"同一个形字,便可见其合一。孟子曰:"形色天性也。"甚为直截,后儒说得太分别了,所以愈流于支离。②

湛甘泉所言之"形",指向有二。一是《周易》"形而上者谓之道,形而下者谓之器"。《周易》虽言"形而上"为"道","形而下"为"器",然两者均就具体之"形"而言。由此,湛甘泉推导出"道"、"器"本为一体。二是孟子"形色天性也"。指出孟子从"形色"来言"天性",言下之意是,孟子亦赞同即"气"即"理"之说。后世俗儒将"形"打成"形而上"、"形而下"两截,儒学遂沦为支离之学。言及此,湛甘泉不禁诘问:"如曰理气为二,请于气之外,更寻个理出来。"③

约言之,从即"气"而言"道"出发,湛甘泉得出结论:即"道"即"气","道"即"气"而在。

---

① (明) 湛若水:《新泉问辨续录》,《湛甘泉先生文集》卷七十三,第30页。
② (明) 湛若水:《问疑录》,《泉翁大全集》卷七十五,第21页。
③ (明) 湛若水:《天关精舍语录》,《泉翁大全集》卷十三,第27页。

二 "道"："气"之中正

湛甘泉的"理""气"观可言为即"气"即"道"，那么这是否意味着"气"本身就可指认为"道"？答案远没有那么简单："舍气何处寻得道来？故曰：'乾坤毁则无以见易。'盖气与道为体者也，得其中正即是性，即是理，即是道。故曰：'一阴一阳之谓道。'而偏阴偏阳则非道矣。"①"言气即道，便不是。气得其中正，发于事物，即道、即义，非二物也。配者合一之名，非以二物相配也，在心为道，在事为义，非二物也。言非疵也。"②可见，在湛甘泉的视域中，"气"本身并不直接对应"道"，"气"处于"中正"状态，方可谓"道"。有弟子听闻甘泉言"性即气也"，立即联想到告子曾言"生之谓性"，不禁问："然则告子然欤？"湛甘泉断然否定："不知犬马之性非天地之性。天地之性，所谓中正纯粹精也。"③在湛甘泉看来，告子"生之谓性"，犹犬、马之性，乃就生理本能而言，其为一"气"之偏，远离了天地之性。天地之性，乃就中正精粹而言。

以"中"释"道"，在"道"的诠释史上可谓"独树一帜"。④"中"，固然常见于《周易》⑤，但笔者认为不可忽视"中"的另一渊源——"中庸"。"中庸"思想最早可追溯到儒家创始人孔子。"中庸之为德也，其至矣乎！民鲜能久矣。"（《论语·雍也》）孔子首倡"中庸"，并将"中庸"称为至德："子贡问：'师与商也孰贤？'子曰：'师也过，商也不及。'曰：'然则师愈与？'子曰：'过犹不及。'"（《论语·先进》）所谓"中庸"，具体内涵不外乎不偏不倚、无过不及、恰如其分，若偏于一边，则非"中庸"。及至《中庸》，子思则系统地发挥了孔子的"中庸"思想，将原本作为思维方式的"中庸"改造为"中""和"的"心""性"模式："喜怒哀乐之未发，谓之中；发而皆中节，谓之和。中也者，天下之大本也；和也者，天下之达道也。致中和，天地位焉，万物育焉。"（《礼记·中庸》）至有宋时，随着经学的式微，四书脱颖而出，《中庸》脱离《礼记》，单独成篇，成为理学家们构建思想体系的重要资源。就"中"而言，其对应"未发"，强调"性"处于蕴而未发的状态。如有学人问周敦颐何为天下善，周敦颐从"中"的维度来回应："惟中也者，和也，中节也，天下之达道也，圣人之事也。故圣人立教，俾人自易其

---

① （明）湛若水：《新泉问辨录》，《泉翁大全集》卷六十七，第19～20页。
② （明）湛若水：《杨子折衷》，《泉翁大全集》卷八十一，第15页。
③ （明）湛若水：《新论》，《泉翁大全集》卷二，第25页。
④ 王文娟：《湛甘泉哲学思想研究》，第81页。
⑤ 王文娟：《湛甘泉哲学思想研究》，第81页。

恶，自至其中而止矣。"①

湛甘泉承《中庸》之脉，从"中"的角度来言说"道"。不过对"中"之内涵的界定，湛甘泉有个演变过程。弘治十八年（1505），湛甘泉奉母之命，至京城参加会试。会试中湛甘泉草就《中者天下之大本》，学士张元祯抚其卷而叹："真儒复出矣。"② 由是湛甘泉金榜题名，踏上仕途。在这篇得到主考官高度赞赏的文章中，湛甘泉阐述古圣相传之"中"，其"中"之含义还是就"未发"而言。致仕隐居西樵后，可能激于王阳明之内倾，湛甘泉回到孔子的原初语境，将"中"理解为不偏不倚的思维方式，并依此对朱子式外向、阳明式内倾进行了批驳，形成了其独特的包治百病的"中和汤"。

为了提升"中"的重要性，湛甘泉一再从"中"的向度来言说"道"："中正者，天下之至道。"③ 下面一段师徒对话具体阐述了"中"与"道"的内在勾连。

有弟子问何为"道"，湛甘泉如是回答："于物物而求之。"过了几日，该弟子又问何为"道"，这次湛甘泉换了种回答："合物物而求之。"该弟子大惑不解，湛甘泉循循善诱之：

> 于物物而求之，其小者也。合物物而求之，其大者也。于物物之中，合物物之中而求之。夫中也者，道也。知小而不知大者，不足以语全；知大而不知小者，不足以语分；知小大而不知中，可与语器，不可以语道。夫知小大道器之为一体，则几矣。④

从这段话来看，对于什么是"道"，湛甘泉并未做出直接回答，而是试图在如何求"道"的向度下来加以回应。如何求"道"？湛甘泉给出了三种方式：其一，"于物物而求之"；其二，"合物物而求之"；其三，"于物物之中，合物物之中而求之"。在湛甘泉心目中，前两种乃方便教法，最后一种乃究竟教法。前两种之所以是方便教法，乃在于第一种只求得"道"之小处，而遗漏了"道"之大处，不足以语"道"之全；第二种只求得"道"之大处，而遗漏了"道"之小处，不足以语"道"之分。只知"道"之大处或小处，而无视"中"，只可语"器"，不可语"道"。只有第三种，既求得"道"之大处，又

---

① （宋）周敦颐：《通书》，《周敦颐集》，第 19 页。
② （明）洪垣：《墓志铭》，《湛甘泉先生文集》卷三十二，《四库全书存目丛书·集部》第五十七册，第 246 页。
③ （明）湛若水：《樵语》，《泉翁大全集》卷一，第 22 页。
④ （明）湛若水：《樵语》，《泉翁大全集》卷一，第 4 页。

求得"道"之小处，于是"体用一原"，这才可谓真正求得"道"。

在儒门内言"中"者，如前所言，多矣，并非湛甘泉一人，而湛甘泉之说之所以能脱颖而出，乃在于其将"中"具体落实为"气"之"中"，即从"气"之"中"的向度来界说"道"：

> 吾观于大易，而知道器之不可以二二也。爻之阴阳刚柔，器也；得其中焉，道也。器譬则气也，道譬则性也。气得其中正焉，理也，性也。是故性气一体。或者以互言之，二之也夫。①

面对《周易》，湛甘泉阅读出爻之阴阳刚柔，乃器；阴阳刚柔得其中，乃"道"。由此，湛甘泉认为"道"、"器"不可分而二之。湛甘泉进而进行了类比："器"好比"气"，"道"好比"性"。"气"得中正，即"理"，即"性"。最后，湛甘泉得出这样的结论："性"、"气"浑然一体。在一元论的思潮下，其时有学人主张"性"、"气"可互言之，在湛甘泉看来，这仍不够圆融，因为这仍然将"性"、"气"言为二。

"气"之"中"为"道"，那么"气"之偏斜便意味着远离"道"，即非"道"："盖气与道为体者也，得其中正即是性，即是理，即是道。故曰：'一阴一阳之谓道。'而偏阴偏阳则非道矣。"② 在这段似乎重复表述"气"之中正即"道"的话语中，有值得留意之处，这便是"盖气与道为体者也"之"与"，以"与"来连接"气"与"道"，这实际上拉平了两者。

在中国古典哲学语境中，"气"分为"阴气"、"阳气"，"气"之"中"意味着"阴"、"阳"二气的燮和："一阴一阳，阴阳合德，其天地之中乎！夫道，中而已矣。"③ 一阴一阳，适其中，便趋于天地之"中"，此即所谓"道"。在"阴"、"阳"二气趋于"中"，成就"道"的过程中，天地便得以展开："宇宙间一气而已。自其一阴一阳之中者谓之道，自其成形之大者谓之天地。"④

"气"之"中"为"道"，湛甘泉一方面像程朱理学家一样，在言说"道"，然而另一方面其所言说之"道"，乃贴着"气"而言，完全没有了程朱理学"道"的超验性、抽象性。

以"气"之"中"来界定"道"时，湛甘泉所谓的"道"（"理"）已溢

---

① （明）湛若水：《樵语》，《泉翁大全集》卷一，第 2 ~ 3 页。
② （明）湛若水：《新泉问辨录》，《泉翁大全集》卷六十七，第 19 ~ 20 页。
③ （明）湛若水：《樵语》，《泉翁大全集》卷一，第 17 页。
④ （明）湛若水：《新论》，《泉翁大全集》卷二，第 24 页。

出程朱理学"理"之范畴，展现出迥异于程朱理学之"理"的全新内涵，这主要体现在两个方面。第一，将"理"、"气"打并为一：

> 《易》曰："一阴一阳之谓道。"道也者，阴阳之中也。"形而上者谓之道，形而下者谓之器。"器即气，气有形，故曰"形而下"。及其适中焉即道也，夫中何形矣？故曰"形而上"。上下一体也，以气理相对而言之，是二体也。①

《周易》言"道"的典型话语不外乎"一阴一阳之谓道"，"形而上者谓之道，形而下者谓之器"，湛甘泉对这两句话进行了"骇俗"的诠释。就首句而言，湛甘泉从"一阴一阳"之"中"阅读出"道"。就次句而言，湛甘泉抓住"形而下者谓之器"之"器"，将"器"理解为"气"，"气"有形有迹，故谓"形而下"。"气"运化而趋于"中"，故谓"形而上"。"形而上"抑或"形而下"，皆即具体之"气"而言，故"形而上"、"形而下"本为一体。从"道""器"一体来审视，湛甘泉认为程朱理学将"理"、"气"二分，无形中将浑然一体的世界一分为二。

第二，"道"不再是"所然"，而是"实然"。借《周易》"一阴一阳之谓道"，湛甘泉打破了其时主流官方哲学——程朱理学对"理"的阐释。朱熹如是理解"理"："至于天下之物，则必各有所以然之故，与其所当然之则，所谓理也。"②朱熹严格区分"理"、"气"，"气"乃"一阴一阳"，"理"乃"所以一阴一阳"。"一阴一阳"，是就"气"而言，是对事实的描述，是"实然"；"所以一阴一阳"是对事实原因的揭示，是"所然"。相对于事实本身之"实然"，朱熹更关注"实然"背后的"所然"，认为"所然"支配着"一阴一阳"的运行。湛甘泉则借《周易》"一阴一阳之谓道"，将"道"直接理解为"一阴一阳"。"一阴一阳"背后无支配其运行的"所然"，"一阴一阳"乃自力自因，自我运行，无待他者来发动、主宰。

当将"中"指称为"道"时，还应留意到湛甘泉心目中的"中"已不单纯是对事实的描述，而是蕴含着不偏不倚、恰如其分的价值观。乔清举先生体察到湛甘泉从"气"之"中"来界说"理"，进而这样评述："甘泉的理气观，实际上是取消了理在程朱理学中所具有脱离气的超验性质，把理作为阴阳二气运动的中正状态所具有的性质了。气是具有本体意义的概念，而理则是从属的

---

① （明）湛若水：《新论》，《泉翁大全集》卷二，第23页。
② （宋）朱熹：《四书或问·大学或问上》，《朱子全书》第六册，第512页。

二级概念，舍气无理。"① 笔者认为，乔氏所言确然切中肯綮，指出湛甘泉虽言"理"，然而当将"理"理解为"气"之"中"时，实际上已消弭程朱理学之"理"的超验性。可乔氏未曾留意到湛甘泉将"理"理解为"气"之"中"时，已超越宇宙观本身，涉及湛甘泉的价值倾向。这就是说，乔氏在言说湛甘泉宇宙观时，并未留意到湛甘泉宇宙观已蕴含价值观。当然，"气"之"中"只是蕴含价值观，不可就此过度诠释，赖昇宏先生就犯有此嫌。赖氏将湛甘泉言说"道"的话语——"道也者，中正之理也。其情发于人伦日用，不失其中正焉，则道矣。故中正而天下之理得矣，天下之理得，而位育在其中矣"②，诠释为："虽然在理气上是以气为本，但在价值意义上，湛甘泉所肯定的仍是以此'中正'之理为主。"③ 对于赖氏所云，笔者不敢认同。就甘泉价值观而言，"中正"乃就事体之适宜而言，赖氏却抓住"位育"发挥"天理"超越义，一再言说"道德实体"、"天道实体"④，在笔者看来，此即有过度诠释之嫌。湛甘泉原文只说"中正而天下之理得"，赖氏却发挥为"中正之理"，这未免显得牵强。在湛甘泉看来，"中正"即"天理"，何以云"中正之理"？若云"中正之理"，正如"道德实体"、"天道实体"一样，将"天理"做实体化理解，这不是又回到程朱理学"理"、"气"二元思维模式中了？至于"位育"，在笔者看来，不过是对"生生"之意的一种表达。"故中正而天下之理得矣，天下之理得，而位育在其中矣"，赖氏将此诠释为："对天道实体的发用，以期能作育万物，而成就一不偏不倚、无过不及的中正世界。"⑤ 赖氏这一诠释，在笔者看来，亦属于典型的过度诠释。该句与其说是对"天道"实体的描述，莫若说是对"生生"之意流行于天地，蕴于一己之"心"的表述。

湛甘泉从"气"之"中"来界说"理"的"理"、"气"一元论，有违程朱理学"理"、"气"二元论，在其时可谓"惊世骇俗"。其时学人不免诧异、疑惑于湛甘泉这一"惊世骇俗"的"理"、"气"一元论，湛甘泉弟子中就不乏这一类人。一弟子沿着程朱理学的思路，向湛甘泉表述自己的"理"、"气"观：

> 鄙见天地，其气之为清浊乎！日月，其气之为照临乎！寒暑，其气之为炎凉乎！山川，其气之为流峙乎！草木，其气之为荣悴乎！龙蛇，其气

① 乔清举：《湛若水哲学思想研究》，第37页。
② （明）湛若水：《复郑启范进士》，《泉翁大全集》卷八，第31页。
③ 赖昇宏：《湛甘泉理学思想之研究》，第45页。
④ 赖昇宏：《湛甘泉理学思想之研究》，第45～46页。
⑤ 赖昇宏：《湛甘泉理学思想之研究》，第45～46页。

之为屈伸乎！鸟兽，其气之为飞走乎！水火，其气之为刚柔乎！人物，其气之为通塞乎！推之皆然。则夫气之时义博乎弘哉！而其理之所以然者，则至妙存矣！不可得而测也。故曰："君子之道费而隐。"①

在程朱理学"理"、"气"二元论的思维模式下，该弟子将世界划分为超验的"理"世界和经验的"气"世界。"气"分为清浊二"气"，清浊二"气"流动不已，从而化生出森罗万象的大千世界。如日月乃"气"之照临体现，寒暑乃"气"之炎凉体现，山川乃"气"之流峙体现，草木乃"气"之荣悴体现，龙蛇乃"气"之屈伸体现，水火乃"气"之刚柔体现，人物乃"气"之通塞体现。"气"，流动不已，千姿百态，是"实然"。"实然"背后必有支配其然的"所然"，这一"所然"，便是"理"。"理"，至妙至灵，不可推测。

对于这一程朱论调的"理"、"气"二元论，湛甘泉如是回应：

> 天地、日月、寒暑、山川、草木、龙蛇、鸟兽、水火、人物，固是气，然即气即道，易曰："形而上者谓之道，形而下者谓之器。"同是一个形字，与道为体者也，更不须别说个所以然处，令人无处寻讨也。故孔子川上之叹曰："逝者如斯夫！不舍昼夜。"即指水是道，多少直截，不费辞说，令人易见。见此，则宇宙内开眼便见道体之流行，更不须寻个所以然也。幸深思之！②

湛甘泉接受了天地间森罗万象不外一"气"所化的说法，不过与此同时，湛甘泉亦指出即"气"即"道"。为了反驳"气"之背后有个"所然"，湛甘泉引用古圣贤贤之语。一为《周易》"形而上者谓之道，形而下者谓之器"。由"形而上者谓之道，形而下者谓之器"，湛甘泉指出"形而上"、"形而上"均就同一"形"而言，故"气"与"道"浑然一体，"气"的背后不存在一个"所然"，"实然"即"所然"。二为《论语》"逝者如斯夫！不舍昼夜"。孔子本意是面对奔逝的河水而感慨时间的流逝，湛甘泉故意加以曲解，从中阅读出另一层含义。在湛甘泉看来，奔逝之河水不是时间流逝的象征，而是"道体"流行于天地间的表征，因此孔子面对奔逝的河水所发的感慨，不是感慨时间的流逝，而是感慨"道体"流行于天地间。既然"道体"流行于天地间，若有慧眼，开眼便是，不必在"实然"背后寻个"所然"。

---

① （明）湛若水：《问疑录》，《泉翁大全集》卷七十五，第6页。
② （明）湛若水：《问疑录》，《泉翁大全集》卷七十五，第6页。

从"理""气"一元论出发，湛甘泉确立了自己的"道"体观——"气"之"中正"为"道"。基于此，湛甘泉对其时儒学的主流——朱子学、陆学的"道"体观进行了批驳。

弟子杨仕德、杨仕鸣问何谓"易"，湛甘泉并未直接回答，而是曲折地回应："一阴一阳之谓道。"两弟子若有所悟，接着问："为之说者，陆也混，朱也离，有诸？"若如此而言的话，陆九渊便混淆了"理"、"气"，朱熹便支离了"理"、"气"，两弟子有这样的感觉，又不敢肯定，故就此追问。湛甘泉深以为然，进而继续诠释："一阴一阳，阴阳合德，其天地之中乎！夫道，中而已矣。喜怒哀乐之气也，得其中焉，和也，天下之达道也。故耳目之圣明，道气之同形，孰或混诸？孰或离诸？"①"阴""阳"二"气"燮和谓之"道"，喜怒哀乐之"气"之发而恰如其分，谓之"和"，由此湛甘泉得出"道"、"气"浑然一体的结论。在这一结论下，湛甘泉指出："理"、"气"怎么可以混淆，又怎么可以支离？

在其他地方，湛甘泉一再表达其对朱熹"理"、"气"观的不满：

> 有理即有气矣，却倒说了，《易》一阴一阳之谓道，即气即道，气之中正者即道，道气非二也。②

> 一阴一阳则便是中，故谓之道。文公乃谓："一阴一阳者，气也；所以一阴一阳者，理也。"便似觉多了。③

对于朱熹的"理"、"气"观，湛甘泉毫不客气，直接评点为"倒说了"、"似觉多了"，这透露出湛甘泉对朱熹"理"、"气"二元论的不以为然。

超越具体文字，湛甘泉"气"论区别于朱熹"气"论，除了循环论区别于生生不已论外，还体现在以"中正"之"气"为"道"的"道"体观。北宋五子之一的邵雍云："阳一阴二。"相对于"二"（在《周易》话语体系中，可言为"坤"），"一"（在《周易》话语体系中，可言为"乾"）无疑居于主导地位。这就是说，在邵雍看来，"阴气"、"阳气"并不是平等关系，而是以"阳气"为主，"阳气"主导着"阴气"。朱熹承之，如是云："阳常兼阴，阴

---

① （明）湛若水：《樵语》，《泉翁大全集》卷一，第17页。
② （明）湛若水：《答问》，《甘泉先生续编大全》卷二十七，钟彩钧点校，明嘉靖三十回年刻本，万历二十三年修补本，台湾图书馆藏，第27页。
③ （明）湛若水：《天关精舍语录》，《泉翁大全集》卷十三，第31页。

不得兼阳，阳大阴小，阴必附阳。"① 在承续邵雍以"阳"导"阴"的"气"论过程中，朱熹有所发挥，将以"阳气"导"阴气"发展为以"阳气"涵"阴气"。于是"阴气"彻底失去自身的独立性，完全依赖于"阳气"，甚至被"阳气"所涵。湛甘泉以"中"处理"阳气"、"阴气"之间的关系，于是"阴"、"阳"二"气"并无主从关系，而是平等关系。

王阳明在学理上是湛甘泉的同道者，然于"理"、"气"观，湛甘泉还是与其"斤斤计较"。在反对程朱"理"、"气"二元论上，二人站在同一战线，但二人毕竟是从不同维度来反对程朱的"理"、"气"观的，故二人各自的"理"、"气"观亦不可避免地产生了分歧。

弟子潘洋问于湛甘泉：

> 理气之说，自孟子周程而后，鲜有能明之者，先生（湛甘泉）推明合一之学，曰："气之中［正］者，道也。"曰："一阴一阳之谓道，而偏阴偏阳者，非道。"阳明先生亦曰："理者气之条理，气者理之运用。"夫然后理气合一之说章明于天下矣。如曰"气以成形，理亦赋焉"，"枯槁虽无气，而有理"，则是天下有性外之物，洋窃疑之。②

潘洋认为自周敦颐、二程后，鲜有明"理"、"气"之说者。湛甘泉从"气"之中正即"道"的向度倡导"理"、"气"合一，王阳明同样从此向度倡导"理"、"气"合一："理者气之条理，气者理之运用。"在湛甘泉、王阳明共同倡导下，"理"、"气"合一之说始彰明于天下。在表彰了湛甘泉、王阳明共同倡明"理"、"气"合一说后，潘洋亦就此向湛甘泉表述自己对"理""气"观的一个困惑："气"凝聚成物的同时，"理"亦随之而附丽，然而事物枯槁时，"气"显然在衰微，然此并不妨碍"理"的存在，这不是说"气"之外还存在所谓的"理"吗？

对此，湛甘泉如是回应："此却看得是。如曰理气为二，请于气之外，更寻个理出来，而世儒犹不信。阳明二句近之，亦似稍分了。"③ 湛甘泉对潘洋的疑虑本身并不感兴趣，故未做回应，而将重点放在潘洋对"气外无理"、"气""理"不二的认同上。与此同时，湛甘泉亦指出尽管其与王阳明在反对程朱理学"理""气"二元论上属同一阵线，其对王阳明"理"、"气"观仍有

---

① （宋）朱熹：《朱子语类》卷六十九，《朱子全书》第十六册，第2315页。
② （明）湛若水：《天关精舍语录》，《泉翁大全集》卷十三，第28页。
③ （明）湛若水：《天关精舍语录》，《泉翁大全集》卷十三，第28页。

所微词。他认为王阳明"理者气之条理，气者理之运用"还是"稍分了"，即王阳明还是将"理"、"气"打成了两截。何以湛甘泉认为王阳明"理"、"气""稍分了"？站在湛甘泉视域来审视，"理者气之条理"，"理"是"气"之运行条理，大体不差，湛甘泉会认同。问题出在"气者理之运用"。"气"是"理"在世间的运用，这个说法无形中承认有一先在之"理"存在，这是湛甘泉所不认同的。湛甘泉仅承认世间只有"气"，不承认世间还有独立、先在的"理"存在。假若湛甘泉"理"、"气"观可称为"理"即"气"而在，那么王阳明"理"、"气"观可称为"理"、"气"相即。在甘泉的"理"、"气"观中，"理"依存于"气"；在王阳明的"理"、"气"观中，"理"、"气"相互依存。

从表面上看，湛甘泉如程朱理学家一样，在"理"的概念下建构了自己的本体论。然而，湛甘泉有见于有明中叶程朱理学日渐失去其本具的生命力，同时亦意识到造成这一现象的理论根源乃抽象、超验之"理"，此"理"不食人间烟火，导致其支配的世界也日趋僵化，失去活力。鉴于此，湛甘泉对"理"进行了改造，将"气"之"中正"诠释为"理"。一方面，这在表面上仍在维护程朱理学的权威性，保持"理"的至上性；另一方面，以"气"之"中正"来界定"理"，从而将"理"从抽象、超验的牢笼中解放出来，回归到具体、经验的场域，由此恢复了"理"本具的活力、灵动。在程朱理学还处于思想主导地位的情境下，湛甘泉采取旧瓶装新酒的策略，在表面上仍然讲"理"，并未放弃"理"的话语形式，内里却悄然地侵蚀程朱理学之"理"，这无形中为明中叶学人跳出僵硬固化的程朱理学窠臼，接受"心学"提供了心理预设。

第三节 "心"："知觉"下的主体

"生"，流行于天地，天地间由此鸢飞鱼跃。人，作为万物之一例，自莫能外，亦沐浴在生生之流中。

一 "人者，天地之心"

在天地生生之流中，作为万物之灵的人何以自处？

> 人之一呼一吸，天地之气也。气在天地，吸之即翕，天地之气通我也；呼之即辟，我之气通天地也。是故知天地人之一体。[1]

---

[1] （明）湛若水：《新论》，《泉翁大全集》卷二，第20页。

一呼一吸，生命依此才得以演绎。在此一呼一吸间，天地之"气"往来于一身之内外。由此，湛甘泉推论出天地间万物与人本互为一体。当然，一呼一吸所表现的人与天地间万物的一体性不是简单地体现于此，更体现于"生"感应于一身之内外："一呼一吸，生生之理。生理根于中，呼吸感应乎内外。皆天之气，下根乎上，上根乎下，下根上根，万物一体。"① 一"气"运化，"生"则不已。作为一"气"运化方式之一的呼吸亦蕴含无限"生意"。

"生意"流行于一身之外，更根植于一身之内。随着一呼一吸，"生意"贯穿于一身之内与一身之外。正是在这一"生意"贯穿过程中，人与天地间才相互感应，印证着人与天地间万物互为一体。

人为万物之一例，然而人毕竟不同于一般物体，自有其殊胜之处。《礼记·礼运》云："人者，天地之心。"一弟子不解此意，湛甘泉这样教诲："其□□□道者与！天地之气萃于人，人也者，天地之灵气，□□□无心，即人心而在矣。故人能为天地立心。"② 湛甘泉从天地精粹之"气"来回应"人者，天地之心"。天地精粹之"气"预示着一"气"运化畅然，运化畅然则预示着"生意"盎然。在"生意"盎然中，人应运而生。言下之意，人、物均为一"气"所生，人为清"气"所生，物则为浊"气"所生。换言之，物是"生"之曲成，人则是"生"之圆成。天地生意之集中体现者、"生"之圆成者——人，乃天地之精灵。天地浑然无心，人便是天地之心。作为天地之心的人，承担着天所赋予应尽之职责，即"为天地立心"③。浊"气"所化的天地间万物无法成为自身，有待人挺立其自身的主体性，"赞天地之化育"，如此天地才得以呈现，万物才得以出场。由此可见，湛甘泉认为人之主体性的挺立，非关一己，还关涉天地间万物。在此意义上，陈郁夫如是评点湛甘泉所云之"心"："不局限于个人的虚灵知觉，而是宇宙妙明之心。"④

在他处，湛甘泉一再申明此意：

> 夫圣人之学，心学也。如何谓心学？万事万物莫非心也。《记》曰："人者天地之心。"人如何谓天地之心？人与天地同一气，人之一呼一吸与天地之气相通为一气，便见是天地人合一处。且如我越宣圣数千载，诸君、诸师长、诸生又与我相越数千里，我之心因何谒诚来拜宣圣之庙庭？尔诸师长、诸生之心，又因何翕然而来迎我？又不有所驱逼而来，又不是

---

① （明）湛若水：《樵语》，《泉翁大全集》卷一，第 12 页。
② （明）湛若水：《雍语》，《泉翁大全集》卷六，第 22 页。
③ 此截取于横渠四句：为天地立心，为生民立命，为往圣继绝学，为万世开太平。
④ 陈郁夫：《江门学记：陈白沙及湛甘泉研究》，第 45 页。

有为而来，盖以其此心同一个心，是以翕然感应耳。因此见得诸生之心即师长之心，诸师长之心即诸君之心，诸君之心即宣圣之心，宣圣之心即文、武、周公之心，文、武、周公之心即禹、汤、尧、舜之心，古今天下同此一心。何以言之？人者，天地之心也。天地与人同一气，气之精灵中正处即心。故天地无心，人即其心。①

在此段讲学中，湛甘泉将圣人之学直接诠释为"心学"。所谓"心学"，乃就世间万事万物不外乎一心而言。此是"心学"之为"心学"的共法，至于一"心"如何展开以至世间万事万物不外乎一"心"，不同的"心学"家有不同的展开方式，这就体现了不同"心学"的特定内涵。湛甘泉是如何具体展开一"心"包容万物的呢？在此段讲学中，湛甘泉给出了自己的解答。湛甘泉还是以《礼记·礼运》"人者，天地之心"为主轴来展开这一解答。解答伊始，湛甘泉便引用《礼记·礼运》"人者，天地之心"以点题。接着湛甘泉还是回到人之一呼一吸回应万物间的感应。通过人之一呼一吸，生民便可感知一"气"贯穿一身之内外。在一"气"贯穿的引领下，生民进而体察到其与天地间万物相感相通，甚至天地间万物合于一己。为了进一步论证天地间万物的感应，湛甘泉将天地间万物的感应归约为"心"与"心"之间的感应。对于"心"与"心"之间的感应，湛甘泉从空间、时间两个维度加以论证。就空间而言，湛甘泉以当下讲学为例。湛甘泉不远千里赴泗州讲学，诸生欣然迎之。于庭院间，湛甘泉领诸生竭诚拜谒诸圣诸贤。此两者非出于成心，而是基于"心"与"心"之间相感相应。就时间而言，古今圣贤，直至当下众生，皆同此一"心"。唯恐听讲者未能把握上述之意，湛甘泉还是回到"人者，天地之心"。"天地之心"源于充溢于天地间的浑然之"气"，浑然之"气"的中正处便是"天地之心"。如前所言，清"气"所化之物为人，故人即"天地之心"。语末，湛甘泉再次重复该段讲学的主轴："天地无心，人即其心。"

在一"气"的流贯下，天地间万物皆归于万物之灵——人。在天地间万物归于人的意义上，湛甘泉形象地以"心"来形容人处于天地间的中心地位。正由于人处于天地之中心，万物才围绕人纷纷出场，并在人的照耀下，得以绽放。

二 "心"："知觉"灵明

对于天地而言，人乃其"心"。对于人而言，"心"处于何种地位？湛甘泉

---

① （明）湛若水：《泗州两学讲章》，《泉翁大全集》卷十二，第13页。

这样说："何谓心？人之神明是也。"① 天地之为天地在于人，人之为人在于"心"。

"心"，充分体现着人作为万物之灵的灵性。"心"之灵性源于何？乃源于天地间流行不已的"生意"。一"气"运行，天地间"生意"盎然，人便应运而生。天地之"生意"体现于人，人之"生意"体现于"心"。在此意义上，"心"之灵性禀受于天地之"生意"。依此"生意"，在"心"之灵性的灵动下，人便与天地间万物相感相通。

有学人敏锐地觉察到"心"之"生意"一说承续于《周易》"天行健"，故问于湛甘泉弟子："人心常生，何以为天行之健也？"该弟子这样回应："人心常生生，如天之运行不息，天人之气一也。"并进而回忆其师湛甘泉曾这样教诲："人心常生，天道常运。"② 在湛门学人看来，人"心"乃"天道"的副本，"天道"运行不已，人"心"亦充满盎然"生意"。"人心常生"，恰如"天道常运"。

"生"蕴于"心"，发窍于外则为"知觉"。③ "知觉"是现代认识论的范畴，其指作用于感觉器官的外物在人的头脑中的整体印象。这一现代认识论范畴的"知觉"，在中国古代亦有其源。中国哲学史最早有"知觉"意识的当属荀子。"所以知之在人者谓之知；知有所合谓之智。"（《荀子·正名》）荀子不仅意识到人类有认识能力，而且指出人类知识只能来源于人类感觉器官与外在客观事物相接触。后世对"知觉"做出重要发展的当数北宋五子之一的张载。"见闻之知，乃物交而知，非德性所知；德性所知，不萌于见闻。"④ 为了区别触物而知的"见闻之知"，张载将对本然"心体"的知称为"德性之知"。

湛甘泉"气"论思想来源于张载，"知觉"这一概念显然亦承于张载。这就是说，湛甘泉所谓"知觉"对应于张载的"德性之知"。

湛甘泉言"知觉"还是从"知觉"的基本功能——"感觉"说起："此心时时常明，如悬明镜然，物无不照。"⑤ 湛甘泉时常以明镜喻"心"，"心"具有"感觉"之功能，恰如明镜具有物来则照之功能。当然，湛甘泉所言的"知觉"不仅仅局限于触物而感的反应式"感觉"，其所谓"知觉"还有特别

---

① （明）湛若水：《天泉书堂讲章》，《泉翁大全集》卷十二，第37页。
② （明）湛若水：《心性书》，《甘泉先生续编大全》卷三十一，第43页。
③ 在言及宇宙的心时，冯友兰先生指出理学家从"生"言，心学家则从"知觉"言。其实不论理学家还是心学家均从"生"讲宇宙的心，只是理学家更多地从"生"之"理"来讲"生"，心学家则从"生"之发见处——"知觉"来讲"生"。参见冯友兰《新理学》，生活·读书·新知三联书店，2007，第106～107页。
④ （宋）张载：《正蒙》，《张载集》，第24页。
⑤ （明）湛若水：《新泉问辨续录》，《泉翁大全集》卷七十二，第3页。

之处："圣人心如明镜，物来妍媸自照，依旧此镜，镜何与焉？事物之来，喜、怒、哀、乐，圣人自顺应，依旧此心，圣人之心何与焉？"① "知觉"成其为"知觉"有待于触物而感，不过一般"知觉"触物与湛甘泉心目中的"知觉"触物，"心"有不同感应。前者应物，"心"随物而动；后者应物，"心"则如明镜般，物来而照，应物却并不随物而动。

对于这一别具一格的"知觉"，湛甘泉从两个层面加以诠释。

一是"气"的层面："宇宙间一气而已。自其一阴一阳之中者谓之道，自其成形之大者谓之天地，自其主宰者谓之帝，自其功用者谓之鬼神，自其妙用者谓之神，自其生生者谓之易，自其生物而中者谓之性，自其精而神、虚灵知觉者谓之心。"② 天地间一"气"而已。一"气"运化，运化而"阴"、"阳"二"气"趋于中者谓"道"，运化而生万物者谓"天"，运化中虚明而灵者谓"心"。一"气"运化过程最后归于"心"，"心"之特质便是"知觉"。这一特质来源于"气"，是就"气"的运化中虚明而灵的那一点而言的，即"气"之灵明发窍处："气之知觉者谓之心。"③ 通过"气"层面的"知觉"，湛甘泉将视角从外在世界拉回到内在之"心"。

二是"心"的层面。人之"心""生意"发动就表现为"知觉"："心之官则思，思者，心之知觉也。非敬则思或邪焉。"④ "心"，作为思维器官，其基本官能就是"思"。"思"，体现了"心"的"知觉"能力。然在"思"的过程中，尚待"敬"，若非于"敬"中而"思"，便可能倾于邪。湛甘泉将"思"理解为"知觉"，这似乎平淡无奇，然而湛甘泉并未就此将"知觉"完全等同于触物的刺激性反应。有弟子问："知觉之与思虑也有异乎？"湛甘泉回答："不同，知觉者心之体也，思虑者心之用也。灵而应，明而照，通乎万变而不汩，夫然后能尽心之神。明照而无遗，灵应而无方。"⑤ 这里，湛甘泉对"知觉"与思虑进行了严格的区分。思虑只是心之用，"知觉"才是心之体。作为心之体的"知觉"的特性是灵敏而应，明觉而照，应万物万变而不汩没于其间。这就是说，"知觉"能够遍润万物而无遗，敏然感触万物而毫无具体形迹。显然，湛甘泉提升了"知觉"的位置，将其提升到"心"之本体的地位。

为了进一步阐明"知觉"，一次师生闲坐，湛甘泉主动教诲众弟子："性

---

① （明）湛若水：《新泉问辨录》，《泉翁大全集》卷六十七，第23页。
② （明）湛若水：《新论》，《泉翁大全集》卷二，第24页。
③ （明）湛若水：《答问》，《甘泉先生续编大全》卷二十六，第7页。弟子张辂所云，得到湛甘泉的认可。
④ （明）湛若水：《樵语》，《泉翁大全集》卷一，第16页。
⑤ （明）湛若水：《樵语》，《泉翁大全集》卷一，第10页。

即气也，其中正纯粹，精也；知觉，灵也；感应，情也。是故生之谓性，生生而不息之谓诚。"① 湛甘泉指出，"性"就"气"而言，中正纯粹之"气"便是"性"。作为中正纯粹之"气"的"性"必然向外展现，表现形式有两种：一是"知觉"，一是感应。"知觉"，炯然灵明，故谓之灵。感应，触物而感，故谓之情。最后，湛甘泉还是回到"生生"，"生生"便是"性"，"生生"不已便是"诚"。可见湛甘泉严格区分了"知觉"与感应，"知觉"乃"心"之本体灵觉，属未发之"心"的本然范畴；感应乃"心"之本体触物而发，属于"情"的范畴。

"知觉"之所以与"心"之本体勾连在一起，不仅在于"知觉"是本然"心体"的一种功能，而且与"知觉"的对象不无关系："所知所觉皆谓天理，故吾谓心之神明通乎道也。"② 湛甘泉所谓"知觉"的对象不是一般外在客观物体，而是"天理"，正是借此，"心"方与"道"相沟通。在湛甘泉看来，"知觉"及其对象——"天理"，构成了"心"的全部内涵："夫心非独知觉而已也，知觉而察知天理焉，乃为心之全体。"③ 湛甘泉进而指出，指向一般外在客观物体的知并非"真知"，只有指向"天理"之知方可谓"真知"："盖知觉是心，必有所知觉之理，乃为真知也。"④

对于张载所云"德性之知"、湛甘泉所言"知觉"，现代新儒家代表性人物牟宗三总结为"智的直觉"。⑤ 对于这种直觉"天理"方式的"知觉"，湛甘泉这样评述：

> 虚灵而止于虚灵焉，则空；应变而流于应变焉，则迹；知虚灵应变而滞于虚灵应变焉，则昧。昧与空、迹皆不足以见道，非圣人之学也。必也虚灵以察道之体，应变以几道之用，兼虚灵应变而神之，天理得矣。天理得，夫是之谓天人，道之体用备矣。⑥

沿袭传统的说法，湛甘泉将"心"分为"未发"、"已发"两种状态。"未发"之"心"体现为"虚灵"，"已发"之"心"展现为"应变"。以此为前提，湛甘泉反对三种错误体知"天理"的方式。一是空。空，止于"未发"之

---

① （明）湛若水：《新论》，《泉翁大全集》卷二，第25页。
② （明）湛若水：《答问》，《甘泉先生续编大全》卷二十八，第6页。
③ （明）湛若水：《与吉安二守潘黄门》，《泉翁大全集》卷十，第31页。
④ （明）湛若水：《新泉问辨录》，《泉翁大全集》卷七十，第8页。
⑤ 参见牟宗三《智的直觉与中国哲学》。
⑥ （明）湛若水：《独冈赠言引》，《甘泉先生续编大全》卷一，第6~7页。

"虚灵"。二是迹。迹，随天地之变而变却滞于所变。三是昧。昧，虽知悉内在之"虚灵"、外在之"应变"，然内滞于"虚灵"、外滞于"应变"。空、迹、昧皆未能体察到"道"的全部内涵，故非圣人之学。体见"道"的正确方式，乃于"未发"之际，虚灵以察"道"之体；于"已发"之际，随迹而变，以察"道"之用。"未发"之虚灵、"已发"之应变，圆融无碍，则可随时体见"天道"。

湛甘泉之"知觉"与王阳明之"良知"有类似之处，两者均指涉本然"心体"的一种功能。不过还应留意两者之别：其一，湛甘泉对"知觉"有所保留，认为其仅仅是本然"心体"的一种功能；王阳明则将这一功能扩大化，以至"良知"完全吞噬本然"心体"，于是在王阳明的视域下，"良知"与本然"心体"无二无别，甚至以"良知"来表述本然"心体"。其二，湛甘泉"知觉"的方向是向内，觉察本然"心体"所蕴的"天理"；王阳明"良知"的方向是向外，是基于"如好好色，如恶恶臭"，本然"心体"对外在事物是非所做的一种直觉判断。

综上所述，凭借"心"，人方成为人。"心"的功能主要体现于"知觉"。一方面，"知觉"之所以发动，在于一"心"所蕴之"生意"的涌动。在"知觉"的发动下，人"心"所蕴含的"生意"发露出来，由此"心"方成为"天地之心"。另一方面，在"知觉"的支撑下，"心"方出场，由此作为主体之人才展现出其能动性、自觉性，成为人自身。

三 "知觉"发动：无内无外

"心"具有"知觉"功能，能体察到"天道"。体察到"天道"后，"心体"的具体图景便如画卷展开："心体物而不遗，无内外，无终始，无所放处，亦无所放时，其本体也。"[1] 在"知觉"的发动下，"心"的本质性特质——"体物而不遗"得以展现。"心"这一本质性特质具有两层含义。第一层含义是就空间而言的。万物无遗于"心体"之外，意味着"心体"如宇宙般广袤，以至于无内无外，万物皆摄于一"心"之内。"心体"之大，湛甘泉称为"天地万物同体者"[2]。万物摄于一"心"之内，本无内外可分。既然万物不外于己，那么"赞天地之化育"乃己分内事："上下四方曰宇，古今往来曰宙，宇宙内事即己性分内事也。"[3] 第二层含义是就时间而言的。"心"无起点，亦无

---

① （明）湛若水：《求放心》，《泉翁大全集》卷三十一，第 5~6 页。
② （明）湛若水：《正心下》，《圣学格物通》卷二十，广西师范大学出版社，2015，第 844 页。
③ （明）湛若水：《立志上》，《圣学格物通》卷三，第 222 页。

终点，故无始无终。无内无外，故"心体"不可谓有其所放之处；无始无终，故"心体"亦不可谓有其所放之时。无所放处，也无所放时，就是"心"之本然状态。

有弟子不解湛甘泉"心体物而不遗"之说，认为宇宙为大而本心为近。对于这一论调，湛甘泉如是反驳：

> 乌乎二？大包乎近矣，近圉乎大矣，是故允哲乎此而后能合一。今夫存乎人之身者，四肢与心均一体也，岂以心为近乎？四肢为大乎？①

宇宙为大而本心为近，在湛甘泉看来，乃阳明"心学"式话语，甘泉对此话语并不以为然。其根源在于将内在之"心"与外在之宇宙打成两截。于是湛甘泉不禁反诘"乌乎二"：本心与宇宙怎可言一者为近、一者为大？宇宙虽可言大，然其不外乎一"心"；"心"虽可言近，然其并不超乎宇宙之外。若能明乎此，本心自能与宇宙浑然一体。为了进一步说明一"心"与宇宙不可言一者为近、一者为大，湛甘泉以四肢与"心"的关系来说明："心"与四肢痛痒相关，怎么可以以"心"为近，以四肢为大？

当然，万物无遗于"心体"之外，并不是无条件的，而是有待的，其所待的便是"心"之"知觉"功能的发动。在"知觉"功能的发动下，蕴于一"心"的"生意"得到洋溢，"心"便能"体"万物而不遗于外。

"心体"广阔，涵摄万物，其内在机理又是什么？为了具体说明之，湛甘泉特意画出一幅"心性图"以形象地表明"心"、"性"与外在之物之间的关系，并撰《心性图说》以阐明该图的含义。在《心性图说》中，湛甘泉这样言说"心体"涵摄万物：

> "何以小圈？"曰："心无所不贯也。""何以大圈？"曰："心无所不包也。包与贯实非二也，故心也者，包乎天地万物之外，而贯乎天地万物之中者也。中外非二也，天地无内外，心亦无内外，极言之耳矣。故谓内为本心，而外天地万物以为心者，小之为心也甚矣。"②

湛甘泉以"小圈"、"大圈"之喻来说明"心"涵摄万物。"小圈"以喻"心"贯于万物之中，"大圈"以喻"心"包乎万物。在湛甘泉看来，包与贯同义，

---

① （明）湛若水：《樵语》，《泉翁大全集》卷一，第14页。
② （明）湛若水：《心性图说》，《泉翁大全集》卷三十二，第8页。

均将"心"与物打成一片。在"心"与物打成一片的背景下，无内外之分。古圣先贤欲追求无外乎"心"与物圆融一体的境界，在包与贯的引领下，这一境界得以达成，于是湛甘泉不禁感喟：天地无内外可言，"心"亦无内外可言，此是至极之论。针对以一己之内为心，湛甘泉认为这是自小其心。

在上述这段文字中，关键词无疑是"包"与"贯"。通过"包"与"贯"，"心"涵摄万物。"心"之所以能包、贯万物，就在于"心"之特质。

"心"的第一个特质是"心事合一，体用同原"①。且抛开"心事合一"，就"体用同原"而言，湛甘泉在包、贯的语境下言说"体"、"用"："学者其学诸心耳。知其无所不包，理其一矣；知其无所不贯，分斯殊矣。包与贯，其弥纶之谓与！二之则非矣。"② 湛甘泉将学的对象指向"心"，"心"之特质为"理一分殊"。"理一"，则无所不"包"；"分殊"，则无所不"贯"。"包"、"贯"弥纶天地间，不可截然分之。

"心"的第二个特质是"心"乃万事之本、万化之原："故心也者，万事万化之大原乎！"③ 这里，湛甘泉将圣贤之学理解为"心学"，"心"乃万事之本、万化之原，万事万化皆本于"心"。

"心"的第三个特质是感通：

> 神也者，心之所为也，故心之神也。交，通也，通天而天，通地而地，通万物而万物，通尧、舜、禹、汤、文、武、周、孔，而尧、舜、禹、汤、文、武、周、孔。感而通之，一气也。气也者，通宇宙而一者也，是故一体也。一体故氤氲相通，痛痒相关，不交而交矣。④

作为万事之本、万化之原的"心"可谓神奇微妙，其根源在于"心"之感通性。感于天则为天，感于地则为地，感于万物则为万物，感于古圣先哲尧、舜、禹、商汤、文王、武王、周公、孔子则为尧、舜、禹、商汤、文王、武王、周公、孔子。"心"之感通性建基于一"气"充周。整个宇宙，一"气"流行，充塞不已。一"气"化生万物，万物为一"气"所化。在此前提下，万物皆通而互为一体，氤氲相通，痛痒相关。即便表面看来不交接，也内在地相互感应。

值得留意的是，"弥纶"、"氤氲"并不是对"气"静态的形容，而是对

---

① （明）湛若水：《圣学格物通表》，《圣学格物通》，第70页。
② （明）湛若水：《樵语》，《泉翁大全集》卷一，第4页。
③ （明）湛若水：《正心中》，《圣学格物通》卷十九，第820页。
④ （明）湛若水：《神交亭记》，《泉翁大全集》卷二十八，第27页。

"气"动态的描述。"气"化流行，意味着"动"，因此，物我一体，与其说"人、物都是由一气构成"①，毋宁说在"生意"的盎然中，物我合一。于是，所谓"心""无所不包"、"无所不贯"，就是在"心体"的发动下，万物孕育于"生意"之中，亦即"生意"贯穿于万物之中。

受佛教的刺激，有宋在复兴儒学时，"体"、"用"就内在地契入儒门中。能否恰当处理"体"、"用"之间的关系，以达成"一原"，成为一个儒者思想体系是否圆融的重要标志。湛甘泉之所以煞费苦心地摹画"心性图"，并进而以文字来加以说明，不仅在于表述"心"的特质，还在于回应"体"、"用"何以达成"一原"。"体"、"用"达成"一原"的奥秘，就在于前述文字的关键词——"包"、"贯"。假若"包"谓"体"，那么"贯"则谓"用"。万物不外乎一"心"之"生意"，一"心"之"生意"贯穿于每一事物之中。在一"心""生意"盎然的场域下，"体"、"用"实现了"一原"。

"心"涵摄万物，万物不外乎"心"。从字面看，湛甘泉所倡似乎与阳明之"心学"并无二致：同为"心学"，同样讲"心"涵摄万物。然而湛甘泉与王阳明言说"心"涵摄万物的方式并不相同。"身之主宰便是心，心之所发便是意，意之本体便是知，意之所在便是物。"② 在王阳明看来，物非客观之物，而是"意向的对象"。在"意"的投射下，物作为"意"的对象而出场。在此视域下，"心"与"物"的关系是意向与意向对象的关系。作为意向对象的物，自然统摄于意向之中。在此意义上，王阳明认为"心"涵摄万物，万物亦不外乎一"心"。湛甘泉则认为，世界一"气"充周，"生意"流行，由是万物应运而生。在这一世界景观中，物是客观存在之物，而不是作为意向对象而存在之物。人亦为物之一例，只是人乃"气"之精、物之灵。在一"气"所化的有机场域下，人并不是意向的主体，物亦不是意向的对象，人、物在一"气"贯穿、"生意"笼罩之下，息息相关，同生共荣，无所间隔。这就是物与人的原初图景。然而在现实的图式下，人的欲望的膨胀导致人自我隔离于物。从现实之间隔回到原初之无所间隔，尚待知觉的发动。在知觉的发动下，"心"之"生意"发挥出来，弥漫于天地间，与物之"生意"相重叠、相冲荡，由此"心"、物相感相应。在"心"、物相感相应中，"心"涵摄万物，物不外于"心"。

"心"、物一体固然犹待于"心"与物所蕴含的"理"的一致性，从而为

---

① 乔清举：《湛若水哲学思想研究》，第26页。
② （明）王守仁：《王阳明全集》，第6页。

"心"与物的融合提供"内在担保"①，然而我们更应关注的是，"心"、物所蕴含的"理"是什么。正是在这个关节点上，湛甘泉与王阳明分道扬镳了。王阳明所言之"理"是"良知"，"良知"一念灵明，则生天生地；湛甘泉所讲之"理"则是"生"，在"心"中"生意"盎然，"知觉"发动的情景下，"心"、物相互感应。

约言之，"心"涵摄万物的内在机理是"生生"，湛甘泉是在"心体""生生"意义上言说"心体物而不遗"的。湛甘泉这一创见，即便甘泉弟子亦不能立即领会。故弟子杨仕鸣惑于"本心宇宙何以异"时，湛甘泉这样开导：

> 本心宇宙［一也。今］夫火之光与其所照，一而已矣。故不知本心者，不足以语天地万物同体之理；不知天地万物同体者，不足以语本心之全。夫何异？②

为了使杨仕鸣能够更清晰地理解自己的"心体物而不遗"，湛甘泉以火之光、光之所照为喻。火之光与光之所照相互依赖，互为一体。在这一比喻中，湛甘泉意在说明"心"与物亦相依相待，互为一体。具体而言，不知"本心"，不可言天地万物同体之"理"；不知天地万物同体之"理"，则不足以言"本心"之全貌。

从相依相待、本为一体来言说"心"、物互为一体，在甘泉相关文字中俯拾皆是：

> □□［知］本来之体则知心矣。尔心本来之体与天地［万物］一也，故知心之本体，则知天地万物矣；知天地万物，则知心之本体矣。知心之本体，则知弘矣。③

在这里，湛甘泉打了个哑谜：知"本来之体"则知"心"。"本来之体"又是什么？在笔者看来，就是"生"。体察天地之"生生"，方能体知到"心"。在生生流行中，"心"与天地万物互为一体。因此，知"心"，则知天地万物；知天地万物，则知"心"。换言之，"心"、物相依相待，不可分而言之："心包乎事物之外，事物行乎心之中，内外合矣。"④ 就"心"而言，内外合而言

---

① 王文娟：《湛甘泉哲学思想研究》，第64页。
② （明）湛若水：《樵语》，《泉翁大全集》卷一，第20页。
③ （明）湛若水：《题曾守约弘斋卷》，《泉翁大全集》卷三十二，第16页。
④ （明）湛若水：《孔门传授心法论》，《泉翁大全集》卷三十一，第30页。

之方可谓"心":"内外合一者心。"① 若离外物而言"心","心"趋于虚寂，从而"生意"索然，"生意"索然之"心"则不可言为"心"。就物而言，物在"心"的润泽下，才成为物。无"心"之润泽，物趋于枯槁，亦无法成为物。约言之，分而言"心"、物，"心"不再成为"心"，物不再成为物，这乃是对天地之"生意"的最大戕害。

正是在"心"中充满"生意"的意义上，湛甘泉才接续白沙"生生之学"，从而成为明道所开创境界性"生"发展过程中的重要一环。只不过程颢是在隐喻地言说境界性之"生"，陈白沙是在诗性的话语中勾勒境界性之"生"，湛甘泉则是在"知觉"之"心"的思想体系中首次将"生"提升至天地"境界"脉络并明晰地勾勒出来，从而由"生"至天地"境界"便有了清晰的路径可循。

第四节 "性"："生"之渊薮

"生"，萃于人，敛于"心"，凝于"性"，从人而"心"，进而从"心"至于"性"。在此不断内倾的过程中，"生意"亦不断契进"生意"之渊薮。

一 "性"："气"之"中正"

在甘泉的思想体系中，"心"的特点是"知觉"。在"知觉"的发动下，"生意"盎然而发。"知觉"之所以能发动心之"生意"，乃在于"心"本身就蕴含"生生"之意。"心"之内核是"性"，"心"蕴含"生生"之意，这意味着"生生"源于"性"，"性"是"生生"之渊薮。

"性"，是中国哲学的重要概念之一。"夫子之文章可得而闻也，夫子之言性与天道，不可得而闻也。"(《论语·公冶长》)于"性"孔子言而又止，故其弟子子贡不禁如是感慨。对"性"首次做出明确界定的是《中庸》："天命之谓性，率性之谓道，修道之谓教。"(《礼记·中庸》)《中庸》将"性"界定为天之所赋予人者。在这一界定中，"性"具有两个特性：先验、善。"喜怒哀乐之未发，谓之中；发而皆中节，谓之和。"(《礼记·中庸》)《中庸》进而相对于喜、怒、哀、乐之"已发"而言"性"，"性"即喜、怒、哀、乐之"未发"。以"未发"界定"性"，"性"即最切于己。正因为《中庸》在"已发"、"未发"的语境下拉开儒家"心"、"性"的大幕，朱熹才这样点评《中

---

① （明）湛若水：《新论》，《泉翁大全集》卷二，第17页。

庸》："此篇（《中庸》）乃孔门传授心法。"① 可以这么说，《中庸》奠定了其后千百年儒学"性"论的基调。

至有宋时，佛教风被华夏，人心多为其所收拾。面对此种局面，有识儒生欲重振儒学，构建自己的"心"、"性"体系。于是，沉寂近千年的《中庸》被重新抉发，成为有识儒生振兴儒学的重要经典。"心"、"性"，在宋明理学思想体系中有不同的言说方式，就程朱理学而言，其言说"心"、"性"的重要方式之一是"道心"、"人心"：

> 心之虚灵知觉，一而已矣。而以为有人心、道心之异者，则以其或生于形气之私，或原于性命之正，而所以为知觉者不同，是以或危殆而不安，或微妙而难见耳。然人莫不有是形，故虽上智不能无人心，亦莫不有是性，故虽下愚不能无道心。二者杂于方寸之间，而不知所以治之，则危者愈危，微者愈微，而天理之公卒无以胜夫人欲之私矣。……从事于斯，无少间断，必使道心常为一身之主，而人心每听命焉，则危者安，微者著，而动静云为自无过不及之差矣。②

基于"理"、"气"二元论，朱熹将"心"划分为"道心"、"人心"。在朱熹看来，虚灵知觉之"心"本一，只是出于形气，故为"人心"；出于本然之性，则为"道心"。"人心"危殆不安，"道心"微妙难测。在"道心"、"人心"二分的图景下，人之一己之心就成为"道心"、"人心"相互颉颃的场域。"道心"当为一心之主，"人心"每每要听从"道心"，由此"危"才可转而为"安"，"微"才可转而为"著"。在此"心"的场域下展开的"动"、"静"才会趋于中，而无过、不及之差。

对于朱熹的"道心"、"人心"二分说，基于宇宙一"气"论，湛甘泉并不认同：

> 人心道心只是一心。心得其正时，纯是天理，故谓之道心；心不得其正时，便为己私，故谓之人心。人心，有我之心也；道心，天心也。先儒谓出乎天理之正者道心，则是也；谓发于形气之私者人心，则恐未然。凡谓之心皆指具于形气者言，惟得其正，则道心也。又谓虽上智不能无人心，虽下愚不能无道心。又谓道心常为一身之主，人心每听命焉。是有二

---

① （宋）朱熹：《四书章句集注·中庸章句》，《朱子全书》第六册，第32页。
② （宋）朱熹：《四书章句集注·中庸章句序》，《朱子全书》第六册，第29页。

心相役，此处不能无疑。①

在湛甘泉看来，朱熹起步处所主张的"一心"说无差，然而在具体展开过程中，朱熹未能坚持"一心"说，而将"一心"二分为"道心"、"人心"。对于一"心"二分，湛甘泉坚决予以批驳。其一，对于所谓"人心"出于形气之私，湛甘泉不敢苟同。在湛甘泉一"气"运化的视域下，凡谓"心"，不论"道心"抑或"人心"，均就形气而言。只是趋于"气"之中，方有所谓的"道心"；偏离"气"之中，方有所谓的"人心"。其二，程朱理学主张虽上智不能无"人心"，虽下愚不能无"道心"，还倡导"道心"为一身之主，"人心"每每听从"道心"。在湛甘泉看来，这分明是将一"心"分为二"心"，并且使二"心"始终处于相互颉颃的状态。

"道心"微妙精密，出于天；"人心"危殆不安，出于人。这种二分法本身就暗示着在朱熹的视域里，人的自然欲望是被否定的对象，所以他才提出"存天理，去人欲"。在朱熹看来，只有弃绝自然欲望，才能保证"道心"的流行。湛甘泉则承认人的自然欲望的合法性："男女饮食其欲乎？凡欲，皆性也，非欲也。其欲动而为过与不及，则欲也，故君子惟中之为学。"② 由此可见，朱熹、湛甘泉对"欲"、"性"有不同的理解。朱熹将饮食男女理解为"欲"，只有克服此"欲"，本然之"性"才能得以透显。湛甘泉则从"中"来分判"欲"、"性"：趋于"中"便是"性"；过抑或不及则是"欲"。当湛甘泉从"中"的维度来分判"性"、"欲"时，实际上就已突破朱熹的"性"、"欲"观，承认了"欲"的合法性。在湛甘泉这一"中"的视域下，"性"、"欲"之间不再有绝对的界限。这就是说，在"中"的牵引下，原本相互对立的"性"、"欲"实现了相互贯通："道也者，中正之理也。其情发于人伦日用，不失其中正焉，则道矣。故中正而天下之理得矣，天下之理得，而位育在其中矣。心性之失也，情流之也。情非流也，失其中正故流。惟君子立其中正，故情不流；情不流，故性不凿；性不凿，故虚实之体全。"③ 于人伦日用中，发而中节与否，非由外在客观标准来判断，而是由人之一心做自我裁决。因此，"伦理"准则由客观"天理"转向人的内在尺度④，傅小凡先生这一论断可谓空谷足音。这一内在尺度无疑具有"主体性"意义，然而是否能进而将

① （明）湛若水：《知新后语》，《泉翁大全集》卷三，第16页。
② （明）湛若水：《语录》，《湛甘泉先生文集》卷二十三，《四库全书存目丛书·集部》第五十七册，第123页。
③ （明）湛若水：《复郑启范进士》，《泉翁大全集》卷八，第31页。
④ 傅小凡：《晚明自我观研究》，巴蜀书社，2001，第30页。

"主体性"上升到"本体论地位"①，尚待商榷。湛甘泉之所谓"中"，是物来事应刹那间调适的一种反应，故是就一念中正与否而言的。将一念中正置于"本体论地位"，似乎大而无当。

"欲"、"性"之别只在于一念间。一念中正便是"性"，一念偏斜便是"欲"。既然"性"、"欲"之别仅在于一念间，那么对"欲"就不可做出善、恶的绝对判决。换言之，"欲"与"性"相随相伴，可谓二位一体，"欲"可言为"性"，"性"可言为"欲"。在承认"欲"的合法性的前提下，湛甘泉还发出这样惊世骇俗的论调："人有此性，自然有此喜怒爱恶之欲。欲亦性也，何故有不善者。"② 在程朱理学"道心"、"人心"的分判下，"性"善、"欲"恶似乎成为伦常通论。对于程朱理学之伦常通论湛甘泉并不认同。在湛甘泉看来，人生来便具此"性"，此"性"发则为喜怒爱恶，喜怒爱恶表现为"欲"。既然"欲"源于"性"，那么"欲"又何能别于"性"而被认为不善？湛甘泉这一惊世骇俗的言语，在无形中打破了"道心"、"人心"的绝对间隔，将"道心"、"人心"之别尽量缩减至一念之别。

弟子管登同样对朱熹"道心"、"人心"二分说颇有微词，故就此请教于湛甘泉："道心为主而人心听命，然则心有二乎？"湛甘泉这样教诲："心一而已，人心也者，人欲也，其不可与道心并言矣。"③ 在湛甘泉看来，人只有一心而已，此心便是"人心"；"人心"染有物欲，因此不可与"道心"并而言之。

如此论断是湛甘泉对程朱理学"心性"论的大胆突破。一方面，将"人心"、"道心"合为一"心"，消弭了"道心"的超验性、抽象性。因此，湛甘泉从经验层面重新诠释"道心"，由此"道心"亦染有经验性、具体性。另一方面，承认了"欲"的合理性，饮食男女，是生民生活不可或缺的一部分，不可简单地加以否弃。

通过对朱熹"道心"、"人心"二分说的批驳，湛甘泉试图阐述"欲"亦不可不谓"性"。"天命之谓性。"（《礼记·中庸》）由于将"欲"拉入"性"的内涵中，打破了既往的思维范式，湛甘泉不得不重新诠释"性"：

> 天地之性也，非在气质之外也，其中正焉者，即天地之中赋于人者也，故曰"天地之性"。是故天下之言性也，皆即气质言之者也，无气质

---

① 傅小凡：《晚明自我观研究》，第 30 页。
② （明）湛若水：《语录》，《湛甘泉先生文集》卷二十三，《四库全书存目丛书·集部》第五十七册，第 134 页。
③ （明）湛若水：《雍语》，《泉翁大全集》卷六，第 25 页。

则性不可得而见矣。故生而后有性之名。①

类似于"道心"、"人心","天地之性"、"气质之性"亦是儒门一对重要"心"、"性"范畴。湛甘泉便在"天地之性"、"气质之性"这对范畴中重新诠释"性"。正如通过对"道心"、"人心"的重新诠释以论证"欲"的合法性，湛甘泉亦欲通过"天地之性"、"气质之性"的重新阐释，以证明"气质"的合理性，而重新阐释的机枢还是"中"。湛甘泉认为"天地之性"非外于"气质"，而是基于"气质"而言，之所以言之为"天地"，就在于"气质"之"中"。在"中"的语境中，湛甘泉将"天地之性"从超验层面拉回到经验层面。当从经验层面来言说"天地之性"时，所谓"天地之性"亦是就"气质"而言。若无"气质"，"天地之性"于何处可见？由是，湛甘泉得出"生而后有性之名"的结论。

"周子曰：'刚善刚恶，柔亦如之，中焉止矣。'气质之中正，即性而已矣。"② 为了表明以"中"言说"天地之性"具有正当性，湛甘泉引用了周敦颐"刚善刚恶，柔亦如之，中焉止矣"之语。

为了论证"气"之"中正"为"性"，湛甘泉还从"道"、"器"不二的向度来言说：

> 吾观于大易，而知道器之不可以二二也。爻之阴阳刚柔，器也；得其中焉，道也。器譬则气也，道譬则性也。气得其中正焉，理也，性也。是故性气一体。或者以互言之，二之也夫。③

"形而上者谓之道，形而下者谓之器。"（《周易·系辞上》）如上所云，湛甘泉从"形"出发，将"形而上"、"形而下"打成一片，连为一体。由"形而上"、"形而下"互为一体，湛甘泉阅读出"道"、"器"不二。"器"好似"气"，"道"好似"性"。所谓"理"、"性"，不过是就"气"之中正而言。在此意义上，"性"、"气"浑然一体。湛甘泉甚至认为，"性"、"气"不可互言，因为互言，就已将"性"、"气"二分。

通过"中"这一机枢，湛甘泉将超验性"道心"、"天地之性"、"道"拉回到经验性"人心"、"气质之性"、"器"，由此"道心"、"天地之性"、"道"

---

① （明）湛若水：《新论》，《泉翁大全集》卷二，第24页。
② （明）湛若水：《新论》，《泉翁大全集》卷二，第24页。
③ （明）湛若水：《樵语》，《泉翁大全集》卷一，第2~3页。

便建基于"气"。约言之，湛甘泉将"性"定位为"气"之"中正"。

二 　"性"："心之生理"

"气"，流行于世，更凝于一"心"之内。职是之故，作为"气"之"中正"的"性"灵动于世，更收敛于一"心"之内。"心"、"性"相应而言，因此，"性"之界说，还是离不开"心"。所以本书还是从"心"、"性"关系的解析中阐述"性"之内涵。

弟子陈怀对张载"合虚与气有性之名，合性与知觉有心之名"之言疑惑不解，叩问于湛甘泉。湛甘泉这样教诲："虚也者，性之本体也。性也者，知觉之本体，生生不已者也。而曰'合'焉，而曰'与'焉。则二物矣。"① 在宇宙论"虚"之层面界说"性"之本体，这一界说方式大体沿袭张载从外在宇宙回到内在"心"、"性"的模式。不过，张载对这一从外回到内的模式只是点到为止，并未进而阐明其背后的机理，湛甘泉则揭示了这一模式的内在机理，即甘泉理论内核——"生"。在"生生不已"的流行下，"心"、"性"合而为一。在大体认同张载界说"心"、"性"的同时，湛甘泉亦指出张载界说"心"、"性"的方式还是有所罅漏，即以"合"、"与"来概括"心"、"性"间的关系，无形中已将"心"、"性"截然二分。

从宇宙论过渡到"心"、"性"论，湛甘泉继承了张载这一思维模式。不过张载还是在一"气"的聚散、往来的语境中沟通宇宙与"心"、"性"，这一模式未免显得粗糙；湛甘泉则将一"气"的聚散、往来升华为"生"，在"生"的脉络下沟通宇宙与"心"、"性"，这一沟通模式无疑更加精致。

在"生"的脉络下，"心"、"性"不可言为"二"。以"人者天地之心"为出发点，湛甘泉进而演绎："心者人之生理也，性者心之生理也。"② 天地无"心"，以"生"为其"心"。生生相贯，天地之"生"理体现于"人"，人之"生"理体现于"心"，"心"之"生"理则体现于"性"。在这一"生生"相贯之中，"生生"归于"性"，即"性"乃天地间"生意"最盎然处。

对于"心"之"生"理体现于"性"，湛甘泉这样描述：

> 所谓心之生理者，如未发则有物跃如活泼而谓之中，及发则见孺子入井，怵惕恻隐之心生，与羞恶辞让是非之心皆是也。③

---

① （明）湛若水：《雍语》，《泉翁大全集》卷六，第 33 页。
② （明）湛若水：《孔门传授心法论》，《泉翁大全集》卷三十一，第 29 页。
③ （明）湛若水：《金台答问录》，《泉翁大全集》卷七十七，第 11 页。

"未发"、"已发",是《中庸》"心"、"性"话语模式。循此话语模式,湛甘泉言说"生"。"未发",生意盎然,泪然蕴于内。蕴于内的"未发"泪然欲发,湛甘泉借用其师陈白沙以"有物跃如"来形容。"生意"蕴于内,必发于外。蕴于内之"生意",谓"中";发于外之"生意",流行于世,呈现为恻隐、羞恶、辞让、是非四心。

为了具体阐明"性"蕴于"心",湛甘泉特意从字形本身加以解析:"心之生理即性也,故性字从心从生,此乃天理也。"① "性"字从"心"从"生",字形本身就表明"性者心之生理也"。

为了更形象地说明"性"为"心之生理",湛甘泉以谷种来比喻②:

> 性也者,心之生理也,心性非二也,譬之谷焉,具生意而未发,未发故浑然而不可见。及其发也,恻隐、羞恶、辞让、是非萌焉,仁义礼智自此焉始分矣,故谓之四端。③

稻谷为种子,种子之为种子,在于潜藏无限"生意"。其所潜藏无限"生意",未显发于外,故浑然不可见;及其外发,恻隐、羞恶、辞让、是非四心由是而萌发,仁、义、礼、智四德亦由是而成就。

种子之喻形象地说明了"性"是"心之生理"。相对于"心","性"是内容、实质;相对于"性","心"是形式、器皿。若无"心","性"之"生意"无所归,由此天地无从得以盎然,万物无从得到发育。若无"性","心"无"生意"则失去其主体性、灵动性。

一弟子用功于涵养,忽觉心中"生意"勃然,就此请教湛甘泉:"顷而涵养,而生意勃焉。"湛甘泉倍感欣慰,说道:"人之本心譬诸草木然,其生生不已者乎!灌溉不息,斯谓日新盛德。"④ 鉴于该弟子已对圣域有所领略,湛甘泉进而从两个方面加以启发。其一,就心体而言。世间一草一木,皆生意勃然,人之本然心体亦如世间一草一木,充满生意。其二,就工夫而言。正如草木犹待灌溉,才能茂盛不已,人之心体犹待存养,才能生意盎然,德性才能日新不已。

天地之"生意"敛于"心","心"之"生意"凝于"性",在此意义上,

---

① (明)湛若水:《答问》,《甘泉先生续编大全》卷二十六,第3页。

② 以谷喻"生",可追溯至程颐:"心譬如谷种,生之性便是仁也。"(宋)程颢、程颐:《二程集》,第184页。

③ (明)湛若水:《心性图说》,《泉翁大全集》卷三十二,第8页。

④ (明)湛若水:《雍语》,《泉翁大全集》卷六,第19页。

"性"乃宇宙"生意"之渊薮、天地创化之根源。天地之化育，万物之流行，皆源于"性"。可以说"生"是"性"的内在特质，"性"则是"生"的渊薮。这就是说，"生"与"性"相互规定，无二无别。

"性"蕴于一"心"之内，待"心"而呈的模式类似"以心著性"模式。"以心著性"模式是牟宗三诠释刘宗周思想的两大核心观点之一。牟宗三从刘宗周话语"心本人者也"、"性本天者也"出发，将刘宗周"心"与"性"的关系归纳为形著关系，即"性体"无法自我贞定，待"心体"来贞定。① 这一"心""性"关系模式与甘泉"心""性"关系模式不谋而合。不论是"即存有即活动"之"心体"，还是"以心著性"之"心""性"关系模式，湛甘泉与胡五峰、刘蕺山一系若合符契。尽管刘宗周对湛甘泉不置一词，然而从师承关系来审视②，刘宗周承甘泉一脉不可否认。抛开对三系本身的争议③，湛甘泉应属五峰、蕺山一系，只是由于牟宗三的研究并未涉及湛甘泉，牟氏在勾勒这一系时忽略了湛甘泉。若牟先生关注到湛甘泉，将湛氏编入这一系中，不仅可以丰赡该系内涵，还会进一步坐实该系，从而可以避免不必要的争议。

"仁"与"性"是同一谱系的概念，湛甘泉从"生"言"性"时，亦必然从"生"言"仁"。

《论语》记载孔子弟子有子曾云："孝弟也者，其为仁之本欤。"（《论语·学而》）弟子徐世礼对此有所困惑，就问于湛甘泉，湛甘泉如是教诲：

> 仁也 [者，吾心之生] 意也。孝弟也者，又生意之最初者也。察识 [培养，推其爱] 以达于其所不爱，推其敬以达于其所 [不敬，而仁洽天] 下矣，[而] 谓有子之支离。异哉！象山之惑也。④

"孝弟也者，其为仁之本欤"所倡导的是由"孝"渐次以契"仁"，从回答的语脉来审视，湛甘泉赞同渐次以契"仁"的方式。不过在诠释渐次以契"仁"的过程中，湛甘泉将此放在自己的思想内核——"生"的维度下来审视。孝悌是"生意"于人之初萌，"仁"则是"生意"于人之繁茂。从"孝弟"至"仁"，湛甘泉认为要有个渐次过程：首先要察识"生意"之萌蘖，然后由其亲亲之爱扩而充之，及其所不爱，由其敬及其所不敬，如此则天下一家，天下和洽。"心学"主张直契"心体"，故"心学"肇始者陆象山认为有子"孝弟

---

① 参见牟宗三《从陆象山到刘蕺山》，上海古籍出版社，2001。
② 甘泉四大弟子之一唐枢传其学于许孚远，许孚远传其学于刘宗周。
③ 参见杨泽波《牟宗三三系论论衡》，复旦大学出版社，2006，第 1~2 页。
④ （明）湛若水：《雍语》，《泉翁大全集》卷六，第 22~23 页。

为仁之本"主张渐次以契"仁",不免犯支离之弊。湛甘泉则站在渐次的立场为有子辩护,认为陆象山言有子犯支离之弊乃象山本身的迷惑。

蕴于"心"为"性",触物而发则为"情":"心具生理,故谓之性。性触物而发,故谓之情。发而中正,故谓之真情,否则伪矣。"① 在湛甘泉看来,"心"中蕴含无限"生意",便是"性"。"性"触物而发,则为"情",发而中正则为"真情",发而偏斜则为"伪情"。"真情"仍保持原初无限之"生意","伪情"则丧失了原初无限之"生意"。故欲保持原初无限之"生意",即保持"性"之本然状态,尚待"情"之真。

"人者天地之心也","心者人之生理也","性者心之生理也",在此一步步的推衍下,湛甘泉将天地间无限"生意"归于"性",在"性"的发动下,天地方流淌生生之意,万物才盎然不已。在此意义上,"性"体现着天地之创化,是天地创化的根源。湛甘泉这一"心"、"性"立体化架构,与阳明"心""性"一体处理的"心"即"性"平面化架构形成鲜明对比。甘泉、阳明之学虽均可称为"心学",却并不意味着"心"的指涉就一致。阳明"心学"更多指向"心"之"知是知非"的"良知",甘泉"心学"更多指涉的是"心"之为"心"的"性"。甘泉"心学"谓为"性宗",亦无不可。

三 "生"的维度:"心"、"性"、"理"相即为一

明晰"心"、"性"、"理"诸概念内涵之后,人们自然会接着追问:"心"、"性"、"理"三者究竟是何关系?在宋明理学中,不外"心学"家所主张的"心即理"及"理学"家所主张的"性即理",那么湛甘泉是站在"心学"的立场主张"心即理",还是立身于"理学"倡导"性即理"?在与弟子葛涧的问答中,湛甘泉做出了自己的应答。

> 葛涧问物各有理。甘泉子曰:"物理何存?存诸心耳。"问在物为理。曰:"曷不曰'在心为理'?故在心为理,处物为义,其感通之体乎!体用一原,理无内外。"②

葛涧仍沉溺于程朱理学语境中,故按照程朱理学范式叩问湛甘泉"物各有理"是何意。湛甘泉如是引导葛涧:物之理何在?在于心。在"心"为"理",这显然不符合程朱理学的"天理"观。这一话语方式打破了葛涧固有的思维方

---

① (明)湛若水:《复郑启范进士》,《泉翁大全集》卷八,第31页。
② (明)湛若水:《雍语》,《泉翁大全集》卷六,第5页。

式, 葛涧为之一震。在自我防御意识下, 葛涧重复了程朱理学之话语: "在物为理。" 湛甘泉继续引导: 与其说"在物为理", 不如说"在心为理"。蕴于一己之"心"的, 方可谓"理", 触物而发则谓"义"。"在心为理, 处物为义"是湛甘泉对"在物为理, 处物为义"的故意窜改。"在物为理, 处物为义"出于程颐, 程颐在注释《周易》艮卦时如是言说。在程颐看来, "理"乃物之"理"。湛甘泉并不认同这种说法, 因此故意窜改为"在心为理, 处物为义", 由此将即物而言的外在于物之"理"拉回到"心"之内, 从人"心"来言"理", 使"理"安置于一己之"心"内。既然"理"在人之一己之"心"内, 那么体认"理"即非外向式格物致知, 而是内倾式体知: "动静阴阳, 反求诸心耳。天地之道, 一心而已矣。"[1] 物之运行, 阴阳荡漾, 皆蕴于一己之"心", 故体知一己之"心", 即可体知天地之"道"。天地不外乎一"心", "心"包天地, 故"道"即"心", "心"即"道", "心"、"道"不二。为了进一步阐明即"心"即"道", 湛甘泉还采取了归纳式论证方式: "天地古今宇宙内, 只同此一个心, 岂有二乎? 初学之人与圣人同此心, 同此一个天理。"[2] "宇宙内只一心而已矣, 知乎此者可与识心矣, 故可以知道矣。"[3] 在上述所引两句中, 湛甘泉只表达了一个意思: 宇宙内唯此一"心", 唯此一"理", 此一"心"一"理", 不容有二, 故即"心"即"理"。湛甘泉这一归纳式论证方式显然是接受了陆象山同此心、同此理的诠释模式: "盖心, 一心也; 理, 一理也。至当归一, 精义无二, 此心此理, 实不容有二。"[4]

显然, 站在"心学"的立场, 湛甘泉主张"心即理"。然而湛甘泉在"理"、"心"、"性"关系的主张上并不那么简单。湛甘泉在主张"心即理"的同时, 亦倡导"性即理": "气之精而灵应者即心, 其纯粹至善即性, 性即理, 不可外气求性, 而外有所谓理也。"[5] 在"气"的话语体系中, 湛甘泉如是言说"心"、"性": "气"之精妙灵然而应者就是"心", "气"之纯然至善者便是"性"。在"气"的一贯下, 湛甘泉推导出"性即理"。并未停留于此, 湛甘泉继而指出既然就"气"而言"性", 那么就不可外"气"而求"性", 也不可在"气"、"性"之外求所谓"理"。

湛甘泉一方面提倡"心即理", 另一方面又倡导"性即理", "心即理"乃"心学"主张, "性即理"乃"理学"主张。那么湛甘泉在"心"、"性"与

---

[1]（明）湛若水：《新论》,《泉翁大全集》卷二, 第20页。
[2]（明）湛若水：《新泉问辨录》,《泉翁大全集》卷六十七, 第9页。
[3]（明）湛若水：《正心下》,《圣学格物通》卷二十, 第841页。
[4]（宋）陆九渊：《与曾宅之》,《陆九渊集》卷一, 中华书局, 1980, 第4~5页。
[5]（明）湛若水：《知新后语》,《泉翁大全集》卷三, 第15页。

"理"的关系上是接近"心学"的"心即理",还是趋于"理学"的"性即理"?笔者认为这不能简单地进行非此即彼的判断,尚待具体解析。

一方面,湛甘泉接近"心学",讲"心即理":"心之本体,即天理也。"①然而湛甘泉在讲"心即理"时并不像其他"心学"家那样将实然与应然打并为一,直接将"心"等同于"理",而是有意识地区分"心"之实然与应然,对此进行区分后再宣扬"心即理",这就是说湛甘泉间接地倡导"心即理"。实然与应然二分意味着"心"并不直接等同"理"。"心"之实然乃"心"受到染污,趣于偏斜;"心"之应然乃"心"处于本然状态,趋于中正。中正之"心"方可谓"理":"心得中正则天理矣。"②"天理者,非他也,吾心中正之本体也。"③"心即理也,理即心之中正也,一而已矣。而云具者,是二之也。"④既然实然之"心"趋于偏斜,那么如何从此"心"跨越至"应然"中正之"心"?湛甘泉给出的方式是工夫,经工夫澄滤,过滤心灵杂质,"心"便等于"理"。因此,湛甘泉与王阳明同样立身于"心学",同样倡导"心即理",然而二人倡导"心即理"的角度还是有所差别的。阳明倡导"心即理"是在当下即是的层面而言,湛甘泉提倡"心即理"是在工夫效验层面而言。

另一方面,湛甘泉也如"理学"家般,倡导"性即理":

> "夫子之言性与天道,不可得而闻。"今人始学便说性,岂不是妄?惟其妄生想象,故有以为性恶者,有以为性善恶混者,有以为性有三品者,皆出于想象之私,见世间有此几样人,便谓如此。何曾见性之本原?故性即理也,极至之论。⑤

子贡曾这样感慨:"夫子(孔子)之言性与天道,不可得而闻。"(《论语·公冶长》)湛甘泉这里加以引用,就在于反对学人劈头就说"性",若不加深思开口便说"性",会不可避免地妄生想象,或提倡"性恶"说,或倡导"性善恶混"说,或主张"性三品"说,这皆出于自我拟议。相对地,湛甘泉认同"性"即"理",认为此主张乃颠扑不破之论。然而我们不可就此认定湛甘泉

① (明)湛若水:《正心中》,《圣学格物通》卷十九,第803页。
② (明)湛若水:《答聂文蔚侍御五条》,《泉翁大全集》卷九,第13页。
③ (明)湛若水:《古大学测序》,《泉翁大全集》卷十六,第19页。
④ (明)湛若水:《正心下》,《圣学格物通》卷二十,第857~858页。
⑤ (明)湛若水:《知新后语》,《泉翁大全集》卷三,第7页。

沿袭了朱熹"性即理"之说。① 湛甘泉提倡"性即理"，诚如王文娟所言，是在对治阳明后学"无善无不善"意义上倡导"性即理"。② 因此，湛甘泉与朱熹虽同样倡导"性即理"，然其意蕴并不一致。"性者，人物之所以禀受乎天也。……自其理而言之，则天以是理命乎人物谓之命，而人物受是理于天谓之性。"③ 朱熹是在伦理意义上言"性即理"的，"性即理"解决了人之道德来源问题。湛甘泉言"性即理"则异于此：

> 外天理二字不得，天理即性也，不可分为二。故明道先生曰："性即理也。"此千古圣贤未发之指，百世以俟圣人而不惑者也。④

湛甘泉认为外"天理"求"性"则不得，"天理"即"性"，不可将"天理"、"性"截然二分。为了凸显"性即理"，湛甘泉不仅点出明道曾倡之，还认为明道之倡乃发前贤往圣未发之旨，百世依是圣人之论而不惑。这就将"性即理"置于颠扑不破的地位，其他"性"与"天理"关系的主张自然是错误的。

湛甘泉之所以将"性即理"这一主张导向程颢，就在于程颢所倡"性即道"，如前文所言，是在境界意义上而言的。湛甘泉承明道之绪，亦提倡"性即理"，以阐明"性"是"生生"之渊薮，因此万物不外乎一"性"。朱熹在伦理层面上主张"性即理"，湛甘泉在境界层面上倡导"性即理"，两者差之毫厘，谬以千里。

湛甘泉既主张"心即理"，又倡导"性即理"，这即指向"心"、"性"、"理"三者相即为一。在何种意义上三者相即为一？赖昇宏博士认为是在"气"的层面上三者相即为一⑤，笔者认为赖博士的观点不可谓不对，并且在甘泉文本中亦能找到相关佐证：

> 宇宙间一气而已。自其一阴一阳之中者谓之道，自其成形之大者谓之

---

① 王文娟认为湛甘泉继承了程朱理学"性即理"说，参见王文娟《湛甘泉哲学思想研究》，第94页。

② 王文娟：《湛甘泉哲学思想研究》，第94页。

③ （宋）朱熹：《答郑子上》，《晦庵先生朱文公文集》卷五十六，《朱子全书》第二十三册，第2688页。

④ （明）湛若水：《新泉问辨续录》，《泉翁大全集》卷七十四，第28页。

⑤ 赖昇宏在言及"心""性""气"关系时，认为"心""性""气"合一的基础在于"气"，而会通的关键在于"中"。"心""性""气"合一的基础在于"气"，此无可疑。然"心""性""气"合一的关键与其说是"中"，不若说是"生"。"气"之"中正"状态本就是"生"。参见赖昇宏《湛甘泉理学思想之研究》，第65页。

天地，自其主宰者谓之帝，自其功用者谓之鬼神，自其妙用者谓之神，自其生生者谓之易，自其生物而中者谓之性，自其精而神、虚灵知觉者谓之心，自其性之动应者谓之情，自其至公至正者谓之理，自其理出于天之本然者谓之天理，其实一也。①

在这段文字中，湛甘泉以"气"为支点，审视诸概念：阴阳二"气"燮和谓"道"，阴阳二"气"生生而化成其大谓"天地"，主宰阴阳二"气"化生者谓"帝"，阴阳二"气"呈其具体功用谓"鬼神"，阴阳二"气"变化神妙莫测谓"神"，阴阳二"气"相摩相荡、生生不已谓"易"，阴阳二"气"化生过程中恰如其分谓"性"，阴阳二"气"化生所呈现"精而神"、"虚灵知觉"以至于中正谓"心"，"性"触物而应者谓"情"，阴阳二"气"化而中正谓"理"，自中正之"理"以应天之本然谓"天理"。由是，湛甘泉这样总结：虽有如上诸概念，然皆就一"气"而言。

上面只是在总体上指出"心"、"性"、"理"的一体性。湛甘泉并未满足于此，还进一步点明"心"、"性"、"理"相即为一："天地间只是一个性，气即性也，性即理也，更无三者相对。"② 在湛甘泉看来，"气"、"性"、"理"，合而言之为一；分而言之，才有"气"、"性"、"理"之谓。尽管分而言之为三，然不可将此三者相对而言。由是，湛甘泉在"中"的维度下，将"气"、"性"、"理"（"道"）直接等同："盖气与道为体者也，得其中正即是性，即是理，即是道。"③ "气"与"道"同然一体，暗示"道"非存于"气"之外，而是即"气"而在。"气"之运化趋于"中"便是"性"，便是"理"，便是"道"。从"气"之"中"的向度出发，湛甘泉认为"性"、"理"、"道"三位一体，不可勉强区分。

意犹未尽，湛甘泉继续发挥：

易曰："一阴一阳之谓道。"孟子曰："形色，天性也。"诗曰："天生蒸民，有物有则。"孔子在川上曰："逝者如斯夫！"中庸："鸢飞鱼跃。"皆是此意，舍气何处寻得道来？故曰："乾坤毁则无以见易。"盖气与道为体者也，得其中正即是性，即是理，即是道，故曰："一阴一阳之谓道。"而偏阴偏阳则非道矣。为人、为物、为君子、为小人，于此焉分。若君子

---

① （明）湛若水：《新论》，《泉翁大全集》卷二，第24~25页。
② （明）湛若水：《新泉问辨录》，《泉翁大全集》卷六十七，第19页。
③ （明）湛若水：《新泉问辨录》，《泉翁大全集》卷六十七，第19~20页。

之学，体认天理，得其中正，即性道矣，是为全归。其余且待他日自明，今且莫太分析，恐又反为心病也。①

湛甘泉不厌其烦地引用前贤往圣文句来论证这一命题。"五行"乃就"静态"之"气"而言，从湛甘泉所引前贤往圣文句来看，其无疑围绕"气"而展开论证，然而此"气"非静态之"气"，而是动态之"气"。正是在此层面上，"气"、"性"、"理"实现了其一体性。上述所引前贤往圣文句只是在暗示这一层面的论证，而接下来湛甘泉则直接从"气"之"中"来阐述这一命题。从此出发，湛甘泉甚至认为，为人、为物，为君子、为小人亦由此而分途。为了避免道听途说，湛甘泉主张为学以体认"天理"为务，体证到"中正"，"气"与"性"、"道"自然无别，此乃为学之所归。最后，湛甘泉感叹言语无力，语言所述只能及此，此中内涵还待弟子们自我亲身体认；且话语太多，言之过详，弟子泥于此，反为心病。

动态之"气"，抑或"气"之"中"，所指向的均为"生"。这就是说，湛甘泉超越"气"之层面，跳跃至"气"运行所化之"生"的层面来论证"气"、"性"、"道"的一体性。由此可见，赖昇宏博士只留意到"气"，而未留意到"气"背后的"生"。在甘泉思想体系中，"气"、"性"、"道"皆在"生"的脉络中而言，"生"串联了"气"、"性"、"道"。职是之故，笔者认为，与其说在"气"的层面上，不若说在"生"的层面上，"气"、"性"、"道"三者相即为一。

湛甘泉之所以跳出"气"之层面，而进入"生"之层面阐述"气"、"性"、"道"三者相即为一，就在于此三者的相即为一只是湛甘泉圆融思想的出发点，其所欲达到的旨趣是"心"、"性"、"理"相即为一：

> 夫心也、性也、天也，一体而无二者也，心尽而性见，性见而天不外是矣。……夫性非别性，性即心之生理；天非别天，天即性之同体。心存则性有养，性有养则天不外是矣。……即心即性，即性即天，不必更求性天也。②

开门见山，湛甘泉直接表述了"心"、"性"、"理"（"天"）的一体性。此一体性不是平铺性一体，而是阶梯性一体。尽"心"则明"性"，明"性"则体

---

① （明）湛若水：《新泉问辨录》，《泉翁大全集》卷六十七，第18~20页。
② （明）湛若水：《天泉书堂讲章》，《泉翁大全集》卷十二，第38~39页。

"天"。故欲体"天"当养"性"，欲养"性"当存"心"。在体"天"的境界下，"心"即"性"、"性"即"天"，"心"、"性"、"天"相即为一。

在这段阐述"心"、"性"、"天"相即为一的文字中，有两点值得留意。其一，"心"、"性"、"天"一线相贯乃基于"生"。其二，"心"、"性"、"天"之相即为一非如王阳明所言当下即是，而是有所待。此所待便是体证，"心"、"性"、"理"之相即为一是就体证后的效验而言，只有经工夫的磨砺，才能体悟到"心"、"性"、"理"的相即为一。儒门发明"心"、"性"的方式，不外体认、涵养。相对于阳明体认路径，湛甘泉走的是涵养路径。至于具体涵养方式，便是"尽心"、"知性"、"知天"。去除物欲，心地廓然，此谓"尽心"。"尽心"的过程亦是"知性"的过程，一无所染，不滞一物，心地背后的"性"便氤氲般浮现。"知性"，则天地万物无外乎己。如前所云，"心"、"性"、"天"，一"生"所贯，涵养便是"生意"。"生意"蕴于中，发于外。在发于外的过程中，难免不受到物欲之侵蚀，于是生意多隐而未彰，呈现为端倪。存此端倪，谓之"尽心"；存此端倪，保任点点生意，"性"便豁然而显，此谓"知性"。"性"纯一不杂，生意沛然而发，万物不外乎一"性"，此谓"知天"。"尽心"、"知性"、"知天"，层层递进，最终臻于相即为一。

约言之，基于"生意"一脉相贯，"心"、"性"、"理"互为一体，然此并不呈现于当下，只有经涵养，在"生意"沛然流行的图景下，其效应方展现为"心"、"性"、"理"相即为一，否则便是缘木求鱼。

对于"心"、"性"、"理"相即为一的关系，湛甘泉甚至无意于简单以"即"来标示："所言'心外无事、心外无物、心外无理'三句无病。又云'心即事、心即物、心即理'，似欠明。又云'一念事亲事君即为物，非若后儒指天下之物为物'，则又似以万物在心之外，是心外有物矣。"① 该句显然是针对王阳明"心学"而言的。在所引王阳明三句话语中，湛甘泉认为"心外无事、心外无物、心外无理"合于己意，故无病，而"心即事、心即物、心即理"尚欠分明。相对于"心即事、心即物、心即理"，湛甘泉宁愿言说"心外无事、心外无物、心外无理"。湛甘泉之所以不愿说"心即事、心即物、心即理"，在于"即"意味着直接等同，是无条件的、无待的。然而在湛甘泉视域里，"心即事、心即物、心即理"是有条件的、有待的。为了避免误会，湛甘泉放弃了"心即事、心即物、心即理"的表述，转而用"外"的叙述方式："心外无事、心外无物、心外无理。"至于"一念事亲事君即为物，非若后儒指天下之物为物"，湛甘泉则直接予以否定。之所以做出这一判断，在于湛甘

---

① （明）湛若水：《新泉问辨录》，《泉翁大全集》卷六十八，第17页。

泉认为万物存在于"心"外。其实，这是湛甘泉对王阳明的误解。"一念事亲事君即为物，非若后儒指天下之物为物"，王阳明乃即事而言物，此物并不在"心"外。

对于"心外无事、心外无物、心外无理"，在专门发明其"心"、"性"思想的《心性图说》一文中，湛甘泉做了详细的阐发：

> 性者，天地万物一体者也；浑然宇宙，其气同也；心也者，体天地万物而不遗者也。性也者，心之生理也，心性非二也。①

在上述这段文字中，湛甘泉指出了"性"、"心"之特质所在，并进而阐明了"心"、"性"之间的关系。

首先，湛甘泉指出"性"的特质是"浑然一体"。宇宙间万物皆沐浴于"性"所蕴含的盎然"生意"中，基于"生意"盎然，天地间万物浑然一体，不可分彼此。天地浑然一体，人亦莫能外乎此。人内嵌于自然之中，是自然的一分子。弟子景星这样评述"性"之浑然一体性："人物在宇宙，如鱼在水。"② 人之在宇宙，犹鱼在水，自适其性。若人逞一己之智，自别于浑然一体之自然，则如鱼离水，自梏其性。值得留意的是，在表达人与物的关系时，湛甘泉多用"与"："人心与天地万物为体。"③ 在湛甘泉的视域中，物不是与人相对而言的对象，亦非意向的产物，而是与人同胞一体的生命体。物与人息息相关，相感相应。

其次，湛甘泉表达了"心"的特性是体天地万物。"天地"之"心"，体现着人之能"赞天地之化育"的功能。在湛甘泉看来，天地间万物本与人无隔，万物就在人之性分之内，只是在现实中人多囿于一己，从一己之躯壳出发，于是自我悬隔于万物之外。人欲成就自身，尽自己之性分，尚需打破自我的躯壳，回归到与天地浑然一体的原初自然状态。然而，这一回归，犹待发挥"心"之主体能动性，去"体"："体天地万物而不遗。"

最后，湛甘泉表达了"心"、"性"之间的关系。在湛甘泉看来，"心"、"性"不二。当然，这一不二性，仅仅停留于工夫后之效应——内心"生意"发动之层面。在现实层面，"心"还是"心"，"性"还是"性"。

不论"性"之"浑然一体"，还是"心"之"体天地万物而不遗"，湛甘

---

① （明）湛若水：《心性图说》，《泉翁大全集》卷三十二，第8页。
② （明）湛若水：《心性书》，《甘泉先生续编大全》卷三十一，第8页。
③ （明）湛若水：《先次与阳明鸿胪》，《泉翁大全集》卷八，第1页

泉所欲表达的不外乎"心外无事、心外无物、心外无理",将世间万事万物归摄于一"心",以一"心"涵万物、摄万事。而一"心"之所以能涵万物、摄万事,还在于"生",只要"心"中充满"生意",一"心"便能涵摄万事万物。

以一"心"涵万物、摄万事,是"心学"的共识,"心学"家称之为"内外合一"。然而不同的"心学"家对"内外合一"的理解各有不同。"大人者,以天地万物为一体者也,其视天下犹一家,中国犹一人焉。若夫间形骸而分尔我者,小人矣。大人之能以天地万物为一体也,非意之也,其心之仁本若是,其与天地万物而为一也。"① 王阳明在"大人"的视域下展开其"内外合一"思想。"大人"之所以能够超越一己之形骸,与万物融为一体,视天下为一家,中国为一人,就在于其"心"之"仁"本若是。这就是说,王阳明简练地在一"心"("良知")展开中呈现"内外合一"思想。相对于阳明"内外合一"思想之简练,湛甘泉这一思想则更为繁复。

自有宋起,痛痒相关便是诠释"仁"的重要向度之一。湛甘泉亦从这一向度来申述"内外合一":"'尧、舜其犹病诸',仁者不忍一物不得其所。'己欲立而立人,己欲达而达人',此性之德也,合内外之道也。君子观其病与欲,而其性可知矣。"② "仁者"不忍一物失其所,故"己欲立而立人,己欲达而达人",由此湛甘泉推论出"性"之德为天人合一、内外相契。对于"仁者"不忍一物失其所这一境界,即便古圣先王尧、舜亦未能臻至。不过,后世学人不必为之沮丧。学人若能体察到其未能及其欲臻于这一境界,便意味着已臻于这一境界。

假若以痛痒相关来申述"内外合一"是儒门内共同话头,那么从"心"、"性"两个向度分别来阐述"内外合一"则是湛甘泉独特之处。

湛甘泉如是从"心"阐述"内外合一":"心出于天,天无内外,心亦无内外。有内外,非心也,非心也者,不足以合天也。"③ 在充满生意的意义上,"心"便合于"天"。在此意义上,"心"源于"天","天"无内外可分,"心"亦无内外可分。若分"心"内"心"外,"心"被割裂而不可谓"心",此"心"亦不足以合"天"。

除了从"心"言"内外合一",湛甘泉还从"性"言"内外合一":"天人判矣,天一人也,人一天也。不知天人之合一,不足以语性。"④ "性"乃天

---

① (明)王守仁:《王阳明全集》,第1066页。
② (明)湛若水:《新论》,《泉翁大全集》卷二,第19页。
③ (明)湛若水:《孔门传授心法论》,《泉翁大全集》卷三十一,第28页。
④ (明)湛若水:《樵语》,《泉翁大全集》卷六,第19页。

地间"生意"之渊薮，在"性"的视域下，天亦人，人亦天，不可分而言之。由此，湛甘泉得出这样的结论：不知天人浑然为一体，就不足以言"性"。

在"内外合一"的思维模式下，"理"不仅是外在客观事物之"理"，更是内在于"心"之"理"："天理者，吾心本体之中正也。"① "天理"即"心"之"理"，在"心"趋于中正时，"天理"便呈于"心"。"天理"本是天地间万物总括的象征，湛甘泉又言"天理"内在于"心"，由此"天理"便既流行于外亦存于内："天理二字不落心事，不分内外，何者？理无内外心事之间故也。"② 对于既流行于外亦存于内的"天理"，湛甘泉这样形容："这天理浑然在宇宙内，又浑然在性分内，无圣无愚，无古无今，都是这个充塞流行，人人具有，不须假借于人，人亦不能假借于我。"③ 作为天地间万物总括象征的"天理"既流行于天地间，又粲然于一己之"心"内，无间于圣愚，无隔于古今，人人本具这一"天理"，我不可假借于他人，他人亦不可假借于我。

在《心性图说》中，湛甘泉如是总结"内外合一"："天地无内外，心亦无内外，极言之耳矣。故谓内为本心者，而外天地万物以为心者，小之为心也甚矣。"④ "天地"无内外之分，"心"亦无内外之分，湛甘泉认为这是为学之极言。由此湛甘泉得出若以腔子内为"心"，而以万物为外，是自小其心的结论。

笔者条分缕析"心"、"性"、"理"诸概念的内涵，并且试图分疏它们之间的关系。与此同时，笔者亦不无疑虑，担心在此解析过程中，可能不是在接近"心"、"性"、"理"诸概念的内涵，而恰恰相反，是在远离其内涵。"心"、"性"、"理"诸概念本浑然一体，"心"、"性"、"理"只是从某一侧面描述这一浑然之体。若如上文条分缕析诸概念，则可能一叶遮目，只执着于诸概念本身。若能跳出诸概念，从天地之基质或更高的维度来审视，或许反而能获得意想不到的成效。天地之基质是"气"，更高的维度就是"天地之体"——"生"。从"生"出发，连贯地审视诸概念："成于天而不可易之谓性，由是而之焉之谓道，有之之谓贤，固有之谓圣，莫见其有之谓神。"⑤ 承天地之生生而无损之谓"性"，循生生而行之谓"道"，体生生以之于己谓"贤"，持有而不失谓"圣"，莫见生生之所形谓"神"。湛甘泉从"生"审视，分别界说了"性"、"道"、"贤"、"圣"、"神"。

---

① （明）湛若水：《雍语》，《泉翁大全集》卷六，第1页。
② （明）湛若水：《复洪觉山侍御》，《泉翁大全集》卷十一，第15页。
③ （明）湛若水：《福山书堂讲章》，《泉翁大全集》卷十二，35页。
④ （明）湛若水：《心性图说》，《泉翁大全集》卷三十二，第8页。
⑤ （明）湛若水：《新论》，《泉翁大全集》卷二，第9页。

晚年，湛甘泉再次语重心长地表述："心即性也，性即理也。性者，心之生理也，心性一也。"[①]"心"即"性"，"性"即"理"，由此湛甘泉将"心"、"性"、"理"等同起来，而三者能够等同的根源还是"生"。职是之故，无论在"气"之层面，抑或在"气"之"中"层面，湛甘泉所欲表达的皆是一意，即在"生"的意义上，"心"、"性"、"理"相即为一，不可勉强区分。

综上所述，湛甘泉以"心"、"性"、"理"相即为一为自己的为学宗旨。而"心"、"性"、"理"相即为一建基于"生意"流行。这就是说，相即为一之"一"乃"生"。在"生"的向度下，"心"、"性"、"理"才三位一体、相即为一。换言之，"心"、"性"、"理"只是对"生"的不同向度的描绘，若截一为三，不仅有害于"生"，而且亦远离"心"、"性"、"理"概念本身的内涵。

第五节 "生"：物我浑一境界的达成

阐明"生"、"心"、"性"、"理"诸概念以及在"生"的视域下"心"、"性"、"理"相即为一之后，湛甘泉"生"的思想内涵似乎完全得到揭示。然而究其实，甘泉"生"之思想最主要特质——境界性"生"的内涵才刚刚登场。所以，本节通过对"生"流行于天地、敛于"心"、凝于"性"的阐述，揭示在"生"的语境下物我浑一的境界是如何达成的。[②]

---

① （明）湛若水：《岳游纪行录》，《甘泉先生续编大全》卷三十三，第3页。

② 相关学者亦留意到甘泉之"生"思想，如王文娟在阐述甘泉之"理"思想时，亦将"生"作为"理"的内涵之一来阐述，惜在其阐述过程中，并未能将"生"与"理"直接勾连起来，而是打成两截，分别阐述。值得注意的是，王文娟在阐述甘泉"生"思想时，亦留意到其与"中正"之勾连，故将"生"与"中正"放在同一节中阐述。然而在阐述过程中，王文娟仍分别论述，并未揭示"生"与"中正"的内在关联。参见王文娟《湛甘泉哲学思想研究》，第75页。张晓剑亦意识到"人心中自然蕴含着与宇宙一般的勃勃生意"，并且指出："'生'亦是天理、性、心三者贯通融会一体的纽带。"然张博士只是点到为止，并未加以详细阐述。参见张晓剑《湛若水的"体用浑一"之学与践履》，博士学位论文，浙江大学人文学院，2008，第44页。值得关注的还有唯一一篇海外以湛甘泉为选题的博士学位论文"Chan Kan-Ch'uan and the Continuing Neo-Confucian Discourse on Mind and Principle"，该博士学位论文的第四章标题就是"天理与生理"，Ann-ping Chin Woo 指出，相对于朱熹固定之"理"，甘泉之"理"具创造性。Ann-ping Chin Woo 还从"感应"维度论证"天理"之生生（Woo, Ann-ping Chin, "Chan Kan-Ch'uan and the Continuing Neo-Confucian Discourse on Mind and Principle," Dissertation, Columbia University, 1984, p. 72）。这些学人对"生"的探讨颇见地，然而对"生"的物我浑然境界性并未涉猎，这不能不说是个遗憾。

一　"生"：流行于天地

"生"，是中国哲学的重要范畴之一，也是儒家思想的重要特质，还是"儒家理解宇宙万物的根本方式"①。在中华元典中，最早系统阐述"生"之思想的是《周易》。《周易》敏锐地觉察到天地生化不已，灵动活泼。在此基础上，总结出天地之"道"就是"易"："生生之谓易。"（《周易·系辞上》）可以说，"生"是《周易》的核心话语之一。两汉时，经学盛行，惜囿于其时谶纬的神秘氛围，士人把玩"象术"，多忘却《周易》"生"之话语。直至有宋，义理之学回到学术的中心，《周易》之"易理"才从"象术"突围而出，成为探析《周易》的主流。于是"生"这一范畴便浮出学术地平线，成为其时儒学复兴的重要话语形式之一。②

"道学"家在言说"生"时，有两套话语体系：一是境界性"生"，一是表征性"生"。"'生生之谓易'，是天之所以为道也。天只是以生为道。"③ 程颢将"生"直接理解为"天道"，并在"生生"之"天道"中实现"与天地浑然一体"的境界。程颐意识到"道则自然生万物"④，甚至亦认识到"道"之"生生"是就"气"之"生生不穷"而言的⑤，然而程颐在"实然"、"所然"二分思维模式下，判定有"生生"之"实然"，必有"生生"之"所然"。他认为，"生生"之"实然"无法自我运化、自我主宰，有待"生生"之"所然"主宰、支配，"生生"之"所然"便是"道"。在"生生"之"所然"——"道"的支配下，"生生"只能沦为"道"的表征。承伊川之绪，在"实然"、"所然"二分思维模式下，朱熹倡导表征性之"生"："盖天地之间，只有动静两端，循环不已，更无余事，此之谓易。而其动其静，则必有所以动静之理焉，是则所谓太极者也。"⑥ 朱熹承认天地动静无端，生生不已，不过在朱熹看来，这只是"生生"之"实然"，而"实然"所以能"生生"，在于"所然"、"太极"（"道"）的主导、支配。

明代理学家皆以提倡"生"为"作弄精神"，故以"生"为讳，避之唯恐不及。倒是境界性"生"在"心学"的思潮涌动下，大行其道，陈白沙

---

① 李承贵：《生生：儒家思想的内在维度》，《学术研究》2012 年第 5 期。

② 宋初三先生之一胡瑗在注《周易》"复"卦"复其见天地之心"时云："天地以生成为心。"参见杨立华《宋明理学十五讲》，第 38 页。

③ （宋）程颢、程颐：《二程集》，第 29 页。

④ （宋）程颢、程颐：《二程集》，第 149 页。

⑤ （宋）程颢、程颐：《二程集》，第 148 页。

⑥ （宋）朱熹：《答杨子直》，《晦庵先生朱文公文集》卷四十五，《朱子全书》第二十二册，第 2071 页。

之学就是其代表。作为白沙之学传人的湛甘泉自然能领会白沙境界性"生"的思想奥义，但是在如何言说"生"这一问题上，陈白沙与湛甘泉则发生了分歧。在陈白沙心目中，"生"乃天机，天机不可泄漏，因此他只是以诗化语言隐晦地加以表述。而他人难以参透其诗化语言，故常认为白沙思想晦涩、缥缈。

湛甘泉则试图直白地道出"道"之内涵为"生"。然而，"生"毕竟为天机，湛甘泉有时亦如其师般，欲言而又止。陈白沙曾有诗云："些儿欲问天根处，亥子中间得最真。"一弟子读此诗，未能完全领会其意，故叩问于湛甘泉："窃料天地之心，动而无动、静而无静之妙，贯昼夜寒暑古今，而无不然也，而此独以亥子为然者，必有说矣，愿闻。"该弟子将"天根"理解为"天地之心"，认为"天地之心"具"动而无动、静而无静"之特点，贯昼夜，通寒暑，彻古今，不知白沙何独以"亥子"表述之。对于该弟子这一疑惑，湛甘泉从"几"的角度来回应："所谓亥子中间者，动静之间，即所谓几也，颜子知几，正在此一着。"①"亥"时是一日将尽之时，"子"时是一日肇始之时，"亥子中间"乃阴尽阳复之际，此际正为动而未动、静而未静之时，即所谓"几"。湛甘泉还将孔子最得意的弟子颜回塑造为知"几"者的形象。颜回之所以能知"几"，就在于能察"亥子中间"。

对于"天根"，陈白沙并未明言，只以"亥子中间"表述之。该弟子将"天根"理解为"天地之心"，大体无差。然而这一理解过于玄奥，湛甘泉则紧紧抓住"几"字，从"几"的向度来诠释"亥子中间"。"几"，萌而未发，契合了白沙"天根"说——"生意"初萌的意象。

弟子王崇庆将自己对"理"、"气"关系及"天理"的理解言于湛甘泉：

> 鄙见谓天地间万物都一气贯之，无复空缺渗漏。夫气无一物不贯，即理无一物不具。尝渡淮、泗上下，见河水清浊不相乱者，其气一也。夫水之气一且不可乱，而谓吾儒养气独可夺乎？是亦可以体认天理矣！未知是否？②

对于"理"、"气"关系，王崇庆认为天地间一"气"流行，无一物外于"气"。在一"气"流行的过程中，"理"亦赋于物。至于"体认天理"，王崇庆则于特殊的机缘才体悟到。淮河、泗水交汇处，清浊之流截然分而流之，不

---

① （明）湛若水：《新泉问辨录》，《泉翁大全集》卷六十九，第18页。

② （明）湛若水：《问疑录》，《泉翁大全集》卷七十五，第24页。

相混淆。面对这一奇妙的现象，王崇庆不禁体认到清流、浊流互不侵蚀，在于不论清流还是浊流，其性均持而不失。水之"性"尚如此，则儒门养"气"亦当如此，不可夺。这一养"气"过程，可谓体认"天理"。

对于王崇庆的这番理解，湛甘泉如是回应："一气贯之最是，然气与理为体者也，元无二本。观川上之叹，鸢鱼之察，自可见。学须要识其一。"① 对于王崇庆一"气"流行、贯于万物之说，湛甘泉大体赞同，然于"理无一物不具"则隐晦地表示不认可。在湛甘泉看来，"气"与"理"浑然一体，并没有两个本体、本原。至于王崇庆由特殊机缘体认"天理"的方式，湛甘泉未置可否，转而教诲其玩味孔子"川上之叹"、《中庸》"鸢鱼之察"熟后，自可察知。最后，湛甘泉不忘提醒王崇庆为学要察识"一"。此"一"是什么？湛甘泉与王崇庆打了个哑谜，并未明言此"一"为何。不过从上文"川上之叹"、"鸢鱼之察"来看，此"一"便是"生"。正是在"生"的视域下，"理"、"气"浑然一体。

约言之，湛甘泉所谓"道"非别为一物，乃是天地间流行之"生意"。天地间"生意"流行，天地俨然成为"生生"的场域，故"道"参前倚衡，无所不在。为了呈现"生生"视域下"道"的灵动性，湛甘泉不惜故意曲解经典话语："'四时行焉，百物生焉'，圣人示人以道体，与'鸢飞鱼跃'、'川上'一类。"② "四时行焉，百物生焉"，语出《论语》。孔子面对时光之流逝、天地之苍茫，不禁感慨："天何言哉？四时行焉，百物生焉，天何言哉？"（《论语·阳货》）后世学人对此有不同的诠释，不过多围绕时光流逝而展开，湛甘泉则绕开时光的流逝，从"生"的向度加以诠释，认为孔子言此只是示人以"生生"之"道"，与"鸢飞鱼跃"、"川上之叹"是同一语脉。"维天之命，於穆不已者，道之体也；纯亦不已，文王所以体道也。"③ "维天之命，於穆不已"源于《诗经》，全文为："维天之命，於穆不已。於乎不显，文王之德之纯。"（《诗经·周颂·维天之命》）这句话原意是借天地静穆中生化不已形容周文王昊天之德。《中庸》引用此句，遂成为后世儒家经典话语。"纯亦不已"，本为形容周文王之德，湛甘泉这里却以之修饰"於穆不已"，并由此点出周文王于"於穆不已"而体天之"道"。"维天之命，於穆不已"、"纯亦不已"均围绕表彰周文王之德而展开，而经湛甘泉之诠释，其主旨则转化为周文王于"於穆不已"中体天地间"生生"之"道"。这一曲折性诠释可谓创造

---

① （明）湛若水：《问疑录》，《泉翁大全集》卷七十五，第24页。
② （明）湛若水：《知新后语》，《泉翁大全集》卷三，第21页。
③ （明）湛若水：《知新后语》，《泉翁大全集》卷三，第20页。

性之阐释。

上引两句经典话语在原初意境中只能说与"道"不无勾连，湛甘泉却直接明言两句原初意境就是"道"，转换的机制就在于"生"。"道"的内涵为"生"，其根源是世界之基质——"气"。一"气"运化，生生不已，"道"便豁然其中："一阴一阳之谓道，外阴阳则道不可言矣，阴阳息则无以见道矣。"① 在这一表述中，湛甘泉除了重申"一阴一阳之谓道"、"道"即"气"而在外，还指出若"阴""阳"二"气"运化止息，则"道"亦消隐不可见。这就是说，湛甘泉所谓之"道"呈现于"阴""阳"二气的运化过程中。这一视域下的"道"并不指向静止、固化的主宰者，而是趋于灵动、活泼的"生生"。

如前所言，"阴""阳"二"气"本身并不就是"道"，只有"阴""阳"二"气"相互燮和，才可谓"道"。"阴""阳"二"气"燮和之所以可称为"道"，乃在于"阴""阳"二"气"运化畅然，"生意"盎然而发，在盎然"生意"中，"道"才得以出场；若"阴""阳"二"气"运化滞塞，"生意"趋于萧瑟，"道"便悄然而隐。在湛甘泉看来，"道"总伴随着"生"，在"生"的视域下，"道"才得以彰显。

湛甘泉从"生"的视域审视"道"，可以说糅合了程颢、程颐从"生"来言说"道"的思想。从宗旨上讲，湛甘泉承续程颢从"生"来理解"道"，不过程颢不屑于具体分析"生"在何种意义上接续"道"。在"实然"、"所然"的思维模式下，程颐则从"所以一阴一阳"层面来解析"生生"所然便是"道"。湛甘泉打破了"实然"、"所然"之间的界限，将"所然"直接理解为"实然"。由此"道"失去了"所然"的地位，"一阴一阳"直接诠释"生"，这实际上回到了程颢"生"即"道"的语境。不过湛甘泉并没有就此倾向于程颢所不屑的态度，而是如程颐般，采取分析的模式来展现"生""道"的一体性。这一模式便是"中"。在中正模式下，"阴""阳"二"气"运化畅然，由此"生""道"趋于一体："道也者，其生生之中正者乎!"②

"中"，在儒家话语体系中，不仅指涉中正，还指涉"中和"："喜怒哀乐之未发，谓之中；发而皆中节，谓之和。"（《礼记·中庸》）"中"、"和"本是形容"心"之"未发"、"已发"，湛甘泉却借此描述天地："天地，至中而已耳，太和而已耳。至中之谓天德，太和之谓天道。於穆不已，至中也；乾道变化，太和也。"③ 湛甘泉借"未发"、"已发"之"中"、"和"来言说天地，

① （明）湛若水：《新论》，《泉翁大全集》卷二，第16页。
② （明）湛若水：《樵语》，《泉翁大全集》卷一，第5页。
③ （明）湛若水：《新论》，《泉翁大全集》卷二，第24页。

在于天地如"心"般存在"未发"、"已发"状态。湛甘泉将"至中"称为"天德"，将"太和"称为"天道"，进而将"於穆不已"指称为"至中"，将"乾道变化"指称为"太和"。湛甘泉之所以借"中"、"和"来言说天地，是因为天地洋溢着"生意"。"生意"如"心"般，可分为"未发"、"已发"状态："生意"蕴于"未发"，"於穆不已"，可谓"至中"；"生意"发而流行于天地，"乾道变化"，可谓"太和"。

"生生"之谓"道"，故体"生"便可体"道"。弟子球将己之为学体验言于湛甘泉："仲尼之川上、子思之鸢鱼，凡以言乎道体也。君子终日乾乾，其默识乎此而已乎？"从孔子川上之叹、子思"鸢飞鱼跃"，球体察到这一话语谱系所指涉的是"生意"，难能可贵的是球进而由此体悟到此"生意"正是天地之"道"。因此君子终日乾乾，只是默识此一点"生意"而已。湛甘泉认同此说，并进而启迪球："正是如此看。此是圣学大头脑，要察识乎此，乃有用力处。开眼无不是这个充塞，无不是这个流行。"① 对球的理解，湛甘泉深以为然。体认"生生"之体，在湛甘泉看来，是为学的大头脑，察识到"生生"之体，为学才有着力处。若有慧眼，开眼则天地间无不是"生生"之体的充塞，无不是"生生"之意的流行。

这里需要强调的是，"生生"之"道"并不能等同于一般事物，其重要特征便是区别于一般事物的两个面相："天地人物一气浑浑耳，其流行真虚处是诚，流行真实处是物，是物虚实一也，故不诚无物，一息不诚，便与天地之气不通，是死心。"② 作为生生之"道"的两个面相，湛甘泉表述为"诚"、物之具象。"诚"所指向的是"气"之流行虚灵处，物之具象指向的便是"气"之流行凝然处。"诚"，"於穆不已"，生生不已；物之具象，"生生"凝滞，聚而为物。作为"生生"之"道"两个面相的无形之"诚"与有形之物之具象浑然一体。与此同时，湛甘泉还指出，既然"诚"意味着物之"生生"，那么"诚"若间断，物必趋于衰微，天地万物之"心"亦就于枯寂，成为死寂之"心"。

生生之"道"显示出"诚"、物之具象两个面相。生生之"诚"无形无相，凝为物之具象亦不可掩"生意"之盎然。对于"生生"之"道"这一两面性，其时学人并不能完全把捉。如弟子曾檀就是一例：

---

① （明）湛若水：《新泉问辨录》，《泉翁大全集》卷六十七，第4页。
② （明）湛若水：《语录》，《湛甘泉先生文集》卷二十三，《四库全书存目丛书·集部》第五十七册，第136页。

论道体者曰："上天之载，无声无臭。"曰："正明目而视之，不可得而见也；倾耳而听之，不可得而闻也。"然而又有曰"卓尔"、曰"跃如"，至如川上之逝、鸢鱼之飞跃，则又似显然指言天理之体，不但参前倚衡而已，而曰"无"、曰"不见闻"，何与？①

曾檀只把捉到盎然之显的一面，故赞同以川上之逝、鸢鱼之飞跃来形容"生生"之"道"，却未能觉察到生生之"道"隐而无形的一面，由此质疑以"上天之载，无声无臭""正明目而视之，不可得而见也；倾耳而听之，不可得而闻也"来形容"生生"之"道"。基于此，曾檀认为只言"参前倚衡"便可，不必再赘述"无"、"不见闻"这类话语。

对于曾檀的这一疑惑，湛甘泉这样教诲：

虽鸢鱼川上，其理何曾睹闻？不可睹闻，无声无臭者，道之体也，所谓形而上者也；鸢鱼川上者，道之用，流行可见，与道为体者也，形而下者也。合而睹之，自可见矣。其参前倚衡，卓尔跃如，不过心目之间若有见耳，非真有形状可见也。②

湛甘泉从"形而上"、"形而下"的向度为曾檀释疑解惑。鸢鱼川上，其理何曾可睹可闻？不可睹闻，无声无臭，这便是"道"之体。"道"之体即"形而上"。鸢鱼川上，乃"道"之流行，与"道"浑然一体，此即"形而下"。既体证到"形而上"，又体会到"形而下"，便自契"道"。至于参前倚衡、卓尔跃如，不过是恍惚之所见，非真所见。

"生生"之"道"两个面相昭示出对"生生"之"道"的体证不可过于执着"生生"之"道"之用，当由具相之用而体证到无声无臭之体。在体、用均当体证的主张中，湛甘泉欲提示世人，只停留于"道"之用层面，无法契于"道"之体。

当然，体"生生"之"道"非可空口徒说，还待具体工夫：

天理亦不难见，亦不易见，要须切己实用必有事焉而勿正功夫，乃可真见都是鸢飞鱼跃，不然，亦只是说也。③

---

① （明）湛若水：《新泉问辨录》，《泉翁大全集》卷六十八，第3页。
② （明）湛若水：《新泉问辨录》，《泉翁大全集》卷六十八，第3页。
③ （明）湛若水：《新泉问辨录》，《泉翁大全集》卷六十八，第1页。

在湛甘泉看来,"天理"不可谓难见,亦不可谓易见,其要在于具体工夫法门——"必有事焉而勿正"。若循此用功,开眼便可体察到天地间皆流淌着"鸢飞鱼跃"之"生意"。

二 敛于"心"

"生意"流行于天地间,万物之灵——人,应此"生意"而生:

> 古之人其庶矣乎!刘子曰:"人受天地之中以生。"中也者,和也。人也者,得气之中和者也。圣也者,极其中和之至者也。①

人应天地之"生意"而生。为了阐明此中道理,湛甘泉引刘子"人受天地之中以生"。所谓天地之"中",乃就"中和"之"气"而言。人受"中和"之"气"而生,圣人则受"中和"之"气"之精粹者而生。在此意义上,人乃宇宙间"生意"涌动的至高点,是天地间"生意"音符中的最强音。作为天地间"生意"绽放的最灿烂、最美丽的奇葩,人具有何种特性?"好生者,天地之心,然天地之性,人为贵,仁之中有义存焉。"② 若天地有其心,便以好生为其心。最能体现天地好生之德者乃人,故人有"仁",其中自有"义"存在。既然天地好生之德汇于人,那么人就应承负天地好生之德:"生生者,天地也。人也者,生也。生也者,不息。息焉则死矣,哀哉!"③ 天地以"生生"为意,人正应此"生生"之意而生,畅然不息;若生意稍息,个体便接近死亡,此诚可哀也。这里湛甘泉所哀的不仅是个体失去"生意"趋于死亡,更是个体之人在失去"生意"趋于死亡时,天地之"生意"亦随之而式微。

既然天地之"生意"汇于人,那么湛甘泉直接将人之"心"言为天地之"心":

> 夫人一天地也,而心果有二乎哉?天地之心,何心也?生生不息者也,人其在生生不息之中最灵者尔。心果有二乎哉?是故人心即天地之心。④

在湛甘泉看来,天地亦人,人亦天地,故天地之"心"亦即人之"心"。天地

---

① (明)湛若水:《新论》,《泉翁大全集》卷二,第23页。
② (明)湛若水:《新泉问辨录》,《泉翁大全集》卷六十八,第12页。
③ (明)湛若水:《新论》,《泉翁大全集》卷二,第6页。
④ (明)湛若水:《正心下》,《圣学格物通》卷二十,第840页。

以生物为"心"，在"生意"盎然的场域中，人作为最为聪颖者、最为灵敏者出场。天地间"生意"汇于一己之"心"，一己之"心"洋溢着"生生"之意。在此意义上，湛甘泉将人一己之"心"直接等同于天地之"心"。

既然天地之"生意"汇于人，那么人当赞天地之化育，承担其配天的责任。配天者为何意？湛甘泉这样诠释：

> 君子之志法乎天，行法乎地，其变化法乎四时，故能与天地并。志法乎天，故远而无外。天包乎地，行法乎地，故近而无遗。变化法乎四时，时而出之，故出而无穷。[①]

君子是儒家理想人格，自然亦是湛甘泉的理想人格。在湛甘泉看来，君子志法于天，行法于地，日用法于四季转换，由是君子便与天地融为一体。志法于天，则"心体"无远弗届。行法于地，则"心体"无所不包。日用法于四季转换，应时而动，则动无不利。通过君子这一理想人格的塑造，湛甘泉其实在彰显人的配天之责任。君子之所以能配天，在于法天地；配天所臻之境界，乃无论远抑或近，莫不外乎一"心"。前后相贯，乃基于"生意"的流溢。于是配天之责任，乃主动迎合、参与天地间"生意"的流淌。

人之为人，就在于心中一点"生意"，圣人之为圣人亦在于此："圣人若是切切然者何也？其天理流行不息乎！天人一也，我心少懈，则天理息矣。"[②] 圣人殷勤于何？孜孜于何？天地"生意"聚于人之一"心"，若人之一"心"稍稍懈怠，则"天理"就有可能被遮蔽。尤其值得留意的是："我心少懈，则天理息矣。"天地生生不息，生意盎然，如何保持天地生生之不息？如何促进天地"生意"之盎然？非致力于外，而是用功于内。保任一己之"心""生意"的盎然，在一己之"心""生意"发动下，天地间一个个"生意"之体相感相应，天地由此才生生不息，灵动不已。

为了形象地说明人之一己之"心"充满"生意"，湛甘泉一再以"种子"喻"生意"蕴于"心"："天理只是心之生理。如彼谷种，仁则其生之性，仁即是天理也。心与天理何尝有二？"[③] 湛甘泉将"天理"直接言为"心"所蕴之"生生"之理，就如同谷种蕴含"生意"——"仁"，"仁"亦即天所赋之"理"。这里湛甘泉采取的论证策略是将"仁"原意——"生意"与儒门核心范

---

① （明）湛若水：《樵语》，《泉翁大全集》卷一，第5页。
② （明）湛若水：《雍语》，《泉翁大全集》卷六，第25页。
③ （明）湛若水：《答问》，《甘泉先生续编大全》卷二十五，第2页。

畴——"仁"互换。经这一故意互换，"仁"便与"天理"直接等同，未尝有二。

除了"种子"之喻，湛甘泉还以"卵"喻"心"之蕴含"生意"：

> 学者须识种子，乃不枉了功夫。何谓种子？即吾此心中这一点生理，便是灵骨子也。今人动不动只说涵养，若不知此生理，徒涵养个甚物？……精神在卵内，不在抱之者，或人之言亦不可废也。明道先生言："学者须先识仁。"①

在这段话中，湛甘泉围绕两个比喻展开。第一个比喻还是"种子"。湛甘泉指出，为学当先体认"种子"，若不识此"种子"，为学便会失去方向。所谓"种子"，就是"心"中一点"生意"，"心"中一点"生意"正是人之灵机所在。与此同时，湛甘泉不禁感慨其时学人动辄倡言涵养，然而若未能先体认"心"中这点"生意"，涵养便没有着落处。第二个比喻是"卵"。"生意"蕴于"卵"之内，若不孵之，"生意"亦不可能萌发。这正是明道言"学者须先识仁"用意之所在。

弟子冼桂奇将自己对"心"中一点"生意"的理解言于湛甘泉：

> 此心此□□□□□贯乎始终，无少欠缺，无少渗漏，混混沌〔沌〕，□□□然分明，在人善自涵养，不凿了本体。扩充□□，□□盛德大业，则与天地合德，日月合明，四〔时合序〕，鬼神合吉凶，先天而天弗违，后天而奉天时矣。〔试〕观鸡卵，其初混混沌沌，一团生意包了在内，及其抱养之久，生意发泄，骨肉毛羽渐渐变化，能走能鸣，分雄分雌，生意无穷，何等灵妙！故曰："观鸡雏可以知仁。"正谓此也。是否？②

原文"此心此"下数字已不可辨认，笔者认为从文脉来看，第二个"此"所接主词当是"生"。此"心"、此"生"贯乎天地始终，无少欠缺，无少渗漏，浑然无迹。"生意"分明蕴于内，人当善涵养之，不要违背本然之体，失却生意。接下来冼桂奇指出，若扩充心中"生意"，"心"所呈之境界便如《周易》所云："与天地合其德，与日月合其明，与四时合其序，与鬼神合其吉凶，先天而天弗违，后天而奉天时。"语末，冼桂奇以鸡卵喻生生之意。鸡卵最初生

---

① （明）湛若水：《新泉问辨录》，《泉翁大全集》卷六十七，第15页。
② （明）湛若水：《答问》，《甘泉先生续编大全》卷二十七，第2页。

意浑然，一团生意蕴于卵内。孵养久之，鸡雏破壳而出。养育日久，鸡雏茁壮成长，生意无穷，这是何等奇妙的生命现象！明道所云"观鸡雏可以知仁"，正印证此意。

对于冼桂奇这一番理解，湛甘泉如是回应：

> 有此灵骨子在内，则自生生化化，不能自已，如是如是。至于观鸡雏知仁［之说，则］是别见鸡雏蔼然生意，与庭草不除，闻驴鸣□，［与自］家意思一般同。①

湛甘泉坚信灵然之"生意"蕴于一己之"心"，自能生生化化，不能自已。至于"观鸡雏知仁"，此乃体见鸡雏所蕴之蔼然生意，与周敦颐"庭草不除"、张载"闻驴鸣□"、程颢"自家意思"异曲同工。

正因心中一点"生意"，"人心"亦类似"天道"：

> 或问曰："人心常生，何以为天行之健也？"曰："人心常生生，如天之运行不息，天人之气一也。翁曰：'人心常生，天道常运。'"②

有人请教湛甘泉：人心充满"生意"，何以类似天之健行不已？湛甘泉回答：人心充满"生意"，犹若"天道"之常运行不已，这源于天人同此一"气"；人心常生生不息，恰如"天道"常运化不已。

然而人"心"并非天然永恒地充满"生意"，人"心"时而"生意"充盈，时而"生意"衰息："气之中正，以心生也，心之生生，由得中也，若心不中正，则生理息矣。"③对于"心"中是否充满"生意"，湛甘泉还是回到"中"的向度来审视。"中"，存在两个层次。第一个层次是"气"之"中"："气"得其"中"，"心"由是而生。第二个层次是"心"之"中"："心"趋于中正，"生意"充盈；若"心"趋于偏斜，则"生意"衰微。在阐释《心性图说》"性也者，心之生理也，心性非二也"时，弟子天润从"中"的向度来诠释："气之本体中正处有生意，即是心之生理。"④"气"运化趋于本然中正，"生意"则应运而生，"心"中"生理"亦油然而呈。可见，湛甘泉将"心"中"生意"充盈与否，完全归因于"心"之趋于中正与否。"心"之趋于中正

---

① （明）湛若水：《答问》，《甘泉先生续编大全》卷二十七，第2页。
② （明）湛若水：《心性书》，《甘泉先生续编大全》卷三十一，第43页。
③ （明）湛若水：《新泉问辨录》，《泉翁大全集》卷七十三，第16页。
④ （明）湛若水：《心性书》，《甘泉先生续编大全》卷三十一，第10页。

与否，又在于"心"如何面对欲望。世人奔于声，竞于利，"心"则失其中正。在湛甘泉看来，为学便是去除声利，使"心"就于中正："学者之养心也，去其害心者尔，而生理不可息也，夫何加力焉！"① 去除滞塞本心之声利，"心体"就可以得到涵养，"心"中所蕴之"生理"则由此泪然而涌，不待着力。换言之，私意流行，则心塞；心塞，则心之"生意"塞涩。在此意义上，湛甘泉倡导无私无欲。无私无欲则心虚，心虚则"生意"充沛："人心之虚也，生意存焉。生，仁也。生生，天地之仁也，塞则死矣。"② 蕴于一己之"心"的"生意"可称为"仁"，流行于天地的"生意"可称为"天地之仁"。因此，"心"、"天"相通，一"心"之修养亦关乎天地。若无私无欲，则"生意"蔼然从"心"而生，进而此"生意"泪然而涌，越于一己，与天地间流行的"生意"相感相应；若私欲充塞于"心"，则"心"中生意萧瑟，局于一己，与天地无感无应，天地"生意"亦萧索。

弟子王崇庆体察到万物洋溢生生之意，故就其中原理叩问于湛甘泉：

> 鄙见窃谓万物之生，形色各一其性，主之者，阴阳之理；感而成之者，五行之气。尝即亭前菊花观焉，其色白者，其性金；其色红者，其性火；其色黄者，其性土；推之诸花皆然。然总而论之，木气居多，故凡草木叶皆青。其始也，受阳之气居多，故花皆香。阳也。然细推之，五行又各具五行，如土有五色，云亦有五色之类，未知是否？③

在王崇庆的心目中，万物皆洋溢着"生意"，由是万物各禀受其"性"。进而王崇庆认为主宰万物者，乃阴阳变化之"理"；生成万物者，乃五行之"气"。为了具体说明五行之"气"感应而凝结成为具体之物，王崇庆以亭前菊花为例，认为菊花粲然五色，系由五行所决定。

对于王崇庆这一诠释，湛甘泉如是评点：

> 如此亦皆推得去，但不欲如此太析，恐日支离了。此朱子以后之弊，不可不知。观花只观天地生物之心即吾心也，如是涵养以有诸己。如周子庭草不除，张子闻驴鸣，程子观鸡雏，白沙先师曰"领取乾坤生物意，[扶] 留生耳木犀花"，皆此意。④

---

① （明）湛若水：《新论》，《泉翁大全集》卷二，第7页。
② （明）湛若水：《新论》，《泉翁大全集》卷二，第19页。
③ （明）湛若水：《问疑录》，《泉翁大全集》卷七十五，第38页。
④ （明）湛若水：《问疑录》，《泉翁大全集》卷七十五，第38页。

湛甘泉认为王崇庆这一诠释勉强说得过去，与此同时亦指出如此诠释太烦琐，恐陷支离之弊。这正是朱熹以来儒门之弊，不可不警惕。观花只需察识天地生物之"心"即我之"心"，涵养以实有诸己即能体此。周敦颐庭草不除、张载闻驴鸣、程颢观鸡雏、陈白沙"领取乾坤生物意，扶留生耳木犀花"，皆彰显此意。

"心"如种子，天地间"生意"敛于此，发挥"心"中一点"生意"，内在"生意"与外在"生意"交相感应，由是臻于物我浑然、天人合一的境界。

三 凝于"性"

"心"如种子，种子所蕴之"生意"便是"性"，"性"、"理"本一，均是对"生"的描述，只是"理"乃对其外在的描述，"性"乃对其内在的描述。"理"是对"生"的描述，"性"亦是对"生"的描述，对于"理"与"性"的关系，湛甘泉如是表述："外'天理'二字不得，天理即性也，不可分为二。"①

在"天理"内外不二的向度下，湛甘泉将"性"与"理"之间的关系直接言为"即"。

"理"的内涵为"生"，"性"的内涵亦为"生"，在"性"的视域下，"生"的特质又是什么呢？

> 人者天之生理也，心者人之生理也，性者心之生理也，道者性之生理也。天不能不生人，人不能不生心，心不能不生性，性不能不生道。故道与天地同用，性与天地同体，心与天地同神，人与天地同塞。心也者，其天人之主而性道之门也，故心不可以不存也。②

天地间生生不已，假若"生生"是场域，那么"人"、"心"、"性"、"道"乃此场域泛起的层层涟漪。层层涟漪有层次性，外围经由"人"、"心"而至"性"，故这一层层涟漪的中心便是"性"。在此意义上，人体现着"天"之生理，"心"体现着"人"之生理，"性"体现着"心"之生理，"道"体现着"性"之生理。在"生生"的涌动下，天不能不生"人"，人不能不生"心"，"心"不能不生"性"，"性"不能不生"道"。依着"生生"，"道"似天地般化育万物，"性"似天地般与物浑然一体，"心"似天地般显其灵通之妙，人

---

① （明）湛若水：《新泉问辨续录》，《泉翁大全集》卷七十四，第28页。

② （明）湛若水：《孔门传授心法论》，《泉翁大全集》卷三十一，第29页。

似天地般与万物凝而为形。在"生生"的场域中，"心"处于中枢地位，"天"、"人"依斯而立，"性"、"道"依斯而入。故"心"不可不操存、涵养。

如上所言，天地是"生生"之场域，"人"、"心"、"性"、"道"是其层层涟漪。涟漪之中，处于内核、中心的是"性"。可以说天地间"生生"经"人"、"心"凝于"性"。在此意义上，"性"乃天地之脐，处于天地之中，天地围绕"性"而层层铺展开。换言之，"性"乃"生意"之渊薮，"溥博渊泉，而时出之"（《礼记·中庸》），天地生化与否，系于人之"性"。若"性"得到涵养，则"生意"汨然而涌，天地运化畅然；若"性"失去涵养，"生意"时断时续，则天地运化涩然。

对于"性"之"生生"内涵，湛甘泉在《心性图说》中表达得更为清晰：

> 性者，天地万物一体者也；浑然宇宙，其气同也；心也者，体天地万物而不遗者也。性也者，心之生理也，心性非二也。譬之谷焉，具生意而未发，未发故浑然而不可见。[1]

在"生"的视域下，湛甘泉对"心"、"性"进行了分别界说。就"性"而言，在一"气"浑然中与天地万物相融相即为一体；就"心"而言，在知觉的发动下，体天地万物于一心。在"生"的视域下，"心"、"性"实现了内在勾连，一体无二。"心"、"性"这种一体无二的关系，就如谷种与谷种所蕴之"生意"一般。"性"内蕴于一"心"，一方面使"心"充溢"生意"，另一方面如谷种所蕴之"生意"般，"生"而未"萌"，未"萌"故浑然不可见。

"性"蕴于一"心"之内，为浑然一团"生意"，汨然发于外，"生意"便流行。欲体知"性"之一团"生意"，当循一"心"之点点"生意"。换言之，欲知"性"，当尽"心"；尽其"心"，方能知其"性"：

> 大其心，然后能全体天地之性。故曰："尽其心者，知其性也。"心之广大也，物或蔽之，物或偏之，乌乎尽？尽也者，复其大者也，而性之全体焉见矣。今之小其心者，如掩鉴焉，一隙之明，照者几希矣。故尽心、知性、知天。明乎此，然后存养有所措，学之能事毕矣。[2]

---

① （明）湛若水：《心性图说》，《泉翁大全集》卷三十二，第8页。
② （明）湛若水：《樵语》，《泉翁大全集》卷一，第1页。

"性"蕴于一"心"之内，于是，在湛甘泉看来，扩充其"心"，便能全其天地一体之"性"。"心"本广大无垠，只是物欲遮蔽之、牵引之，故不能尽其大。尽"心"，便能复本然"心"体之广阔。今人自小其"心"，如被遮蔽之镜，只有一隙之明，所照者鲜。因此，"尽心"，则"知性"；"知性"，则"知天"。湛甘泉指出，明察乎此，然后涵养才有着手处，为学之功近乎此。

"尽心"、"存心"皆是孟子基本工夫法门，弟子陈应期困惑于两者之别，问于湛甘泉，湛甘泉如是回应："性也者，心之生理也，心尽而性见矣。存心也者，恒其所尽之心而已，其知行并进者乎！"① 在"性"是"心"之"生理"的层面上，湛甘泉将"尽心"理解为抉发"心"中所蕴之"生意"，当"心"中"生意"得到完全抉发时，"性"便得以完全彰显。所谓"存心"，就是持续存有所尽之"心"。湛甘泉将"尽心"比拟为"知"，将"存心"比拟为"行"；"尽心"、"存心"之间相互促进的关系，湛甘泉将之定位为"知行并进"。

弟子王崇庆将其对众生生活情态的感受诉诸湛甘泉："鄙见谓人生意不诚，心不正，患莫大焉，则恬然无忧；至于名之未闻，身之未达，则昼夜焦然其不宁。可谓知重轻乎，此之谓失其本心矣！"生民"生意"未充于己，"心"未趋于中正，此本是人生莫大之患，生民却熟视无睹，恬然无忧；至于声名未显赫，未跻身显贵阶层，生民则患得患失，焦虑不安。这在王崇庆看来，可谓不知轻重，失其本心。

对于王崇庆的这一感受，湛甘泉从"直"的向度来回应：

> 人之生也直。直，生理也。意不诚、心不正则不直，不直则丧其生理矣！[丧]生理者，岂非可忧之甚乎！孟子："忧之何如？如舜而已！"吾犹以为说得尚缓。吾契知忧及此，充是心也，则不及人不为忧矣！②

"人之生也直"（《论语·雍也》），原本是孔子为倡"直情"而发，湛甘泉则将"直"诠释为"生理"。生民未能诚其"意"，则"心"不正；"心"不正，则人之生虚枉不直；虚枉不直，则"生理"萎靡；"生理"萎靡，在湛甘泉看来，诚可忧。儒门之忧莫若孟子之忧——不及尧舜，可湛甘泉以为此尚不足忧。相对于"生理"之萎靡，不及尧舜不足以为忧。

"性"本郁郁葱葱，生意盎然。失却"生意"，乃至萎靡，在湛甘泉看来，

---

① （明）湛若水：《雍语》，《泉翁大全集》卷六，第15页。
② （明）湛若水：《问疑录》，《泉翁大全集》卷七十五，第9页。

这是人生最大的忧患。因此人生的意义、使命就在于保任人之一"性"所蕴含的"生意"。湛甘泉认为保任人之一"性"所蕴含的"生意"，须从"意"操作起，"意"诚则"心"正，"心"正则"心"直，"心"直则"性"之"生意"盎然。

"生意"盎然，则"性"与天地万物浑然一体，天地万物无外乎"性"。在万物为一"气"所化的层面上，湛甘泉倡导这一观点。"生意"流行于其间，作为"生意"渊薮的"性"自然与万物相互感应，从而浑然一体。尽"心"然后知"性"，"性"与天地万物浑然一体的境界乃是就工夫后的效验而言的。"性者，天地之全德也。学非益之也，反之也。反之也者，肖天地而参之者也。"① "性"，乃"生生"之渊薮，天地生生之"德"。在湛甘泉看来，为学之要旨并不在于增益心中的"生意"，而在于恢复心体本所蕴含的"生意"。在恢复心体本所蕴含的"生意"的过程中，"性"悄然而呈。在此情景下，人便与天地浑然一体，并赞天地之化育。

湛甘泉这一为学精神显然有别于程朱理学之"格物致知"。有弟子问："学何学矣？"湛甘泉这样回应："学乎天地与我一者也。"弟子不解，继续追问："何谓一？"湛甘泉这样开导："宇宙内其有二乎？二焉，息矣。知宇宙间一我与天地也，故君子法之以自强不息。是故家国天下之事，无一而非性也。"② 该弟子疑惑于为学宗旨，故叩问于湛甘泉，湛甘泉从"生"的向度回应。在湛甘泉看来，为学之宗旨在于体察浑然一体的宇宙。宇宙之所以浑然一体，乃在于"生"，"生"一体无二，若有二，则"生意"滞塞。体察到天地间我与万物同处一"生生"之域，吾人当法天之健以自强不息，在法天之健以自强不息精神的鼓舞下，家事、国事、天下事，皆一己"性"之分内事。当家事、国事、天下事渗透至浑然一体境界时，湛甘泉所倡这一境界已摆脱程颢、陈白沙所倡境界的高邈性、超逸性，而是深深浸染着日用伦常的色彩，有经世的性格。

反求诸己，则我与天地相感相应，浑然一体；若执一己之我，则我与天地相悬隔：

> 一呼一吸，生生之理。生理根于中，呼吸感应乎内外。皆天之气，下根乎上，上根乎下，下根上根，万物一体。消息升降盈虚之间，有不得已

① （明）湛若水：《新论》，《泉翁大全集》卷二，第3页。
② （明）湛若水：《樵语》，《泉翁大全集》卷一，第5页。

焉。彼隔以皮肤，昧者不察，因以起私尔矣。①

如前所言，湛甘泉体察到内外皆一"气"，而内外之"气"通过一呼一吸相互感应。在湛甘泉看来，不仅物我相互感应，基于为一"气"所化，世间万物皆相互感应。若囿于一己，从躯壳出发，生民便无法体察到天地间流淌着"生生"之意，将自我悬隔于万物之外。

"生意"流行内外，是沟通人己的根本渠道。弟子杨仕鸣于"诚自成"不解，叩问于湛甘泉。湛甘泉回应："诚自我立也。"杨仕鸣仍疑惑不解，继续追问何谓"道自道"。湛甘泉如是解释："道自诚行也。"杨仕鸣仍然懵然不解，湛甘泉耐心解释：

> 有其诚则有其人，无其诚则无其人。无其人则生理息，生理息则物我丧。哀哉！是故，诚也者，成也。一人己，合内外而性之者也。故时措之宜，惟尽性者能之。②

"诚"是儒家重要概念之一，"诚者，天之道"（《礼记·中庸》）。子思径直将"诚"理解为"天之道"。天只是以"生"为其道，故作为"天之道"的"诚"亦不过是对"天道"运化不已、生生不息的一种描绘。假若说子思对天地生生之"诚"的勾勒还是一种隐喻，那么宋明理学宗主周敦颐对"诚"中所蕴含"生意"的诠释则直白得多："圣，诚而已矣。诚，五常之本，百行之源也。"③从源头的向度，周敦颐描绘了"诚"何以为天地生生之道。湛甘泉承此绪，亦将"诚"理解为天之"道"。相对于前贤，湛甘泉将"诚"中所蕴之"生意"从"天道"转移到"人道"。人之为人，在于"诚"。正是在"生生"之"诚"的流行中，人己才趋于一，内外才趋于合。在"人道"下表彰"诚"，湛甘泉实际上是将"诚"与"性"置于同一范畴。欲臻于"诚"，为学着力点便在于尽"性"。

湛甘泉讲"生生"，禅宗亦讲"生生"，难免使人产生误解，故一次与弟子问答中，湛甘泉主动言及己之"生生"与禅宗所谓"生生"的区别。

一弟子感叹"天理"难以体见，周冲抢在湛甘泉前回答：

---

① （明）湛若水：《樵语》，《泉翁大全集》卷一，第12页。
② （明）湛若水：《樵语》，《泉翁大全集》卷一，第1页。
③ （宋）周敦颐：《周敦颐集》，第14页。

须于心目之间求之。天理有何形影？只是这些虚灵意思平铺着在，不容你增得他一毫、减得他一毫，轻一毫不得，重一毫亦不得；前一步不得，却一步亦不得。须是自家理会。①

在周冲心目中，"天理"无形无迹，只是隐约地流行于日用间，增抑或减丝毫，轻抑或重丝毫，进抑或退丝毫，皆不可得。"天理"正由于这一特征，故待自家体认。

于周冲对"天理"的这一理解，湛甘泉如是评点：

> 看得尽好，不增不减、不轻不重、不前不却，便是中正。心中正时，天理自见。难见者，在于心上功夫未中正也。但谓"天理有何形影"，是矣。又谓"只是这些虚灵意思平铺着在"，恐便有以心为天理之患、以知觉为性之病，不可不仔细察。释氏以心知觉为性，故云："蠢动含灵，莫非佛性。"而不知心之生理乃性也。"平铺"二字无病。②

对于周冲对"天理"的这一理解，湛甘泉大抵认同。为了避免将"不增不减、不轻不重、不前不却"理解得过于玄渺，湛甘泉将之直接指认为"中正"。"心"趋于"中正"，"天理"自澄然而显。"天理"之所以难以体认，在湛甘泉看来，在于"心"未能趋于"中正"。不过湛甘泉转而言，只言"天理有何形影"就好，不必画蛇添足，再言"只是这些虚灵意思平铺着在"。因为如此言说，恐堕于禅宗"以心为天理"、"以知觉为性"的窠臼。禅宗"以知觉为性"，故倡"蠢动含灵，莫非佛性"。禅宗之所以会有此般见解，全在于其未能领会"心之生理乃性"之意蕴。语末，湛甘泉还是回到"只是这些虚灵意思平铺着在"，强调"平铺"二字并无弊病。湛甘泉之所以在话语结束时点出此点，盖因其意识到"只是这些虚灵意思平铺着在"易滑向禅宗"以心为天理"、"以知觉为性"。而其根源并不在于"平铺"，而在于"虚灵"。"虚灵"与"以知觉为性"乃"一丘之貉"。至于"平铺"，无伤大雅，恰可形容"生意"流行于日用间。

这里，在认同周冲"天理"无形无迹并且平铺、流行于日用间的说法的同时，湛甘泉亦不忘提醒周冲："天理"不可以"虚灵"来形容。因为"虚灵"可能滑向禅宗的"以心为天理"、"以知觉为性"。湛甘泉认为自己虽与禅宗同

---

① （明）湛若水：《新泉问辨录》，《泉翁大全集》卷六十七，第10页。
② （明）湛若水：《新泉问辨录》，《泉翁大全集》卷六十七，第10页。

倡以"生"为"理",然而这只是形似。禅宗"以知觉为性",故倡导当下即是,日用常行皆染有佛性。湛甘泉则主张"心之生理乃性",日用常行并不就是"天理",尚待中正。

"生生"流行于世,凝于"性","性"就是"生生"之渊薮,故从其本然、原初境地上讲,其与万物浑然一体。

四 人伦之德:以"生"为"德"

在甘泉的思想体系中,"生"不仅是实然性自然现象,更是应然性人伦现象:

> 性也者,心之生也,故字义从心从生,心之生理也。生,天之理也,天之所为也。知天之所为,则知人性善恶之辨也。①

湛甘泉从字形的向度,对"性"进行了诠释。"性",从"心"从"生",故其义为心之生。"生生",乃天之"德",知悉天"德"之"生生",就可分辨人世间的善恶。

如何从天"德"之"生生"分辨出人世间的善恶?

> 性也者,其天地之生生者乎!其于人心也,为生理。道也者,其生生之中正者乎!其于生理也,为中和。夫中正者,天之道也;中和者,人之道也。反是则辟焉庚焉,不足以为道,君子不道焉。②

"性"乃天地间生生之源,落实到人心,便是"生"之条理。"生生"趋于"中正"者乃"道","生"之畅然便是人心。在此层面上,湛甘泉将"道"分为"天道"、"人道"。"天道","生生"之"中正";"人道",循此"生生"之中正。在循的层面,"人道"又可谓"中和"。背离"天道"之"生生",则陷入怪僻、乖张,君子便不称之为"道"。

君子不称之为"道",言下之意就是恶:

> 性也者生也,天地生物之本源,所谓天地之中也,故善者乃其继之者

① (明)湛若水:《湛子约言》,《甘泉先生续编大全》卷三十,第78页。
② (明)湛若水:《樵语》,《泉翁大全集》卷一,第5~6页。

也。其有不善，偏刚偏柔，非天地生物之中气也，是以君子不谓之性。①

"性"，"生生"之渊薮，天地间万物由此涌出，故其为天地之中央。世间所谓"善"，乃继天地之"生生"。世间所谓不善，乃阴阳二"气"失去其燮和状态，偏于阴或偏于阳，故君子不谓之为"性"。

这里，湛甘泉从境界转向道德。道德之源，甘泉承儒家之常识，继"性"为"善"。在湛甘泉的视域中，"性"乃"天地之中"，继此"天地之中"则为"善"；不善，乃远离"天地之中"，偏刚抑或偏柔。"天地之中"乃"生"，故保任此"生意"，则为善；偏刚抑或偏柔，则失去此"生意"，失去此"生意"则为不善，便是恶。在终极意义上，湛甘泉是在"生"的意义上分辨善恶的。

经孟子抉发，"恻隐之心"成为儒门"善"的重要话语形式之一。从自己的视域出发，湛甘泉在"生生"的语境下重新审视"恻隐之心"：

> 天地之大德，生而已也。故其生人也，凡存乎人之身者皆生意也。何谓人之生意也？恻隐之心凡存乎人之身者，人之生意也。程子曰："满腔子是恻隐之心。"是也。②

天地之大德乃"生"，"生生"之"德"贯于人，人即禀此"生生"之"德"。"生生"之"德"体于人，则为"恻隐之心"。程颢正是在此意义上感喟"满腔子是恻隐之心"的。

湛甘泉不仅从"生"来解析"恻隐之心"，还从"生"来审视其他三心：

> 所谓心之生理者，如未发则有物跃如活泼而谓之中，及发则见孺子入井，怵惕恻隐之心生，与羞恶辞让是非之心皆是也。③

"心"之未发，心中若有物灵动活泼，可言为"中"。发而显诸外，恻隐之心生焉。恻隐之心生，羞恶、辞让、是非之心亦随之而生。

"仁"乃儒门诸德之首，湛甘泉亦在"生"的视域下阐述"仁"："天地之大德曰生，圣之大德曰仁。夫仁也者，人之生理也，得生理则生生而不息。夫天地之长久，生生而不息而已焉耳。"④ 天地之大德谓"生"，圣人之大德谓

---

① （明）湛若水：《新论》，《泉翁大全集》卷二，第24页。
② （明）湛若水：《湛子约言》，《甘泉先生续编大全》卷三十，第2页。
③ （明）湛若水：《金台答问录》，《泉翁大全集》卷七十七，第11页。
④ （明）湛若水：《问寿序》，《泉翁大全集》卷十九，第22页。

"仁"。"仁"就是"心"中所蕴含的"生生"之理,"心"因生生之"仁",参赞天地间生生不息。

以"生"释"仁",湛甘泉希冀通过生生之"仁"将"心"与天地打通:"天理只是心之生理。如彼谷种,仁则其生之性,仁即是天理也。心与天理何尝有二?"[①] 还是通过"谷种"之喻,湛甘泉表达了"天理"即"生生"之理,蕴于一心之中。"天理"是"心"中之"生意","仁"亦是心中之"生意",那么心与"天理"何尝为二?

毋庸置疑,湛甘泉宇宙论、本体论染有"气"的色彩,"气"是湛甘泉宇宙论、本体论的基点,正是在一"气"的运化之中,甘泉宇宙论、本体论方得以展开。不过,当超越宇宙论、本体论,进入境界论时,"气"的范畴显然无法容纳之,于是湛甘泉便进入"心学"。如何消弭"气"、"心"之间的张力?经过前面的阐述,我们可以知悉,湛甘泉既非以"气",亦非以"心",而是以"生"消弭两者之间的张力的。一"气"运化,"生"便油然而发。在湛甘泉看来,"生"不仅流行于天地间,更盎然于一己之"心"内。盎然于一己之"心"的"生意",与外在事物所禀受的"生意"相感相应,于是与天地浑然一体的境界从心内油然而生。这就是说,"生"沟通了甘泉宇宙论、本体论、境界论,贯通了"气"、"心"。

"生",如孟子形容泉水:"源泉混混,不舍昼夜,盈科而后进,放乎四海。"(《孟子·离娄下》)为了强调"生"这一特性,本书将"生"叠化,用了"生生"这一词语,并基于"生"沟通宇宙论、本体论、境界论,贯通"气"、"心",将"生生"定位为甘泉思想的内核。

---

① (明)湛若水:《答问》,《甘泉先生续编大全》卷二十五,第2页。

第三章 "生生"发明：甘泉工夫论

明晰了湛甘泉所言"道"的内涵为"生生"后，问题还在于怎么发明"生生"，体证"生生"。这就要进入湛甘泉的工夫论视域。湛甘泉的工夫论，学人一般称为"随处体认天理"。于此当留意四点：一是对其业师白沙早年"静坐"工夫法门进行翻转，湛甘泉提出"随处"，以强调"动"中用功；二是"随处体认天理"并不是甘泉工夫法门的完整表述，"随处体认天理"后往往省略"而涵养之"，故甘泉工夫法门的完整表述应为"随处体认天理而涵养之"；三是"随处体认天理"只是湛甘泉为学的大头脑，"勿忘勿助"才是湛甘泉工夫的具体路径；四是知行观是儒家思想的重要论题之一，当遭遇知行时，湛甘泉将其置于工夫论的视域下加以审视。

第一节 "随处体认天理"

"随处体认天理"一般被视为甘泉的工夫法门。在阐述湛甘泉这一工夫法门时，首先需要探究的是"随处体认天理"的理论来源以及"随处"的内涵。

一 溯源："随处体认天理"之来源

弘治七年（1494）二月，名落孙山的湛甘泉就学于白沙门下。亲炙陈白沙三年余，湛甘泉暂别业师，回到自己的家乡，不过师徒间仍不时有书信往来以交流为学心得。弘治十年（1497）秋，湛甘泉反刍白沙之所授，回顾自己往昔之所学，若有所悟。兴奋之余，将己之所思所悟告知陈白沙：

> 门生湛雨顿首百拜尊师白沙老先生函丈执事。自初拜门下，亲领尊训至言，勿忘勿助之旨，而发之以无在无不在之要，归而求之，以是持循，久未有着落处。一旦忽然若有开悟，感程子之言："吾学虽有所受，天理二字，却是自家体认出来。"李延平云："默坐澄心，体认天理。"愚谓"天理"二字，千圣千贤大头脑处。尧、舜以来，至于孔、孟，说中，说

极，说仁、义、礼、智，千言万语都已该括在内。若能随处体认真见得，则日用间参前倚衡，无非此体，在人涵养以有之于己耳云云。丁巳冬十月一日，门生湛雨百拜顿首顿首谨启。①

在这封信函中，湛甘泉首先表述乡居期间谨遵业师嘱咐，以"勿忘勿助"为工夫法门，以无在无不在为宗旨，学而不辍，然而践履多日，仍未有着落处。接着，湛甘泉表述自己忽然开悟的具体机缘。循白沙之学时日渐多，惜仍未寻觅到个入处，湛甘泉不免焦虑。一日，忽然感悟有宋道学两先生之语，借此而优入圣域。第一句是："吾学虽有所受，天理二字，却是自家体贴出来。"② 此句出于明道。宋明理学犹喜谈"道"说"理"，这种风气发端于程颢。程颢倡"理"，最具代表性的一句话便是："吾学虽有所受，天理二字，却是自家体贴出来。"既然"天理"乃自家的"天理"，那么只可自家体认，不可师徒间相授。在此语境中，"天理"已跳出自然范畴，"纳入道德工夫和道德体验来说"③。因此，程颢所云"天理"打开了人的内在空间，由此开启了通向"天人合一"境界的门径。第二句是："默坐澄心，体认天理。"此语出自李侗，李侗乃朱熹业师，在李侗的点拨下，朱熹才从释氏之学转向儒学。由前句，湛甘泉体悟到"天理"的内涵。"天理"的内涵，陈白沙体会极深，然又恐泄露天机，故欲言而又止，只是含蓄地表达于诗意的话语中。湛甘泉体之未透，未免茫然。受"吾学虽有所受，天理二字，却是自家体贴出来"触动，湛甘泉霍然体悟"天理"。该句于湛甘泉之意义，在于确立其为学宗旨——体认"天理"。先圣相传，前贤所语，不外此"天理"，此"天理"不外本然"心体"。循着后句，湛甘泉寻觅到工夫的路向。"静中看喜怒哀乐之谓中，未发时作何气象"这句话被后世学人称为道南旨诀。李侗以体"喜怒哀乐"之"未发"为自己为学的鹄的，而达致此鹄的路径便是"默坐澄心"。抛开"天理"的具体内涵，道南旨诀与白沙工夫法门——"静中养出端倪"可谓异曲同工。"他山之石，可以攻玉"，于陈白沙"静中养出端倪"的教诲，湛甘泉未能体悟，却于"默坐澄心，体认天理"找到个入处，看似荒谬，却有其合理之处。此中机枢在于，湛甘泉苦思冥想白沙"静中养出端倪"多日，然未得其蕴，偶读"默坐澄心，体认天理"，触机而发，体会到"静中养出端倪"所蕴含的入处。借明道、李侗两句话语的启迪，甘泉优入圣域，并就此提出自己的独特工夫法

① （明）湛若水：《上白沙先生启略》，《泉翁大全集》卷八，第1页。
② （宋）程颢、程颐：《二程集》，第424页。
③ 韦政通：《中国思想史》（下），上海书店出版社，2003，第781页。

门——"随处体认天理"。

对于程颢、李侗于自己最初开悟的启迪作用，湛甘泉在其后的岁月中亦再三提及：

> 明道看喜怒哀乐未发前作何气象，延平默坐澄心体认天理，象山在人情事变上用工夫，三先生之言，各有所为而发，合而观之，合一用功乃尽也。吾所谓体认者，非分未发已发，非分动静。所谓随处体认天理者，随未发已发，随动随静。盖动静皆吾心之本体，体用一原故也。①

此段大意与《上白沙先生启略》相似，除了提及程颢、李侗外，湛甘泉还提及陆九渊。饶有趣味的是，陆九渊是"心学"大师，时人多汲取其"心学"思想，而甘泉独取其"人情事变上用工夫"②。在这一不同寻常的汲取中，湛甘泉实则翻转了李侗"默坐"工夫，于"动"中用功，从而形成自己"随处体认天理"之工夫法门。由此可见，湛甘泉"动"中用功主要得益于象山。

于程颢，湛甘泉一再言及其为学多沿袭明道而来。于李侗，湛甘泉亦曾不无感慨地说："延平之言'默坐澄心，体识天理'也，吾有取焉尔。"③

接到湛甘泉信函，陈白沙欣然于湛甘泉所悟，次年（1498）三月回函："民泽足下，去冬十月一日发来书甚好。日用间随处体认天理，着此一鞭，何患不到古人佳处也。"④ 尽管"随处体认天理"并没有完全承袭自己的工夫法门，陈白沙还是欣然认可。聪慧的湛甘泉，虽出入白沙门下多年，然其并未亦步亦趋，而是高度体会陈白沙教诲背后所蕴含的深意，并由此进行了创造性的转化。白沙早年确实倡导过"静"中用功，并于"静"中优入圣域。不过陈白沙晚年颇悔早年"静"中用功，故所倡之"静"透泄出"动"的消息。湛甘泉就学白沙之门时，陈白沙已迈入晚年，故湛甘泉所受之教诲，虽曰"静"，然"静"中却透泄出"动"的消息。湛甘泉不仅探悉陈白沙晚年所云之"静"乃"静"中涵"动"之"静"，而且对"静"中涵"动"之教进行了创造性的转化，将工夫着力点从"静"径直拉向"动"，由此揭橥一全新的"动"中用功的工夫法门——"随处体认天理"。

"随处体认天理"的提出是湛甘泉学术生涯的分水岭，湛甘泉之前的学术

---

① （明）湛若水：《答孟生津》，《泉翁大全集》卷九，第 16 页。
② 该句湛甘泉进行了简略，原句为："在人情、事势、物理上做些工夫。"见（宋）陆九渊《陆九渊集》，第 400 页。
③ （明）湛若水：《新论》，《泉翁大全集》卷二，第 21 页。
④ （明）陈献章：《与湛民泽》（十一），《陈献章集》卷二，第 193 页。

生涯可谓求学阶段，提出"随处体认天理"则标志着湛甘泉已优入圣域，从此以后别立一宗，进入讲学、传道阶段。当然，"随处体认天理"的意义不仅在于此，还在于尽管甘泉思想后来不无修正，然而其一生思想皆奠基于此，无出乎其外。具体就工夫法门而言，湛甘泉一生皆以"随处体认天理"标示自己的工夫法门，并视此为"千古圣贤心法之要"①。"随处体认天理焉，此入圣之门也。"② 在湛甘泉看来，"随处体认天理"是优入圣域的不二法门。

为了彰显"随处体认天理"这一工夫法门，湛甘泉还一一指出其殊胜之处。

其一，完美性。"至切至要、至精至一、至近至远、至简至易处。"③ 以上诸彰显"随处体认天理"的话语，笔者认为并非实指，而是凸显相较于其他工夫法门，"随处体认天理"具有完美性。这一赞誉性话语的罗列，亦可见湛甘泉对"随处体认天理"的推崇之情。

其二，"中和汤"。

> 随处体认天理，此吾之中合汤也，服得时即百病之邪自然立地退听；常常服之，则百病不生，而满身气体中和矣，何待手劳脚攘，铢较寸量乎？④

在湛甘泉看来，其他工夫皆因病予药，职是之故，并非究竟工夫。欲言究竟工夫，当首推"随处体认天理"。其中的原委在于，较之其他工夫，"随处体认天理"乃"中和汤"，包治百病。既然是"中和汤"，那么就应时时从事之，不必临病乱投医。

湛甘泉以"随处体认天理"标示自己的工夫法门，并以此工夫法门教诲、指点诸生。后世学人亦多以"随处体认天理"来界定甘泉的工夫法门："先生（湛甘泉）与阳明分主教事，阳明宗旨致良知，先生宗旨随处体认天理。学者遂以良知之学，各立门户。"⑤

二 "随处"："动"以涵"静"

湛甘泉之所以强调"随处"体认"天理"，在于"随处"有其特别的寓

---

① （明）湛若水：《斗山书堂讲章》，《泉翁大全集》卷十二，第 42 页。
② （明）湛若水：《正心下》，《圣学格物通》卷二十，第 834 页。
③ （明）湛若水：《四勿总箴》，《泉翁大全集》卷三十二，第 10 页。
④ （明）湛若水：《新泉问辨录》，《泉翁大全集》卷六十八，第 19 页。
⑤ （清）黄宗羲：《明儒学案》，第 875 页。

意——"动"中涵"静"，并在"动"中涵"静"这一特别寓意的引领下，另辟一全新的工夫体系——"动"之工夫体系。

湛甘泉"随处"这一说法，脱胎于其业师陈白沙早年"静坐"工夫法门，故"随处"与"静坐"有摆脱不了的勾连。众所周知，作为工夫法门的"静坐"多与佛教、道教相关，乃佛、道二教澄心内观的基本方式。从根源上讲，儒家与这一工夫法门并无必然的联系。但自有宋始，在儒、释、道三教相互会通的背景下，儒家将这一工夫法门吸纳到其工夫体系中。理学宗主周敦颐倡导"无欲故静"。自二程始，为避时嫌，儒家将"静"修正为"敬"。[1] 值得留意的是，"敬"内在地包含内心的平静。[2] 至明中叶，儒、释、道三教相互会通更为风行。在此学风的引领下，"静坐"更嵌入儒家工夫体系内部，成为儒者修行的根基，更有不少儒者不满程朱理学工夫的拘迫，径直将"静坐"作为自己的工夫法门，湛甘泉业师陈白沙早年就曾沉溺于这一工夫法门。这当然引起了正统儒者的不满，愤然指责陈白沙所引领的"静坐"之风。然而鉴于程朱理学的拘谨学风，学人还是禁不住"静坐"之风的诱惑，多趋于"静坐"。湛甘泉早年从学于陈白沙，陈白沙亦曾劝其从事"静坐"这一工夫法门。

对于"静坐"，湛甘泉的态度颇耐人寻味。可能目睹当时不少学人以"静坐"为工夫法门，弟子黄绂请教湛甘泉："明道教人静坐，延平亦教人静坐，晦庵亦谓'看来须是静坐始得收敛'，何如？"黄绂列举明道、延平、晦庵三先贤皆倡导"静坐"，这明显是在暗示"静坐"亦有其合理性。对于黄绂引往贤以自证，湛甘泉这样回应："理无动静，只为后世学于波荡汩没之中，须得如此，亦不可偏著。"[3] 显然，湛甘泉并不赞同黄绂的观点，并从"理"的维度加以反驳。"理"亦"动"亦"静"，本无分于"动"、"静"，因此从究竟处而言，工夫亦不应区分"动"、"静"。只是后世学人多随波逐流、汩没于物欲之中，故不妨"静坐"。然而只能止于此，为学不可就此偏于"静坐"。

不可否认，在某种场景中，湛甘泉也确实倡导过"静坐"："暗室之中，久坐而明生焉。况夫灵府虚室，成性存存，而无天下之至明者乎！"[4] 湛甘泉认为发明本然心性的方式不外乎"静坐"，"静坐"久之，心中渐渐趋于澄明；进而由此涵养，则此"心"必粲然于世间。进入明中叶，"静坐"已成为儒门

---

[1] 参见何锡蓉《儒、佛相融——中国学术内涵深入与充实的一个范例》，尹继佐、周山主编《相争与相融——中国学术思潮史的主动脉》，上海社会科学院出版社，2003。

[2] 何锡蓉：《儒、佛相融——中国学术内涵深入与充实的一个范例》，尹继佐、周山主编《相争与相融——中国学术思潮史的主动脉》，第269页。

[3] （明）湛若水：《新泉问辨续录》，《泉翁大全集》卷七十三，第18页。

[4] （明）湛若水：《新论》《泉翁大全集》卷二，第20页。

基本工夫法门，湛甘泉从事"静坐"理所当然。不过对于"静坐"，湛甘泉还是与其他儒者有所区别。其他儒者多将"静坐"视为根本修行方式，湛甘泉则将"静坐"视为其工夫法门之一。在湛甘泉视域中，不可否认"静坐"对于对治心意散乱、心猿意马有所助益。不过并未像其他学人就此沉浸于"静坐"，湛甘泉清醒地意识到沉浸于"静坐"可能导致如下流弊："静不可见，苟求之静焉，骎骎乎入于荒忽寂灭之中，而不可入尧、舜之道矣。"① 在湛甘泉看来，"静坐"可能导致流于荒忽寂灭之中，从而偏离圣道。在此意义上，湛甘泉将"静坐"倡导者与禅者并列："古之论学未有以静为言者，以静为言者皆禅也。"②

鉴于"静坐"可能带来的流弊，湛甘泉对此有所警惕，更多地将"静坐"定位为方便工夫法门。"方便"之处，在湛甘泉看来，其一是补小学之缺：

> 古之论学未有以静坐为言者，而程氏言之，非定其论，乃欲补小学之缺，急时弊也。后之儒者，遂以静坐求之，过矣。③

湛甘泉坦承明道确实倡导过"静坐"，然而"静坐"并非明道之定见，只不过有见于学人缺乏小学工夫，姑且倡之。

其二，"静坐"仅为初学者工夫："虚见与实见不同，静坐久隐然见吾心之体者，盖先生为初学言之。"④ 这里的"先生"乃指湛甘泉业师陈白沙，陈白沙早年确由"静坐"体证到"端倪"，并借此优入圣域。为避免欺师之讥，湛甘泉迂回地为其回护，曲折地说陈白沙只是以"静坐"接引初学者，"静坐"并非其究竟工夫法门。

既然"静坐"并非其究竟工夫法门，湛甘泉便另辟蹊径，跳出"静"之窠臼，构建了一全新的工夫法门："随处体认天理。"湛氏弟子洪垣记载："（湛甘泉）初为体认天理，后觉有未尽，复加随处二字，动静、物我、内外、始终，无起处，亦无止时。"⑤ 最初体悟之时，湛甘泉只言"体认天理"，并未言及"随处"，后觉意犹未尽，故加上"随处"二字。选择"随处"，可见湛甘泉别具匠心："体认天理而云随处，则动静心事皆尽之矣；若云随事，恐有

---

① （明）湛若水：《答余督学》，《泉翁大全集》卷八，第11页。
② （明）湛若水：《答余督学》，《泉翁大全集》卷八，第11页。
③ （明）湛若水：《答余督学》，《泉翁大全集》卷八，第11页。
④ （明）湛若水：《新泉问辨录》，《泉翁大全集》卷六十九，第15～16页。
⑤ （明）洪垣：《墓志铭》，《湛甘泉先生文集》卷三十二，《四库全书存目丛书·集部》第五十七册，第247页。

逐外之病也。"① 在"体认天理"前加时间性修饰词，湛甘泉有两个选择："随处"、"随事"。湛甘泉最终选择"随处"，放弃"随事"，在于"事"有处外之嫌，故"随事"有"逐外"之病；而"处"指涉在在处处，"随处"则着意于在在处处、时时刻刻，具体展开不外"动"、"静"两个时间域。"静"时多趋于思虑澄然、宁静，故更易于切近"天理"；"动"时多流于情，发而不可止，故多流于欲，常为学人所警惕。因此，既往儒门体认"天理"多于"静"中体认，鲜有倡导"动"中体认者。不过在湛甘泉看来，"静"中体认虽不无合理性，然而亦不可忽视其弊端："静坐固善，只恐又靠在一边，不若随静随动，内外两忘，更中正，便无事了。"② "静坐"固然便于切近"心"之灵明，然而不可避免地会偏于"寂"，不若随"静"随"动"。随"静"随"动"用功，则内外两忘，澄然无事。可见，"随处体认天理"之"随处"乃随"动"随"静"之义。在湛甘泉心目中，"静"固然是"心"之状态，然而"动"亦不可不言为"心"之状态，"动"、"静"互济方构成"心"之全部状态。若一味强调"静"处用功，一方面将"心"之"动"、"静"打成两截，另一方面则放弃了"动"时主动性工夫，只能进行消极性提防。为了克服上述两方面的流弊，湛甘泉从"心"之一体性出发，强调"静"时当用功，"动"时亦不可不用功，从而使原本的偏"静"工夫法门扭转为"动"与"静"并用的工夫法门。笔者认为，从"静"中跳出，将"动"置于其工夫论焦点，是甘泉工夫论的重要创见。"动"、"静"一贯，一体无间，念兹在兹，不可须臾放纵，由此"天理"才能充溢于"心"，趋于中正，澄然无事。

跳出"静"的窠臼，"随处"的具体内涵指向的是："吾之所谓随处云者，随心、随意、随身、随家、随国、随天下，盖随其所寂所感时耳，一耳。"③ 心、意、身，乃就一己而言，一己不外乎心、意、身。家、国、天下，乃就事而言，世间之事不外乎家、国、天下。心、意、身，相对于事而言，乃内；家、国、天下，相对于一己而言，乃外。故"随处"涵盖内外：内，则寂；外，则感。故"随处"体认，亦可称为体认于感、体认于寂。

"心"发动后必指涉于外，故其时不少学人误会甘泉"随处体认天理"与程朱理学犯了同样的错误——逐之于外，甚至湛甘泉的同道者——王阳明亦这样误解甘泉之"随处"。面对王阳明的这一误解，湛甘泉竭力自我辩护：

① （明）湛若水：《新泉问辨录》，《泉翁大全集》卷六十九，第13页。
② （明）湛若水：《新泉问辨续录》，《泉翁大全集》卷七十二，第17页。
③ （明）湛若水：《答阳明王都宪论格物》，《泉翁大全集》卷九，第11页。

> 寂则廓然大公，感则物来顺应。所寂所感不同，而皆不离吾心中正之本体。本体即实体也、天理也、至善也、物也，而谓求之外，可乎？①

寂、感本一体，此一体乃就一"心"而言。寂，未发，"廓然大公"，故就于"本心"；感，"本心"所发，物来顺应。因此所寂所感虽所处状态不同，然皆不离"本心"之中正。这就是说，湛甘泉所谓"随处"仍然是在一"心"范围之内而言。明末清初学人黄宗羲认为湛甘泉"仍为旧说所拘"②，此乃植根于阳明"心学"，是从阳明"心学"立场出发，对甘泉"心学"的一种误解。

为了消除不必要的误解，湛甘泉一再重申自己"随处体认天理"是就一"心"范围内而言："吾所谓体认者，非分未发已发，非分动静。所谓随处体认天理者，随未发已发，随动随静。盖动静皆吾心之本体，体用一原故也。"③"随处"乃随"未发"随"已发"、随"动"随"静"。不过，不论"静"（未发）抑或"动"（已发），均就一"心"而言。通过"动"、"静"一体，湛甘泉揭示出"未发"与"已发"、"动"与"静"乃"体用一原"。这就是说，湛甘泉所谓"心"非局限于一己胸腔之内，而是蕴于内，发于外。蕴于内，则"生意"汩然；发于外，则举手投足间流淌着生意，人情事变铺展着"天理"。在"体用一原"意识的支援下，湛甘泉认为于日用寻常之"动"处自能体认到"天理"。

类似的话语，在湛甘泉相关文字中俯拾皆是。弟子请教何以区别"大德"、"小德"，湛甘泉如是教诲：

> 大德敦化，则小德川流矣。大小也者，事也；德也者，理也。理无大小，故曰："体用一原，显微无间。"④

湛甘泉指出，"大德"乃指"天道"浑然运行，"小德"乃指浑然运行的"天道"贯穿于万事万物。在回应何为"大德"、何为"小德"之后，湛甘泉继续对该弟子进行教诲。事可言大小，"德"，"理"也，不可以大抑或小来指称。语末，湛甘泉以"体用一原，显微无间"来加以启发。

在回答何为"大德"、"小德"后，之所以还要喋喋不休，继续教诲弟子，在于湛甘泉欲启迪该弟子不可将"大德"、"小德"截然二分，二者本浑然

---

① （明）湛若水：《答阳明王都宪论格物》，《泉翁大全集》卷九，第11页。
② （清）黄宗羲：《明儒学案》，第876页。
③ （明）湛若水：《答孟生津》，《泉翁大全集》卷九，第16页。
④ （明）湛若水：《雍语》，《泉翁大全集》卷六，第19页。

一体。

不仅他人误解"随处体认天理"逐之于外，甚至连自己弟子中也不乏此类人。

弟子姜凤将"执事敬"比附于"随处体认天理"，以此就教于湛甘泉："随处体认天理之教，其即执事敬乎？执事，其随处之谓也；敬，其体认天理之谓也。未知若何？""执事敬"语出《论语》。弟子樊迟问孔子什么是"仁"，孔子这样启迪："居处恭，执事敬，与人忠。虽之夷狄，不可弃也。"（《论语·子路》）对于什么是"仁"，孔子并没有直接回答，而是转而言若能于日用间做到"居处恭"、"执事敬"、"与人忠"，便可体察到"仁"。后世儒学便将"居处恭"、"执事敬"、"与人忠"象征为日用间。日用间分为"动"、"静"，孔子将"居处恭"对应于日用间之"静"，将"执事敬"、"与人忠"对应于日用间之"动"。姜凤在孔子语境中，认为"执事敬"属"动"，与湛甘泉"随处体认天理"之"随处"相应。

面对姜凤这一理解，湛甘泉这样回应：

> 所谓随处者，今人未知此意，以为求外。此即与终食造次颠沛之义同，与居处恭、执事敬、与人忠之义同，盖随动随静、随感随寂、随有事无事，无往而非此体认之意耳。[1]

湛甘泉首先愤懑于时人对"随处"多存有误解，以为"随处"体认于外。为了消除他人及本门弟子的误解，湛甘泉还是接着姜凤"执事敬"的话语而讲。与其将"执事敬"对应于"随处"，湛甘泉更愿将"随处"对应于"造次必于是，颠沛必于是"。孔子的理想人格是君子，理论内核是"仁"，于是孔子便将君子定位为"无终食之间违仁"。意犹未尽，孔子接着说道："造次必于是，颠沛必于是。"（《论语·里仁》）孔子之所以要在"无终食之间违仁"之后附加"造次必于是，颠沛必于是"，是要强调君子之为君子在于终日执着于"仁"。为了诠释"终食"，湛甘泉将"终食"具体落实为"造次"、"颠沛"这两个时间点。这两个时间点均是对须臾的一种描述。在须臾的层面上，湛甘泉将"终食"等同于"造次"、"颠沛"。此三者亦等同于"居处恭"、"执事敬"、"与人忠"。在这一等同中，湛甘泉所欲表达的是"动""静"无间，此亦即"随处"之义。这就是说，在湛甘泉看来，"随处"不仅包含"执事敬"、"与人忠"所指涉的"动"，还包括"居处恭"所指涉的"静"。这就打消了弟

---

[1] （明）湛若水：《新泉问辨续录》，《泉翁大全集》卷七十三，第14～15页。

子姜凤将"随处"单纯理解为"动"的误解。最后,湛甘泉还重申了"随处"乃随"动"随"静"、随感随寂、随有事随无事之意,以强调须臾间皆应以体认"天理"为旨趣。

在"体用一原"的理论背景下,湛甘泉竭力消弭"动"、"静"之间的张力,主张"动"、"静"一体,由此打消了他人甚至本门弟子对"随处"的误解,以表明自己"随处体认天理"之"随处"不仅包含"动",还包含"静"。然而在"动"、"静"一体的前提下,湛甘泉更侧重于"动",也就是说,"随处"体认"天理"的特质在于"动"中体认"天理"。

为了论证"动"中体认"天理"的合法性,湛甘泉引经据典:"易曰:'复其见天地之心乎!'复也者,一阳动也。非复则天地之心不可得而见矣。"①"复"是周易六十四卦中的第二十四卦,"坤"上"震"下,一阳初动。"复其见天地之心",表达了于一阳初动间"生意"萌动之意。湛甘泉借诠释"复"卦以寓意非"动"无以体察"天地"以生物为其"心"。

一次闲坐,湛甘泉主动教诲众弟子:

> 仁其心之生理乎!自一念之动,以至于万事之感应,皆生理也。故孔门之求仁,必于视听言动、出门使民、居处执事与人而言之,皆即事即动以求者也。易曰:"复其见天地之心。"②

孔子以降,"仁"就成为儒门重要概念。如何理解"仁",是每个儒者不得不面对的课题。湛甘泉则从其思想核心"生"来理解"仁",将"仁"界定为一"心"所蕴"生生"之"理"。既然"仁"为"生生"之意,蕴于一"心",流淌于日用常行间,那么亦当于日用常行中体认"生生"之"仁",此就是所谓即"事"即"动"以求"仁"。即"事"即"动"与上文所云"复其见天地之心"相互印证。

值得留意的是,在"体用一原"的理论框架中,湛甘泉所谓"动"不是与"静"相对而言的"动",而是"动"中涵"静"之"动":

> 体认天理而云随处,则动静心事皆尽之矣;若云随事,恐有逐外之病也。孔子所谓"居处恭",乃无事静坐时体认也;所谓"执事敬,与人忠",

---

① (明)湛若水:《答余督学》,《泉翁大全集》卷八,第11页。
② (明)湛若水:《雍语》,《泉翁大全集》卷六,第8页。

乃有事动静一致时体认也。体认之功，贯通动静隐显，只是一段工夫。①

在这段文字中，湛甘泉还是首先阐明自己放弃"随事"而选择"随处"的原委就在于打消他人对自己逐外的误解。接着湛甘泉强调"随处"特别的意蕴在于涵"动"涵"静"、包"心"包"事"。然后，湛甘泉还是回到"执事敬"的语境。假若"居处恭"意味着"静"中体认，那么"执事敬"、"与人忠"并不意味着"动"中体认，而是在"动""静"一体中体认。语末，湛甘泉指出其所谓"随处"之体认乃贯通"动""静"、"隐""显"的体认，是一体性工夫。

在他处文本中，湛甘泉亦曾做出类似的表述：

> 虚见与实见不同，静坐久隐然见吾心之体者，盖先生为初学言之，其实何有动静之间！心熟后虽终日酬酢万变，朝廷百官万象，金革百万之众，造次颠沛，而吾心之本体澄然无一物，何往而不呈露耶？盖不待静坐而后见也。颜子之瞻前忽后，乃是窥见景象，虚见也；至于博约之功，既竭其才之后，其卓尔者，乃实见也。随处体认天理，自初学以上皆然，不分先后。居处恭，执事敬，与人忠，即随处体认之功，连静坐亦在内矣。②

这里，湛甘泉在"虚见""实见"与"初学""初学以上"的语境下比较"静坐"与"随处体认"。湛甘泉将"静坐"归于"初学"，此"初学"乃"虚见"。而湛甘泉将"随处体认"归于"初学以上"，随"静"随"动"而用其功，乃"实见"。由于"随处体认"乃随"静"随"动"体认，"静坐"亦并不外在于"随处体认"，而是包含于其中。

不过，"静坐"毕竟原本是其时学人的基本工夫法门，湛甘泉断然将这一工夫法门置于"随处"之内，从而使其失去独立地位，他人乃至同门弟子都对湛甘泉之于"静坐"这一态度感到疑惑。有弟子蔡生曾就此而请教："虑扰于人事，请山中静养数年，何如？"③ 对于这一想法，湛甘泉以"随处体认天理"来启迪：

> 意乎求静即不静矣。惟于人事纷纭之中，而不失吾心之本体焉，是之

---

① （明）湛若水：《新泉问辨录》，《泉翁大全集》卷六十九，第13页。
② （明）湛若水：《新泉问辨录》，《泉翁大全集》卷六十九，第15～16页。
③ （明）湛若水：《雍言》，《泉翁大全集》卷六，第13～14页。

谓体认天理，而静存乎其中矣。吾见夫释子者闭关三年而后出，犹夫未闭关时也，其不识天理之故尔。①

在湛甘泉看来，刻意摒除人事，于山中静养，乃有意求"静"，这实际上就已趋于非"静"。虽浸于人事纷杂之中，"本心"却安然不动，"随处体认天理"微妙之处正体现于此。"动"亦安然不动，"静"亦安然不动，在"本心"安然不动中"静"便包摄于其中。为了进一步启迪该弟子，湛甘泉又列举了释教徒的例子。他曾目睹一位释教徒闭关三年后复出，然其气象仍如闭关之前一般。何以如此？在湛甘泉看来，这位释教徒未曾体认到"天理"。可见工夫之机枢并不在于"静坐"，而在于体认"天理"，体认"天理"的根本路径则在于"随处"。

有此疑惑者非仅蔡生一人而已，另一弟子有同样的困惑："山居十年，学成而后应事，可乎？"湛甘泉对此的回应是："是支离之说也。动静合一，曷先学焉？曷后应焉？学莫益于习，习则熟，不习则不熟，非动何习焉？天下有无动之心、无事之人乎？"② 该弟子欲入山隐居"静坐"，学有所成然后方出门应事。对于这样一种观点，湛甘泉认为其无形中将"动"、"静"分而离之，从而堕为"支离之说"。"动"、"静"本浑然一体，怎么可以先养"静"然后以"动"应？在湛甘泉心目中，正确的为学次第应以"习"为先，"习"则"熟"，不"习"则不"熟"。可见，湛甘泉将为学的着力点置于"习"。然"习"不可能于"静"中养成，只能在"动"中养成。语末，湛甘泉不禁反诘：天下有无"动"之"心"、无事之人吗？

通过上述对两弟子的回应，湛甘泉养"心"于人事纷纭中、于"动"中用功的工夫特质呼之欲出。湛甘泉所谓"随处体认天理"之"随处"指涉的便是"动"中涵"静"之"动"中用功。在此意义上，湛甘泉进一步申述："孔门之教皆欲事上求仁，动时着力。"③ 在湛甘泉心目中，儒门核心概念——"仁"，只能于具体事行中求得。相应地，工夫之着力处只能落于"动"。日本学者冈田武彦指出："由于湛甘泉点出了'随处'二字，结果使他的体认之学趋于精微。"④ 甘泉"随处"之说之所以如此精微，在笔者看来就在于湛甘泉开辟了一条全新的工夫路径——"动"以涵"静"，从而使工夫覆盖"心"之全部内涵，避免了偏"动"、偏"静"，或笼统地言说"动""静"一体的含混

①（明）湛若水：《雍言》，《泉翁大全集》卷六，第13~14页。
②（明）湛若水：《雍言》，《泉翁大全集》卷六，第3~4页。
③（明）湛若水：《答余督学》，《泉翁大全集》卷八，第11页。
④〔日〕冈田武彦：《王阳明与明末儒学》，第86页。

模糊。

为了说明"动"中体认"天理"具有合理性，湛甘泉又从学理上进行了论证。

其一，"静处"不可着力。

> 中即静，和即动，体用一原，显微无间。但静时中处不可著力，才著力即为动矣，故慎独、慎动，都是一理。且谓"戒慎恐惧"四字，何者为静？皆是动时著力功夫，而养静养中之要在其中矣。①

在《中庸》的"心"、"性"模式下，"心"的状态可解析为未发之"中"、已发之"和"。未发之"中"呈现为"静"，已发之"和"呈现为"动"。不过，未发之"中"与已发之"和"体用一原，显微无间。在这一"心"、"性"模式下，湛甘泉认为未发之"中"为"静"，不可于其间用功着力；若用功着力，即已趋于"动"。既然"静"不在工夫视域之内，那么属于"静"之工夫法门谱系的"慎独"、"慎动"的合法性便遭到质疑。湛甘泉进而反思了儒门"戒慎恐惧"之工夫法门。"戒慎乎其所不睹，恐惧乎其所不闻。"（《礼记·中庸》）在"不睹不闻"的语境下，传统儒家自然将"戒慎恐惧"纳入"静"之工夫法门谱系。若言"戒慎恐惧"为"静"，那么何者为"动"？这里，湛甘泉别出心裁，将"戒慎恐惧"纳入"动"之工夫法门谱系。在湛甘泉的宇宙观中，"动"乃大千世界的主色调，"静"乃"动"之主色调的陪衬。在湛甘泉的工夫法门中，"动"是工夫的主要着力点，"静"在"动"的工夫视域下才得以呈现。由此，湛甘泉得出这样的结论：世间工夫皆为"动"中工夫，在"动"中用功，"静"之工夫亦包含其中。

其二，"动"为常"理"。

> 静坐，程门有此传授，伊川见人静坐，便叹其善学，然此不是常理。日往月来、一寒一暑，都是自然常理流行，岂分动静难易？若不察见天理，随他入关入定、三年九年，与天理何干？若见得天理，则耕田凿井、百官万物、金革百万之众，也只是自然天理流行。②

"静坐"，湛甘泉虽坦承程门曾以此相授，然毕竟"静坐"不是究竟的工夫法

---

① （明）湛若水：《新泉问辨续录》，《甘翁大全集》卷七十三，第28页。
② （明）湛若水：《新泉问辨录》，《泉翁大全集》卷六十八，第2页。

门。为了申明此点，湛甘泉试图从宇宙论层面加以论证。天地间日往月来、寒来暑往，皆为自然常理之流行，何曾可分"动"分"静"、分难分易？在天地运行不已的图景中，"动"乃天之常"道"常"理"。因此为学的关键在于体察"天理"，一味"静坐"，与"天理"有何关涉？

为了更具体地阐述为学当效法于"天道"，湛甘泉还在"天道"、"阴阳"视域下言说工夫："圣贤之学，阳道也；故尚人，其学也主动。主动者，其执事敬之谓乎！"① 湛甘泉将圣贤之学定位为"阳道"，"阳道"自强不已、生生不息，这就决定了"圣贤之学"应以"动"为主要工夫着力点。

其三，"理"无分"动"、"静"。

有弟子向湛甘泉请教：

> 向验之工夫，非助则忘。事至物来，力不能胜，不免为渠累倒。今且只以静养为主，即书册字画而调习之，随其力之所及，以磨炼于事为，庶此心降伏，习心可除。如何？②

依据自己往日工夫经验，该弟子认为日用中不是"忘"，便是"助"。世事纷至沓来，"心"未免为世事所牵，为物所累，故应以静养为主，次之以诗词书画加以调习，然后再随其力之所能及，磨炼于事。经历以上诸般工夫的磨砺，方可降伏其心，煎销"习心"。

湛甘泉断然否定了这样的为学次第：

> 静坐无乃为初学言耳。此理何间动静？何分心事？勿忘勿助之功，终食、造次、颠沛皆然，何分动静心事？③

一如既往，湛甘泉认为"静坐"乃就初学者而言。就"理"本身而言，无间于"动"、"静"，无分于"心"、"事"。"理"具有一贯性，贯穿"动"、"静"，贯彻"心"、"事"。"勿忘勿助"所达功效，弥散于"终食"、"造次"、"颠沛"所臻于的每个瞬间，无分于"动"、"静"抑或"心"、"事"。

在湛甘泉看来，物可言"动"、"静"，"理"却不可言"动"、"静"。"理"不可言"动"、"静"，"心"同样亦不可言"动"、"静"。

---

① （明）湛若水：《樵语》，《泉翁大全集》卷一，第2页。
② （明）湛若水：《天关精舍语录》，《泉翁大全集》卷十三，第37页。
③ （明）湛若水：《天关精舍语录》，《泉翁大全集》卷十三，第37页。

在致友人王改斋的信函中，湛甘泉这样说道：

> 夫道无内外，内外一道也；心无动静，动静一心也。故知动静之皆
> 心，则内外一；内外一，又何往而非道？合内外，混动静，则澄然无事。①

从"道"无分内外，湛甘泉推导出内外一"道"；基于同样的逻辑，从"心"
无分"动"、"静"，湛甘泉推导出"动"、"静"一"心"。合内外，混动静，
则澄然无事，直契"心"原。

湛甘泉倡导"随处"体认"天理"，还在于其焦虑"天理"不能流布于
"心"：

> 看来学者之病，全在三截两截，不成片段，静坐时自静坐，读书时又
> 自读书，酬应时又自酬应，如人身血气不通，安得长进？②

湛甘泉认为，其时学人为学最大的流弊在于将工夫打成三截两截，不成片段，
如"静坐"时就专于"静坐"，读书时就专于读书，酬应时就专于酬应。这恰
如人身血气不贯通，身体又怎么能安康？工夫三截两截，不成片段，所体认的
"天理"自然亦三截两截，不成片段，无法流布于"心"。欲使"天理"流布
于"心"，尚待工夫的连贯性，还有待于"随处"体认"天理"。

在致弟子周冲（字道通）的信函中，湛甘泉回应周冲诸般疑惑：

> 所云"得力受用"，盖谓此物也。又云"未能真实见得"者，岂非用
> 功之未深故耶？若由此循循不息，期之数载，必有实见。③

其时周冲为学处于即欲突破又未突破阶段。故在向甘泉汇报其为学体会时既云
"得力受用"，又云"未能真实见得"。湛甘泉如此指点：前者表明周冲已若有
所见，后者表明其见只是恍惚之见，非真实体见。周冲为学何以处于这一阶
段？在湛甘泉看来，乃工夫未熟。由此，湛甘泉指点周冲当持续用功，循序渐
进。久之，星星点点"天理"便流布于"心"间。为了进一步开导周冲，湛
甘泉还是回到"随处体认天理"："随处体认天理，即孔子求仁，造次颠沛必

---

① （明）湛若水：《复王宜学内翰》，《泉翁大全集》卷八，第23页。
② （明）湛若水：《答徐曰仁工曹》，《湛甘泉先生文集》卷八，第4页。
③ （明）湛若水：《答邵武教授周道通四条》，《泉翁大全集》卷十，第2页。

于是。"① 湛甘泉将"随处体认天理"比附于孔子求"仁"。孔子求"仁",造次必于是,颠沛必于是,顷刻不敢松懈。之所以如此比附,就在于湛甘泉希望周冲为学用功、体认"天理"时,不可三心二意,时断时续。

湛甘泉之"随处"体认"天理"工夫法门,乃"动"之工夫法门。这一工夫法门显然有别于既往的儒家工夫法门。同样在与弟子周冲的一段对话中,湛甘泉表述了自己的工夫法门何以有别于既往的儒家工夫法门。

远离湛甘泉时,周冲通过书信汇报自己的为学所得;距离较近时,周冲更是抓住机会向湛甘泉报告自己的为学体会:

> 未发之中,惟圣人可说得,若是圣人而下,都是致和的工夫。然所谓和者,不戾于中之谓,乃是就情上体贴此中出来,中立而和生也,到得中常在时,虽并谓之致中和,亦可也。然否?②

周冲将人分为两类:一类是圣人,另一类是圣人以下之人——常人。凭借直契未发之"心体",圣人可以于未发之"心体"上用功,周冲将这一圣人工夫称为"致中";常人,不能直契未发之"心体",只能在已发之情中体贴,在这一体贴的过程中,"中"立而"和"生,使"中"恒常于"心"时,可谓"致中和"。这实际上是周冲对其时儒门工夫的总结。

对于周冲对其时儒门工夫的总结,湛甘泉如是评点:

> 道通所谓"情上体贴此中出来"一句,与"中立而和生",皆是,其余未精。致中和乃修道立教之功用,道至中和,极矣,更又何致耶?若以未发之中为圣人分上,致和功夫为圣人而下学者分上,则又欠明了。所不睹不闻,即未发之中也,道之体也,学者须先察识此体而戒慎恐惧以养之,所谓养其中也。中立而和生焉,若谓自然而中,则惟圣可能也。若功夫则正是学者本源紧要处,动以养其静。道通徒见戒慎恐惧字,以为致和耳。③

除了常人工夫"致和"的两个步骤——"情上体贴此中出来"与"中立而和生"外,湛甘泉并不赞同周冲的其他说法,认为如此言说在两个方面违背了圣

① (明)湛若水:《答邵武教授周道通四条》,《泉翁大全集》卷十,第2页。
② (明)湛若水:《新泉问辨录》,《泉翁大全集》卷六十七,第26页。
③ (明)湛若水:《新泉问辨录》,《泉翁大全集》卷六十七,第26页。

学工夫原则。一是违背了圣学工夫自然原则，"致中"乃经久工夫自然之结果，不可勉强而致。二是违背了圣学工夫一体原则，圣人、常人工夫本为一体，不可将"致中"归于圣人，将"致和"归于常人。在指出周冲所言违背圣学两个原则之后，湛甘泉进而阐明自己的工夫原则。湛甘泉认为"不睹不闻"就是《中庸》所谓未发之"中"。学人为学，要先体认未发之"中"，然后于"戒慎恐惧"间加以涵养。在表述自己的工夫法门后，湛甘泉还申述其所警惕的工夫法门——"中"立"和"发。这一工夫法门忽视具体工夫，主张自然而趋"中"，因此湛甘泉认为此工夫法门唯圣人方能从事。说唯圣人方能从事，湛甘泉实际上消解了这一工夫法门的普适性。既然自然而趋"中"这一工夫法门并不具有普适性，那么相应地湛甘泉自己的工夫——"动以养其静"便具有普适性。语末，湛甘泉还指出周冲之所以认为常人工夫法门为"致和"，在于其未能把握"戒慎恐惧"之精义，以为依此便能"致和"。

于此值得留意的是，湛甘泉所谓"戒慎恐惧"之精义，便是"致中"，即体认"天理"后，于"戒慎恐惧"间加以涵养。周冲未能把握其中的精义，试图依"戒慎恐惧"而"致中"，体认"天理"。前者是涵养工夫，后者是体认工夫。体认就是体认，涵养就是涵养，湛甘泉严格加以区分，不会混淆二者。

通过倡导"随处"，湛甘泉扭转了儒门既往的工夫着力点。既往的儒者多将"静"作为工夫的主要着力点，从而儒者多趋于"静"中用功，故总体上属"静"之工夫体系。湛甘泉敏锐地觉察"静"可能带来的流弊，力图扭转儒门"静"之工夫倾向，从而开辟了一个全新的工夫体系——"动"之工夫体系。在湛甘泉"动"之工夫体系中，"静"固然是工夫的着力点，"动"亦不可不谓工夫的着力点，由此湛甘泉将"动"纳入其工夫的视域。基于"天道"以乾道"动"为主，湛甘泉将工夫主要着力点从"静"转向"动"。在"动"之工夫体系中，湛甘泉所谓"动"并非排斥"静"之"动"，而是贯通"动""静"、涵"静"于"动"之"动"。由此，湛甘泉打破了"动""静"之界限，主张"动""静"一体用功。可以这么说，湛甘泉"随处"体认"天理"开辟了一个全新的工夫体系——"动"之工夫体系，这在儒门内可谓独树一帜。

第二节　体证次第：即体认即涵养

宋明道学家为学无不以发明、体证"心""性"为宗旨，而发明、体证

"心""性"的方式不外体认、涵养。湛甘泉亦莫能外乎此："莫非学也，明理之为要矣。莫非守也，存心之为要矣。"① 湛甘泉认为为学包含两个方面：一是学，一是守。学的旨趣是"明理"，守的旨趣是"存心"。"明理"乃体认，"存心"乃涵养。因此湛甘泉为学亦不外乎体认、涵养。体认，在"随处体认天理"这一湛甘泉工夫标签中得到直接体现。至于涵养，湛甘泉曾多次提及，且与"体认"并列在一起。其实，"随处体认天理"只是上半句，下半句"而涵养之"往往被学人省略。因此，湛甘泉体证"心""性"的完整表达方式应为："随处体认天理而涵养之。"② 在湛甘泉看来，体认"天理"，只是种下一粒种子，此粒种子要发芽、茁壮成长以至成熟，尚待涵养。

发明、体证"心""性"的方式是体认、涵养。当真正进入发明"心""性"的具体实践领域体证"心""性"时，首先遭遇的便是次第问题：先体认抑或先涵养？由于个体根器、气质的差异，每个宋明道学家都有自己的思量、抉择。那么湛甘泉是如何思量从而做出抉择的呢？在本节中笔者试图对这一问题做出回答。

一　体认、涵养：方便与究竟之间

鉴于体认、涵养关系的复杂性，湛甘泉并没有简单地判断孰先孰后，而是着意于在不同语境下采取不同的话语形式。

"随处体认天理而涵养之"本身就在暗示先体认后涵养，湛甘泉亦是如是表述的："须实见得人、物、事、世之理同处，如是涵养，乃可进德。"③ 若真切地体知到天人浑然、物我无别，即真切地体认到"天理"，进而涵养此"天理"，德乃可进。

为了说明先体认后涵养这一为学次序，湛甘泉打了个比喻：

> 鸡抱卵之譬，一切用功正要如此接续，许大文王只是缉熙敬止，鸡抱卵少间断，则这卵便殰了。然必这卵元有种子方可，若无种的卵将来抱，抱之虽勤亦殰了。学者须识种子，乃不枉了功夫。何谓种子？即吾此心中这一点生理，便是灵骨子也。今人动不动只说涵养，若不知此生理，徒涵养个甚物？④

① （明）湛若水：《新论》，《泉翁大全集》卷二，第 8 页。
② （明）湛若水：《答顾箬溪金宪》，《泉翁大全集》卷八，第 21 页。
③ （明）湛若水：《问疑录》，《泉翁大全集》卷七十五，第 33 页。
④ （明）湛若水：《新泉问辨录》，《泉翁大全集》卷六十七，第 15 页。

湛甘泉将体证"天理"形象地喻为"鸡抱卵"。"鸡抱卵"包含两个要素：一是真种子，一是抱养此真种子。缺其一，卵不可能孵化出鸡雏。在这两个要素中，真种子，在湛甘泉看来，是前提。如果没有真种子，即便抱养，亦不可孵出鸡雏。抱养是机枢，若不加抱养，卵还是卵。在种子为真的前提下，湛甘泉更着意于抱养，"鸡抱卵"这一意象本身就指向抱养。

在致友人王纯甫的信函中，湛甘泉更详细地论述了为学当先体认后涵养：

> 学无难易，要在察见天理，知天之所为如是，涵养变化气质，以至光大尔。昔者辛壬之岁在都下，所与贤契语，并殊非悬空杜撰，以相周也。若于夫子"川上"之叹，子思"鸢鱼"之说，及《易》"大人者，与天地合其德，与日月合其明，与四时合其序，与鬼神合其吉凶，先天而天弗违，后天而奉天时"等处见之。若非一理同体，何以云然？故见此者谓之见易，知此者谓之知道，是皆发见于日用事物之间，流行不息，百姓日用不知，要在学者察识之耳。此吾所谓察见天理之说也。涵养此知识，要在主敬无间动静也。贤契用功如是不息，他日当知吾言之不诬也。……兹已内讼，峻洁自持，毙而后已。①

王纯甫是湛甘泉故友，于信函中湛甘泉并无客套之语，直言学无难易，其要在于体认"天理"，并加以涵养以变化气质。接着，湛甘泉追忆往昔于京畿与王纯甫相言甚欢，并就此指出其所言非悬空杜撰。此处湛甘泉虽然并未确指昔日与王纯甫所言为何，不过从随后所引古圣往贤经典话语来看，所言指向"天理"。"天理"的内涵即"生意"，体此"生意"，就是体"易"；知此"生意"，就是知"道"。"生意"流于日用常行间，贯于事事物物中。"生意"流淌在身边，百姓却日用而不知，故有待察而知之。另外，湛甘泉还不忘告诫王纯甫：体察"生意"后，尚待涵养；涵养此"生生"之意无间于"动""静"。

在这封信函中，湛甘泉在指出"天理"的内涵为"生意"的同时，亦阐明为学当先体认后涵养。

先体认后涵养，在甘泉相关文字中俯拾皆是：

> 充塞宇宙，流行宇宙，皆是道体。如川上、鸢鱼之类，圣贤明白指出此体，欲人察见此体，存养而有之于己而已矣。未见此体，则所养何事？外家犹能言如将水火煮空铛，若察见此体，而无学、问、思、辨、笃行之

---

① （明）湛若水：《寄王纯甫验封》，《泉翁大全集》卷八，第2页。

功至之，则所见终虚。①

一如既往，湛甘泉在指出"生意"充塞于宇宙，流行于天地，圣贤千言万语不过言这一"生生"之体而已后，进而希冀人们能够体察到这一流行于天地间的"生意"。然而体察后亦可能随时失去，故在湛甘泉看来，体察后还应就此而加以涵养，以便此"生意"能实有于己。相应地，若未体察"生意"，则涵养个什么？道家犹能明白若无丹药，即便有水火，也不能炼出灵丹。若察见"生意"，却不于学、问、思、辨、笃行中用功，则其察见终是虚见。

湛甘泉还曾以此教诲弟子潘洋："察识生意，默而成之，不欲多言，心反出□□驷不及舌。"② 在湛甘泉看来，为学不在于多言，而在于先体察天地间流行之"天理"，然后默而涵养之。

湛甘泉还引用先贤诸话语来阐述这一为学次第：

> 《中庸》必先学、问、思、辨而后笃行。《论语》先博文而后约礼。孟子知性而后养性。始条理者知之事，终条理者圣之事。程子知所有而养所有，先识仁而以诚敬存之。若仆之愚见，则于圣贤常格内寻下手，庶有自得处。③

上述诸贤话语可分别还原为："博学之，审问之，慎思之，明辨之，笃行之。"（《礼记·中庸》）"博学于文，约之于礼。"（《论语·雍也》）"尽其心者，知其性也。知其性，则知天矣。"（《孟子·尽心上》）"学者须先识仁。仁者，浑然与物同体。义、礼、知、信皆仁也。识得此理，以诚敬存之而已。"④ 湛甘泉之所以要罗列上述诸贤话语，就在于其有一个特征，即先后性关系。在不同的话语中，先后性关系表达的意蕴不同，湛甘泉则将这一先后性关系均理解为先体认后涵养。通过这一援引，湛甘泉证明先体认后涵养这一工夫次第并非其一己所倡，而是有悠久的圣学渊源。

有弟子敏锐地觉察其时学有四弊，德有五贼；去其弊，除其贼，为学方能纯粹中正，方可谓为学。对于这样的见解，湛甘泉在给予充分肯定的同时亦做了善意的提醒："且察见天理纯粹中正，将来涵养，则四病五贼自退舍矣！不

---

① （明）湛若水：《答潘廷评二条》，《泉翁大全集》卷九，第17页。
② （明）湛若水：《天关精舍语录》，《泉翁大全集》卷十三，第29页。
③ （明）湛若水：《答顾箬溪金宪》，《泉翁大全集》卷八，第21页。
④ （宋）程颢、程颐：《二程集》，第16页。

然，旧习未去，恐不知不觉又落向时窠臼里也。"① 对于去除学之弊、德之贼，湛甘泉自然赞同。不过对于如何去除学之弊、德之贼，湛甘泉则主张先察见纯粹中正之"天理"，然后加以涵养，反对于其中直接用功。湛甘泉之所以有这种为学态度，在于直接用功以去除学之弊、德之贼，可能未曾去除昔日之习弊，反而不知不觉落于昔日习弊之中，而先体认后涵养，学之弊、德之贼自然退听。

先体认后涵养，可以说甘泉是在现实磨砺中确立自己的为学次第的。然不可将这一为学次第做僵硬的理解，认为这是湛甘泉的定见。

困惑于虽若有所见，然"心"仍未能趋于定，总是随物而转，弟子吴藩叩问于甘泉："初有所见而不能胜事，何如？"湛甘泉这样教诲："力弱耳。养之之久，力足以胜之矣，在积之岁月焉耳。"② 湛甘泉认为吴藩之所以"心"未能趋于定，随物而转，在于自我定力孱弱。对治这一为学之弊在于涵养，涵养久之，自我定力渐强，则能抵御外在物欲。这里甘泉似乎又在主张为学当以涵养为主。涵养"本心"，"本心"主宰于内，物欲则不能诱于外。湛甘泉还直接从涵养维度来言说为学："古之学者以存心为本，存之又存，入圣之门。"③ 古圣先哲，为学以涵养"本心"为主，持续涵养，由此叩开圣学之门。甚至在阐述具体为学过程时，湛甘泉也将涵养置于为学之起点："学莫先于存心。心存而后理明，理明而后意诚，意诚而后气变，气变而后质化。学而至于质化焉，则几矣。"④ 湛甘泉指出，为学当先涵养"本心"，待"本心"熟后，"天理"则澄然于心，"天理"澄然于心则意念纯正，意念纯正则气质得到转化，气质得到转化，为学庶几可成。

湛甘泉一方面主张先体认，另一方面又提倡以涵养为为学起点，如何消弭其间张力？也许先体认后涵养是湛甘泉在特定语境下所倡导的，并且只是湛甘泉体认、涵养的话语方式之一，并非其唯一的话语方式，这才是正确消弭两者之间的张力的途径。不可否认，先体认后涵养具有合理性，即就一般为学次第而言当先树立个大头脑，为学才有方向，涵养才有对象，否则为学便会茫然，涵养便会失去对象。与此同时，湛甘泉留意到先体认后涵养亦有流弊。也就是说，在言说先体认后涵养时，已将体认、涵养打成两截，体认就单纯体认，涵养就单纯涵养。先体认后涵养，只能在为学初始阶段见其功效。若超出这一阶段，此为学次第便失去其功效。在此意义上，本书将先体认后涵养言为体认、涵养的方便话语形式。

---

① （明）湛若水：《问疑录》，《泉翁大全集》卷七十五，第33页。
② （明）湛若水：《雍语》，《泉翁大全集》卷六，第3页。
③ （明）湛若水：《新论》，《泉翁大全集》卷二，第1页。
④ （明）湛若水：《新论》，《泉翁大全集》卷二，第8页。

为了避免这一流弊，湛甘泉转向另一体认、涵养的话语形式。在致友人的信函中，其如是表述：

> 涵养须用敬，进学在致知，如车两轮。夫车两轮，同一车也，行则俱行，岂容有二？而谓有二者，非知程学者也。鄙见以为如人行路，足目一时俱到，涵养进学，岂容有二？自一念之微，以至于事为讲习之际，涵养致知，一时并在，乃为善学也。故程子曰："学在知所有，养所有。"宜更玩之。鄙见以为，此道体用一原者也。①

"涵养须用敬，进学在致知"，乃程颐主要为学方式。湛甘泉在此引用，并非赞同程颐的为学方式，而是为了阐明体认、涵养并非先后性关系，而是并行性关系，如车之两轮，停则俱停，行则俱行；又如人之行路，足目一时并用，无分先后。因此，体认、涵养无分先后，不可截然分为二。至于在具体修行过程中，自一念之微，至具体事为，体认、涵养当一时俱用。语末，湛甘泉还劝诫友人仔细玩味程颢所谓"学在知所有，养所有"的深层意蕴。

可见，在为学告别初始阶段，进到深层阶段时，湛甘泉则主张体认、涵养不分先后，同时并用。这一体认、涵养的话语形式就是即体认即涵养。即体认即涵养克服了先体认后涵养将体认、涵养打成两截的流弊，使体认、涵养融为一体。相对于先体认后涵养，即体认即涵养更加圆融。在这个意义上，我们可以这么说，即体认即涵养乃是湛甘泉体认、涵养的究竟话语形式。

弟子对即体认即涵养若有所悟，于是将之比拟为"知""行"并进，并就此叩问湛甘泉：

> 博学笃行，固知行并进之功夫，今云："学者觉也，不求记焉，不求解焉。"则今日格一物、明日格一物者，为支离矣。"行者，存也。"则今日行一难事，明日行一难事，为支离矣。觉而存焉，道学而自修也；存而觉焉，行著而习察也，其至易矣，其至简矣。愿更详示。②

该弟子首先将整个为学归结为博学、笃行，而博学、笃行之间的关系可表述为"知""行"并进。从此出发，该弟子对其时两种为学方式进行了批驳。第一种为学方式将"学"理解为"觉"，于是以"格物"为务。第二种为学方式将

---

① （明）湛若水：《答太常博士陈惟浚六条》，《泉翁大全集》卷八，第15页。
② （明）湛若水：《新泉问辨录》，《泉翁大全集》卷六十九，第18页。

"行"理解为"存"，于是执着于日用之"行"。这两种为学方式，不是忽视"知"，就是忽视"行"，从而均陷入支离之窠臼。能够超越支离之窠臼的圆满之学，在该弟子看来，便是"觉"而"存"、"存"而"觉"。"觉"而"存"，在知"道"的同时即在践履"道"；"存"而"觉"，日用践履时即在习察"道"。为了表彰"觉"而"存"、"存"而"觉"这一为学方式，该弟子称这一工夫法门至简、至易。

对于该弟子的这一领悟，湛甘泉这样回应：

> 即觉即存，便是知行并进之功。今有以常知常觉为行，殆未免见性成佛之弊。释者只说了便罢，圣人之学，所谓觉者，所觉何事？所谓存者，所存何事？觉而存之，久而变化，乃可以成圣，所以不同，不可不仔细究竟。差之毫厘，谬以千里。①

总体上，湛甘泉还是认同该弟子的观点的，并将"觉"而"存"、"存"而"觉"总结为"即觉即存"。"即觉即存"，换言之，便是"知""行"并进。不过，相对于该弟子泛泛批驳其时为学之风，湛甘泉则更有针对性地揭示了其时为学之弊。其时不少人以常"知"常"觉"为"行"，这一见解，在湛甘泉看来，未免染有释教"见性成佛"之弊。这显然指向的是阳明"心学"。为了正本清源，湛甘泉诠释了"知""行"并进、常"知"常"觉"之别。释氏常"知"常"觉"往往停留在口耳层面，儒门"知""行"并进则追问所谓体认，所体认者为何事；所谓涵养，所涵养者为何事。在所知、所养的引领下，气质得以变化，久而成圣。在湛甘泉看来，释儒差之毫厘，谬以千里，不可不察。虽然于此湛甘泉并未点明儒、释之别，不过湛甘泉所谓知其所有、养其所有指向的是"天理"，由此我们便可知悉，在湛甘泉的心目中，儒、释之别在于对"天理"的态度：释教既未体察到"天理"，更遑论涵养"天理"；儒家则体察到"天理"，并对其加以涵养。

除了在"知""行"并进话语体系中言说即体认即涵养外，湛甘泉还在"执事敬"话语体系中言说即体认即涵养：

> 览昆季书，知各有用力处，孔门之学，惟有执事敬最是切要。彻上彻下，一了百了，致知涵养，此其地也。所谓致知涵养者，察见天理而存之也，非二事也。学不在多言，顾力行何如尔。张子"言有教，动有法，瞬

---

① （明）湛若水：《新泉问辨录》，《泉翁大全集》卷六十九，第18页。

有养，息有存，昼有为，宵有得"，最切于力行，无走作处。①

在这封致友人的信函中，湛甘泉欣然于友人工夫有所着落，认为孔门之学——"执事敬"最为根本、最为切己，是彻上彻下、一了百了的工夫法门。湛甘泉如此高度评点"执事敬"，其意在于以"执事敬"来进一步指点友人，冀其能于"执事敬"上用功。"执事敬"，尚待具体落实于致知、涵养这两个层面。湛甘泉还就此指出体认、涵养的关系不是先后性关系，而是相即性关系。所谓相即性关系，乃指体认、涵养不分先后的即体认即涵养。即体认即涵养意味着在察见"天理"的同时即加以涵养，涵养"天理"的同时即意味着体认。由此，湛甘泉得出这样的结论：为学的机枢并不在于辨析体认、涵养孰先孰后，而在于如何体认"天理"，如何涵养"天理"。言下之意，只有即体认即涵养才能真正体证到"天理"。湛甘泉还在信函中转述张载之言："言有教，动有法，瞬有养，息有存，昼有为，宵有得。"在湛甘泉看来，该语与即体认即涵养异曲同工，均强调为学务在力行，落到实处。

体认，在儒家思想体系中又可言为"致知"，故弟子杨仕鸣请教湛甘泉"致知涵养之别"，湛甘泉应之以"无二"，这就是说，湛甘泉认为体认、涵养本然一体，不可截之为二。杨仕鸣仍懵然不解，继续请求训示，湛甘泉继而诠释："知之所至，养亦至焉。是故知与养并行而不离也。"② 体认、涵养本然一体性的关系，甘泉这里表述为体认所至，涵养亦随之而至。由此，湛甘泉将体认、涵养的关系定位为"并行而不离"。

对于体认、涵养之次第，湛甘泉有两套不同的话语体系，一套是方便话语体系，另一套是究竟话语体系。方便话语体系为先体认后涵养。然而其有将体认、涵养打成两截的流弊。究竟话语体系则不分先后，即体认即涵养，因此体认、涵养互为一体，相即为一。在为学的不同阶段，体认、涵养有不同的次第。在为学初始阶段，可遵循先体认后涵养次第，以便先立个头脑。在为学接续阶段，待工夫熟练后，体认、涵养则不可分先后。若是还分先后，就将体认、涵养打成了两截。

二 为学起点：体认"生意"

既然将体认确立为为学的起点③，那么自然会遭遇如何体认，即如何切近

① （明）湛若水：《答邓瞻邓眣兄弟》，《泉翁大全集》卷八，第18页。
② （明）湛若水：《樵语》，《泉翁大全集》卷一，第13页。
③ 为学初始阶段，当先体认后涵养。为学熟练后，才可言即体认即涵养。因此为学还是以体认作为起点为谛当。

体认所指向的"天理"的问题，下面试图对这一问题给出回应。

一弟子言于湛甘泉："愚尝坐食东轩，见所畜鸭群卧喘息，与自家之呼吸一同，默喜而叹，见天地万物真与吾一体。推斯义也，虽欲自私得乎？然则先生所谓'随处体认'，不识此亦一事否乎？"① 这位弟子偶见窗外鸭群喘息，忽感悟到这一情景与自家呼吸极为相似，进而体悟到天地间万物又何外乎此。在此感悟中，该弟子体悟到天地间万物与己相隔无间，本为一体，并认为此乃千古圣学所倡，恐非一己之所得。该弟子就此叩问于湛甘泉：先生所谓"随处体认"，所指向的不就是此意？

对于该弟子之所思所悟，湛甘泉欣然回答：

> 吾所谓体认天理者，体认此而已矣！能将此身与天地万物作一体看，即痛痒相关便是仁，便是天理也。如是涵养！②

湛甘泉坦承其所谓体认"天理"与该弟子所体所悟并无二致。由于该弟子确有所悟，湛甘泉打破惯例，将自己为学根底完全透露：能放下此身，将其视为万物之一例，则与万物痛痒相关，此便是"仁"，便是"天理"。然而这只是为学的起点，并非为学的全部内涵，因此湛甘泉特意在语末提醒该弟子当由此涵养"天理"。

"天理"流行于天地间，于自然生生流行之际便可体认到生生之"天理"。"天理"流行于外，凝于内，由此可于外在自然间体认"天理"，亦可反身向内，体之于一己之"心"。在致友人聂文蔚的一封信函中，湛甘泉明确地给出了体认"天理"于心的方式：

> 来谕于随处体认天理，而会之以"执事敬"之一言，最亲切。或疑随处体认恐求之外者，殊未见此意。盖心与事应，然后天理见焉。天理非在外也，特因事之来，随感而应耳。故事物之来，体之者心也，心得中正则天理矣。③

在致湛甘泉的信函中，聂文蔚将甘泉工夫法门——"随处体认天理"会通于"执事敬"，湛甘泉对此表示赞同。聂文蔚是阳明后学代表性人物之一，不时与

---

① （明）湛若水：《问疑录》，《泉翁大全集》卷七十五，第11~12页。
② （明）湛若水：《问疑录》，《泉翁大全集》卷七十五，第12页。
③ （明）湛若水：《答聂文蔚侍御五条》，《泉翁大全集》卷九，第13页。

湛甘泉、王阳明有书信往来，交流为学的所感所悟。聂文蔚心领神会于甘泉工夫法门——"随处体认天理"，并将之会通于甘泉话语体系中的"执事敬"。"敬"，源于商周鼎革之际的忧患意识，体现为"临事而惧"。孔子进而将"敬"提升为重要的道德观念，以示处事应物要保持警觉、怵惕的状态。"执事敬"便是孔子"敬"之诸话语之一。历史演绎至有宋，重新崛起的儒学，特别是程朱理学重新拈出"敬"这一道德观念，并将其视为重要的修养方式。然而在"敬"的话语体系中，"执事敬"只是其众多话语形式之一，湛甘泉为何要凸显"执事敬"？下面的话也许给出了答案：

> 吾人切要，只于执事敬用功，自独处以至读书应酬，无非此意。一以贯之，内外上下，莫非此理，更有何事？①

湛甘泉重提"执事敬"，已跳出孔子原初的语境。在孔子原初的语境中，"执事敬"，只是强调有事之"动"时要谨慎、警惕；而为了迎合自己"随处"之"动"以涵"静"，湛甘泉则强调"执事敬"并不局限于"动"，亦涵盖"静"，以"执事敬"贯通"动""静"，涵"静"于"动"。在"执事敬"的工夫法门中，"动""静"相互贯通，内外浑然合一："故善学者，必令动静一于敬，敬立而动静浑矣。此合内外之道也，性之德也。"② 在这一转换了的语境中，湛甘泉高度评价"执事敬"："孔门之学，惟有执事敬最是切要。彻上彻下，一了百了。"③

其时有人对甘泉之"随处体认天理"持怀疑态度，认为如此"体认"，未免"体认"于外。持这一疑虑的学人不是别人，正是与湛甘泉志同道合者——王阳明。从己之"良知"说出发，王阳明认为湛甘泉"随处体认天理"可能会流于外。可能信从阳明之说，故聂文蔚在致函中，指出其"随处体认天理"有求之于外之嫌。在甘泉看来，其学乃内外合一之学，"天理"即内即外，无分内外，故"随处体认天理"并非体之于外，只是王阳明执一己之见，方有"随处体认天理"为"求之外者"之误。

为了消除不必要的误解，湛甘泉向聂文蔚揭示了"随处"体认"天理"的真正内涵。"天理"乃一团生意，流行于天地间，凝于一己之心。凝于一己之心的一团"生意"，犹如云岫之酝酿于山谷，氤氲隐约，乃心之"未发"状

---

① （明）湛若水：《答徐曰仁工曹》，《泉翁大全集》卷八，第4页。
② （明）湛若水：《答余督学》，《泉翁大全集》卷八，第11页。
③ （明）湛若水：《答邓瞻邓畛兄弟》，《泉翁大全集》卷八，第18页。

态。"未发"，无声无臭，浑然不可见，在这一状态下，"天理"不可直接体认。"生意"盎然于内，泪然欲发；生活于世，世事扑面而来。事是"所"，"心"是"能"；事之来，心应之，"能""所"交汇。在"心"与事应、能所交汇的那一瞬间，"天理"澄然而显。然而在"心"与事应的那一瞬间，"天理"并不必然澄然而显。与事相应，"心"可能趋于中正，亦有可能趋于偏斜。趋于偏斜，"心"随事转，"能"随"所"动，于是心灵失去本然的灵动性，"生意"枯槁；趋于中正，事随"心"转，"所"随"能"动，则心灵保持本然的灵动性，生意盎然。约言之，"天理"呈现的机枢在于与事相应的那一瞬间"心"是否趋于中正。

"心"与事应生成"情"。"心"与事应有正、乖之分，故"情"有真、伪之别："性触物而发，故谓之情。发而中正，故谓之真情，否则伪矣。"① 伪情为意，真情为"天理"。既然真情为"天理"，那么体认"天理"就是体认真情。

"天理"是就"情"之中而言的，于日用酬酢应变中便可体察到"天理"：

> 故见此体谓之见易，知此者谓之知道，是皆发见于日用事物之间，流行不息，百姓日用不知，要在学者察识之耳。此吾所谓察见天理之说也。②

"道"为生生之意，"生生之谓易"，于是湛甘泉将"易"与"道"等同起来。体察此"生意"便可谓见"易"，知此"生意"便可谓知"道"。"生意"流行于日用常行间，只是百姓日用而不知，学者为学之要正在于察识这一"生意"。

约言之，体察"天理"有内外两种方式："'鸢飞鱼跃'与'参前倚衡'同一活泼泼地，皆察见天理功夫。"③ "鸢飞鱼跃"象征天地间大化流行，"参前倚衡"象征"生意"贯于日用之酬酢应变。二者在湛甘泉看来均不失为察见"天理"的场景。察见天地间大化流行，可称为"察识"；察见"生意"贯于日用酬酢应变，可谓"体贴"。故湛甘泉云："体认有体贴之义焉，有察识之义焉。"④

---

① （明）湛若水：《复郑启范进士》，《泉翁大全集》卷八，第31页。
② （明）湛若水：《寄王纯甫验封》，《泉翁大全集》卷八，第2页。
③ （明）湛若水：《新泉问辨录》，《泉翁大全集》卷六十九，第8页。
④ （明）湛若水：《湛子约言》，《甘泉先生续编大全》卷三十，第12页。

三 为学接续：涵养"生意"

尽管对"天理"的内涵有不同的理解，但湛甘泉与王阳明不谋而合，均主张体认"天理"，不过在体认"天理"后，两人则分道扬镳。这从王阳明、湛甘泉思虑焦点的不同指向可窥见一斑："人若知这良知诀窍，随他多少邪思枉念，这里一觉，都自消融。真个是灵丹一粒，点铁成金。"① 王阳明思虑的焦点是学人不能致其"良知"，若能致其"良知"，"良知"见于斯，则一了百了。相对于"良知"见于斯，能不能体认到"生生"之"天理"固然为甘泉所担忧，然而他更为焦虑的是体认到的"天理"可能会随时丧失，"生生"可能会随时枯败。为了纾解此焦虑，湛甘泉于"随处体认天理"后加"而涵养之"，希冀通过涵养来保任"生生"之"天理"总流行于"心"。

湛甘泉以"随处体认天理而涵养之"作为自己的工夫法门，并以此金针度人。在致好友顾惟贤的信函中，湛甘泉写道："吾兄质赋浑厚，当能不为案牍所夺，随时随处察识天理而存养之，已不可量矣。"② 在湛甘泉看来，顾惟贤资质浑厚，自能不为案牍所湮没。与此同时，湛甘泉亦将己之工夫法门——"随处察识天理而存养之"传授给他，认为若能依此而修行，则学不可限量。

假若体认指向的是心中一团"生意"，那么涵养则是保任这一团"生意"："'鸢飞鱼跃'与'参前倚衡'同一活泼泼地，皆察见天理功夫，识得此意而涵养之，则日进日新。"③"生意"流行于天地之间，铺开于日用之际，即此而察，谓"体认天理"。由于体认到的"天理"可能会随时失去，故体认"天理"并非工夫的全部内涵，体认后即此而涵养，"生意"才能贯于己，生生不已。于此，工夫才达其终点。

湛甘泉一再申述这一主张：

> 认得天理，则或在天地，或在万物，或在人伦，或在卦画，无不是此天理，张子所谓"知道见易"，吾之所谓"知之养之"，皆谓此也，更有何事？④

在湛甘泉看来，若有双慧眼，便能体察到生生之"天理"随物即事而在。甘泉认为张载"知道见易"与其"知之养之"有异曲同工之妙。在留意二者异曲

---

① （明）王守仁：《王阳明全集》，第 106 页。
② （明）湛若水：《答顾惟贤金宪》，《泉翁大全集》卷九，第 32 页。
③ （明）湛若水：《新泉问辨录》，《泉翁大全集》卷六十九，第 8 页。
④ （明）湛若水：《新泉问辨录》，《泉翁大全集》卷六十九，第 14 页。

同工的同时，还应留意到二者之别。"知道见易"仅就体认层面而言，"知之养之"则不仅就体认层面而言，还关涉到涵养层面。对于天地间之"生意"，湛甘泉不仅如诸儒般申言体认，在此基础上，湛甘泉还强调继续加以涵养。

湛甘泉之所以强调继续加以涵养，在于只有经由涵养"初心"才能扩充至"本心"：

> 若赤子之心乃初真心，就此涵养，扩充盛大，光大高明，充实光辉，至熟处，便是化，故于作圣功夫为第一步也。①

赤子之"心"乃"初心"，"初心"喻"真心"之本然，若能就此"真心"之本然而加以涵养，则意味着扩充这一"初心"。扩充了的"初心"自然趋于廓大，就于灵明；涵养至熟处，其心便无迹而化。在甘泉看来，这便是为圣工夫的起脚处。

涵养过程便是扩充过程，于是湛甘泉将涵养等同于扩充，通过涵养，使"初心"扩充至"本心"。湛甘泉进而将这一涵养过程定位为作圣工夫的第一步，迈出此一步便可趋于圣贤。"初心"就是点点"生意"的萌蘖，涵养这点点"生意"，点点"生意"由此流布、泛滥，以至"生意"充满一心，便是"本心"。

孟子云："可欲之谓善，有诸己之谓信，充实之谓美，充实而有光辉之谓大，大而化之之谓圣，圣而不可知之之谓神。"（《孟子·尽心下》）在此语境下，甘泉展开了下面的阐述：

> 可欲之善，乃人之初心、良心、真心也，如树木之根初萌、桃杏之仁初出，蔼然生意，即此涵养，有之即是信，充实即是美，有光辉即是大，化而不可知即是神圣，都在这一点元初真实良心扩充去，非假借于外。②

可能为了避免"善"的缥缈性，孟子以"可欲"来修饰"善"。"善"源于内在本然心地，从此出发，湛甘泉将"可欲之善"指认为人之"初心"、"良心"、"真心"。本然心地蕴含无限"生意"，因此甘泉形象地用雨后"树木之根初萌"、初春"桃杏之仁初出"来形容"可欲"之"善"。在《孟子》原文中，"可欲之谓善"后的话语是："有诸己之谓信，充实之谓美，充实而有光

---

① （明）湛若水：《问疑录》，《泉翁大全集》卷七十五，第1页。
② （明）湛若水：《新泉问辨录》，《泉翁大全集》卷七十，第23页。

辉之谓大,大而化之之谓圣,圣而不可知之之谓神。"这是孟子对"可欲"之"善"一步步得以涵养而至神秘莫测天地境界生动的勾勒。在湛甘泉看来,孟子之所以能有信、美、大、圣的境地并最终趋于神秘莫测的天地境界,皆在于从最初的那点"良知"扩充而来,而非有假于外。

虽然同样是"心学",同样将为学建基于内心的那点"良知",同样将为学指向圣而神的境界,王阳明与湛甘泉在为学路径上还是有所区别。在甘泉视域下,内心的那点"良知"并不等于就是圣而神的境界,"初心"若要臻于圣而神的境界,还有待于涵养。亦可以这么说,在甘泉工夫体系中,涵养是不可或缺的一部分,若缺乏这一部分工夫,为学可能就会半途而废。在"良知"当下即是的理论背景下,阳明将内心的那点"良知"直接等同于圣而神的境界。在阳明看来,致得"良知"后,若再加以涵养,无异于冠上加冠、床上叠床。

在湛甘泉即体认即涵养这一工夫体系中,成圣成贤便有途径可依循,这便是体认并就此涵养心中那一点"生意":"须实见得人、物、事、世之理同处,如是涵养,乃可进德。"① 世间虽有人、物、事、世之别,然从天下一"理"来审视,人、物、事、世乃浑然一体,相即为一。此"理",在湛甘泉视域下,便是天地间流行之"生生",在"生生"的流行下,人、物、事、世无二无别。有见于"生意"流淌于天地间,并就此涵养,其德则日进不已。

"喜怒哀乐之未发,谓之中;发而皆中节,谓之和。"(《礼记·中庸》)当《中庸》成为有宋重新崛起的新儒家重要经典之一时,"中"、"和"便是重新崛起的新儒家讨论"心"、"性"的重要范畴。当湛甘泉言及体认、涵养时,亦将二者置于"中"、"和"视域下加以审视。弟子周冲就自己的工夫体会言于湛甘泉:"未发之中,惟圣人可说得,若是圣人而下,都是致和的工夫。然所谓和者,不戾于中之谓,乃是就情上体贴此中出来,中立而和生也,到得中常在时,虽并谓之致中和,亦可也。然否?"基于不同的工夫法门,周冲将人划分为两类——圣人、常人。圣人的工夫法门为直契式"致中",常人只能用"致和"的工夫。"和"乃就情之中而言,故体贴情之中便可"致和"。

对于周冲这一工夫体验,湛甘泉如是回应:

> 所谓"情上体贴此中出来"一句,与"中立而和生",皆是,其余未精。……若以未发之中为圣人分上,致和工夫为圣人而下学者分上,则又欠明了。所不睹不闻,即未发之中也,道之体也,学者须先察识此体而戒慎恐惧以养之,所谓养其中也。中立而和生焉,若谓自然而中,则惟圣可

---

① (明)湛若水:《问疑录》,《泉翁大全集》卷七十五,第33页。

能也。若功夫则正是学者本源紧要处，动以养其静。①

在认同"致中"、"致和"工夫法门的同时，湛甘泉亦指出不可将"致中"、"致和"分而归于圣人、常人。这一划分，实际上违背了"中立而和生"的一贯性。在工夫一贯性下，湛甘泉还是主张先体认"中"之体，然后在戒慎恐惧中加以涵养。言犹未尽，湛甘泉还对"自然而中"②进行了评点。湛甘泉认为唯有圣人才能"自然而中"。言下之意是，这一工夫并不具普适性，一般学人不可能循此工夫用功。既然不能"自然"而"致中"，那么一般学人如何才能"致中"？湛甘泉开出的药方是"为学"。在湛甘泉看来，一般学人只有通过为学才能"致中"。至于为学的具体方式，湛甘泉认为便是"动以养其静"。"动以养其静"，无疑属于涵养工夫法门谱系。

湛甘泉还从"情"的向度阐述涵养亦是为学不可或缺的一部分。如前所言，甘泉所谓的"天理"是就"情"之中正而言的，"情"顷刻可流，因此"中"顷刻可斜，"正"顷刻可妄。"中"、"正"则"生意"盎然，斜、妄则"生意"索然。欲使"情"始终保持"中正"，"心"始终维系贞定，必待涵养。然而涵养滋育、变化气质，不可一蹴而就，尚待长期、经久的涵泳。湛甘泉将这一过程称为"熟"：

> 天理是圣贤真种子，苗而不秀、秀而不实，虽有良种子亦无用，故体之为贤，熟之为大贤，熟之化之为圣人。夫人亦在乎熟之而已矣。学者虽涵养未熟，然顷刻体之，则顷刻便能顺应；若顷刻体认之功间断，即顷刻便倒行逆施。③

湛甘泉坦承"天理"乃圣贤的种子，然不同于其他宋明道学家，甘泉清醒地意识到此种子并不能天然地保证学人一定成圣成贤，正如苗而不穗，穗而不实，虽有种子亦无益。苗何以不穗？穗何以不实？这在于在种子发育的过程中，未得到充分的培育。相应地，虽有"天理"的种子，可若在为学过程中，并不注重涵养，那么"天理"便得不到充分的发育。换言之，"天理"之种子发育的程度，决定趋于圣贤的远近：体证到"天理"，最多只能成贤，欲成大贤尚待"熟"，熟而化方可谓成圣，故成圣成贤之机枢全在于"熟"。可见，在湛甘泉

---

① （明）湛若水：《新泉问辨录》，《泉翁大全集》卷六十七，第 26 页。
② "自然而中"所指向的是阳明"致良知"的工夫法门。参见乔清举《湛若水哲学思想研究》，第 177 页。
③ （明）湛若水：《新泉问辨录》，《泉翁大全集》卷六十八，第 19～20 页。

心目中，成圣成贤不仅有待于"天理"，更有待于涵养。若为学不加涵养，学人可能顷刻间体认到"天理"，亦可能顷刻间丧失之。在"熟"的话语中，湛甘泉在承认"天理"是圣贤种子的同时，亦充分觉察到涵养对于成圣成贤的重要性。可以说，在甘泉的为学体系中，"天理"只是为学的前提，涵养的程度则决定一个学人为学的成就。

涵养至熟，便可至圣。从涵养的向度，湛甘泉指出要警惕直契式体认：

> 意、心、身、家、国、天下一齐俱至，固是心事合一，随处体认天理功夫，久久熟后，心身了悟，自达天德，乃是知本，乃是知至，知本、知至，非浅浅闻见测度之知也。①

这还是在《大学》意、心、身、家、国、天下这一语境下进行表述的。湛甘泉坦承从心体之本然而言，心与事本然一体，意、心、身、家、国、天下一至则皆至。然而湛甘泉更清醒地意识到本然并不直接等同于实然，欲将本然落实为实然，尚待"随处体认天理"之工夫。"随处体认天理"熟后，身心了然，融于天地生生之运化中，这才可谓"知本"、"知至"。语末，湛甘泉语重心长地说："知本"、"知至"非一般学人为学工夫。

约言之，在湛甘泉心目中，欲为圣为贤，"天理"体于心仅仅是起点，体认并进而涵养之，方能在成为圣贤的路途上达于终点。涵养在湛甘泉"心学"思想体系中处于不可或缺的地位，而涵养在阳明"心学"体系中处于可有可无的地位。可以说，王阳明、湛甘泉在思想基点上相差无几，可正是对涵养的不同处置，导致王阳明、湛甘泉在"心学"路径上分道扬镳。

四 学以扩充：为学第三极

体认"生意"，涵养"生意"，为学至此并未抵达终点，在湛甘泉看来，为学还有第三极："扩充。"②

弟子沈某求教于湛甘泉："体认、扩充、存养三者有序乎？"该弟子困惑于体认、扩充、涵养之间的次序，就此而叩问。湛甘泉如是教诲："孰或先焉？孰或后焉？体认也者，知至至之也，是为存养，其扩充之功尽之矣。"③ 湛甘泉认为体认、涵养、扩充三者之间不可随便断言孰先孰后。既然体认、涵养、

---

① （明）湛若水：《新泉问辨录》，《泉翁大全集》卷六十七，第8页。
② 《孟子·公孙丑上》云："凡有四端于我者，知皆扩而充之矣。"
③ （明）湛若水：《雍语》，《泉翁大全集》卷六，第31页。

扩充不是先后性关系，那么，在湛甘泉看来，三者只能是相即性关系。至于在何种意义上三者达成相即性关系，湛甘泉如是云：体认之至，"心"中充满"生意"便是涵养；在这一涵养的同时，扩充之功亦尽在其中。

这一师徒间的问答透露出，在甘泉为学体系中，除了体认、涵养之外，尚有扩充。扩充与体认、涵养并列，是甘泉为学的第三极。为何在体认、涵养之外，湛甘泉还要将扩充纳入为学体系，作为为学的第三极？换言之，扩充对于湛甘泉为学有何特别意义？

弟子王崇庆读《孟子》有所得，向湛甘泉汇报其所悟："鄙见谓孟子七篇纯粹精矣，王道之完书也。然其纯而又纯，粹而又粹，则莫如'大人者，不失其赤子之心者也'一句，仲尼之后，一人而已。"王崇庆认为《孟子》七篇的精髓在于"大人者，不失其赤子之心者也"一句而已。对于这一所得，湛甘泉如是回应：

> 此句固极好，然亦要人善理会。若便以赤子之心为大人，更不须学问，便是生成的圣人，好佛、好径捷者据以为说，便至废学，其害岂小？其紧要只在不失，不失必须学问，学问之道无他焉，求其放心而已矣！学问所以求放心，是不失赤子之心也。盖赤子乃初心也，乃其真心。常人都是坏了才补，若大人，则从做赤子时元初一点真心，学问养将去。只从这元初一点真心，耿耿虚灵，良知良能渐渐扩充，至于致广大极高明，无所不知，无所不能。譬如一粒谷种子播在地上，又时时培养，由苗而秀，由秀而实，亦只是元初这一点生气扩充将去至此，非谓种子便是实也，故曰："不能充之，不足以保妻子。"与此互相发。①

湛甘泉大体认同王崇庆之所得，与此同时亦善意提醒，尚需善于体会"大人者，不失其赤子之心者也"的精微处。其精微处，在湛甘泉看来，就是不可据此将赤子之心直接等同于大人之心，于是不加学问，认为有天纵之圣人。在为学的立场上，湛甘泉无疑倾向于"心学"。不过甘泉之"心学"并不那么纯粹。基于直契本心的工夫法门，于具体之为学"心学"家多持可有可无的态度。湛甘泉则迥异于此，在倡导"良知"、"良能"的同时，亦提醒学人当留意"学"对于开启"良知"、"良能"的意义。这就是说，在认同"上达"——直契"良知"的同时，湛甘泉亦关注"下学"对于"上达"的启迪作用。只有直契"良知"之"上达"一截，而无"下学"一截，在湛甘泉看

---

① （明）湛若水：《问疑录》，《泉翁大全集》卷七十五，第8~9页。

来乃好佛、好捷径者之语。这就是说，在甘泉为学体系中，"下学"不是可有可无的，而是其不可或缺的一部分。"下学"的具体内涵便是扩充，在是否扩充这点上，湛甘泉认为常人与大人就此而分道扬镳。常人在失去"天理"之苗头后方欲求"天理"，大人则就原初一点"真心"苗头加以扩充，以至心地寥廓，心境空灵。为了说明扩充对于成圣成贤的必要性，湛甘泉以稻谷种子为例。稻谷种子播于地，须时时加以培育，种子才能苗而抽穗，抽穗而结实。稻谷生长的整个过程贯穿着最初种子的一点生意，就此种子最初一点生意扩而充之以至其实，但不可断言种子就是实。

"心学"罕言扩充，遑论学以扩充。湛甘泉则将扩充视为为学不可或缺的组成部分，并倡导学以扩充。

学以扩充在甘泉文本中并非孤例，在与另一弟子的对话中，湛甘泉亦提及这一话题。一弟子就教于湛甘泉："孟子孩提良知之说，何谓也？"湛甘泉这样开导："夫轲氏亦犹本其初心而示达之天下尔。"在湛甘泉看来，孟子云"良知"，不仅欲揭示人皆有"恻隐"之初心，更欲这一初心得以彰显，流布天下。该弟子仍不解，继续追问："达之将何如？"湛甘泉这样回答："其学、问、思、辨、笃行之功乎！"从表面上看，湛甘泉所答非所问。弟子所问乃初心达之天下是怎样的境界，甘泉却答之以学、问、思、辨、笃行可使初心流布天下。在这所答非所问中，湛甘泉表达了与其关注达之后的境界，不若脚踏实地从事具体工夫。所谓具体工夫便是学、问、思、辨、笃行。该弟子若有所悟，接着问："是亦犹四端扩充之，保四海者与？"对于该弟子之所悟，湛甘泉欣然认可："然。"① 正是在此意义上，湛甘泉不禁感叹："本立而多闻多见，所以灌溉培养之，最是。"② 本然"心体"确立后并未一了百了，尚待多闻多见。多闻多见犹如灌溉、培育种子，只有经此灌溉、培育，"心体"才可能苗壮成长。

为了更清晰地阐明学以扩充对于体认"天理"的必要性，湛甘泉还以磨镜来比喻：

> 人之心也，其犹镜乎！镜之明也，自然照物矣。心之明也，自能□□矣。学问思辨笃行，所以存养其知觉，其犹磨镜之工云尔。③

人心如镜，镜明待磨，方能照物；心之澄明，犹待为学，澄明方能明觉。学的

---

① （明）湛若水：《雍语》，《泉翁大全集》卷六，第 24~25 页。
② （明）湛若水：《新泉问辨续录》，《泉翁大全集》卷七十四，第 19 页。
③ （明）湛若水：《雍语》，《泉翁大全集》卷六，第 10 页。

具体内涵便是学、问、思、辨、笃行，正是在这一学、问、思、辨、笃行的过程中，本心得以涵养。

《四勿总箴》是湛甘泉对其工夫论的总结，在该文中，湛甘泉这样总结其工夫：

> 颜氏之子，有不善未尝不知，知之未尝复行，其知几乎！知几其神乎！学而至于几焉，至矣。几者，初念之功，力之最先者也，乾道也。乾知大始，先天之学也。勿之勿之，则诚敬立，成性存存而道义出焉，是故能养所有矣。知所有、养所有，知而勿去，圣学之事备矣。至于本体完复，与天高明，与地广大，与天地合其德，与造化合其功，天地在我，位育在我矣。①

儒门内颜回有孔门诸弟子之冠的美誉，一直以"乐"的形象出现，然湛甘泉依据"颜氏之子，其殆庶几乎！有不善未尝不知，知之未尝复行也"（《周易·系辞下》），故意将颜回塑造成好学者的形象。饶有趣味的是，颜回所知的对象非外物，而是内心之萌而"未发"之"几"。在知"几"的前提下，湛甘泉倡导以"勿之"②的方式存养心体。在此方式存养下，道义油然而显。湛甘泉将这一存养方式称为"知所有、养所有"。进而，湛甘泉认为"知所有、养所有"则"圣学之事备"。这就是说，圣学内涵无外乎"知"、"养"。"知"而"养"之，则心地澄明，本体复于其初。在本初的境地中，心与天同高明，与地同广大，与天地合其德，与造化同其功，天地不外乎我，"位育"蕴藉于己之一心。

学以扩充，"学"不仅支撑了扩充，更支撑了体认、涵养。体认、扩充、涵养虽可分别言之为三，然而在"学"的意义上，则三位一体。湛甘泉为学体系包含体认、扩充、涵养三个部分，而体认、扩充、涵养皆由"学"来支撑，这便意味着"学"支撑起甘泉整个为学体系，可以说甘泉之学建基于"学"。"学"，在阳明思想体系中，则找不到自己的位置。这乃基于阳明为学主要在"体"（"良知"）上用功。相对而言，由于对"学"的强调，湛甘泉主要在"用"（"学"）上用功。"学"的缺席导致阳明"心学"具有高蹈性、缥缈性。湛甘泉则将"学"契入其为学体系之中，从而使其"心学"建立在坚实的基础之上。因此，相对于阳明"心学"的高蹈性、缥缈性，甘泉"心学"更具

---

① （明）湛若水：《四勿总箴》，《泉翁大全集》卷三十二，第12页。
② 《论语·子罕》云四毋："子绝四：毋必、毋意、毋固、毋我。"

笃实、严密的色彩。可以说，对"学"的注重与否，导致阳明、甘泉"心学"呈现出不同的学术性格。

五 比较与评述：甘泉与宋明诸子体认、涵养观

在正面阐述完湛甘泉体证"天理"次第后，笔者将在这一小节比较湛甘泉与宋明其他道学家体认、涵养之异同，希冀在比较中进一步彰显甘泉工夫次第的独特性，进而评述湛甘泉体认、涵养观。

在言及体认、涵养时，必然遭遇"动""静"。由于"天理"流行不已、变化莫测，故道学家多主张"动"中体察，湛甘泉亦莫能外。至于涵养，由于"动"处不可着力，故道学家多主张"静"中涵养。因此，"静"存"动"察成为道学家主流体认、涵养模式。在"随处"的语境下，湛甘泉并不赞同"静"中涵养，这即意味着湛甘泉并不认同主流道学家所主张的"静"存"动"察模式。在湛甘泉看来，"静"存"动"察模式无形中将"动""静"打成两截。面对"动""静"二分的局面，明中叶道学家的使命之一便是打通"动""静"，从而使原本二分的"动""静"趋于一。明中叶两大硕儒王阳明、湛甘泉承此使命，然而两人承此使命的方式并不一样。湛甘泉提倡"随处"用功，在"随处"之"动"中贯通"动""静"，使"动""静"趋于一。王阳明早期以"循理"来贯通"动""静"，使"动""静"合于一①；后期则在其思想主旨——"良知""无间于动静"中将"动""静"一以贯之②。这就是说，湛甘泉、王阳明同倡"动""静"合一，然两人倡导的方式并不一致。王阳明主张"动""静"循于"天理"、"良知"，在一于"良知"中，"动""静"合于一；湛甘泉则倡导"随处"以"动"涵"静"，由此使"动""静"趋于一。湛甘泉、王阳明主张"动""静"一贯，还在于两人均意识到"静坐"之弊。克服"静坐"之弊，唯有"动""静"一贯。

在道学家中，首倡以体认、涵养来观照、发明"心""性"者乃程颢："学者须先识仁。……识得此理，以诚敬存之，不须防检，不须穷索。"③ 程颢主张为学之要在于体认"仁"，然后加以涵养。可见，在体认、涵养次序上，程颢主张先体认后涵养。程颢这一主张为湖湘学派所继承，"先察识后涵养"成为这一学派的为学范式。朱熹一度服膺"先察识后涵养"，然而很快便发觉这一工夫法门缺乏平日涵养一段，于是转而主张先涵养后察识。至于涵养、察

---

① 参见陈来《有无之境：王阳明哲学的精神》第十章第二节"工夫之有无动静"之"动与静"。
② 参见陈来《有无之境：王阳明哲学的精神》第十章第二节"工夫之有无动静"之"动与静"。
③ （宋）程颢、程颐：《二程集》，第16～17页。

识与"动""静"之间的关系，朱熹认为"静"处不可着力，只能涵养，"动"处进行察识，于是朱熹之涵养、察识与"动""静"关系可言为"静存动察"。① 随着朱熹思想的成熟，"静存动察"发展为"涵养须用敬，进学在致知"。为了克服"静"之弊，朱熹在涵养时有意识地规避"静"，而以"敬"代之。朱熹以"敬"的方式进行涵养。对于体认，朱熹则以"格物致知"的方式来表述，"今日格一物，明日格一物"，以期"豁然贯通"。当然，先涵养后察识只是大体而言，朱熹同时也主张涵养、察识并行，甚至交互用功。然而值得留意的是，在朱熹看来，"体认"就是"体认"，"涵养"就是"涵养"，二者不可相互代替，打并为一。

"二陆之意，欲先发明人之本心，而后使之博览。"② 这句话朱熹本就陆九渊发明本心与读书之间的关系而言，不过扩而言之，也可以理解为体认与涵养之间的关系。陆九渊提倡先体认后涵养，体认方式就是"先立乎其大"，以发明本心为为学之首务，在发明本心后再进行涵养。至于具体涵养方式，陆九渊则主张人情事变是涵养的落实之地："复斋家兄，一日见问云：'吾弟今在何处做工夫？'某答云：'在人情、事势、物理上做些工夫。'"③

尽管陆九渊与朱熹在体认、涵养的内涵、次序上迥然有别，但是陆九渊与朱熹一样，将体认、涵养进行二分，于"动""静"中分别用功，正如"动""静"二分一般。明中叶以前，不论是理学家，还是"心学"家，多循朱熹、陆九渊之途，将体认、涵养二分，并在这两个领域分别用功。④ 在"动""静"合一的引领下，明中叶学人开始意识到体认、涵养亦当趋于合一。而有此先觉意识者无外乎湛甘泉、王阳明。在此先觉意识的支配下，湛甘泉、王阳明在各自的思想图景中将二分的体认、涵养打并为一。

在为学次第上，作为"心学"家，湛甘泉与陆九渊有相似之处，但仅此而已，不论体认方式，还是涵养方式，两人皆迥然有别。陆九渊"先立乎其大"之体认方式，是排斥理性演绎的"直觉"。湛甘泉倡导的体认则是在"勿忘勿助"中涵养出个"天理"。至于涵养，陆九渊主张于人情事变中涵养，此与甘泉"动"中涵养极为相似，然湛甘泉涵养与体认是相即的关系，并没有一个单独的所谓涵养阶段。

---

① 蔡仁厚：《宋明理学·南宋篇》，吉林出版集团有限责任公司，2009，第56页。
② 束景南：《朱熹年谱长编》，华东师范大学出版社，2001，第532页。
③ （宋）陆九渊：《陆九渊集》，第400页。
④ 阳明弟子陈九川就意识到朱熹"动""静"工夫的二分性："昔晦翁以戒惧为涵养本原，为未发，为致中，以慎独为察识端倪，为已发，为致和，兼修交养，似若精密，而强析动静作两项工夫，不归精一。"（清）黄宗羲：《明儒学案》，第462页。

王阳明的体认方式则是其为学宗旨"致良知"。"致良知"的重要特质，笔者认为有三："见在性"、"简捷性"、"一体性"。在这三个特质的指引下，阳明试图在当下"良知"一念灵明中解决所有问题。然而阳明也意识到由"良知"当下一念灵明体证到"良知"后，学人仍面临"私欲气质与内外种种感性条件仍然形成阻隔"之危机，故尚待涵养。当然，王阳明所主张的涵养，并非湛甘泉"勿忘勿助"式涵养。其一，就涵养动力而言，湛甘泉主张在学中涵养，阳明则倡导"靠良知本身的力量"，"良知"本身的力量"不容已地要涌现出来"①。其二，就涵养方式而言，王阳明的主张是"事上磨炼"。弟子陈九川疑惑于"静坐用功，颇觉此心收敛，遇事又断了"，就此而请教，王阳明如是教诲：

> 人须在事上磨炼做功夫，乃有益。若只好静，遇事便乱，终无长进。那静时功夫亦差，似收敛而实放溺也。②

王阳明之所以不认同"静"中工夫，在于尽管可能于"静"时一"心"不动，贞于一志，然而"动"时遇事不免妄动不已。因此，修行还待"动"时遇事磨炼，如此方有益于学。

王阳明"事上磨炼"之涵养方式，与湛甘泉"随处"之"动"中用功似乎异曲同工，不料湛甘泉对此却并不认同。

弟子黄纶闻阳明"良知"之学，就问于湛甘泉：

> 或谓良知自明，不消更去穷理，只要来行上著力，但几微毫厘之辨，或恐行之过中失正，故讲学问辨之功，亦不可废，非以是为急也。此生之所未谕者，敢问？③

"或谓"显然是就阳明而言。阳明从其"良知"说出发，訾议程朱理学：其一，阳明认为"良知"自会知、自会行，故不必孜孜于穷理，直接于"行"中着力便可。其二，正与邪，在毫厘几微之间，"行"或过于中，抑或失于正，所以讲学、问辨也不可废，然而相对于"致良知"来说非所急。

王阳明发此论调，乃针对程朱理学因格物求理而流于外。可在湛甘泉看

---

① 蔡仁厚：《王阳明哲学》，九州出版社，2013，第24~25页。
② （明）王守仁：《王阳明全集》，第104页。
③ （明）湛若水：《新泉问辨续录》，《泉翁大全集》卷七十三，第19页。

来，阳明之说乃因噎废食，不能因为警惕格物求理流于外便将"学"置于等而次之的位置。

对于王阳明这一论调，湛甘泉如是反驳：

> 如或者之言，则止言"默而识之"可矣，何以又言"学而不厌"？止言"德之不修"可矣，何以又言"学之不讲是吾忧也"？止言"尊德性"可矣，何以又言"道问学"？盖不学则恐于德性默识皆不能无差耳。①

从古圣先贤多"知"、"行"并言的向度，湛甘泉对王阳明将学等而次之的论调进行了反驳。孔子言"默而识之"，同时亦言"学而不厌"；孔子之忧不仅在于"德之不修"，亦在于"学之不讲"；在子思心目中君子之为君子，不仅在于"尊德性"，更在于"道问学"。由此，湛甘泉得出这样的结论：若不从事于学，于默识德性过程中亦可能不可避免地趋于歧路。

约言之，湛甘泉、王阳明同倡"动"中涵养，然"动"中涵养的内涵有所差别，主要体现在对"学"的态度上。王阳明因"良知"自会知、自会行的自信而对"学"采取等而次之的态度。而在即体认即涵养的主张下，湛甘泉倡导"学"是涵养的主要形式，于"学"中加以涵养。

湛甘泉、王阳明体认、涵养之别不仅体现于体认、涵养的内涵上，还体现在体认、涵养的关系上。湛甘泉、王阳明均主张体认、涵养一体，然而一体的方式并不相同。众所周知，"致良知"是王阳明为学的根本主旨，在"致良知"的视域下，体认可以涵括涵养，故体认、涵养之合一乃合一于体认。湛甘泉则倡导即体认即涵养，于"学"的过程中，体认、涵养相互融合为一。至于湛甘泉体认、涵养合一于体认，还是合一于涵养，笔者认为，体认、涵养之合一乃合一于涵养。② 因此，相对于王阳明以体认统领涵养，湛甘泉则主张以涵养统领体认。换言之，王阳明工夫之究竟在于体认，湛甘泉工夫之究竟在于涵养。顿悟、渐修本是对禅宗之南宗、北宗为学方式的一种形容，儒家慢慢亦接受这种陈述模式，对某一儒者工夫法门是顿悟还是渐修，会有所分

---

① （明）湛若水：《新泉问辨续录》，《泉翁大全集》卷七十三，第19页。

② 王时槐在比较阳明与白沙工夫时，如是云："阳明先生之学，悟性以御气者也；白沙先生之学，养气以契性者也。此二先生学所从入之辨也。""悟性"可谓体认，"养气"可谓涵养，因此，在王时槐看来，阳明与白沙工夫之别在于体认与涵养。参见（明）王时槐《三益轩会语》，《友庆堂合稿》卷四，《王时槐集》，钱明、程海霞编校，上海古籍出版社，2015，第511页。王阳明与陈白沙工夫之别在于体认与涵养，那么阳明与白沙传人甘泉工夫之别亦可言为体认与涵养。王阳明亦自觉地意识到湛甘泉工夫特质在于涵养："造诣之深，涵养之久。"（明）王守仁：《答甘泉（己卯）》，《王阳明全集》，第194页。

判。阳明之体认乃就"良知"当下一念灵明之体认，故可言为顿悟；而湛甘泉之涵养乃经久之涵养，故可言为渐修。至于湛甘泉渐修式涵养的具体方式，下文拟做具体解析。

第三节　勿忘勿助："随处体认天理"之具体路径

湛甘泉将"随处体认天理"标示为自己的不二工夫法门：

> 随处体认天理，即孔子求仁，造次颠沛必于是，曾子所谓"仁以为己任，死而后已"者也。①

孔子一生孜孜于"仁"，可谓造次于斯，颠沛于斯。正如孔子以求"仁"为己任，湛甘泉将"随处体认天理"视为自己的根本工夫法门，不可须臾离之。然而这一根本工夫法门只是勾勒了工夫的大略图景，指明了工夫的大致路向。至于如何用功，"随处体认天理"并未给出具体路径。不过下面的话语也许给出了些许线索：

> 心具生理，故谓之性。性触物而发，故谓之情。发而中正，故谓之真情，否则伪矣。道也者，中正之理也。其情发于人伦日用，不失其中正焉，则道矣。……"勿忘勿助"，其间中正处也。此正情复性之道也。②

如前文所言，湛甘泉从"情"之中正与否来界说"天理"，而趋于"情"之中正的方式，正是"勿忘勿助"。③ 这就是说，"勿忘勿助"才是具体工夫路径。打个比方，"随处体认天理"只标识了为学的路标，"勿忘勿助"才是在此路标指引下的具体工夫路径。

---

① （明）湛若水：《约言》，《甘泉先生续编大全》卷三十，第108页。
② （明）湛若水：《复郑启范进士》，《泉翁大全集》卷八，第31页。
③ 湛甘泉将"情"之中正与否，甚至追溯到"一念"中正与否。弟子程世洪叩问于湛甘泉："人以静坐为善学，然静必有物，有物者，天理也，参前倚衡之谓也，未知其气象为何如？抑不知一念正时便是否也？"世洪以"静坐"为自己的工夫法门，并由"静"体知生生天地之跃动。世洪的困惑在于，气象是什么样的，一念于此是否中正。湛甘泉对此的回应是："自于一念正时自识取，气象难说。"此非口耳之说，待具体实践之。一念中正时，自然会体认到"天理"。至于玄渺的气象，湛甘泉给予了模棱的评述："难说。"参见（明）湛若水《新泉问辨续录》，《泉翁大全集》卷七十二，第1页。

一 "勿忘勿助"：圣圣相传的工夫谱系

"勿忘勿助"之说并非湛甘泉首创，而是接着其业师陈白沙话头而讲。鉴于当时学人为学非"忘"即"助"，陈白沙倡导"自然"之说，以救"助"补"忘"。对于白沙"自然"之说，湛甘泉推崇备至："石翁此说（引者按：此说乃'自然'之说）救了世儒许多束缚，甚有功于名教，惟知道者信之。众人疑焉，何足深怪！"①

湛甘泉立于白沙门下时，陈白沙一再言传身教，以"自然"之学相授：

> 天命流行，真机活泼。水到渠成，鸢飞鱼跃。得山莫杖，临济莫渴。万化自然，太虚何说？绣罗一方，金针谁掇？②

> 人与天地同体，四时以行，百物以生，若滞在一处，安能为造化之主耶？古之善学者，常令此心在无物处，便运用得转耳。学者以自然为宗，不可不著意理会。③

作为江门之学传人的湛甘泉，对白沙"自然"之学心领神会。湛甘泉首次公开阐发自己所领悟的"自然"之旨要追溯到《晬面盎背论》④ 一文：

> 汤□曰：此论乃元明湛先生在太学时作也。章德懋先生为国子祭酒，出题试诸生，谓连日阅卷，无可意者，后得先生此论，大惊异，称为老友也。⑤

此文写于弘治十七年（1504）。业师陈白沙去世后，湛甘泉奉母命北上，入南京太学学习。⑥ 其时南京国子监祭酒为章懋。⑦ 章懋以《晬面盎背论》试诸生，连续翻阅数日，未有称其意者。当翻阅至甘泉所撰的《晬面盎背论》时，章懋眼前一亮，深深为湛甘泉的宏义邃论所折服，竟然认后辈学子湛甘泉为"老友"。

① （明）湛若水：《答问》，《甘泉先生续编大全》卷二十七，第 28 ~ 29 页。
② （明）陈献章：《示湛雨》，《陈献章集》卷四，第 278 页。
③ （明）陈献章：《与湛民泽》（七），《陈献章集》卷二，第 192 页。
④ "晬面盎背"一语出自《孟子·尽心上》："君子所性，仁义礼智根于心。其生色也，晬然见于面，盎于背，施于四体，四体不言而喻。"
⑤ （明）湛若水：《晬面盎背论》，《泉翁大全集》卷三十三，第 5 页。
⑥ 参见黎业明《湛若水年谱》，第 21 页。
⑦ 章懋生平及思想可参考（清）黄宗羲《明儒学案》第 1074 ~ 1078 页。

湛甘泉的《睟面盎背论》何以能令国子监祭酒章懋折服？我们还是摘录其中一段，让文字本身说话：

> 盖其诚于中，形于外，和顺其心，发于面目，畅于四肢，盖自有不可掩者，其天机之不能已乎！夫二五精英，得其秀者为人，人而得其粹者为性，故天有元而人则有仁，天有利而人则有义，天有亨而人则有礼，天有贞而人则有智。仁、义、礼、智，人之所以得于天者也。得于天者，天之机也，非人之所为也，人之所为则非天矣。此所以寂而能感，静而能动，内而能外，隐而能彰之枢机也。君子必有事焉而勿正，心勿忘，勿助长，所以存天之机，而不以人力参之也。本体自然，不犯手段，积以岁月，忽不自知其机之在我，则其睟于面，盎于背，皆机之发所不能已。①

湛甘泉从陈白沙所授"自然"之学的维度详尽阐发了"睟面盎背"的命题。不过，湛甘泉将陈白沙"自然"之义更具化为"勿忘勿助"②。章懋乃陈白沙的旧友③，认同白沙"自然"之学，而湛甘泉正是从白沙"自然"之学语境下阐述"睟面盎背"的。对于白沙"自然"之学，章懋自了然于心，然通过"勿忘勿助"将"自然"之蕴阐释得如此明晰，章懋大感意外，为之折服亦在情理之中。

正德二年（1507），王阳明被贬至贵州龙场，湛甘泉与之依依惜别，并赋《九章赠别》以赠，其中一章这样写道：

> 皇天常无私，日月长盈亏。圣人常无为，万物常往来。何名为无为？自然无安排。勿忘与勿助，此中有天机。④

湛甘泉将自己的"自然"之学透露给王阳明，希冀给予困顿中的王阳明些许慰藉，开导王阳明坦然面对困境。

---

① （明）湛若水：《睟面盎背论》，《泉翁大全集》卷三十三，第 3~4 页。
② 白沙亦倡"勿忘勿助"，然白沙"勿忘勿助"多在"自然"语境中言说，并未单独倡导过，甘泉则通过"勿忘勿助"以倡"自然"之学，使"自然"之学更具直观性。
③ 成化二年（1466）陈白沙最后一次赴京参加会试。这次逗留京都之际，陈白沙与章懋初次相识，不过两人一见如故。在章懋去世后，湛甘泉撰写奠文。在奠文中，甘泉自称"门生"，并如是评价章懋："夫子之生，天笃其性，不揉而直，柔顺中正，人曰'克温'。温而亦厉，表里如一，人己无异。"（《奠故大宗伯枫山章先生文》，《泉翁大全集》卷五十七，第 10~11 页）
④ （明）湛若水：《九章赠别》，《泉翁大全集》卷四十，第 2 页。

在其后的为学历程中，特别是思想趋于成熟时，湛甘泉正式将白沙的"自然"之学修正为"勿忘勿助"。① 既然"勿忘勿助"根源于白沙"自然"之学，那么湛甘泉亦在"勿忘勿助"的语境下阐述白沙"自然"之学。在《白沙全集》重新翻刻之际，湛甘泉如是勾勒白沙之学：

> 白沙先生之诗文，其自然之发乎？自然之蕴，其淳和之心乎？其仁义忠信之心乎？夫忠信、仁义、淳和之心，是谓自然也。夫自然者，天之理也。理出于天然，故曰自然也。在勿忘勿助之间，胸中流出而沛乎，丝毫人力亦不存。……盖其自然之文言，生于自然之心胸；自然之心胸，生于自然之学术；自然之学术，在于勿忘勿助之间，如日月之照，如云之行，如水之流，如天葩之发，红者自红，白者自白，形者自形，色者自色，孰安排是，孰作为是，是谓自然。②

湛甘泉从"自然"的维度勾勒白沙之学，与此同时，亦从"自然"的语境中拈出"勿忘勿助"，作为自己的工夫法门。《宋明理学史》撰写者就此指出："陈白沙心学'以自然为宗'，是指一种无任何负累的、本然的、绝对自由自在的精神状态……但在湛若水心学里，却把陈献章的'自然'理解为、修正为体认天理时的'勿忘勿助'、无一毫杂念的一种态度，一种无任何纷扰的心理状态。"③《宋明理学史》撰写者敏锐地觉察出甘泉之"勿忘勿助"源于白沙之"自然"，并就此指出白沙之"自然"为"无任何负累的、本然的、绝对自由自在的精神状态"，这也无不当，但是将湛甘泉"勿忘勿助"仅仅理解为体认天理时的一种态度、一种心理状态，恐未契湛甘泉原意，也许将"勿忘勿助"理解为体认天理的具体方式更为中允。

湛甘泉不满足于学之所承仅仅追溯至陈白沙，更欲构建一历史谱系，在这一历史谱系中叙述"勿忘勿助"，以证明"勿忘勿助"工夫具有合理性。陈白沙认为其"自然"之学非一己之学，乃圣圣相传之学："昭昭《圣学篇》，授我自然度。"④ 不过，陈白沙只是笼统地表述圣圣相传，至于圣圣相传之谱系，并未清晰地勾勒出来。作为白沙传人的湛甘泉，则承白沙之脉，具体勾勒出了"自然"之学的传承谱系。

---

① "西樵山居之后，他（甘泉）扩展发挥随处体认天理的内涵，指出随处体认天理的工夫的核心在勿忘勿助。"王文娟：《湛甘泉哲学思想研究》，第 319 页。

② （明）湛若水：《重刻白沙先生全集序》，《陈献章集·附录三》，第 896 页。

③ 侯外庐、邱汉生、张岂之主编《宋明理学史》（下），第 189 页。

④ （明）陈献章：《读张地曹偶拈之作》，《陈献章集》卷四，第 305 页。

在湛甘泉看来，陈白沙"自然"之学，经由程颢，可以上溯至孔子、孟子：

> 宋儒以老庄为自然惑之也。既不信自然，何以谓之天理？理只是理耳，而谓之天者，天然之理，天之所为，无丝毫人力安排也。且先师此二字本出于程子，程子无丝毫人力之说出于孟子勿忘勿助之说。自古圣贤之言必同条共贯，乃见天理之一本也。①

"自然"，本是道家经典话语，因此宋儒不乏将老庄之学视为"自然"之学者。在湛甘泉看来，此乃宋儒之惑。在表达这一看法时，湛甘泉实际上已将"自然"的专利权从道家手中收到儒家手中。湛甘泉之所以能做到这一点，就在于其对"天理"进行了重新诠释。在湛甘泉看来，"天理"之天乃就生生之流行而言。生生之流行的特质是纯任天道自然，无丝毫人力安排，这就是湛甘泉心目中的"自然"之三昧。在湛甘泉对"天理"进行这一新的诠释后，"自然"从道家转手到儒家就变得理所当然。以此来审视道家，老庄虽言"自然"，却因远离生生之流行，故并未能契合"自然"之三昧。作为儒家概念的"自然"学有所承，陈白沙是明中叶"自然"之学的承续者，其较近的源头可追溯到程颢的"无丝毫人力"，而较远的源头，则可追溯到孟子的"勿忘勿助"。在这一上溯过程中，湛甘泉将话语进行了转换，"自然"之境界被不着痕迹地置换为"勿忘勿助"之工夫。

湛甘泉将程颢的"无丝毫人力"与孟子的"勿忘勿助"联系起来，本身就是很有见地的认知。"勿忘勿助"出于《孟子·公孙丑上》。有人问孟子"何谓浩然之气"，孟子这样回应：

> 难言也。其为气也，至大至刚，以直养而无害，则塞于天地之间。其为气也，配义与道；无是，馁也。是集义所生者，非义袭而取之也。行有不慊于心，则馁矣。我故曰：告子未尝知义，以其外之也。必有事焉而勿正，心勿忘，勿助长也。（《孟子·公孙丑上》）

该段话前半截阐述了"养浩然之气"的内涵与功能，后半截则论述了"养"的具体方式——"勿忘勿助"。"养浩然之气"之"养"极为重要，因为缺少"养"，"浩然之气"便缺少了主体的参与，庶几落为空言。然前贤恰恰多留意于"浩然之气"，于"养"则未曾多加留意，遑论"养"的方式——"勿忘勿

---

① （明）湛若水：《答问》，《甘泉先生续编大全》卷二十七，第21~22页。

助"。湛甘泉在白沙"自然"的语境下，拈出"勿忘勿助"作为自己工夫论的核心范畴，并予以系统阐述，这是湛甘泉对儒学原典的创新性阐释，也是其独具个性的儒学体系的重要组成部分。

"天理"存于内，反身向内，求则得之。求之方，在湛甘泉看来便是"勿忘勿助"。这一体认"天理"之方，在湛甘泉看来，千年间唯孟子得以揭示："孟子之学，其至矣乎！勿忘勿助，其敬之规矩矣乎！孔子之学非孟子弗明。"[1] 在表述孟子之学是学的完美形态的同时，湛甘泉亦点出孟子为"学"的秘诀是"敬"，而"敬"之规矩便是"勿忘勿助"。湛甘泉进而指出孔子之学非孟子无以明，由此将"勿忘勿助"推源至孔子：

> 孔子志于学即是志于道，道者自然也。从十五时便志于自然之道，至七十从心所欲不逾矩，方得自然之道，到此方是了手，前后始终一致也。[2]

"十有五而志于学"，"学"，原本泛指一般性的学习，湛甘泉却将此"学"的对象具体导向"道"，而"道"的内涵便是"自然"。于是，湛甘泉在"自然"视域下重新诠释孔子的为学历程：从十五志于学，孔子就踏上"自然"之学的路途，至七十"从心所欲不逾矩"，"自然"契于心。"自然"之学，贯穿孔子为学之始终。

从孔子、孟子到程颢，湛甘泉编织出"自然"之学圣圣相传的脉络：

> 此与千圣千贤论学工夫皆同条共贯，千圣千贤之学皆主此自然，稍涉忘助便不是自然，便不是圣贤这条路上人也。[3]

在这一圣圣相传的"自然"之学脉络中，"自然"亦成为圣学的标准。循此"自然"，便是圣学；违此"自然"，则远离圣学。

湛甘泉煞费苦心地勾勒出"勿忘勿助"之为学谱系，除了证明"勿忘勿助"工夫具有合法性、正统性外，更欲彰显自己乃这一谱系的当下传人：

> 夫自然者，圣人之中路也。圣人所以顺天地万物之先，而执夫天然自有之中也。夫路一而已矣，学者欲学圣人，不先知圣人之中路，其可至

---

[1] （明）湛若水：《雍语》，《泉翁大全集》卷六，第 10 页。
[2] （明）湛若水：《答问》，《甘泉先生续编大全》卷二十七，第 7 页。
[3] （明）湛若水：《新泉问辨续录》，《泉翁大全集》卷七十三，第 9～10 页。

乎？先师白沙先生云："学以自然为宗。"当时闻者或疑焉。若水服膺是训，垂四十年矣，乃今信之益笃。盖先生自然之说，本于明道明觉自然之说、无丝毫人力之说。明道无丝毫人力之说，本于孟子勿忘勿助之说。孟子勿忘勿助之说，本于夫子无意必固我之教。说者乃谓老、庄明自然，惑甚矣。①

这是湛甘泉对自己一生为学的理论总结，更是对千年儒学工夫论谱系的完整建构。我们完全可以不认同湛甘泉对"勿忘勿助"工夫论谱系的建构，甚至认为其过度诠释亦无不可，但儒学千百年来的发展似乎都在证明，正是在这一类"过度诠释"中，儒学理论才得以不断充盈，儒学本身亦在此过程中不断前行。

二 "勿忘勿助"：体认"天理"之规矩

"随处体认，勿忘勿助乃其体认之法。"②"勿忘勿助"是"体认天理"的具体路径，"体认天理"落于"勿忘勿助"，方行之有效，否则便如"空中楼阁"，自说自话。

弟子李世用向湛甘泉汇报其对"随处体认天理"、"勿忘勿助"之间关系的理解：

> 用领勿忘勿助之教，即随处体认天理，随处体认天理，勿忘勿助自见，勿忘勿助乃存心之法，犹规矩云尔。是随处体认天理，专于心上求之云云。③

李世用心领神会于"勿忘勿助"之教，认为此教便是湛甘泉昔日"随处体认天理"之教。也就是说"勿忘勿助"之教即"随处体认天理"之教。在"随处体认天理"的过程中，"勿忘勿助"自然呈现。"勿忘勿助"是涵养本心之法，涵养本就是体认，故"勿忘勿助"亦可谓"随处体认天理"的规矩，依据"勿忘勿助"，方能体认到"天理"。唯恐他人误解"随处体认天理"为体认于外，语末李世用还强调"随处体认天理"要在"心"上用功，是"心学"工夫法门。

对于李世用对"随处体认天理"与"勿忘勿助"之间关系的理解，湛甘

---

① （明）湛若水：《自然堂铭》，《泉翁大全集》卷三十三，第 16 页。
② （明）湛若水：《答问》，《甘泉先生续编大全》卷二十六，第 3 页。
③ （明）湛若水：《新泉问辨续录》，《泉翁大全集》卷七十三，第 21 页。

泉如是评点：

> 此段中间，谓"随处体认天理，专于心上求之"，及前一段"勿忘勿助乃存心之法"，皆是也。若谓"随处体认天理，勿忘勿助自见"，则倒说了。此处紧要，不可不精察也。①

对于李世用的这一理解，在有所认同的同时，湛甘泉亦指出其尚存在罅漏。湛甘泉所认同之处，一是"随处体认天理，专于心上求之"，一是"勿忘勿助乃存心之法"。罅漏之处则在于李世用所言"随处体认天理，勿忘勿助自见"。湛甘泉认为这句话说倒了，也就是说，只可通过"勿忘勿助"来"随处体认天理"，而不可倒过来，通过"随处体认天理"来达至"勿忘勿助"。

在这段对话中，师徒均认同"勿忘勿助"是存"心"之法。这就是说，"勿忘勿助"是"体认天理"的基本规矩、具体路径，通过"勿忘勿助"，方能窥见"天理"。

弟子刘心学有所惑，故叩问于湛甘泉：

> 道之浩浩，何处下手得力？虽有随处体认、勿忘勿助之法，然日用间殊觉泛泛。窃谓譬之射者，见的所在，斯操弓约矢，正志直体，可以求中，若不见正鹄，则所射者何物？巧力虽全，亦无地而妄施矣。②

弟子刘心听从湛甘泉之教诲，从"随处体认天理"、"勿忘勿助"处用功，可是日用间还是泛泛，面对浩渺之"道"，不知从何处着手。于是，刘心自忖，"体认天理"如同射箭，见靶标所在，然后拉弓置箭，端正身体，集中精神，则可射中靶标。若不瞄准靶标，则射者目标何在？尽管有技巧，亦无所施。在射箭之比喻中，刘心紧紧抓住靶标，这就表明其对"体认天理"若有所悟，然于"体认天理"的具体路径——"勿忘勿助"，仍徘徊于门外。

面对刘心的困惑，湛甘泉这样开导：

> 只勿忘勿助体认天理，便自有见，即如射者之见的也。以为泛泛从事者，殆恐于体认功夫未能实用其力耳。③

---

① （明）湛若水：《新泉问辨续录》，《泉翁大全集》卷七十三，第21页。
② （明）湛若水：《新泉问辨录》，《泉翁大全集》卷七十，第1页。
③ （明）湛若水：《新泉问辨录》，《泉翁大全集》卷七十，第1页。

湛甘泉指出刘心日用间之所以泛泛，未能体认到"天理"，在于日用间未曾把捉到着力之方。日用间着力之方便是"勿忘勿助"，换言之，于"勿忘勿助"中自有所见地，此中便可把捉到"天理"。在这段开导话语中，湛甘泉认为与其抓住宗旨——"天理"，不若从事具体工夫——"勿忘勿助"，在"勿忘勿助"中便可体认到"天理"。

正因为将"勿忘勿助"视为"随处体认天理"的不二路径，故湛甘泉曾这样感喟："圣学只此一个路头，更无别个路头，若寻别个路头，则终枉了一生也。"①

画圆、画方，必依规矩，在规矩的规约下方能画圆、画方。湛甘泉借用"规矩"这层含义，指出唯有通过"勿忘勿助"，方能体认到"天理"，否则便是缘木求鱼。在此意义上，"勿忘勿助"是"随处体认天理"的不二路径。

然而基于"必有事"——"致良知"，王阳明对湛甘泉"勿忘勿助"这一工夫法门时有訾议。面对此訾议，湛甘泉如是回护：

> 惟求心必有事焉，而以勿助勿忘为虚，阳明近有此说，见于与聂文蔚侍御之书，而不知勿正勿忘勿助，乃所有事之功夫也。求方圆者必于规矩，舍规矩则无方圆，舍勿忘勿助，则无所有事而天理灭矣。②

在湛甘泉心目中，欲"必有事"，必待"勿忘勿助"，在"勿忘勿助"的指引下才能趋于"必有事"。正如求方、求圆必依规矩，舍规矩去求方、求圆，则无方、圆，舍"勿忘勿助"而求"必有事"，亦无"事"可求。

为了说明"勿忘勿助"是"体认天理"的不二路径，湛甘泉一再以规矩为例：

> 必有事焉，乃吾终日所谓随处体认天理；勿正心勿忘勿助长，乃所有事之功夫规矩也，亦吾所谓体认天理之功夫规矩也。若舍勿忘勿助之功，而求必有事焉，则所事或过不及，不中不正而非天理矣。近日或有主必有事焉，而非勿正勿忘勿助之功也，不亦异乎？求有事于天理者，必勿忘勿助，譬之为方圆者，必以规矩。是方圆非规矩，可乎？③

---

① （明）湛若水：《答聂文蔚侍御五条》，《泉翁大全集》卷九，第14页。
② （明）湛若水：《新泉问辨录》，《泉翁大全集》卷六十九，第11页。
③ （明）湛若水：《新泉问辨录》，《泉翁大全集》卷六十九，第23页。

这里湛甘泉还是回到孟子，在"必有事焉而勿正，心勿忘，勿助长"的语境下言说"勿忘勿助"是"随处体认天理"之规矩。湛甘泉将"必有事"理解为"随处体认天理"，那么"勿正心勿忘勿助长"便是"必有事"之规矩，亦即"随处体认天理"之规矩。若舍弃"勿忘勿助"而求"必有事"，则或过或不及，由此趋于偏斜，远离"天理"。其时有学人倡导"必有事"，而否认"勿正勿忘勿助"之功。这里的"学人"显然是指王阳明。面对这一訾议，湛甘泉的反应是："不亦异乎？"这说明，在湛甘泉心目中，"勿忘勿助"是体认"天理"的不二路径，舍弃这一工夫法门，就不可能体认"天理"。可能王阳明是自己昔日的同道者，而这一同道者亦对自己为学发出这样的訾议，湛甘泉忍不住继续感慨：既然为学均在于体认"天理"，发明本然"心体"，那么怎么可以放弃体认"天理"、发明本然"心体"的规矩——"勿忘勿助"？

为了进一步彰显"勿忘勿助"是体认"天理"之规矩，湛甘泉还一再利用比喻来加以说明：

> 必有事焉，此吾丹头真种子也；勿正勿忘勿助，乃吾之火候也。无火候是无丹也，非勿正勿忘勿助，是无所事也。舍火候而欲炼丹，譬如世念仙念佛，而未尝有做仙佛功夫也；又如念念欲为方圆，而未尝就规矩做方圆功夫也，岂不落空矣乎？[1]

炼丹、念仙、念佛是其时宗教信仰常态，湛甘泉便在这一通俗的语境下阐述舍弃"勿忘勿助"无以体认"天理"。湛甘泉以真丹砂为"必有事"，火候为"勿正勿忘勿助"，舍弃"勿正勿忘勿助"之火候，却欲炼成真丹砂，正如欲成仙、成佛，却放弃念仙、念佛之工夫。在佛、道信仰这一通俗的语境下列举三个例子后，湛甘泉还是回到规矩语境：欲画方、画圆，却舍弃规矩，这岂不是临渊羡鱼？

有刘生者言于湛甘泉：

> 勿忘勿助，其间乃中正处，天理见矣。这是必有事而勿正，乃集义之的也。若曰："君子之学，集义而已。"苟非必有事则忘，正以期其效则助，皆非也。故申之曰勿忘勿助长，以状其集义之准的耳，所谓节度是也。盖既以集义为主，则此四句者，皆反复以言乎其功也，而论者以勿忘勿助为无实柄。夫既以必有事为提头，不知所谓勿正者，又将置之何地

---

① （明）湛若水：《新泉问辨录》，《泉翁大全集》卷六十九，第23～24页。

耶？凡若此类，请解释文义明白，则众论自归一；不尔，则人不求之心，而姑以传讹也。①

鉴于其时有学人（受王阳明之影响者）哓哓于"集义"，并訾议"勿忘勿助"，刘生请湛甘泉阐明"勿忘勿助"之旨，以免以讹传讹。

湛甘泉这样阐明"勿忘勿助"之旨：

> 此孟子说出千古圣人不传之秘奥，舍此则无学矣。如欲为方圆，不以规矩，是从何者为方圆？故曰"必有事焉"，此一大头脑也。然恐有事之心或过，则易至于预期其效，则所有事者反为私意，故继之以勿正。既有事而勿正矣，又恐勿（王）［正］之心或愈不及，则易至于忘所有事，亦是私意，故继之以心勿忘。既勿忘矣，又恐勿忘之心或过，则易至于助长，亦是私意，故继之以勿助长。此十三字反复交互说，如旋螺文，极为精密，只欲人不失之多、不失之少，此心在勿忘勿助之间，常中中正正，敬立而道义出矣。文公"节度"二字最好玩。②

为了彰显"勿忘勿助"，湛甘泉将其定位为"千古圣人不传之秘奥"。这一千古圣人不传之秘奥，孟子首揭之。湛甘泉亦认同"必有事"乃为学之大头脑，不过湛甘泉清醒地意识到若过于执着于"必有事"，以至有所期待，则"必有事"反而堕为一己之私意，于其间当以"勿正"纠之。在"勿正"的过程中，亦当留意，以防松懈以至忘却"必有"之"事"，在这一过程中当继之以"勿忘"。"勿忘"或滑向助长，这亦是私意，故当继之以"勿助长"。因此，"必有事"、"勿正"、"勿忘"、"勿助长"四者当循环用功，不可忽其一。如此用功，便不会失之于多抑或失之于少，"心"始终处于"勿忘勿助"间，就于中正，"敬"便油然而立，道义便悠然而出。语末，湛甘泉还提示刘生在为学过程中当仔细玩味朱熹"节度"二字。

从表面上看，湛甘泉并未直接回应刘生之问。不过，在正面表述"必有事"、"勿正"、"勿忘"、"勿助长"四者当循环用功时，湛甘泉实际上已经指出王阳明"必有事"工夫之罅漏。

为了更好地把捉湛甘泉"勿忘勿助"之学特质，有必要将湛甘泉的工夫论与王阳明的工夫论做一个简单比较。湛甘泉与王阳明均认同"必有事"，以体

---

① （明）湛若水：《新泉问辨续录》，《泉翁大全集》卷七十三，第 28~29 页。
② （明）湛若水：《新泉问辨续录》，《泉翁大全集》卷七十三，第 28~29 页。

认"天理"作为双方共同的为学宗旨。然而，王阳明将"必有事"——"致良知"作为自己工夫的全部内容，在"良知"的朗照下，一切自会知、自会行。湛甘泉亦认可"必有事"，认为若无此大头脑，为学便会茫然，失路于歧，然而"必有事"并不能包含工夫的全部内涵，在体认到"天理"后，更待涵养，否则"天理"亦会"得而复失"。在"得而复失"的焦虑下，湛甘泉更强调，在经久的涵养中"天理"才能真正契于心，从而与"心"融为一体。

三 "勿忘勿助"：涵养式体认

"天理"为"情"之"中"，"勿忘勿助"为"随处体认天理"之不二路径，这就意味着经由"勿忘勿助"方能契于"情"之"中"。必须留意的是，"勿忘勿助"契于"情"之"中"的方式，并非直契式，而是一个渐次的涵养过程。在"勿忘勿助"这一涵养过程中，"情"方渐次趋于"中"。对"情"之"中"的契入，亦可谓体认，是对"心"中生生之意的体察。因此，"勿忘勿助"并非单纯地涵养，在涵养的同时亦在体认，通过涵养以达到体认的目的。在此意义上，本书将湛甘泉通过"勿忘勿助"体认"天理"的方式称为涵养式体认。

"勿忘勿助"是个渐次过程，这一渐次过程包含"勿忘"、"勿助"、"无己"、"虚"诸步骤，经由这些步骤至于情之"中"；情趋于"中"，心念刹那间湛然凸显，心所蕴含之"生生"便透显而出。

言"勿忘勿助"这一涵养式体认过程，须从"忘"、"助"讲起："忘助皆物也，勿忘勿助之间，其神之至妙不测者与！"[1] 湛甘泉直接将"忘"、"助"指称为物，其中原委何在？"忘助皆私心也。滞于物、胜于事，皆忘也；矜持、欲速皆助也。"[2] 所谓"忘"，乃滞于物，牵于事，从而遗忘"天理"；所谓"助"，乃含矜持之心，持期必之意，从而扭曲"天理"。不论是"忘"还是"助"，均出于一己之私心，由此远离本然心体。出于一己之私心，则有滞，有滞则"生意"滞塞。在"生意"滞塞的层面上，湛甘泉将"忘"、"助"称为"物"。相应地，"勿忘勿助之间"，过滤世间物欲，澄汰期必之心，无一己之私，生生不已，神妙莫测，故湛甘泉言之为"神"。

弟子余胤绪向湛甘泉抱怨自己"学之不进"，湛甘泉如是开导："中有物也。有物则梗，梗则滞，今之功名利达，其学之大梗也与！"[3] 在湛甘泉看来，

---

① （明）湛若水：《新泉问辨录》，《泉翁大全集》卷六十九，第25页。
② （明）湛若水：《雍语》，《泉翁大全集》卷六，第1页。
③ （明）湛若水：《雍语》，《泉翁大全集》卷六，第5页。

余胤绪学之不进的原委在于感物而动，感物而动"心"则有梗，"心"中有梗则物滞于"心"而污染心。为了进一步启发余胤绪，湛甘泉直接指出其时人人所孜孜追逐的功名利禄便是"心"中之梗、滞。在湛甘泉看来，学之不进的根源在于物欲。针对此症，湛甘泉开出"勿忘"的药方，时时提起"天理"，"心"中物欲便会汰滤，梗、滞便会消弭。"心"无梗、滞，心地则泰然，"真心"便豁然而显："勿忘勿助之间，真心自见，而无欲一体在是矣。"①

欲望只是心体之梗、滞的一面，心体之梗、滞还有另一面，即过于执着于"心体"，以至将"心体"执为一物。

弟子谢显将自己近时为学的苦恼倾诉于湛甘泉：

> 心体天地万物，元来只此心，得其中正时，虚明之本体既复，而生生之理自是不息，自是与天地万物相为流通，不成要把个躯壳之心安顿着天地万物而后为体也。向来落此想象，心中常若有物，恁地不洒脱，近才觉得全放下为对症之方，然尚未能豁然于怀耳。②

谢显感慨"心"能体天地万物而将天地万物包含于一"心"之内。只要趋于中正，"心"便具有此功能。在谢显看来，中正之"心"保持着最初心体的虚明，由此心地所蕴含的"生意"汩然欲涌，从而与世间万物相互感通。与此同时，谢显亦意识到不可将血气之"心"想象为天地之"心"，可惜谢显自己就曾陷入这一想象之中。于此想象之中，"心"中恍然有物，这怎么可能洒脱？最后，谢显表达其近来觉得"全放下"可对治"心"中恍然有物之病，然而内心仍未能确认，所以就教于湛甘泉。

对于谢显为学未确认处，湛甘泉这样教诲：

> 此是吾子悟处。体认天理，正怕想象，亦恐人认作逐物去，都于全放下处有得。白沙先生诗："千休千处得。"斯言岂欺我哉？勿忘勿助，便是全放下功夫。全放下非放倒也。③

湛甘泉显然认同谢显以"全放下"对治"心"中恍然有物之病。在湛甘泉看来，"体认天理"不当，将"天理"想象为心中一物，将导致追逐想象之物而

---

① （明）湛若水：《问答》，《甘泉先生续编大全》卷二十五，第18页。
② （明）湛若水：《新泉问辨续录》，《泉翁大全集》卷七十二，第14页。
③ （明）湛若水：《新泉问辨续录》，《泉翁大全集》卷七十二，第14页。

迷失自我。于此间"全放下"，方能实有所得。为了彰显"勿忘勿助"，湛甘泉这里引用白沙诗句"千休千处得"，以将"全放下"归于"勿忘勿助"话语体系之中。语末，为了避免不必要的误会，湛甘泉提示"全放下"乃放下心中想象之物，并非放弃心体本身。

"全放下"，湛甘泉又言为"放开"：

> 学者紧要勿忘勿助体认天理，若真见得天理亲切，则自廓然大公，而广大高明之本体自复，即所谓"放开"，非谓见理之后，又有所谓放开也。若如此说，却又看小了天理也。圣人川上之叹，即此便是道理。程夫子谓其要在谨独，此是切实用功处。①

湛甘泉言"放开"，不是简单地重复"全放下"，而是在诠释"放开"时，消除先体认到"天理"然后再"放开"的误解。真正的"放开"乃体察"天理"亲切后，廓然大公，广大高明之"心体"亦自然恢复。这就是说，"放开"与体认"天理"是一体的、并进的，并没有先后次序性关系。孔子川上之叹，便是言此"放开"境界，程颢所言"谨独"工夫，便是此"放开"切实用功处。

"全放下"，湛甘泉将其纳入"勿忘勿助"视域下来理解：

> 全放下即勿忘勿助，如此天理便见。故曰："非全放下，终难凑泊。"不放下即意必固我之私。②

在湛甘泉看来，"全放下"本就是"勿忘勿助"。当初湛甘泉欲投身于白沙门下，为了考验湛甘泉，陈白沙故意说道："非全放下，终难凑泊。"湛甘泉心领神会，烧了"部檄"，以示从学于陈白沙的决心。可以说，"全放下"乃甘泉为学的起脚处。基于自己为学体验，湛甘泉还指出，若不放下，必然趋于"意必固我"，从而陷入一己之私的窠臼。

"全放下"本是陈白沙话语，湛甘泉承之，并将其置于"勿忘勿助"的视域下。假若"全放下"之"勿忘"对治的是对物欲的贪执，那么"全放下"之"勿助"对治的便是对"天理"的执着。在体认"天理"的过程中，有可能过于执着于"天理"，从而将"天理"执为一物。针对这一病症，湛甘泉开出的药方是"全放下"之"勿助"。

---

① （明）湛若水：《新泉问辨录》，《泉翁大全集》卷七十，第2页。
② （明）湛若水：《答洪峻之侍御》，《泉翁大全集》卷十，第21页。

这就是说，在湛甘泉视域中，不仅执着于物欲之"忘"是"物"，执着于"天理"亦是"物"。摆脱"物"的方式，在湛甘泉看来，非"勿忘"、"勿助"不可。经由"勿忘"、"勿助"，才能摆脱"物"之纠缠。彻底摆脱"物"之纠缠，湛甘泉将这一境界称为"无己"。执着于"物"则有己，有己则见弃于天；一无所执，则"无己"，"无己"则同于天："天道无己，天非他，即人物而在耳。故有己之心，谓之弃天。"①

"无己"，指称无执着性的自我意识，这一自我意识，湛甘泉又称为"虚"：

> 虚者，其学之本乎！夫器之容物，以中虚也。故学在澄其心，澄心然后能虚，虚然后能受益。易曰："君子以虚受人。"②

湛甘泉将"虚"定位为为学的根本。可见，心"虚"对于甘泉为学有特别重要的意义。为了说明这一点，湛甘泉举了一个形象的例子：器皿中虚，才能容纳物体。在湛甘泉看来，"虚"对于"学"的意义在于虚怀若谷，方能海纳百川。湛甘泉进而引《周易》"君子以虚受人"，以示心地虚廓，方能容纳他人。这里湛甘泉所言之"虚"，已不是陈白沙语境中心地虚寂，而是心地廓大。这亦可窥见陈白沙话语染有释、老色彩，湛甘泉话语则摆脱了释、老之影响。

"虚"与不"虚"，是心的分界线："吾只有一虚心在耳，心虚而中见，犹心虚而占筮神，落意识、离虚体，便涉成念之学。"③ 心地不"虚"，则落于意识，念念相续，烦恼不已；心地趋于"虚"，则心地澄明，不偏不倚，趋于"中"，灵明不已。

由"虚"致"中"，亦可言为清扫心地以趋于"中"。人之心地往往黏滞于"物"，从而多趋于偏倚、乖戾；清扫心地，一无所滞，心境廓然，心地自然不偏不倚，趋于"中"。"中"，心地则"生意"盎然。由"虚"而"中"，由中而"生"，"虚"是"生"的必要前提："人心贵虚，虚则生生之意蔼然于中，可默识之矣。"④

"虚"是"生"的必要前提，趋于"虚"，心地方充满"生意"。为了说明其中的道理，湛甘泉还是回到天地，在天地的视域下言说：

---

① （明）湛若水：《新论》，《泉翁大全集》卷二，第5页。
② （明）湛若水：《雍语》，《泉翁大全集》卷六，第21页。
③ （明）湛若水：《语录》，《湛甘泉先生文集》卷二十三，《四库全书存目丛书·集部》第五十七册，第136页。
④ （明）湛若水：《雍语》，《泉翁大全集》卷六，第27页。

> 人心之虚也，生意存焉。生，仁也。生生，天地之仁也，塞则死矣。
> 圣人之心，太虚乎！故能生万化，位天地，育万物，中和之极也。必有主
> 而后能虚。[1]

人"心"若"虚"，心地所蕴之"生意"则泪然欲发。在此意义上，"生"是
人"心"之"仁"，"生意"在天地间的流淌便是天地之"仁"。在"虚"而
能"生"的层面上，圣人之"心"便是"太虚"。由是圣人之"心"便是万物
化生的渊薮。为了区别于释教虚无幻灭之"虚"，语末，湛甘泉还特意提示
"心"有主方可谓"虚"。

"虚"，湛甘泉又言为"胸中无事"，由此"斯天理见矣"。[2]

"敬"是程朱理学的重要话语，不论是程颐还是朱熹，均将"敬"视为主
要修养方式。现实中人心不免放逸，如何降伏此心，是宋明理学家所面临的重
要课题之一。程颐所采取的对策便是"敬"：

> 敬只是主一也。主一，则既不之东，又不之西，如是则只是中；既不
> 之此，又不之彼，如是则只是内。存此，则自然天理明。[3]

在程颐看来，主于一处，"心"便不会走作。朱熹则接着程颐话语而讲："只
是要收敛此心，莫要走作，走作便是不敬。"[4] 在朱熹的视域里，"敬"之工夫
在于收敛其心，莫令走作。在唯恐"心"之放逸的情结下，程朱的主张是
"心"存谨畏。

湛甘泉沿用"敬"这一话语，然而其内涵已悄然发生改变，这就是说，湛
甘泉并不是在程朱理学"主一"语境中言说"敬"的。

湛甘泉毫不掩饰其对程朱理学"敬"说的不满：

> 云"敬者，心在于是而不放之谓"，此恐未尽。盖程子云"主一之谓
> 敬"，主一者，心中无有一物也，故云"一"，若有一物则二矣，故孟子曰
> "心勿忘勿助长"，勿忘勿助之间乃是一。今云"心在于是而不放"，谓之
> 勿忘则可矣，恐不能不滞于此事，则不能不助也，可谓之敬乎？[5]

---

① （明）湛若水：《新论》，《泉翁大全集》卷二，第 19 页。
② （明）湛若水：《雍语》，《泉翁大全集》卷六，第 26 页。
③ （宋）程颢、程颐：《二程集》，第 149 页。
④ （宋）朱熹：《朱子语类》卷一一八，《朱子全书》第十八册，第 3734 页。
⑤ （明）湛若水：《答聂文蔚侍御五条》，《泉翁大全集》卷九，第 13 页。

在致湛甘泉的信函中，聂文蔚曾这样界说"敬"："敬者，心在于是而不放之谓。"聂氏如是界说，显然受到程颐"主一之谓敬"的影响。湛甘泉直言这种说法未尽合于圣意。如前所云，程朱理学将"敬"理解为内心警惕以防止放逸的"主一"，湛甘泉仍沿袭程朱"主一"之说，却抽空其内涵，别出心裁地诠释为"心"中廓然无一物。"心"中若有一物，在湛甘泉看来已非一，而是二。既然"心在于是而不放"不可趋于"一"，那么"勿忘勿助之间"才是通向"一"的唯一路径。从此向度来审视"心在于是而不放"，只可谓"勿忘"，然未免执着于有所事，故不可谓"勿助"。

同样倡导"主一"，程朱理学所提倡的是"心"主于一处，湛甘泉所倡导的则是"心"无有一事。"心"无有一事，自然趋于和乐。这就是说，在甘泉语境中，"敬"具有和乐的色彩。主于一处，意味着"心"处于拘绊的境地，这就使得程朱理学语境中的"敬"不可避免地染有谨畏色彩。也就是说，甘泉"敬"之色彩与程朱理学"敬"之色彩迥然有别：前者趋于和乐，后者则就于谨畏。

显然，基于自己和乐为学风格，湛甘泉对程朱理学之"敬"进行了改造。不过程朱理学占据明中叶官方意识形态的地位，朱注四书仍是科举的敲门砖，职是之故，其时学人难免受其学影响，即便甘泉弟子亦莫能外。弟子葛涧受程朱理学影响，故不解地问："敬何以和乐？"湛甘泉如是回应："敬者一也，一者无欲也，无欲则洒然而乐矣。"① "敬"趋于"一"，"一"则纤尘不染，纤尘不染则洒然和乐。"敬"，可谓甘泉重要的工夫法门之一，然而湛甘泉视域下的这一工夫法门已摆脱程朱理学式主于一处的"主一"，转而主张无所执着的洒然。换言之，甘泉"敬"之工夫与"虚"异曲同工，均趋于廓然虚寂的境地。

当趋于廓然虚寂的境地时，"心"中生意则蔼然而生。"虚"何以能体"心"中所蕴含之"生"？此有待"中"之中介：

> 吾得之洪范矣，知偏党反侧作好恶之非道，则知中正矣。中正者，天下之至道也，是故无意必固我，而发皆中节，君子可以知道矣。②

湛甘泉在这里宣称其对"中"的理解源于《尚书·洪范》。"道"与"非道"的区别，在湛甘泉看来，不在于偏斜、好恶本身，而在于是否意识到偏斜、好

---

① （明）湛若水：《雍语》，《泉翁大全集》卷六，第2页。
② （明）湛若水：《樵语》，《泉翁大全集》卷一，第22页。

恶。趋于偏袒,有所好恶,乃"非道";知悉趋于偏袒,洞察有所好恶,乃
"道"。偏袒、好恶,乃自发性情绪,无所谓偏斜抑或中正。待对偏袒有所知,
对好恶有所觉,"中"方得以浮现。在"知"的引领下,意识从自发跳跃至自
觉,并在这一自觉状态下,就于中正之"道"。而自觉的方式,湛甘泉指认为
"毋意"、"毋必"、"毋固"、"毋我"。

由"虚"而"中","中"则为天下之"至道"。至此,"勿忘勿助"至其
终点。即经由"勿忘勿助",叩开"中"之门:"欲见中道者,必于勿忘勿助
之间。"① 其实,在湛甘泉看来,"勿忘勿助",全然放下,无所偏倚,便可窥
见"中":

> 盖勿忘勿助之间,只是中正处也。……学者下手须要理会自然功夫,
> 不须疑其圣人熟后,而姑为他求。盖圣学只此一个路头,更无别个路头。②

"勿忘勿助之间"便可切近"中正",学者为学,当于此着手,循此"自然"
工夫用功。不必妄测这一工夫法门是圣人熟后的工夫,于是从事其他工夫法
门。圣学只此一个工夫路径,别无其他路径。

对于"中",湛甘泉是就"情"之"中"而言的:

> 故中正而天下之理得矣,天下之理得,而位育在其中矣。心性之失
> 也,情流之也。情非流也,失其中正故流。惟君子立其中正,故情不流;
> 情不流,故性不凿;性不凿,故虚实之体全。③

湛甘泉从"情"的向度讲"性","情"趋于"中正"便是"性",趋于偏斜
则非"性"。湛甘泉还从"念"的向度讲"情",执着于物欲,落于意念,
"情"便趋于偏斜;无所执着,不挂于意念,"情"则就于中正。落于意念,
则念念相续,烦恼不已;不挂于意念,则前后际断,念念孤明。在此念念孤明
中,过去、未来已退场,当下一念的刹那得以出场,心灵呈现空灵虚廓的
境地。

可以说由"中"切入当下心念的刹那,所绽放的空灵虚廓便通向"心体"
之妙:

---

① (明)湛若水:《天关精舍语录》,《泉翁大全集》卷十三,第38页。
② (明)湛若水:《答聂文蔚侍御五条》,《泉翁大全集》卷九,第14页。
③ (明)湛若水:《复郑启范进士》,《泉翁大全集》卷八,第31页。

> 须要得其门，所谓门者，勿忘、勿助之间便是中门也，得此中门，不
> 患不见宗庙之美、百官之富，责志去习心是矣。先须要求此中门。①

在回答弟子察见"天理"从何处下手这一问题时，湛甘泉指出"须要得其
门"。其门便是"勿忘勿助之间"。在勿忘勿助之间，叩开"中"之门，由此
便不患不见"宗庙之美"、"百官之富"之病。言下之意是，"心体"之妙即可
窥见。

湛甘泉还故弄玄虚，如是言说"心体"：

> 勿忘勿助元只是说一个敬字，先儒未尝发出，所以不堕于忘，则堕于
> 助，忘助皆非心之本体也。此是圣贤心学最精密处，不容一毫人力。故先
> 师石翁又发出自然之说，至矣。②

"忘"、"助"均远离"心"本然之体。相应地，"勿忘勿助"则契于"心"本
然之体，湛甘泉故作神秘之语："此是圣贤心学最精密处。"只有其业师陈白沙
揭橥"自然"之学，方泄露"心学""最精密处"些许信息。

由于本然"心体"神妙莫测，无法用言语直接表述，湛甘泉便以比喻来言
说："忘与助则天理灭矣，便是死汉，无生意了。勿忘勿助之间正是生生，所
谓真种子也，息存乃其工夫也。"③ 一如既往，湛甘泉还是以"种子"来比喻
本然"心体"，"种子"之喻所指向的正是"生意"。"忘"、"助"导致"心"
中"生意"萧索，而使"心"中"生意"充沛的方式正是"勿忘勿助"。通过
"种子"之喻，湛甘泉将本然"心体"引向"生意"。不过在这一比喻过程中，
湛甘泉所着意的与其说是"种子"之喻，不若说是保任而不失去"生意"的
路径。可见，相对于"生意"本身，湛甘泉更着意的是如何保任"生意"。在
湛甘泉看来，既然本然"心体"难以表述，那么不若踏实地从事"勿忘勿助"
工夫，以保任本然"心体"所蕴含的"生意"。

"勿忘勿助"之所以能叩开本然"心体"的"生意"之门，在于臻于"勿
忘勿助"时，心灵便从容不迫，停停当当，内心由此升起一种真切之感。这种
真切之感透显着"心"本来的样子。这就是说，经由"勿忘勿助"，"心"本
然之体才能以其本然的样子得以呈现：

---

① （明）湛若水：《新泉问辨录》，《泉翁大全集》卷六十七，第10页。
② （明）湛若水：《答聂文蔚侍御五条》，《泉翁大全集》卷九，第14页。
③ （明）湛若水：《答问》，《甘泉先生续编大全》卷二十八，第25页。

存心于不疾不徐，即勿忘勿助之间，则自坚定、自昭融、自激昂、自澄定、自广大、自流行不息，天德在我矣。①

湛甘泉在"自"的话语中表述本然之心体：自坚定，自昭融，自激昂，自澄定，自广大，自流行不息。既然本然"心体"的特质在于"自"，那么只能以"自"的方式来契入。"不疾不徐"、"勿忘勿助"所指向的正是"自"。

经"勿忘勿助"，心地廓然而处"中"，当下一念孤明，本然"心体"所蕴含的"生意"汩涌欲发。因此，"勿忘勿助"不再单纯是涵养，在涵养的同时亦在体认："惟常存此心，勿忘勿助时，便常见此，更无别法。"② 时时以"勿忘勿助"存养此心，"生意"便从本然"心体"汩然而涌。因此，"勿忘勿助"在存养本然"心体"的同时，亦在体认本然"心体"。在此意义上，本书将"勿忘勿助"界定为涵养式体认。

"勿忘勿助"是湛甘泉工夫话语主要形式之一，湛甘泉常常言及，不过湛甘泉有时亦言"勿忘勿助之间"。时而"勿忘勿助"，时而"勿忘勿助之间"，有学人困惑于湛甘泉两种说法的使用，进而质疑是否有随意之嫌。为了区别两者，弟子李世用将自己对"勿忘勿助之间"的理解语于湛甘泉：

> 心性之学，在乎勿忘勿助之间；勿忘勿助之间，在乎存心而已；存心则觉，始悟图说之妙，诚见夫心外无天地万物，存心则觉而无不可也。③

李世用认为欲体察本然"心体"之妙，当于"勿忘勿助之间"。欲达于"勿忘勿助之间"，当保任"心体"之本然。经这一保任，便可体悟到《心性图说》的微妙，有见本然"心体"包乎天地万物，天地万物无外乎本然"心体"。

对于李世用这一理解，湛甘泉这样评述：

> 所谓悟图说之妙，诚见夫心外无天地万物，存心则觉，此言亦是。若谓心性之学在乎勿忘勿助之间，可也；又谓勿忘勿助之间在乎存心，则不可也。盖勿忘勿助即存心功夫，非勿忘勿助之外又有所谓存心也，此处不可不辨。④

---

① （明）湛若水：《答问》，《甘泉先生续编大全》卷二十六，第25页。
② （明）湛若水：《新泉问辨续录》，《泉翁大全集》卷七十二，第19页。
③ （明）湛若水：《新泉问辨续录》，《泉翁大全集》卷七十三，第20页。
④ （明）湛若水：《新泉问辨续录》，《泉翁大全集》卷七十三，第20页。

欣慰于李世用能够体察到《心性图说》之微妙，与此同时，湛甘泉亦指出其对"勿忘勿助"的理解存在错谬。湛甘泉认为，只可谓"心性之学在乎勿忘勿助之间"，而不能说"勿忘勿助之间在乎存心"。这就是说李世用错误地理解了"勿忘勿助"与保任本然"心""性"之间的关系，是"勿忘勿助"在保任本然"心""性"，而不是相反。由此，湛甘泉不禁感慨"勿忘勿助"是"存心"的不二法门，在"勿忘勿助"之外并不存在其他"存心"法门。

有时湛甘泉对"勿忘勿助"、"勿忘勿助之间"确实不加区分，不过湛甘泉对二者的使用，还是有规律可寻的。"勿忘勿助"是一种工夫法门，"勿忘勿助之间"则是运用此种法门而至当下心念的一刹那。对于"勿忘勿助之间"的当下心念一刹那，湛甘泉如是形容："勿忘勿助之间，即是的当处。顷刻在此，私意习心成心一切皆了。"① "勿忘勿助之间"即当下心念一刹那，前无所挂，后无所染，私意、习心便如尘垢般消散。

经由"勿忘勿助"抉发出的本然"心体"，是"生生"之渊薮，蕴含无限"生意"，因此湛甘泉这样形容本然"心体"："此体流通，本是自然，加一毫意思也不得，减一毫意思也不得。"② 在"生意"的流贯下，本然"心体"本内外相互贯通，自其而然，若加减丝毫之意，则有损于本然"心体"。

既然本然"心体"不能以丝毫之意加减，那么欲使心地趋于"中"，只能通过优柔厌饫、时识时存的涵养方式：

> 忘与助则天理灭矣，便是死汉，无生意了。勿忘勿助之间正是生生，所谓真种子也，息存乃其功夫也。息息存存，勿忘勿助，天理见前，即上下与天同运。平川云：用此工夫，久而有见，是真见也。若今人曾未有此功夫，与语恰似说梦，一念一息存存，虽之夷狄，不可弃也。非我不弃他，他自不弃我也。这田地非言语所及也。③

在这一段文字中，湛甘泉指出"勿忘勿助之间"正流淌着"生生"之意，这一"生生"之意，湛甘泉喻为"真种子"，而"勿忘勿助"正是体认本然"心体"所蕴含"生生"之意的不二法门。在表述"勿忘勿助"时，湛甘泉引入另一重要话语——"息存"。此处"息"乃时时刻刻之意，"息存"意味着时时刻刻存养，不可须臾忽略。这就揭示了"勿忘勿助"优柔厌饫、时识时存的

---

① （明）湛若水：《新泉问辨续录》，《泉翁大全集》卷七十二，第29页。
② （明）湛若水：《新泉问辨续录》，《泉翁大全集》卷七十一，第9页。
③ （明）湛若水：《答问》，《甘泉先生续编大全》卷二十八，第25页。

重要品性。湛甘泉还借平川之语，指出"勿忘勿助"乃为学真工夫，循此用功，久之便实有所见。意犹未尽，湛甘泉还从反面表明若今人未曾于"勿忘勿助"实用其功，与之言"天理"，便似与之说梦。须臾间不可放弃这一保任工夫，即便贬斥至蛮夷之地也不可放弃。语末甘泉还不禁感喟："勿忘勿助"所臻之境界，非言语所能表达。

上面具体解析了通过"勿忘勿助"体认"天理"的过程。这一过程，笔者认为有四个特征：渐次性，程式性，当下性，"动"中体认性。其一，如前所云，"勿忘勿助"是个渐次的涵养过程，需经长时段的涵养，煎销"心"中杂质，处"虚"持"中"，只有这样，当下心念的刹那方能绽放。其二，"勿忘勿助"由"勿忘"、"勿助"、"无己"、"虚"、"中"诸步骤构成。这些步骤构成了程式化的过程，具有可操作性，循此次序，便可体察到本然"心体"所蕴含之"生生"。其三，儒门以发明本然"心体"为宗旨，故儒门中人通过不同的工夫法门去发明本然"心体"，然而这些工夫多过于笼统，湛甘泉则将工夫具体落实于当下一念，使之渐次趋于精微。甘泉"勿忘勿助"这一工夫法门，将工夫具体落实于当下一念，由此引领了明中后期儒门工夫的发展趋向。阳明后学中不乏亦于当下一念用功者[1]，然这些阳明后学多由"见在"滑向"当下即是"、"任其自然"，未免纵情肆意，玩弄光景。甘泉之当下一念则在程式化过程中，具有笃实性特征，这就克服了阳明后学"当下即是"、"任其自然"所导致的流弊。其四，"勿忘勿助"是"随处体认天理"的具体路径，"随处体认天理"属"动"中工夫。"勿忘勿助"所着意的是由"虚"而致"中"，于"中"，当下心念一刹那湛然而放，心灵蕴含之"生"勃然而显。因此，"勿忘勿助"具体、生动地诠释了甘泉"动"中工夫的具体操作过程。

行文至此，笔者需要特别指出的是，湛甘泉"勿忘勿助"的工夫法门在宋明道学家中可谓独树一帜。其一，"勿忘勿助"与原本体认境界性之"生"的典型工夫法门——直契式体认迥然有别。不论是程颢，还是陈白沙，均主张汰滤心灵杂质，使心灵趋于虚寂，于虚寂中，直契本然"心体"所蕴含之"生"。湛甘泉则强调经过程式性涵养过程，使心体虚廓，当下一念得以凸显。于此当下心念的刹那间截断意念之流，从而使心灵所蕴"生生"之意湛然而显。其二，这种体认"天理"的方式有别于程朱理学的"格物致知"。朱熹通过"今日格一物，明日格一物"，积累至一定阶段，"豁然贯通焉，则众物之

---

① 参见吴震《阳明后学研究》序章"现成良知——简述阳明学及其后学的思想展开"，上海人民出版社，2003。

表里精粗无不到，而吾心之全体大用无不明矣"①。尽管在长期修持上朱熹、湛甘泉有相近之处，但在为学宗旨、用功方向上，朱熹与湛甘泉二人各持己见，并无交涉。就为学宗旨而言，朱熹主张"格物"以求事物之"所以然"，湛甘泉则倡导"勿忘勿助"以体察心体所蕴含之"生意"。就用功方向而言，朱熹主张向外用功，以期"豁然贯通"，体悟到"天理"之所以然；湛甘泉则倡导向内用功，体察本然"心体"所蕴之"生生"。湛甘泉这种体认方式与王阳明征南赣前的"诚意"思想相似②，皆于意识的最小单位上用功，然与王阳明之究竟工夫法门——"致良知"在"心体"上直接用功有所区别。

通过以上比较，湛甘泉"勿忘勿助"工夫法门的最重要特质便得以彰显，那就是经久性"涵养"。经久性"涵养"的起点在于"勿忘"、"勿助"，"勿忘"、"勿助"则心地廓然而虚；由此，"情"则趋于"中正"；经由"中正"，截断意识之流，心念之刹那澄然而显；于此刹那间，本然"心体"所蕴含的"生意"汩然而涌。约言之，"勿忘勿助"是个涵养过程，在涵养过程中逐渐体察到"心"中所蕴之生意。在此意义上，本书将经由"勿忘勿助"体认"天理"的方式称为涵养式体认。

四 "勿忘勿助"：以"自然"之工夫合"自然"之本体

如前面所述，"勿忘勿助"源自白沙"自然"之学，属"自然"工夫法门。一"气"运化乃自其而然地运化，故"生"便染有"自然"的气息。在此层面上，湛甘泉认为"勿忘勿助"是以"自然"之工夫合"自然"之本体。

弟子史记对湛甘泉述及其近时为学工夫：

> 随处体认天理，工夫固然，奈何习心遮蔽，念头把持不定，用力操存，反复如故，又有出入无时，莫知其乡之病。近日求寻此心，稍觉有主，所使必由中出，似亦近理，然而不见本体者何？③

史记认同湛甘泉"随处体认天理"之工夫法门，只是觉得习心遮蔽本然"心体"，由是心地不断涌起念头。对于不断涌起的念头，史记感觉自己无力把捉。尽管时时用力操存，"心"仍时出时入，未有定向。鉴于此，史记近来从寻觅本然"心体"处着手，渐觉"心"有所主，日用寻常皆依本然"心体"而行，

① （宋）朱熹：《四书章句集注·大学章句》，《朱子全书》第六册，第20页。
② 参见陈来《有无之境：王阳明哲学的精神》第六章相关内容。
③ （明）湛若水：《新泉问辨续录》，《全翁大全集》卷七十四，第14～15页。

似已切近"天理"，不过仍觉得与本然"心体"隔着一层，不知这是何故。

湛甘泉这样开导史记："所谓把持用力求心，皆是助长之病，如何得见本体？子可存心于勿忘勿助之间，久当自见之。"① 在湛甘泉看来，史记为学所至之境地与本然"心体"相隔一层，其根源在于"用力求心"，这就犯了助长之病。在指点其为学工夫之弊后，湛甘泉接着向史记揭示了正确的为学工夫法门：存心于"勿忘勿助之间"，持而久之，便可体证到本然"心体"。

正因"勿忘勿助"具自然性，故由"勿忘勿助"可切近自然性之"生"。在"自然"工夫合"自然"本体的语境下，"勿忘勿助"展现出自然性工夫所具的"毋求"、"不求之求"、"不着丝毫"三个特征。

相对于"勿忘"，学人多一"心"向学。然而欲速则不达，学人往往犯"助"之病。就此，湛甘泉指出："不必防闲太过，但得使之有路可循。"② 在为学过程中，不必矫枉过正，防闲太过。防闲太过，反而使"心"陷于拘谨的窠臼，不若适时放下，"心"方适其所然。"勿助"，亦可言为"毋求"。若有所求则有所期，有所期则违背"勿忘勿助"之宗旨。在这个意义上，"毋求"可以说是"勿忘勿助"的首要特征。

在他处，湛甘泉亦曾提及"勿忘勿助"的"毋求"性。弟子刘昊向湛甘泉汇报自己的为学工夫心得：

> 罗仲素曰："观喜怒哀乐未发之前作何气象。"程伊川曰："喜怒哀乐未发之前而求所谓中者。"探二先生之言，是欲人静中察见本体，意固善矣。然学者不善体认，不以清虚为本体、以气定为天理者几希，天理本体何曾见得？昊向时亦落在此病。窃以观喜怒哀乐未发之前作何气象，不若观戒慎恐惧之间是何气象之为得也。喜怒哀乐之前而求所谓中者，不若勿忘勿助之间而求所谓中者之为真也。如是体认，方有实地，动静皆在，否则终无了当。③

道南一派的罗从彦倡导道南工夫之旨诀："观喜怒哀乐未发之前作何气象。"程伊川提倡："喜怒哀乐未发之前而求所谓中者。"刘昊觉察到罗从彦、程颐二先贤工夫法门的特质均在于"静"中体察"心体"。基于自己之为学经验，刘昊认为"静"中工夫可能流于"虚"，蔽于"气"。在此意识下，刘昊认为与其

① （明）湛若水：《新泉问辨续录》，《全翁大全集》卷七十四，第14～15页。
② （明）湛若水：《语录》，《湛甘泉先生文集》卷二十三，《四库全书存目丛书·集部》第五十七册，第137页。
③ （明）湛若水：《新泉问辨续录》，《泉翁大全集》卷七十四，第16页。

"观喜怒哀乐未发之前作何气象",不若"观戒慎恐惧之间是何气象"。于"喜怒哀乐"未发求所谓"中",不若于"勿忘勿助之间"求所谓"中"。语末刘昊还这样总结"勿忘勿助"的殊胜处:从事"勿忘勿助",工夫便落于实地,"动""静"一如。

刘昊为学确有所得,他敏感地觉察到"静"中工夫可能的流弊,故将其工夫定位为在"勿忘勿助之间"求"中"。这显然是接着甘泉"勿忘勿助"的话头而讲,不想湛甘泉对此并不满意:"说著求字便不是。但存心于勿忘勿助之间,天理便自然呈露于前,安用求乎!"① 在湛甘泉看来,刘昊仍未摆脱"求",即便是求之于"勿忘勿助"。既然有"求",便有"助"之嫌。湛甘泉还是以"勿忘勿助之间"指点刘昊。"勿忘勿助之间",万缘放下,"天理"澄然而显,无须刻意以"求"。通过纠正"助",湛甘泉指点刘昊欲趋于"自然"之正途,当不急不躁,悠然自适,于此间方能真正体察到心中"生生"之意。

"道"是本体谱系下一概念,有弟子问甘泉什么是"道",湛甘泉这样回答:"吾之体认天理乃本体明觉,自然无漏处,过于防检扫除,反生扰乱。"② 湛甘泉并未直接回应弟子本体之问,而是通过工夫来讲本体。湛甘泉认为体察到本然"心体"之灵觉、澄明便是体认到"天理"。在"心体"本然之灵觉、澄明中,自然无所罅漏。相反,若过于防检,反而会扰乱本然"心体"的灵觉、澄明。在这里,甘泉表达了两层含义。其一,与其抽象地谈论本体,不若做具体工夫,由工夫而至本体。其二,在由工夫而至本体的过程中,不可着意于工夫。着意用功,则有所附着;有所附着,便会扰乱"本心"。因此,与其刻意用功,不若暂时舍弃工夫,回归"心体"之本然。

弟子王元德心领湛甘泉"勿忘勿助"工夫法门的奥义,于是将其归结为"不求之求"。对于这一总结,湛甘泉这样回应:"说'不求之求',甚是。"可见,湛甘泉由衷赞同王元德对其工夫的总结,进而做了如下发挥:"此即是勿忘勿助之间,著不得力处,随其感寂而吾不与,感则为之可欲之善,寂则为未可欲之前,求之则不是,盖可欲之善即善几也。"③ 湛甘泉认为"不求之求"类似"勿忘勿助",于其间不可着力,只可随"寂"、随"感"而应,人力无与之。"感"发时则如孟子所云"可欲之善","寂"而未"感"时则如"可欲之善"所发之前,若刻意而求便违背正道。"不求之求"之所以类同于"勿

---

① (明)湛若水:《新泉问辨续录》,《泉翁大全集》卷七十四,第16页。
② (明)湛若水:《语录》,《湛甘泉先生文集》卷二十三,《四库全书存目丛书·集部》第五十七册,第136页。
③ (明)湛若水:《新泉问辨续录》,《泉翁大全集》卷七十四,第16页。

忘勿助"，就在于"不求之求"虽有所求，但其所求者乃"天理"；同时，此"求"并非刻意之"求"，而是从容不迫，水到渠成。在这个意义上，"不求之求"是对"勿忘勿助"恰当的表达。因此，"勿忘勿助"自然性的第二个特征便是"不求之求"。

在致友人潘廷评的信函中，湛甘泉这样写道：

> 云"不着丝毫"，最是的当，孟子勿忘勿助正是如此，如此即无欲矣。云"直行打破"，不若与全放下，全放下则破关入奥，丝毫不着，无欲静虚动直，而圣可几矣。[1]

针对潘廷评来函，湛甘泉给予具体回复。潘廷评来函中从两个方面对自己的工夫进行了描述："不着丝毫"、"直行打破"。对于前者，湛甘泉比较认同，指出"不着丝毫"正是工夫的机枢，孟子所云"勿忘勿助"正是对这一工夫机枢的表达。对于后者，湛甘泉则认为与其"直行打破"，不若"全放下"。"全放下"则不着丝毫，由此便能窥见"心体"的奥义。"勿忘勿助"自然性的第三个特征便是"不着丝毫"。

"自然"工夫之所以能契合"自然"本体，除了由"自然"工夫——"勿忘勿助"之"自然"特征所决定外，"自然"本体——"生"亦内在地引领着"自然"工夫。

湛甘泉进而引经据典地对"自然"本体进行申述：

> 且将"克伐怨欲不行，可以为难矣，仁则吾不知也"，及"清矣，忠矣，未知，焉得仁"诸章观之，自见所谓天理著不得一毫人力事。似天理矣，有意而为之，即非天理也。可善体认。[2]

湛甘泉指出，仔细玩味"克伐怨欲不行，可以为难矣，仁则吾不知也"，"清矣，忠矣，未知，焉得仁"诸句，便可体察到在体认"天理"过程中着不得丝毫人力。若刻意求所谓"天理"，则所求已非"天理"。于此湛甘泉从"天理"的自然性出发，指出在"天理"自然的引领下，只能用"自然"工夫。

作为"自然"之"天理"，着不得丝毫人力。在这一"自然"姿态下，自趋于中正，自趋于自然。在这一"自"的指引下，于不疾不徐、从容不迫中接

---

① （明）湛若水：《答潘廷评二条》，《泉翁大全集》卷九，第17页。
② （明）湛若水：《金台答问录》，《泉翁大全集》卷七十七，第6页。

近"天理"。在此层面上，湛甘泉倡导的是以"自然"之工夫合"自然"之本体：

> 天理即是圣人之道，岂不以天理之在人心，本自中正，本自自然，不假丝毫人力揣摩思索想象得来，惟不亟不徐，以自然之功夫，合自然之本体，便自有得。①

"天理"本就在人之本然"心体"内，于不疾不徐中，以"自然"之工夫，自能合"自然"之本体。这就是说，在湛甘泉看来，"自然"之本体不是揣摩想象就可以切近的。

以"自然"之工夫合"自然"之本体，并不意味着一定要循规蹈矩，一步步由"自然"工夫合"自然"本体。其实湛甘泉并不排斥先识得"自然"本体，然后在"自然"本体的引领下做"自然"工夫，甚至认为若不如此，则恐误入歧途："未睹自然之本体，即不知自然之功夫，便不是圣贤中正之路，更学何事？"② 这就是说，"自然"本体作为工夫前提，引领着"自然"工夫。

弟子姜凤就"自然"本体与"自然"工夫之间关系就教于湛甘泉：

> 道体本自然也，不容一毫人为。故求道者，必用功于勿忘勿助之间，则自然矣。用自然之功夫，方合自然之本体，若加一毫人为则伪，伪则去道远矣。未知如何？③

姜凤认为"道体"本自然，故不可着丝毫人力。既然"道体"本自然，那么体认此自然"道体"，就当用"自然"工夫，以"自然"工夫合"自然"本体，若加丝毫人力则伪，伪则远离了"道"。

湛甘泉如是回应：

> 察见自然之本体，便合用如此功夫。明道谓必有事焉而勿正心，勿忘勿助长，不用丝毫人力，岂非自然？自孟子而后无人识此义，惟明道、石翁知之矣，不可不吃紧理会。④

---

① （明）湛若水：《南昌讲义》，《泉翁大全集》卷十二，第31页。
② （明）湛若水：《新泉问辨续录》，《泉翁大全集》卷七十三，第16页。
③ （明）湛若水：《新泉问辨续录》，《泉翁大全集》卷七十三，第11页。
④ （明）湛若水：《新泉问辨续录》，《泉翁大全集》卷七十三，第11页。

在对姜凤"自然"本体当以"自然"工夫来合的理解表示赞同的同时，湛甘泉进而将这一工夫法门表述为孟子、程颢、陈白沙一脉相承的工夫体系。孟子、程颢、陈白沙，乃儒门圣人，故这一"自然"工夫亦是圣圣相传的工夫法门："此与千圣千贤论学工夫皆同条共贯，千圣千贤之学皆主此自然，稍涉忘助便不是自然，便不是圣贤这条路上人也。"①

弟子王元德于"自然"之学若有所得，就此叩问于湛甘泉：

> 欲学在敬，欲敬在一，欲一在审节度，曰"勿忘勿助"，曰"无在无不在"，曰"不离于物而不滞于物"，三句互相发明，所谓自然之度也。寻此一段，颇有凑泊，前此不免时有偏拗而未之定也，今犹未知是否？②

王元德认为，为学之要在"敬"，"敬"之要在"一"，"一"之要在审时度势。"勿忘勿助"乃具体工夫法门，"无在无不在"乃对"道体"的形容，"不离于物而不滞于物"乃对工夫特质的描述。上述三句皆是对自然"节度"的一种表述，故可相互发明。循此自然"节度"，便可几于"道"，由此审视，此前工夫未免执拗而不可视为定见。对于此番省悟，王元德未敢自以为是，故就教于湛甘泉。

湛甘泉这样教诲：

> 此问比前见得越亲切，紧要在"审节度"一句，此节度是自然之节度。是自然之功夫，便可合自然之本体，可合天然自有之理。人有欲强为之者，不足以合天，不足以合道矣。③

湛甘泉认为，较之既往，王元德还是学有所进的。其中的原委，湛甘泉认为是王元德抓住了为学紧要处——"审节度"。湛甘泉因势利导，由"审节度"，进而启迪王元德"节度"乃"自然"之"节度"。"自然"之"节度"是"自然"之工夫，由此"自然"之工夫便可合"自然"之"天理"。若有强为体"道"之心，便不足以合天，不足以合道。湛甘泉以"自然"之工夫合"自然"之本体，以证明其"自然"工夫的合法性。

只有"自然"之工夫才能合于"自然"之本体，由此湛甘泉将"自然"

---

① （明）湛若水：《新泉问辨续录》，《泉翁大全集》卷七十三，第9~10页。
② （明）湛若水：《新泉问辨续录》，《泉翁大全集》卷七十二，第27页。
③ （明）湛若水：《新泉问辨续录》，《泉翁大全集》卷七十二，第27页。

之工夫视为为学之正道：

> 读来翰，知深悟自然之指，既知自然之指，则知自知之功，而得体认天理之要，斯可与入道矣。斯文得子是赖。认得此路脉中正，自信自养，直上达天德，知天之所为，他人莫与其力也。非特他人莫与其力也。天之理则然也，人力亦莫得而与也。①

通过信函，湛甘泉知悉友人林仁简已深切"自然"之旨。湛甘泉进而指出，若遵循这一"自然"之工夫，便能领会"自然"之"天理"，从而与"道"相凑泊。为了鼓励林仁简继续由此为学，湛甘泉甚至这样鼓励林氏：儒学斯文之传承有赖于斯。在湛甘泉看来，这一"自然"工夫乃工夫之正途，唯遵循这一工夫路脉，方可达"天德"，知天之所为。

"自然"工夫，湛甘泉认为是其数十年为学之真谛，不容置疑，不容商榷：

> 此吾四十年来所得者，乃今信之深也。不做自然功夫，便不合自然道理，道理不自然，即非道矣。非自然道理，即不是圣人路脉，又别是一个路脉，夫子所谓异端也，可不思哉！可不惧哉！②

在这段果敢、自信的话语中，首先，湛甘泉将"自然"工夫界说为其四十年为学一贯之旨，于今信之弥坚；其次，湛甘泉认为不做"自然"之工夫便不合"自然"之"天理"，"天理"不自其而然，便非"天理"；最后，湛甘泉将"自然"之工夫定位为圣学路脉，非此路脉，便是"异端"。由此出发，湛甘泉认为行"自然"之工夫不必在先，识"自然"之本体不必在后："认得自然之本体，方可下手做自然之功夫。"③

"自然"工夫的具体展开就是"勿忘勿助"。"勿忘勿助"敞开了整个心灵的空间："须于勿忘勿助之间停停当当，乃见真切，真切即天理本体也。"④ 敞开了的心灵空间，一切皆自其而然，一切皆真切。真切，乃"天理"本然之体所散发出来的气息。

在湛甘泉看来，"勿忘勿助"天然地含有"自然"的基因：

---

① （明）湛若水：《答吏曹林子仁简》，《泉翁大全集》卷十，第7页。
② （明）湛若水：《新泉问辨续录》，《泉翁大全集》卷七十二，第31页。
③ （明）湛若水：《答江都王生俊》，《泉翁大全集》卷十，第25页。
④ （明）湛若水：《新泉问辨续录》，《泉翁大全集》卷七十四，第25页。

　　　　天理在心，求则得之。夫子曰："我欲仁，斯仁至矣。"但求之自有
　　方，勿忘勿助是也。千古惟有孟子发挥出来，须不费丝毫人力，欠一毫已
　　便不是，才添一毫亦不是，此语最是，只不忘助时，便添减不得。天理自
　　见，非有难易也，何用硬格尺量耶？①

　　"勿忘勿助"的"自然"基因在于不费丝毫人力，加一毫不是，减一毫亦不
是。既然如此，"勿忘勿助"不可言难，亦不可言易，用固定格式去规范更不
可得。与其勉强忙东忙西，不如"勿忘勿助"，放下万缘，自由自在："圣人之
学勿忘勿助，何等无事！禅客要去埃尘，又去不得，终日奈身何。心之本体
自然，何用忙也？"②

　　在"自然"工夫、"自然"本体的双重规定下，只能以"自然"之工夫合
"自然"之本体。明代就有学者意识到甘泉为学的这一特质："所论以自然为
本体，以勿忘勿助为工夫。"③ 在此前提下，湛甘泉将"自然"工夫定位为圣
学之路脉，非此路脉，便为别旨。

　　甘泉"自然"工夫具体路径便是"勿忘勿助"，在"勿忘勿助"一步步
工夫践履中，心念渐趋中正，无所偏倚。本然"心体"于无所偏倚的中正刹
那间灿然绽放，由此其所蕴含的"生意"便油然而涌。湛甘泉"勿忘勿助"
之工夫法门虽源于白沙"自然"之学，然并非白沙"自然"之学所能羁绊。
其一，契入本然"心体"的方式不同。尽管陈白沙晚年倡导"动"中用功，
然而其一生皆未摆脱早年"静"中用功的底色，"静"中用功奠定了白沙一
生为学的基调，这也预示着陈白沙体认本然"心体"的方式是直契式，染有
神秘色彩。甘泉"勿忘勿助"的工夫法门则是在一步步程式的引领下，通过
当下心念之刹那契入本然"心体"，故具有可操作性。其二，"动""静"用
功着力点不同。最初由"静坐"而优入圣域，故白沙着意的是汰滤心地杂
质，从而使"心"趋于虚寂。在此境地中，本然"心体"所蕴含的"生意"
得以油然而涌。甘泉的工夫法门则趋于"动"，强调的是通过"勿忘"、"勿
助"、"无欲"、"全放下"、"无己"诸步骤，在心体虚廓的境地中使念念趋
于分明，从而于此念念分明的刹那间体察到本然"心体"所蕴含的
"生意"。

---

① （明）湛若水：《新泉问辨录》，《泉翁大全集》卷七十，第 26 页。
② （明）湛若水：《答问》，《甘泉先生续编大全》卷二十八，第 5 页。
③ （明）焦竑：《尚书湛公》，《熙朝名臣实录》卷二十二。清初著名学者孙奇逢在撰写《理学
　　宗传》湛甘泉部分时，几乎照抄焦竑对甘泉为学的评述。参见（清）孙奇逢《理学宗传》，
　　凤凰出版社，2015，第 347 页。

综上所述，甘泉"勿忘勿助"之教法乃于已发之念上用功，与阳明征南赣之前的教法——"诚意"类似，均在意识最小单位上用功。湛甘泉终其一生倡导"勿忘勿助"，故其教法从未走出"勿忘勿助"的藩篱。王阳明则是在命运叵测、生死系于一线——宁王之乱的政局中，奋然一跃，提出"致良知"。相对于"意"、"念"之已发，"良知"指向的是"未发"，因此"致良知"即本体即工夫，是直接在本体上用功之教法。原先的工夫法门——"诚意"被置于"致良知"教法的视域下，重新得到诠释。本书无意评判"勿忘勿助"与"致良知"的高低，只能说"致良知"与"勿忘勿助"之教法各具特色。"致良知"即本体即工夫，直接在本体上用功，具简捷性、当下具足性；而"勿忘勿助"由工夫而本体，经由优柔厌饫地涵养，方体察到心体，因此更为笃实、稳健。简捷、当下具足与笃实、稳健本身无法评骘，只是在明中后叶随着商品经济的发展，个体解放、个性发展成为时代的脉动，相对于湛甘泉，王阳明敏锐地把捉到时代的脉动，从而提出简捷、当下具足的教法——"致良知"，以回应时代的脉动。尽管湛甘泉为学更笃实、稳健，并且湛甘泉之教法——"勿忘勿助"更具可操作性，然而"勿忘勿助"毕竟与时代的脉动隔着一层，只能成为精英阶层的自说自话，而无法契合、回应时代的脉动。因此，阳明之教法——"致良知"风行于明中后叶，而甘泉之教法——"勿忘勿助"只能日薄西山，渐行渐远。[①] 值得留意的是，明中叶以前，作为体证、发明"天理"的两种方式——体认、涵养尽管可能相互贯通，然不可否认体认、涵养处于二分状态。至明中叶，体认、涵养趋于合一成为时代的潮流，应此潮流者莫若甘泉、阳明。不过，对于体认、涵养，王阳明、湛甘泉合一的方式并不一致。王阳明将体认、涵养合一于"致良知"，"致良知"乃就体认而言，因此，在王阳明视域中，体认、涵养合一于体认。湛甘泉则将体认、涵养合一于"勿忘勿助"，"勿忘勿助"乃就涵养而言，因此，在湛甘泉视域中，体认、涵养合一于涵养。[②] 这导致王阳明、湛甘泉趋于不同的工夫路径：相对于涵养，王阳明更强调在体认上用功；相对于体认，湛甘泉则更着意于涵养。

---

① 即使甘泉后学亦经不住"致良知"简捷性、当下具足性的诱惑，多出入阳明学。

② 不可否认湛甘泉亦倡体认"天理"，然而在湛甘泉视域中，体认"天理"是涵养的前提，涵养更为根本；王阳明亦倡涵养，在王阳明看来，涵养只是体认——"致良知"可有可无的补充。

第四节 即知即行：工夫视域下的知行观

"知"与"行"是儒家思想中一对重要的范畴。就笔者所及，关于甘泉的知行观，迄今尚未有专门论文涉略，已有的以湛甘泉为选题的两篇博士学位论文①也只是在个别章节中做了相关论述，但仍停留于一般意义上的知行观讨论，并未真正进入甘泉话语体系之中，故其与甘泉工夫的内在勾连并未得到完全揭示。基于此，本节将笔端投向甘泉的知行观，希冀循着甘泉话语，进入其思想体系，探析甘泉知行观与工夫论的内在勾连。

一 甘泉知行观概述：知行不相混，亦不相离

湛甘泉将自己的工夫法门标示为"随处体认天理"，相关论述皆围绕这一主轴展开。故在阐述甘泉知行观时，首先必须面对其知行观与"随处体认天理"是何关系。

在诠释孟子"尽其心者，知其性也。知其性，则知天矣。存其心，养其性，所以事天也。夭寿不贰，修身以俟之，所以立命也"时，湛甘泉点出：

> 孟子示人以作圣之功，其要只在体认天理，直上达天德。盖体认便兼知行并进功夫。②

这里湛甘泉借孟子之语，申明作圣之功、为学之要在于"随处体认天理"，经此工夫，方可达于"天德"。意犹未尽，湛甘泉接着言"随处体认天理"包含知行并进工夫。因此，湛甘泉知行观是在"随处体认天理"的背景下展开的，系工夫论范畴。

在确立甘泉知行观系其工夫论之后，我们再来审视一下湛甘泉是如何界定"知"与"行"的。同样是面对孟子上述话语，湛甘泉进行了创造性诠释："尽心知性知天者，知也；存心养性事天者，行也。虽分说，其实知行合一用功。"③湛甘泉对孟子原本话语进行了改造，将"尽心知性知天"直接言为"知"，将"存心养性事天"直接言为"行"。尽管分而言之为

---

① 参见乔清举《湛若水哲学思想研究》，王文娟《湛甘泉哲学思想研究》。
② （明）湛若水：《天泉书堂讲章》，《泉翁大全集》卷十二，第39页。
③ （明）湛若水：《问答》，《甘泉先生续编大全》卷二十八，第32页。

"知"、"行"，但在湛甘泉看来，"知"、"行"不可勉强加以区分，当合一用功。

在知悉"知"、"行"两个概念内涵后，接下来我们再审视湛甘泉是如何表述"知"、"行"之间的关系的。湛甘泉将"知"、"行"关系概述为："知行者，造道之功，元不相混，亦不相离。"①"知"、"行"皆以"道"为宗旨，故"知"、"行"均为造"道"之功。在造"道"的视域下，"知"、"行"关系呈现为不相混亦不相离的双重关系。然而，"知"、"行"毕竟是两个范畴，"知"是"知"、"行"是"行"，"知"、"行"不可相互混淆，因此湛甘泉将"知"是"知"、"行"是"行"描述为"知""行""元不相混"。与此同时，湛甘泉亦充分意识到这只是"知""行"关系的一个面相。除了这一面相外，"知"、"行"还会纠缠在一起，不可分割，故"知"、"行"关系的另一面相便是不相离。

二　知行之始：知先行后

湛甘泉"知"、"行"关系可言为"不相混，亦不相离"，然而这只是总体概述，具体展开后，"知"、"行"又存在什么样的关系呢？

一日，弟子周道通与诸生讲论一番后，似乎得出结论，就此请教于湛甘泉："吾辈学只须行去，不在多讲。"

湛甘泉这样回应：

> 吾谓道通此言亦有警策，然学譬如行路，问辨正为行也，不行则不须讲矣。行道者在道上，便有三叉歧路，同行者岂不讲辨乎？不辨即一步亦不能行矣。若不行，又何从辨去？若知正路，只管坦然行去，一句言语亦是多了。易曰："默而成之，不言而信，存乎德行。"明道曰："惟颜子默识。"②

对于周道通此番言论，湛甘泉劈头便言"警策"。"警策"，警惕、当心之意。可见，湛甘泉对周道通此番言论极为不满。为了说明正确的知行观，湛甘泉举了行路之例。"行"之途中，"行"固然重要，"知"亦非无关紧要：若不踏步前行，则不会遭遇"三叉歧路"；遭遇"三叉歧路"，则待问辨，否则不知所向。在此意义上，问辨即行。辨析路径后，知正途所在，则坦然行去。

---

① （明）湛若水：《新泉问辨续录》，《泉翁大全集》卷七十三，第23页。
② （明）湛若水：《新泉问辨录》，《泉翁大全集》卷六十九，第21页。

辨析路径，具体而言就是知其应知者，此应知者乃"天理"。"天理"，乃心中一点生意。对于"天理"、心中一点生意，湛甘泉善用比喻，又一次将此"天理"、心中一点生意喻为"种子"：

> 学者须识种子，乃不枉了功夫。何谓种子？即吾此心中这一点生理，便是灵骨子也。今人动不动只说涵养，若不知此生理，徒涵养个甚物？……精神在卵内，不在抱之者，或人之言亦不可废也。明道先生言："学者须先识仁。"①

为学当先识取"心"中的"种子"，此种子就是心中一点生意。若不识取心中这一点生意，在湛甘泉看来，学人所谓涵养，又涵养一个什么呢？

先体认后涵养，换言之即"知"先"行"后：

> 古人学问必有头脑，必须知所有乃可养所有，此明道意也。子张务外，乃遽然问行，便是无头脑学问，且不先知所有，则所行者何事？②

湛甘泉认为，为学当先确立个头脑。确立为学头脑，便知其所有。知其所有方可养其所有。为了阐明其中的原理，湛甘泉举了正反两个经典例子：程颢主张"学者须先识仁"，学故有头脑；孔子弟子子张倡导逐之于外，所以莽撞地问孔子如何行，便是学无头脑。通过这正反两个经典例子，湛甘泉得出这样的结论：若不先知其所有，则其行乃茫然而行。

然而，"知"之在先并不意味着"知"在"知"、"行"关系中处于主导地位，"行"则无关紧要。在甘泉"知"、"行"关系中，"行"有特殊的地位。这从刘生之问中可窥见些许端倪。

孔子曾云："苗而不秀者，有矣夫；秀而不实者，有矣夫。"（《论语·子罕》）孟子亦曰："夫仁亦在乎熟之而已矣。"（《孟子·告子上》）有刘生者就此叩问于湛甘泉：

> 故仁在乎熟，苗在乎秀而实。愚独虑假饶非苗之真种，何贵乎秀而实？非仁之真体，何贵乎熟？故学莫先于识仁。敢问何如？

---

① （明）湛若水：《新泉问辨录》，《泉翁大全集》卷六十七，第15页。
② （明）湛若水：《新泉问辨续录》，《泉翁大全集》卷七十三，第23~24页。

多数学人根据孔子、孟子这两句话推断出"仁"之要在于熟，刘生却觉察到：假若种子非真种子，怎么可能抽穗而结出果实呢？相应地，假若"仁"非其真体，熟之又有何用？明道先生所言"学者须先识仁"乃有所指。刘生对此深有感触，故就此叩问于湛甘泉。

对此，湛甘泉则如是回应：

> 吾平素说"学先要认得真种子"，道家犹能言"鼎内若无真种子，如将水火煮空铛"。古人说学都有（厚）［原］委，孟子五谷种之美者，正与夫子此章之言相发明，故学者须先识仁，乃在养之。若于此错认了，饶他有百倍千倍之功，亦终成就一错去，是谓铸错也。吾子可谓善疑善问矣。以今来诸问观之，可见学又长一格，勉之！勉之！①

对于刘生之感触，湛甘泉持赞同态度。湛甘泉平素亦以"学先要认得真种子"教诲众弟子，此"真种子"犹如道家炼丹犹待真丹头，否则便如以水、火煮空铛。湛甘泉尊刘生为"夫子"，认为孟子"五谷种之美者"与刘生此说相互发明。由此，湛甘泉得出结论：学者当先识"仁"，然后存养之。若于此误认，纵用百倍千倍工夫，亦是错上加错。

在此回应中，亦可见湛甘泉对弟子之循循善诱。湛甘泉本并不完全赞同刘生的话，可仍接着刘生话语而讲，然后才引出自己的知行观："知"在先，"行"亦随之，"知"固然重要，然而"行"亦不可忽视。

为了阐述这一知行观，湛甘泉引经据典：

> 然力行固急，致知尤急。《说命》曰："王忱不艰。"《大学》："知止而后有定、静、安、虑。"忱者，知也；知止，知也；定、静、安、虑，行也。《中庸》学、问、思、（办）［辨］四者然后尽知之功，笃行一而已矣！可见知急乎行，知之至，则行自不费力。②

首先，湛甘泉提出"知"先"行"后，"行"固然急，"知"更急。接下来湛甘泉做具体诠释。湛甘泉将《尚书·说命》"王忱不艰"之"忱"、《大学》"知止而后有定、静、安、虑"之"知止"释为"知"，将《大学》"知止而后有定、静、安、虑"之"定、静、安、虑"释为"行"。这表明湛甘泉所欲

---

① （明）湛若水：《新泉问辨续录》，《泉翁大全集》卷七十三，第30页。
② （明）湛若水：《问疑录》，《泉翁大全集》卷七十五，第22页。

阐明的是"知"先"行"后。然后，湛甘泉引用《中庸》"学、问、思、辨"以说明尽此四者，则相当于笃行。最后，湛甘泉得出结论：相对于"行"，"知"更急，"知"至其极，"行"则不费力。

三 知行深入：知通乎行

"知"先"行"后只是湛甘泉知行观的起点，随着探索的脚步前行，湛甘泉知行观便得到进一步展示，而这进一步展示建基于对"行"的重新界定：

> 后世儒者就行字别了，皆以施为班布者为行，殊不知行在一念之间耳。自一念之存存，以至于事为之施布，皆行也，且事为施布岂非一念为之乎？所谓存心即行也。①

湛甘泉感喟后世对"行"存在误解，仅仅将其理解为施为造作，却不知一念之间亦可归为"行"。"一念之存存"，以至施为造作，均属于"行"。湛甘泉之所以得出这样的结论，其逻辑便是既然施为造作源于一念之所发，那么于此一念间加以存有亦不可不谓为"行"。

弟子陈道请教："知觉心之本体也，而亦寓行乎？"湛甘泉回应："然。知而存存，行之谓矣。"② 陈道可能受到阳明学的影响，认为"心"之虚灵明觉（王阳明谓之为"良知"）便是"心"之本体，"行"亦寓于这一虚灵明觉之中。对于陈道这一阳明学观点，湛甘泉口头给予了认同。话头一转，湛甘泉回答了自己的涵养工夫法门，对"行"进行了重新界定：知悉并存养之，便可谓"行"。尽管湛甘泉对"知""行"的理解与王阳明"知""行"观有异③，然而在"知""行"相互贯通的层面，两人异曲同工④。

以此为前提，湛甘泉进而言说：

> 《易》曰："知至至之，知终终之。"始终只是一知，而行在其中，故吾有"天包乎地，知通乎行"之说。⑤

---

① （明）湛若水：《新泉问辨录》，《泉翁大全集》卷六十八，第 9 页。
② （明）湛若水：《雍语》，《泉翁大全集》卷六，第 19 页。
③ 湛甘泉将体心理解为"知"，将存心理解为"行"。王阳明则将本然"心体"直接理解为知是知非的"良知"；于"行"，王阳明言"一念发动便是行"，从而将"行"纳入"知"中。
④ 王阳明将其贯通于"良知"之中，湛甘泉则将其贯通于"知所有、养所有"之中。
⑤ （明）湛若水：《新泉问辨续录》，《泉翁大全集》卷七十三，第 22 页。

湛甘泉引用《周易》"知至至之，知终终之"，以说明"知"贯彻始终，故"行"亦在"知"之中。为了强调此意，湛甘泉又一次重复自己昔日所云"天包乎地，知通乎行"的论断。

约言之，湛甘泉将"知""行"关系界定为"知通乎行"。然而，"知通乎行"尚待一个条件："圣人之学，必先知之真，而后行之笃。中庸学、问、思、辨、笃行是也。"① 这条件便是"知"之真。"知"之真则"行"之笃。《中庸》学、问、思、辨、笃行这一为学次第完美无缺地诠释了"知"之真则"行"之笃。

"知"而弗去，践之于"行"，乃真"知"。在湛甘泉"知"、"行"视域下，若"知"与"行"分割为二，这所谓的"知"即非真"知"："故夫知与行二，即非真知行矣。"② 弟子沈珠学而未得，问于湛甘泉："知而行不及者何也？"湛甘泉如是回应："未真知耳，知之真，能已于行乎？"沈珠仍不解，继续追问："亦有真知而不能行，何与？"湛甘泉耐心地教诲："汝谓知果真耶？譬之饮食，知其味，斯嗜之矣。知所嗜，斯食之矣。汝之真知亦犹饮食者乎？"③ 在湛甘泉看来，真"知"犹如饮食，知其美味，自然嗜好之；嗜好之，自然欲食之。

四　知行终点：知行并进

"知通乎行"，还不是湛甘泉知行观的终点：

> 予尝曰："天包乎地，知通乎行。"通乎行而知者，圣学之始终也。知行并进，如车两轮。④

湛甘泉曾这样表述"知""行"关系："天包乎地，知通乎行。"由此出发，湛甘泉进而将"知通乎行"贯穿于圣学之始终。湛甘泉还不满足于"知通乎行"，进而将"知""行"关系确立为"知""行"并进，并将这一关系形容为车之两轮。

湛甘泉是在何种意义上言说"知行并进"的呢？在与弟子陈应期的一段问答中，湛甘泉给出了答案。弟子陈应期困惑于"尽心存心之异"，湛甘泉这样为其解惑："性也者，心之生理也，心尽而性见矣。存心也者，恒其所

---

① （明）湛若水：《答洪峻之侍御》，《泉翁大全集》卷十，第22页。
② （明）湛若水：《二业合一训》，《泉翁大全集》卷四，第3页。
③ （明）湛若水：《雍语》，《泉翁大全集》卷六，第3页。
④ （明）湛若水：《问疑录》，《泉翁大全集》，卷七十五，第22页。

尽之心而已，其知行并进者乎！"① 儒家工夫不外乎"尽心"、"存心"，陈应期学有所惑，故有此问。湛甘泉首先回应何为"尽心"、"存心"："性"，"心"之生理，"尽心"乃尽其本然"心体"，从而使充满"生意"的"性"澄然而显；"存心"，存养其所尽之"心"，以使"心"所蕴含的"生意"恒流淌于心。"尽心"之说乃儒家老生常谈，"存心"之说亦极为常见，然而将"存心"理解为恒守其所尽之"心"，却是湛甘泉的创见。湛甘泉进而将"尽心"、"存心"之关系拟为"知行并进"。这就是说，甘泉是在修养层面来言说"知行并进"的。

罗郡对湛甘泉"知行并进"之学有一定的体会，但不敢确认，就此而请教于湛甘泉：

> 博学笃行，固知行并进之功夫，今云："学者觉也，不求记焉，不求解焉。"则今日格一物、明日格一物者，为支离矣。"行者，存也。"则今日行一难事，明日行一难事，为支离矣。觉而存焉，道学而自修也；存而觉焉，行著而习察也，其至易矣，其至简矣。愿更详示。②

罗郡将博学笃行理解为"知行并进"，并从这一维度批驳其时"支离"之学。在此，罗郡有针对性地提出自己的主张，然后再进行批驳。罗郡自己的主张有二：一是"学者觉也，不求记焉，不求解焉"，一是"行者，存也"。前者指向朱熹"今日格一物、明日格一物"求道之法，在朱熹的"今日格一物、明日格一物"求道之法中，学人往往逐于外而惘然无所归，职是之故，罗郡主张在为学过程中，不必逞于博闻强记。后者指向为学"今日行一难事，明日行一难事"，希冀下学而上达。不论前者还是后者，均沦为支离之学，在罗郡看来，正确的为学方式是觉而存、存而觉。觉、存交互，在罗郡看来，乃至易、至简的为学之法。

罗郡以此就教于湛甘泉，湛甘泉这样回应：

> 即觉即存，便是知行并进之功。今有以常知常觉为行，殆未免见性成佛之弊。释者只说了便罢，圣人之学，所谓觉者，所觉何事？所谓存者，所存何事？觉而存之，久而变化，乃可以成圣，所以不同，不可不仔细研究

---

① （明）湛若水：《雍语》，《泉翁大全集》卷六，第15页。
② （明）湛若水：《新泉问辨录》，《泉翁大全集》，卷六十九，第18页。

竟。差之毫厘，谬以千里。①

在此回应中，湛甘泉首先表明"即觉即存"便是"知行并进"工夫之所在。接着湛甘泉以此观点批驳"常知常觉"为"行"之观点，认为此说难免囿于释氏"见性成佛"之弊。"见性成佛"只停留于口耳之说。反观圣学，首先追问所觉者所觉何事，所存者所存何事。觉所觉所存者何事，并且存而养之，久则变化气质，可成圣成贤。圣学与释教此之别，在湛甘泉看来，不可不仔细探究，差之毫厘，谬以千里。

在回应中，湛甘泉不仅仅停留在罗郡之问，而是接着罗郡之问继续发挥。所发挥的重点有二：一是强调在"即觉即存"过程中当体知所觉、所存之对象为"天理"，否则所觉、所存便处于茫然状态，不知所向；二是在"即觉即存"过程中持续存而养之。

通过将"即觉即存"比拟于"知行并进"，湛甘泉所谓"知行并进"在两点上超越了"知先行后"。其一，"知行并进"包含"知先行后"，只是"知先行后"是对一次"知"、"行"关系的描述，而"知行并进"则是对多次循环"知"、"行"关系的描述。"知行并进"之起点自然是"知先行后"，然而"行"并非其终点，"行"之后仍需继续"知"。正是在"知"、"行"的循环往复中，"知"、"行"才趋于"并进"。在多次循环往复中，"知"、"行"不可绝对区分先后，故与其言"知先行后"，不若言"知行并进"。其二，在具体修行过程中，不可强分先后，真正修行乃"即觉即存"，不是先觉然后再去存。

在对孟子"尽其心者，知其性也。知其性，则知天矣"一语的诠释中，湛甘泉也表达了此意：

> 盖孟子此章虽两段言之，其实一段工夫。即尽即存，非今日尽明日乃存也。即知即行，知行并进，非今日知明日行也。②

至此，"知行并进"的内涵终于得到完全彰显。在修行过程中，"知"、"行"不可勉强分先后，而是即"知"即"行"，觉得道体即存之。在此即"知"即"行"、"知行并进"的持续修行中，体得道体，便臻于圣域。

为了说明"知行并进"，湛甘泉每每借"惟精惟一"来诠释：

---

① （明）湛若水：《新泉问辨录》，《泉翁大全集》，卷六十九，第19页。
② （明）湛若水：《天泉书堂讲章》，《泉翁大全集》卷十二，第38页。

> 精一只是一段工夫，即精即一，无先无后。实见得如此便是一，精者
> 知，一者行，即知即行，知行并进。①

这里湛甘泉将"精"、"一"纳入其知行观框架，并认为"精"、"一"是一段
工夫，无所谓先后。"精"者，"知"也；"一"者，"行"也。实见得道体，
则即"知"即"行"，"知""行"并进。

五 知行最高境界：知行合一

至"知行并进"，对甘泉知行观的探索似乎已臻于终点。但笔者认为，
"知行并进"仅仅展示了甘泉知行观之工夫而已，而甘泉知行观并非仅仅局限
于工夫层面，经知行工夫，还展现为知行境界之层面。

"内外合一，谓之至道；知行合一，谓之至学。"② 在湛甘泉看来，"内外
合一"方可谓至道，"知行合一"方可谓至学。"知行合一"之至学，乃
"知"、"行"视域下的最高境界。假若"知行并进"乃甘泉工夫法门，那么
"知行合一"便是甘泉工夫所至境界的最高阶段。③ 在此意义上，湛甘泉做出
这样的判断："知而即存，存而又知，知行合一，直上达天德。"④ 在知而即
存、存而又知之"知行并进"工夫法门下，"知"、"行"不再截然二分，而是
"知"渗透于"行"，"行"渗透于"知"，在"知"、"行"相互渗透中，可直
达天德，直契天道。

当然，"知行并进"臻于"知行合一"，并非无所待，而是有所待的：

> 宪天聪明即是所谓体认天理，知行并进即是功夫，到熟处便合一矣，
> 故曰"王忱不艰"，须自造诣到此田地，乃真见得。⑤

此所待便是"熟"，"知"而"行"、"行"而"知"到熟处，"知"、"行"便
趋于一。

弟子杨仕鸣对湛甘泉"知行合一"之说未完全信服，问于湛甘泉："知行
合一，信斯言也？"湛甘泉的回答饶有趣味："曷曰知乎？曷曰行乎？知者行之

---

① （明）湛若水：《新泉问辨续录》，《泉翁大全集》，卷七十三，第 27 页。
② （明）湛若水：《问疑录》，《泉翁大全集》卷七十五，第 31 页。
③ 王文娟：《湛甘泉哲学思想研究》，第 195 页。
④ （明）湛若水：《答问》，《甘泉先生续编大全》卷二十八，第 31 页。
⑤ （明）湛若水：《洪子问疑录》，《泉翁大全集》卷七十八，第 11 页。

几，行者知之实。孟子曰：'智之实，知斯二者弗去。'然而知行并进也夫。"①

在这里，湛甘泉并未直接回答"知行合一"是否可信，而是从何为"知"、何为"行"讲起。在湛甘泉看来，所谓"知"，就是行之欲发；所谓"行"，就是知之践履。这就意味着"知"中涵"行"、"行"中涵"知"。湛甘泉还引用孟子"智之实，知斯二者弗去"一语加以说明。这里"二者"所指已非孟子所谓"事亲"、"从兄"，而是"知"、"行"。真正的"智"者，始终保任"知""行"合一，无使"知""行"分离。在"知"、"行"始终不分离的情境中，这意味着"知行并进"。从表面来看，湛甘泉似乎并未回应弟子的疑问，其实他已间接地做出回答。"知行并进"，是从工夫层面讲知行，"知行合一"则是从境界层面讲知行，经"知行并进"之工夫，"知行合一"之境界便可自然而然地达到。在湛甘泉看来，与其虚玄地谈"知行合一"之境界，不如脚踏实地从"知行并进"之工夫做起。

同样是杨仕鸣，同样问"知行合一"，这次湛甘泉还是从"知行并进"向度来回应："其并进乎！是故离知而行，非圣人之行；离行而知，非圣人之知。"② 这就是说，在"知行并进"间用功，达于"知行合一"；"知行合一"，离"知"非真"行"，离"行"非真"知"。

弟子张廷文以"阴""阳"交互说来阐述"知行合一"，并就教于湛甘泉：

> 知行如阴阳，何如？知中之有行，犹阳中之有阴也。行中之有知，犹阴中之有阳也。二者不可得而离之也。如虚明有觉，此是知也，而存存不息，知中之行也。身体力行，此是行也，而能明其所行之理，行中之知也。如学问思辨属知矣，而能运用其所以学问思辨者，盖非知中之行乎？如笃行属行矣，非有知寓乎其中，必至冥行矣，盖非行中之知乎？知中自有行，行中自有知，二者不得而相离也，亦不得而相混也，是知行合一否也？敢请指示。③

张廷文首先以"阴""阳"交互为例，说明"知""行"互渗。正如"阳"中有"阴"、"阴"中有"阳"，"知"中有"行"、"行"中有"知"，"知"、"行"相离不可谓"知"、"行"。接着，张廷文在甘泉语境下言说何为"知"、何为"行"，并敏锐地觉察到"知"中之"行"、"行"中之"知"。心体"虚

---

① （明）湛若水：《樵语》，《泉翁大全集》卷一，第20页。
② （明）湛若水：《樵语》，《泉翁大全集》卷一，第21页。
③ （明）湛若水：《答问》，《甘泉先生续编大全》卷二十五，第25页。

明有觉"，谓"知"；存此而不息，可言为"知"中之"行"。身体力行，谓"行"；于"行"中能明其理，可称为"行"中之"知"。学问思辨属"知"，运用此学问思辨而践履，是"知"中之"行"；笃行践履，若无"知"寓于其中，必然导致冥然而"行"，则不可谓"行"中之"知"。最后，张廷文得出结论："知"中自有"行"，"行"中自有"知"，"知""行"不得相离，亦不得相混，此就是"知行合一"。约言之，通过思辨式论证，张廷文得出"知行合一"的结论。

对于张廷文这一理解，湛甘泉这样回应：

> 阴阳无二气，知行无二心，所以□□得离也。廷文谓存存不息即知中之行，足破后儒说行（子）［字］之谬。若由此用功到熟处，即知行合一矣。知行合一，圣人地位也，初学亦不可不先知此理。后儒不得入尧舜之道，只是不认得此理耳。①

在此回应中，湛甘泉首先指出"阴""阳"本乎一"气"，"知""行"本乎一"心"，由此"知""行"不可相离。可见湛甘泉认同弟子张廷文将存存不息称为"行"，认为此可破后儒对"行"的误解。然后，湛甘泉回到"知行合一"。"知"而存之，久久熟后，则"知行合一"。"知行合一"乃圣人为学之境界，然作为初学者亦不可不知此理。后世儒者不能入尧舜之道，只因未能体认到"知行合一"之理。

这里，弟子张廷文与湛甘泉均在讲"知行合一"，湛甘泉对张廷文之论述并未直接做出评论，只是进一步阐述自己的"知行合一"观。但是，若仔细解析的话，还是可以看出二者对"知行合一"理解的差异。张廷文对"知行合一"的理解还是局限于"知""行"关系，湛甘泉则已跳出"知""行"关系，从"知"之工夫向度来审视"知""行"之境界。当真正体知"知行合一"后，"知""行"便无所谓始、成，因为若分为始、成，则"知""行"不可言为一："既云知行合一，更不必始与成等云云，既分始与成等云云，元不是合。"②

不论从"知""行"的相互关系，还是从"知""行"的具体内涵来说，甘泉的"知""行"关系均可描述为"知行相即"、"即知即行"。"知"即察识，"行"即涵养，察识与涵养之间的关系可言为察识、涵养相即，即察识即

---

① （明）湛若水：《答问》，《甘泉先生续编大全》卷二十五，第25页。
② （明）湛若水：《答问》，《甘泉先生续编大全》卷二十八，第14页。

涵养。

弟子冼桂奇向湛甘泉汇报为学之所得：

> 学问之道［莫］□□［存］心。所谓存心，非空寂之谓也。当其事
> 亲［敬长时，心］存于事亲敬长；当其读书作文时，心［存于读书］作
> 文；当其饮食时，心存于饮食；当其应［接时，心存］于应接；当其处变
> 时，心存于处变。千［变万化，皆］是此心存存不息，便自高明广大，是
> 故尽心则知性知天。存心致知非两事也，必有事焉而勿正，心勿忘勿助
> 长，此其存之法也。故学问之道，存心焉尽之矣。是否？①

冼桂奇将学问之道理解为"存心"。"存心"，并非存"心"于空寂之中，而是
在具体事行中加以存养。于具体事行中存养此"心"，此"心"便澄明虚廓。
冼桂奇进而认为"存心"则知"性"知"天"，故"存心"、"致知"并非二
事。正是在"必有事焉而勿正，心勿忘勿助长"的涵养过程中，"存心"、"致
知"实现了相互贯通。在此意义上，学问之道，"存心"便已尽之。

对于冼桂奇这一表述，湛甘泉如是回应："知行不可离，不可偏废。存心
便有知，知了又存。若以存心对致知说，恐未然。"② 显然，对于冼桂奇将学
问之道完全归结为"存心"，湛甘泉并不赞同，还是回到"知""行"关系的
向度来回应。对于"知""行"之间的关系，湛甘泉认为二者既不可相互分
离，也不可偏废一端。相应地，察识、涵养之间关系亦类乎此。具体而言，
"存心"，方才称为"知"；"知"并不是为学的终点，当恒而存之。在此意义
上，"存心"、"致知"，在湛甘泉看来，不可相对而言。

六 一间之隔：甘泉对阳明知行观之批驳

解析工夫论视域下的甘泉知行观后，我们再来看看湛甘泉是如何从其知行
观来审视阳明知行观的。

第一，湛甘泉并不认同阳明"知行合一"观。正德二年（1507），王阳明
被贬谪至贵州龙场，"居贫处困"、"动心忍性"，夜中忽悟"圣人之道，吾性
自足，向之求理于事物者误也"。③ 次年，受贵州提学副使席书的邀请，王阳
明讲学于贵阳书院。"是年先生始论知行合一。始席元山书提督学政，问朱陆

---

① （明）湛若水：《答问》，《甘泉先生续编大全》卷二十七，第 2~3 页。
② （明）湛若水：《答问》，《甘泉先生续编大全》卷二十七，第 3 页。
③ （明）王守仁：《王阳明全集》，第 1354 页。

同异之辨，先生不语朱陆之学，而告之以其所悟，书怀疑而去。明日复来，举知行本体，证之五经诸子，渐有省，往复数四，豁然大悟。"① 讲学期间，王阳明首揭其所悟之本然"心体"，令人惋惜的是席书仍囿于朱陆之辩，对王阳明所示无所感触。次日，王阳明转换话语方式，不直接言说本然"心体"，而是将本然"心体"转换为知行本体，此时席书方若有所悟。至于其时王阳明怎样言说知行本体以至论"知行合一"，无从知晓。"知行合一"的内涵真正得到阐述尚待正德九年（1514）。该年王阳明升任南京鸿胪寺卿，时与弟子论学。针对弟子徐爱"古人说知行做两个，亦是要人见个分晓，一行做知的功夫，一行做行的功夫，即功夫始有下落处"之叩问，王阳明如是回应："此却失了古人宗旨也。某尝说知是行的主意，行是知的功夫；知是行之始，行是知之成。"② 在"知""行"相互规定下，王阳明将"知""行"关系归纳为"合一"。首倡"知行合一"后，王阳明一生知行观基调就此奠定。

同样倡导"知行合一"，湛甘泉对阳明之"知行合一"并不以为然，何也？王阳明"知行合一"可表述为："知即是行，行即是知。"湛甘泉认为此"不能无病"③。该"病"的原委在于："既云知行合一，更不必始与成等云云，既分始与成等云云，元不是合。"④ 在湛甘泉看来，既然言"知行合一"，那么言"知是行之始"、"行是知之成"，无形中还是将"知"、"行"分成两截。

第二，湛甘泉对于阳明工夫主旨——"致良知"说亦不满意。弟子葛涧听闻阳明"致良知"，认同其说，并且总结"致良知"之便益：

> 致良知亦自好，如知得未见天理，即体认而求见之；知得天理已见在，即操存而涵养之；知为物欲牵引，即提醒此心而消除之；知得志气昏惰，即打起精神而植立之。果能一日之间，每每如此知得，亦每每如此致去，即无时无处非体认天理之功矣。然否？⑤

"致良知"之便益，葛涧认为有四：一是未体认到"天理"时，即此而体认之；二是体认到"天理"当下即是，于此间操存而涵养之；三是若"良知"被物欲牵引，即此警醒此"心"便可消除物欲；四是觉察到"志"、"气"昏然懈怠时，即此打起精神。果能一日之间，每每如此体察到"良知"，如此致

---

① （明）王守仁：《王阳明全集》，第 1355 页。
② （明）王守仁：《王阳明全集》，第 5 页。
③ （明）湛若水：《天关精舍语录》，《泉翁大全集》卷十三，第 42 页。
④ （明）湛若水：《答问》《甘泉先生续编大全》卷二十八，第 14 页。
⑤ （明）湛若水：《新泉问辨录》，《泉翁大全集》卷六十七，第 4～5 页。

"良知"，则无时无处都在体认"天理"。

对于葛涧这一对"致良知"的态度，湛甘泉显然不能认同：

> 知字是吾心虚灵之本体，安可无得？洪范："思曰睿，睿作圣。"中庸："聪明睿知，足以有临也。"又曰："聪明圣知达天德。"予尝谓："知圆如天，行方如地，天包乎地，知通乎行。"又曰："圣人之学，恒知而已矣。"知安可一时无之？但要察见天理，便可谓之良知。致之之功，非学、问、思、辨、笃行，不能见其天理之正而存之也。不然，则但云"聪明圣知"便了，如何又云"达天德"？天德即天理也。今谓知得是便行将去到底，知得不是便除去到底，而不用学、问、思、辨、笃行之功，未免或非良知。[①]

在回应中，湛甘泉采取了部分认同、部分否定的策略。所认同的是"知"。对于"知"，湛甘泉认可了王阳明的说法，认为"心"是虚灵之本体，并在《尚书·洪范》"思曰睿，睿作圣"、《中庸》"聪明睿知，足以有临也""聪明圣知达天德"、湛甘泉自己话语"知圆如天，行方如地，天包乎地，知通乎行"和"圣人之学，恒知而已矣"多重旋律中彰显其所察见的"天理"即王阳明所谓的"良知"。湛甘泉所要否定的是"致"。在湛甘泉看来，阳明的"致良知"是在本体上用功，缺乏学、问、思、辨、笃行等具体工夫，故只有上半截本体，而缺乏下半截工夫，这就意味着不可能察见"天理"而存之。湛甘泉进而指出，若如王阳明所言，那么古圣先贤只云"聪明圣知"便可，又何必再云"达天德"？语末，湛甘泉还不忘驳斥关于阳明"知"、"行"的这样一个观点："知"得是便能"行"到底，"知"得非便能根除，因此不必加学、问、思、辨、笃行等具体工夫。湛甘泉一眼就窥见此中流弊：若如此，那么难免师心自用，认"欲"为"良知"。

综上所言，本节已跳出一般意义的知行观，而是进入甘泉的话语体系中，在工夫论的视域中审视甘泉的知行观。在"知"、"行"不相混亦不相离的前提下，湛甘泉"知""行"工夫具体展开为"知"先"行"后、"知"通乎"行"、"知""行"并进三个环节。经此三个工夫环节，臻于"知行合一"之境界。在这一境界中，"知""行"相互融合，互为一体。湛甘泉这一知行观与阳明知行观有类似之处，即同是从工夫视域审视知行观，并且在工夫视域下"知""行"趋于"合一"。不过甘泉"知行合一"与阳明"知行合一"还是

---

① （明）湛若水：《新泉问辨录》，《泉翁大全集》卷六十七，第5页。

有一间之隔。这表现在两个方面。其一，在内外合一的境界下，湛甘泉主张"知"、"行"相互渗透式"知行合一"。王阳明尽管亦倡导"知行合一"，然而无法掩饰"一念发动处，便即是行了"①之"销行以归知"的底色，这自然会引起他人的訾议②。这与"阳明知行观基本精神是行"③之间不无扞格。其二，湛甘泉所谓"知行合一"是有所待的，即待于工夫。在待于熟后，"知""行"方合于一。而王阳明主张直接在本然"心体"上用功，于是"下学"式工夫是可有可无的。这就是说，对王阳明而言，"知""行"合一是无待的，在本然"心体"的展现下，"知"、"行"自会趋于一。

假若"天理"为"生"，那么湛甘泉发明、体证"生"的方式便是"随处体认天理"。"随处"是对白沙"静坐"工夫的翻转，强调以"动"涵"静"。其实，"随处体认天理"只是甘泉工夫的上半截，下半截是"而涵养之"，然而这至关紧要的下半截工夫往往被时下学人所忽略。因此，甘泉工夫法门的完整表述应为"随处体认天理而涵养之"。"随处体认天理而涵养之"意味着先"体认"后"涵养"。然而先"体认"后"涵养"只是湛甘泉为学的方便次序，在湛甘泉看来，"体认"与"涵养"不可勉强分先后，"体认"、"涵养"的究竟次第只可规约为"即"：即"体认"即"涵养"。"体认天理"是为学的大头脑，其具体路径为"勿忘勿助"。在"勿忘勿助"一步步的程式步骤中，一念之刹那从念念相续中豁然而呈，心灵之底蕴——"生生"由此瞬间澄然而显。

相对于其他宋明道学家，湛甘泉发明、体证"生生"的方式有四个特点。一是"动"中用功。其他宋明道学家主要在"静"中用功，湛甘泉则打破了这一规律，主张在"动"中用功。二是体认、涵养的相即性。宋明道学家体证"天理"的方式不外体认、涵养，宋明道学家也多依此两种法门体认"天理"、涵养"天理"，而且确实有不少人将体认、涵养的关系定义为相互发明、相互渗透④，然而不可否认的是，这些道学家仍视体认、涵养为两种法门，二者不可混淆。湛甘泉则将体认与涵养的关系归结为"即"：即体认即涵养。在湛甘泉的视域中，体认、涵养是一体性关系，不可言为二。三是湛甘泉倡导的"动"中用功，包含"动"中体认、"动"中涵养。其他道学家可能像湛甘泉

---

① （明）王守仁：《王阳明全集》，第109～110页。
② 如明末清初硕儒王夫之就曾指出陆九渊、杨简、阳明心学"知"、"行"观的流弊："以知为行，则不行为行，而人之伦、物之理，若或见之，不以身心尝试焉。"（清）王夫之：《尚书引义》，《船山全书》第二册，岳麓书社，1988，第312页。
③ 陈来：《有无之境：王阳明哲学的精神》，第99页。
④ 如朱熹，朱熹之体认、涵养关系详见曾亦《论朱子与湖湘学者关于知行问题的讨论》，《船山学刊》2005年第1期。

一样，主张"动"中体认①，然而像湛甘泉一样倡导"动"中涵养者屈指可数②。四是湛甘泉"动"中用功的具体法门是"勿忘勿助"。经一步步程式，心灵趋于虚廓，由虚廓而致"中"。于"中"，心念刹那间绽放，心中"生意"澄然而显。在宋明道学中，这一工夫法门可谓独树一帜。

---

① 湖湘学派主张察识而涵养。先察识善端可谓"动"中体认。
② 王阳明倡导"事上磨炼"，属于"动"中涵养。然而"事上磨炼"附属于阳明为学主旨——"致良知"，并没有作为独立的工夫法门出场过。

第四章 "生生"正脉：甘泉"道统"论

儒家演绎至宋明，其思想体系主要围绕"道"而建构。作为"道"的传承脉络，"道统"自然是宋明理学思想体系中的重要一环。"道统"一词，尽管由朱熹首先使用①，然"道统"意识可追溯至孔、孟②，唐中叶韩愈则系统地阐述了"道统"思想。唐中叶，佛教风行一时，儒学则门庭冷落。为了弘扬儒学，振兴儒门，韩愈借鉴禅宗"道统"，建立了儒学自己的"道统"。至南宋，为了对抗儒门外的"别旨"，批判儒门内的"曲学"，树立自己学术的正统性，朱熹及其弟子更是不遗余力地宣扬"道统"。明中叶，佛教、道教等愈加盛行，甚至儒门内亦不乏假儒以倡佛、老者。这一局面，激发了湛甘泉以捍卫儒门"正统"为己任的"道统"意识。在此意识的发酵下，湛甘泉显得"斗志昂扬"，息邪说，拒诐行，似乎成为自己不可推卸的神圣使命。本章分为三节：第一节，阐明甘泉"道统"之"道"及"道统"的传承脉络；第二节、第三节从甘泉"道统"观出发，分别审视慈湖、老子的思想，从而揭示慈湖是披着儒学外衣的禅者，老子虽谈"道"说"自然"，却与圣门之"道"与"自然"南辕北辙。

第一节 甘泉"道统"观："中正"

不同派系的儒者基于不同的学术立场，对"道"有不同的理解，从而有不同谱系的"统"。然而同属儒门，就意味着不同派系的儒者所倡之"道"不会溢出儒家根本义理之外。由是不同派系的儒者表面倡导不同的"道"，然而不

---

① 张亨：《朱子的志业——建立道统意义之探讨》，《台大中文学报》1992年第5期。张氏认为朱熹在知南康时，牒文中就已使用"道统"一词，非待于《中庸章句序》。

② 黄绍武认为"道统"可追溯至孔子。参见黄绍武《道统的由来与周易道统思想》，《孔孟学报》1979年第38期。陈荣捷、张亨则认为"道统"源于孟子。参见〔美〕陈荣捷《朱熹集新儒学之大成》，《朱学论集》，（台湾）学生书局，1982；张亨《朱子的志业——建立道统意义之探讨》，《台大中文学报》1992年第5期。

同的"道"在儒家之为儒家的层面,具有内在的一致性。这就是说,甘泉"道统"与既往的"道统"具有前后相承的一脉性关系。如前所述,韩愈在儒门内系统地发儒家"道统"之先声。"博爱之谓仁,行而宜之之谓义;由是而之焉之谓道,足乎己,无待于外之谓德。"① 可见韩愈所倡"道统"之"道"是就"仁"、"义"而言的。理学集大成者朱熹承韩愈之绪,继续倡导儒家"道统"说。"不过朱熹将仁义进一步落实在'心之体'上。"② 在均为儒家的"道"——"心之体"的层面,湛甘泉所倡"道统"与韩愈、朱熹"道统"殊途同归。然而,湛甘泉言说之"心之体"的具体内涵与韩愈特别是与朱熹并不完全一致。朱熹将"心之体"归于"天理",湛甘泉则将"心之体"归于"中正"。

在将"道"归于"中正"后,湛甘泉便以"中正"作为判道的依据:符合"中正"之标准,湛甘泉则将其编入"道统",其学亦为"道学";偏离"中正"之标准,湛甘泉则将其打为异类,编入异册,其学只能沦为"曲学"。"曲学",湛甘泉所指涉的就是其时学术之主流——朱熹、陆九渊之学。在将朱、陆之学判为"曲学"后,湛甘泉还从"中正"的维度,对朱、陆之学进行评骘。

一 辩而显:"道"

相较于王阳明,湛甘泉有强烈的"道统"意识。然而这并不意味着其视野狭隘,其实湛甘泉并不惮于论辩,反而认为正是在论辩中,"道"才一步步得以彰显。宦居南京时,一次与诸弟子闲坐鸡鸣寺,湛甘泉主动训示:

> 朋友讲习惟以辅仁,学之大也。如彼两磨,比比相戛,而道斯出矣。不必同,不同斯辨,辨斯明,虚心忘己,乃并受益。③

在湛甘泉看来,讲学论辩能辅翼"仁",由此"学"方变得更宏阔。讲学论辩之于"学",就如两磨相轧,戛戛作响,"道"于此豁然而出。由此,湛甘泉推导出"学"不必同。在不同宗旨的"学"相互辩论中,"道"愈辩愈明。不过在辩论过程中,湛甘泉亦指出当虚心,忘却一己偏见,乃有益。

在一封致王阳明的信函中,湛甘泉表达了这一心曲:

---

① (唐)韩愈:《原道》,《韩愈全集》,上海古籍出版社,1997,第120页。
② 梁涛:《儒家道统说新探》,华东师范大学出版社,2013,第83页。
③ (明)湛若水:《雍语》,《泉翁大全集》卷六,第7页。

夫学救偏者也。如其不偏，何俟讲学？故学者，大公之道也，每见程氏兄弟说又不同，而张、朱订论不容少贷，昔者夫子忧学之不讲，夫讲必有同不同。不必同，所以求其同也，然后义理生焉。如彼二磨，其齿不齐，然后粟米出焉。故天地之所以能化生万物者，以阴阳变合之不齐也。①

在湛甘泉看来，学人在为学过程中难免有所偏，那么"学"对于为学的意义就在于救其所偏。如若不偏，则何必期于讲学？在此意义上，"学"是趋于大公之"道"的必要路径。在此意识支持下，湛甘泉充分理解程颢、程颐两兄弟所讲之学并不一定相同，张轼、朱熹相互辩论不已，然这无碍于四人各自成就其学。湛甘泉还回到儒家的源头——孔子，孔子曾云："德之不修，学之不讲，闻义不能徙，不善不能改，是吾忧也。"（《论语·述而》）湛甘泉借此主张学者讲学有同有异，不必为同而同。相应地，义理正是在相互辩论中才得以诞生，这正如两磨参差不齐，才能磨出粟米，亦如阴阳二气相摩相荡，才能产生天地间万物。

学之相辩，其前提乃"疑"，有"疑"方有"辩"。故有弟子问湛甘泉"学何贵"，湛甘泉这样回答："学贵疑，疑斯辨，辨斯得矣。故学也者，觉此者也。"②

学之所贵在有所疑，有疑才相互辩论，相互辩论才学有所得。在相互辩论中，湛甘泉提示心态起着重要作用：

学者正当立个公心，虚心相求，便于不同处相切磋，乃有益。古人比于磨齿不齐，乃磨得粟与粉面出来，若皆雷同，岂能磨得出了？但恐学者无此至公至虚之心，只为人守门户，其害道义甚大。戒之戒之！吾不愿学者有此病也。③

在相互辩论中，存在两种心态：一是公心，一是私心。以公心辩论，则虚心相求，在不同意见中相互切磋，从而学有所益；以私心辩论，则无至虚至公之心，只是门户之见，于"道"则无所益。

以公心论"道"，展现了湛甘泉编撰"道统"非出于一己私心，而是力图站在公正立场，展现"道"本身之意蕴。

---

① （明）湛若水：《寄阳明》，《泉翁大全集》卷九，第31页。
② （明）湛若水：《雍语》，《泉翁大全集》卷六，第14页。
③ （明）湛若水：《新泉问辨续录》，《泉翁大全集》卷七十一，第20页。

二 "中正"：以"中"就"道"

如前所言，世间万物均为一"气"所化，然在一"气"所化的过程中，"气"之状态可能就于中正，亦可能趋于偏斜。在湛甘泉看来，就于"中正"，便是"道"、"理"；趋于偏斜，便是非"道"。

由"中"而言"道"，相应地"中"便成为与"道"同一谱系的概念，是价值的最高准则。有弟子问湛甘泉何为"中庸"，湛甘泉这样回答："过中失正，即非天理。圣人作易，随时合道，非为诡世也。大易者，中庸之宗祖。"①湛甘泉指出，过于"中"则失于"正"，便非"天理"，此意味着"中正"即"天理"。为了进一步论证"中正"即"天理"，湛甘泉甚至还将"易"与"中庸"联系在一起。古圣作"易"的目的在于随时变易以切于"道"，而并非故弄玄虚，耸人听闻。在此意义上，"中庸"源于"易"。约言之，在湛甘泉心目中，"中正"与本体是同位的格。

"中正"与本体是同位的格，于是"中正"便成为价值的准则。偏斜则违拗"中正"，有背于价值的准则，从而远离"天理"。刚直则趋于"中正"，从而就于"道"。作为价值准则的"中正"，与"天理"若合符契。

"中正"只是就理想状态而言，在现实情境下，仍然不可避免地存在不"中正"之偏斜。面对现实中之偏斜，"教"就出场了："圣人之设教也，为刚柔善恶之异其□也。教也者，所以约其中、化其偏者也。"② 现实中，万物未能恰如其分，于是便存在刚柔善恶参差不齐的状况。针对这一状态，圣人就出场了，以其"教"约刚柔以至中，化偏斜以至正。

由此可见，"教"在"中正"的思想体系中有重要地位。有弟子问于湛甘泉："如何斯可为人师矣？"弟子之问是如何可为人师表，其中暗藏之意就是欲为师，得具备什么样的基本素质。湛甘泉这样回答：

> 得中而立焉，斯可矣。刚不刚、柔不柔，而刚柔者法焉，以去其不中而已矣。师也者，犹诸医也，学者其犹诸病也。医以就诸中和而已。医而偏焉，杀人之术也；师而辟焉，陷人之道也。可不谨乎？③

在湛甘泉看来，为人师表的基本素质是中道而立。为了说明这一基本素质，湛

---

① （明）湛若水：《问疑录》，《泉翁大全集》卷七十五，第32页。
② （明）湛若水：《雍语》，《泉翁大全集》卷六，第9页。
③ （明）湛若水：《樵语》，《泉翁大全集》卷一，第9页

甘泉形象地用了一个比喻：教师犹如医生，学者犹如有诸般疾病的病人。病人生病的根源在于生理机能趋于偏斜，医生治病只是救偏斜以就"中正"；若以偏救偏来治病，犹若杀人。同样，若老师本身就乖僻，则会陷人于非道。

在纠偏的语境下，湛甘泉直接将为教等同于治疗："教者其犹医乎！医以去其病而已矣，教以去其偏而已矣。"① 医生通过去乖戾以治病救人，教师则通过纠偏私使学人就于"道"。为教的职责就是纠正学人为学之偏，那么为学的职守就在于去偏就正："吾又以为，人之求学，如病求医，必得中和之剂，乃可愈病，实性命所关也。"② 学人之求学，恰如病人之就医。治病之药方在于"中和"之剂，为学之正途在于"中正"之"道"。

通过拟为教于治疗，湛甘泉实际上在倡导以"中正"纠正偏斜的为教方式：

> 中道而立，能者从之，不可随人救偏，救得东边，西边又偏，救西边亦然，不若只与中立。曾记白沙先生为贺克恭黄门许多年不悟，因书劝之读佛者，盖伊川所言谨礼不透，好令读庄列之意。克恭之子反生疑辨。人之指为禅，大抵类此。故立教不可稍有救偏之术，救一偏是又起一偏也，为中正乃救偏之极致。③

通过揭示以偏纠偏的弊端，湛甘泉力图表明为学与其以偏纠偏，不若当中道而立。以偏纠偏的弊端在于：纠得偏于东，却又偏于西；纠得偏于西，却又偏于东。在此意义上，纠偏而立教，不过是权宜的教法。为了进一步揭示这一为教之法是权宜教法，湛甘泉举了自家师门之例。陈白沙因贺克恭多年未悟，于信函中劝其姑且就佛近禅，此恰如弟子未领会谨慎于礼之训，程颐就令其读庄子、列子一样。令人惋惜的是，不解陈白沙权宜教法之用心，贺克恭内外两失。于内，不解白沙之教，反生疑窦；于外，他人皆目之为禅。通过贺克恭之例，湛甘泉试图证明：不可以纠偏而立教，纠得一偏不可避免又生另一偏。由此，湛甘泉得出就于"中正"是纠偏最佳方式的结论。

为了进一步阐明与其纠偏以立教，不若中道而立，湛甘泉还是回到治病的语境：

---

① （明）湛若水：《雍语》，《泉翁大全集》卷六，第11页。
② （明）湛若水：《答林吏曹子仁春》，《泉翁大全集》卷十，第34页。
③ （明）湛若水：《新泉问辨录》，《泉翁大全集》卷六十九，第22页。

> 善治病者，先元气而后攻疾。养元气即攻疾矣，苟专于攻疾，是又一
> 病也。善学道者，先正经而后救偏。正经即救偏矣，苟专于救偏，是又一
> 偏也。今之救偏者，如立诸西以矫东之人，东西皆偏也。是故君子反经以
> 立诸中，中道立而偏者正矣。①

良医为人治病当先养其元气，然后因病予药。养元气的过程亦即因病予药的过程，若单纯因病予药，一病方愈，另一病随之而生。据此，湛甘泉推论，善学者先据"经"以立"正"，然后纠偏，据"经"以立"正"的过程即纠偏的过程。若专于纠偏，则此偏方纠，另一偏随之而生。在湛甘泉看来，其时学人多为纠偏之学，恰如立于西以矫正偏东之人，却不知不论东还是西，均偏于一方。由此，湛甘泉提出自己的主张：君子当以经为根据而立于中，中道立，偏者由此而正。

这里的"今之救偏者"，非泛指，湛甘泉乃实有所指。所指的便是湛甘泉同道者——王阳明。明中叶当程朱理学登上政治舞台的中心，成为官方意识形态时，程朱理学实已蜕变为利禄之学。面对这样的局面，如何匡正？不外两种方式：以偏纠偏，以"中正"纠偏。王阳明期冀以"良知"警醒沉睡之世人②，显然欲以偏纠偏；湛甘泉之学则力倡"中正"，欲以"中正"纠偏。相对于王阳明之"痴狂"，具"狂者胸次"③，湛甘泉则更为协中，具"中庸气象"。

王阳明绾结《大学》"致知"、孟子"良知"提出"致良知"。"所不虑而知者，其良知也"，在孟子的视域下，"良知"并非经验性范畴，其知之能力的获得乃源于天赋。"知是心之本体，心自然会知：见父自然知孝，见兄自然知弟，见孺子入井自然知恻隐，此便是良知，不假外求。"④ 王阳明所谓"良知"亦染有孟子"良知""不学而知"的天赋色彩。这就是说，学对于王阳明而言，可有可无，甚至有时可能成为赘疣，弃之方能快其心。

---

① （明）湛若水：《樵语》，《泉翁大全集》卷一，第 17 页。
② 阳明弟子亦觉察到阳明"致良知"这一特征。如弟子钱德洪如是评价阳明归越后之为学："师（阳明）在越时，同门有用功恳切，而泥于旧见，郁而不化。师时出一险语以激之，如'投水石于烈焰之中，一时解化，纤滓不留，此亦千古之大快也'。听者于此等处，多好传诵，而不究其发言之端。故圣人立教，只指揭学问大端，使人自证自悟，不欲以峻言隐韵立偏胜之剂，以快一时听闻，防其后之足以杀人也。"（《明儒学案》，第 236 页）"险语"显然指"致良知"。阳明归越后之所以更加倡导"致良知"，在于时之学人多泥于旧说，未能透脱，王阳明不得已以"致良知"启之。钱德洪坦承"致良知"确实能耸人听闻，启人于顷刻，然同时钱德洪对"致良知"进行反思，亦留意到此是峻急之言，若不善用之，亦启后世杀人之学。
③ 参见陈来《有无之境：王阳明哲学的精神》第九章第三节。
④ （明）王守仁：《王阳明全集》，第 7 页。

相对于王阳明对学可有可无的态度，湛甘泉则倡导通过学以至"中正"：

> 故学之道不过变其偏以归之中正而已矣。学而不能变化气质，又奚庸于学哉？是知人不可以不学，而学者所以为道也。记曰：虽愚必明，虽柔必强。气质变化也。学者其可不加百倍之功也哉？[1]

在这段劝诱明世宗的话语中，湛甘泉将为学宗旨理解为纠偏以归于"中正"，由此变化气质。为了进一步启迪明世宗，湛甘泉指出：若"学"而不能变化气质，又何必从事于学？湛甘泉这里所谓"学"，并非泛泛之学，而是具体之学。正是在具体之学的前提下，湛甘泉才下这样的断语：人不可不学，学者依于学方能进于"道"。《礼记》曾云："虽愚必明，虽柔必强。"湛甘泉亦将其放在"学"以"变化气质"的视域下理解。语末湛甘泉不禁感慨：学不可不加百倍之功。此亦可见湛甘泉劝诱明世宗的殷殷之心。

为了强调"学"之于纠偏的重要性，湛甘泉还在古训的语境下言说"学"：

> 古训者，其圣人之精乎！其犹之规矩矣。以规发员，以矩发方，以精发精。规不规，矩不矩，远于聪明之巧矣。故学则聪明日生，不学则聪明日窒。古训者，圣人天聪明之蕴也。彼杨、墨、释、老者，各任其私知，不讲于古训之疾欤！孟子曰："公输子之巧，不以规矩，不能成方员。规矩，方圆之至也；圣人，人伦之至也。"[2]

在湛甘泉心目中，古训是古圣前贤思想的精华所在。湛甘泉将古训拟为规矩，有规矩才有方圆，无规矩则无方圆。不依规矩，就意味着远离聪明圣智。湛甘泉还指出杨朱、墨子、释教、老子之所以远离"中正"之学，皆在于炫耀一己之私智，不循古圣之训。

值得留意的是，在儒家思想体系中，"中"除了不偏不倚之意外，还有相对于体外物事而言的内在"心"、"性"之意。[3] 弟子周冲叩问于湛甘泉："舜之用中，与回择乎中庸，莫亦是就自己心上斟酌调停，融合吾天理否？"湛甘泉如是回应：

---

① （明）湛若水：《进德业四》，《圣学格物通》卷二十九，第1166页。
② （明）湛若水：《樵语》，《泉翁大全集》卷一，第15页。
③ 就体内"心""性"之"中"而言，亦有广义、狭义之分。"喜怒哀乐之未发，谓之中"（《中庸》），广义之"中"是就"心""性"本身而言；狭义则是思虑未萌、情感未发的心灵状态。

用中、择中庸与允执厥中，皆在心上，若外心性，何处讨中？事至物来，斟酌调停者谁耶？事物又不曾带得中来，故自尧舜至孔颜皆是心学。①

在这段师徒问答中，不论是徒还是师，均意识到"中"乃就心之"中"而言，事物本身无所谓"中"，事至物来，"心"予以斟酌调停，才可谓"中"。此"中"乃"心"之"中"，古圣前贤——尧、舜以至孔、颜皆倡导"中正"之学，故其皆可归属于"心学"阵营。

甘泉"道统"之"道"乃就"中正"而言，以"中正"而言"道"的殊胜处在于克服了以偏纠偏之流弊。值得留意的是，在湛甘泉视域里，"中"并非仅仅与偏相对而言，亦与"外"相对而言，指向内在心灵空间之"中"。

三　从尧、舜至湛甘泉："道"之传承脉络

湛甘泉以"中正"为"道"，"中正"乃"学"的圆满形式，故"中正"之学莫非"道学"。在"中正"即"道学"的意识下，湛甘泉勾勒出一脉相承的"道统"谱系。符合"中正"标准者，则被湛甘泉编进"道统"谱系中；不符合"中正"标准者，则被湛甘泉打为异类，编入另册，其学亦被贬斥为"曲学"。而释、道二教，更被湛甘泉视为离经背道，属"邪学"。

"中正"，相应于荒木见悟所云"本来性"②。"本来性"之"中正"主要有两个内涵：一是"浑一"，二是"自然"。

在湛甘泉的视域中，天地"浑然一体"。在此境界中，"心"、"物"自然浑然无别。故甘泉之学亦可言为"浑然一体"之学。门人郭应奎如是评述甘泉之学：

> 先生之学，舍心性无可语者，而究其蕴则天地万物浑然一体，而不可以内外动静判焉者也。③

郭氏以"心"、"性"之学概述甘泉之学，进而又以"浑然一体"来形容"心"、"性"。日本著名学者冈田武彦亦敏锐地觉察到甘泉为学之特质在于"浑一"，故以"浑一之学"来指称甘泉之学。④ 在现实情景中，由于受到欲望

---

① （明）湛若水：《新泉问辨录》，《泉翁大全集》卷六十七，第2页。
② 参见〔日〕荒木见悟《序论——本来性与现实性》，《佛教与儒教》，杜勤、舒志田等译，中州古籍出版社，2005。
③ （明）湛若水：《甘泉先生续编大全序》，《甘泉先生续编大全》，第1页。
④ 参见〔日〕冈田武彦《王阳明与明末儒学》，第71页。

的牵引，"心"、"物"二分，并非处于"浑一"情景中。"心"、"物"欲"浑然一体"，尚待"心"趋于"中"，于"中"之情景中，"浑一"才豁然而显。从这一层面来审视，在湛甘泉的"道统"谱系中，"浑一"是"中正"含义之一便是题中应有之义。

"天地浑一"为"中"，若"内外动静判"，则背离"中"，湛甘泉斥之为"支离"：

> 夫所谓支离者，二之之谓也。非徒逐外而忘内，谓之支离，是内而非外者亦谓之支离，过犹不及耳。必体用一原，显微无间，一以贯之，乃可免此。[1]

"支离"，意味着内外撕裂为二。撕裂为二，内外则截然划分。内外截然划分表现为两种形式：一是逐外遗内，二是是内非外。在湛甘泉看来，不仅逐外遗内可谓支离，是内非外亦不可不谓支离。只有体用一原，显微无间，才能内外合一，从而避免"支离"之弊。

"中"的另一内涵是"自然"：

> 勿忘勿助元只是说一个敬字，先儒未尝发出，所以不堕于忘，则堕于助，忘助皆非心之本体也。此是圣贤心学最精密处，不容一毫人力。故先师石翁又发出自然之说，至矣。圣人之所以为圣，亦不过自然如此，学者之学圣人，舍是何学乎？……盖勿忘勿助之间，只是中正处也。……盖圣学只此一个路头，更无别个路头，若寻别个路头，则终枉了一生也。[2]

"忘"、"助"均背离本然"心体"，言下之意是，经"勿忘勿助"，才能回归本然"心体"。"勿忘勿助"最重要的特征是不容一毫人力，在此意义上，湛甘泉将其宣称为"心学最精密处"。陈白沙倡导"自然"之学，乃揭"勿忘勿助"为学之奥义。圣人之为圣人，就在于此。学人为学不外乎此。借"勿忘勿助"，"心"才能趋于"中正"，回归本然。为了彰显"勿忘勿助"，湛甘泉甚至这样定位"勿忘勿助"：古圣为学唯一路头，更无别个路头。

由"勿忘勿助"而至"中"，湛甘泉进而言：

---

[1] （明）湛若水：《答阳明》，《泉翁大全集》卷八，第25页。
[2] （明）湛若水：《答聂文蔚侍御五条》，《泉翁大全集》卷九，第14页。

> 勿忘勿助而必有事焉，圣人之至学，大中至正之矩也。今之语学者，不知勿忘勿助，则不足以语中正；不由中正，不足以为人师。师也者，医也。医之用药，不中不正，其术足以杀人，可不慎乎！可不择乎！①

在这段话中，湛甘泉直接将"勿忘勿助"等同于圣人之至学、"中正"之规矩。因此，学人若舍此以求"中"，乃缘木求鱼。为了凸显"勿忘勿助"为求"中"之不二路径，湛甘泉再次将教师比拟为医生，医生不善用药，可能误杀人；教师不善教人，亦可能误导人。在此意义上，湛甘泉不禁感喟：为学不可不慎，不可不择。

在"中正""道统"的意识下，湛甘泉以"浑一"、"自然"为具体准则，勾勒出圣圣相传的"道"之传承脉络。

以湛甘泉为中心，对儒门圣圣相传的传承脉络进行勾勒，弟子王仁以此就教于湛甘泉：

> 仁观尧、舜之学只是一个"精一"，成汤之学只是一个"建中"，文王之学只是一个"敬止"，孔子之学只是一个"一贯"，孟子之学只是一个"博约"，周子之学只是一个"无欲"，程子之学只是一个"主敬"，可见圣贤之学，简易而已矣。今先生随处体认天理之教，则又明白简易，真足以绍尧、舜、汤、文、孔、孟、周、程之至传，百世以俟后圣而不惑者。然则有志于圣贤者，果能随寂随感随静随动，无时而不体认，则参前倚衡之体见矣。有所见，则外物不能动，而吾心自然之乐可已乎哉？②

王仁以尧、舜肇其端，中经商汤、周文王、孔子、孟子，延续至周敦颐、程颢，对"道"的传承脉络进行了梳理，并得出圣贤之学皆简易之学的结论。业师湛甘泉"随处体认天理"即印证了此至简、至易之学，职是之故，湛甘泉承续尧、舜、汤、文、孔、孟、周、程之传。为了证明"随处体认天理"乃至简、至易之学，王仁还诠释了"随处体认天理"的具体内涵：随寂随感、随静随动，无时不体认，流行于日用的本然之体便豁然而显。若真有见于此，则外物不能动其心，自然之乐自流淌于心间。

可能出于自谦，湛甘泉对于王仁儒门圣圣相传之梳理并不以为然，对己学之定位是否恰当亦未置可否，倒是对王仁如是教诲："只教诸贤去体认，自求

---

① （明）湛若水：《新泉问辨录》，《泉翁大全集》卷六十九，第25～26页。
② （明）湛若水：《新泉问辨续录》，《泉翁大全集》卷七十三，第9～10页。

自得自乐耳，焉知尧、舜、汤、文、孔、孟、周、程之传。"① 在湛甘泉看来，为学当自求自得自乐，故为学只待学人自己去体认，至于尧、舜、商汤、周文王、孔子、孟子、周敦颐、程颢圣圣相传之学，非学人之所急。

表面看来，湛甘泉对于王仁表述的尧、舜、汤、文、孔、孟、周、程圣圣相续并不以为然，然而王仁之所以如是表述，并非一己之见，而是在湛甘泉平素的教诲下，接受此圣圣相传之序，并在此意识的发酵下做如是表述，其实这也体现了湛甘泉自己心目中圣圣相传之序。

弟子葛涧叩问如何评点宋儒诸子，湛甘泉这样回答："其周濂溪、程明道乎！微二子，道其支离矣。舍二子，吾何学矣？"② 在宋儒诸子中，湛甘泉所愿学者，唯周敦颐、程颢二人而已。这就是说，于宋儒中，湛甘泉最推崇周敦颐、程颢二人。基于此，湛甘泉以周敦颐、程颢为中轴，构建了整个圣圣相传之序。

周濂溪于湛甘泉的意义何在？

> 混沌既凿，源远益分，分乃支离，体用弗原。孔孟而后，若更一门，门各为户，竞出异言。浑浑濂溪，有沿其源，一为圣学，示我大全。学绝道丧，千载芬芬。天笃夫子，握会之元。溯程而周，再复浑沦。③

周濂溪之学为浑沦之学，湛甘泉"中道"内涵之一正是浑沦，在此意义上，周濂溪是湛甘泉"道统"的重要一环。

其时学人对周敦颐时有訾议：

> 学者多以伊川叙明道先生墓："自孟子之后一人而已"，而不及濂溪，遂疑濂溪之学，殊不知此只叙其辩异端辟邪说。明道之功，以继孟子闲先圣之后耳。若以自生民以来，未有孔子也，遂疑自古圣人之非，可乎？故自孟子之后一人，及自生民以来未有孔子，皆以事功言也。④

学人訾议的依据在于程颐于《明道先生墓表》中未提及周敦颐，湛甘泉不禁为之辩白，认为伊川在《明道先生墓表》中只是表彰程颢辨异端、排邪说之功，

---

① （明）湛若水：《新泉问辨续录》，《泉翁大全集》卷七十三，第9~10页。
② （明）湛若水：《雍语》，《泉翁大全集》卷六，第6页。
③ （明）湛若水：《明故翰林院检讨白沙陈先生改葬墓碑铭》，《泉翁大全集》卷五十九，第6页。
④ （明）湛若水：《知新后语》，《泉翁大全集》卷三，第13~14页。

因此伊川言"孟子之后一人而已"只是就程颢辨异端、排邪说之功而言。"出于其类，拔乎其萃，自生民以来，未有盛于孔子也。"（《孟子·公孙丑上》）孟子同样只提及孔子，并未列举尧、舜、禹诸圣，那么是否就此可以非议孔子之前的诸圣？不论伊川未提及周敦颐，抑或孟子未提及孔子之前诸圣，均是就程颢、孔子辨异端、排邪说之事功而言。

弟子周桐据"自见周茂叔，每令寻仲尼颜子乐处，既而吟风弄月以归，有吾与点也之意"，认为二程之学得于周敦颐，进而认为二程虽然后来"造诣精纯"，然而周敦颐引导、启蒙之功亦不可否认。程颐却云"得不传之绪于遗经"，不知何谓？《太极图说》云"定之以中正仁义而主静"，《通书》云"一为要"，"其言至精切矣"，难道二书此言不尽圣意，"必待求诸六经，多识前言往行，以畜其德耶"？①

对于周桐之疑惑，湛甘泉这样开导。程颢曾云："吾学虽有所受，天理二字，却是自家体贴出来。"湛甘泉据此认为，程颢这样说一方面表明程颢之学确实本于周敦颐，另一方面表明其学之机枢——"天理"却是程颢自得之。程颐曾云："吾之学与家兄同，后之人求家兄之学者，求之我可也。"对于程颐这一论断，湛甘泉并不认同，认为"今观其不信濂溪，则与明道不同处，亦可见矣"。② 周敦颐与程颢一脉相承，程颐却不信服周敦颐，这意味着程颐与其兄程颢非同道中人。

对于程颢，湛甘泉更是推崇备至：

> 夫遵道者何为者也？遵明道也。明道兄弟之学，孔、孟之正脉也，合内外、彻上下而一之者也。③

为了凸显程颢，湛甘泉直接将"道"等同于程颢，故遵"道"就是遵从程颢。程颢之学承续孔、孟之学之正脉，孔、孟之学便是正脉的机理，便是"合内外、彻上下"的"浑一"之学。

沿周敦颐、程颢溯源而上，入湛甘泉之法眼者不外乎孔、孟。但为了将自己所编定的"道统"神圣化，湛甘泉还是从孔、孟进一步往上追溯，推至尧、舜及三代圣王。弟子冼桂奇就此加以请教：

---

① （明）湛若水：《新泉问辨录》，《泉翁大全集》卷六十七，第28页。
② （明）湛若水：《新泉问辨录》，《泉翁大全集》卷六十七，第28～29页。
③ （明）湛若水：《叙遵道录》，《泉翁大全集》卷十六，第10页。

唐虞之惟精惟一，所以执中也。孔门之博文约礼，所以立中也。孟氏之勿忘勿助，所以养中也。自古圣贤语虽不同，理则一而已矣。然初学之士，质既鲜敏，功亦茫然。①

于此叩问中，冼桂奇依湛甘泉之思绪，勾勒出尧、舜、孔、孟四圣相授，唯"中"而已。尧、舜"惟精惟一"，乃执"中"；孔子"博文约礼"，乃立"中"；孟子"勿忘勿助"，乃养"中"。此四圣所言工夫虽各各有别，然所求之"理"却为一。冼桂奇一方面在表述尧、舜、孔、孟四圣相传之学，另一方面却未能踏入甘泉之学，故认为初学者基质粗糙，工夫亦茫然，无个入处。在此茫然中，冼桂奇不禁发问："精之一之，其要安在？博之约之，其道何从？勿忘勿助，毋太莽荡乎？"② 因这三个方面的茫然，冼桂奇相信必有更为简易之工夫法门，以便于初学者入德窥道。

对于冼桂奇这些疑惑，湛甘泉如是教诲：

唐虞而下，诸圣人所谓中，所谓卓尔，所谓有事，皆是这个天理。其惟精惟一，其博其约，其勿忘勿助，皆所谓存此而已矣，更无别事，更无别法。勿忘勿助之间，何等易简！圣人这些精一博约工夫都被孟子一口说出。③

湛甘泉认为，由尧、舜而下，诸圣人所云"中"、"卓尔"、"有事"，皆指"天理"而言。"惟精惟一"、"博文约礼"、"勿忘勿助"，均为存养"天理"之法门。除此三法门，更无别事，更无别法。"惟精惟一"、"博文约礼"又可摄于"勿忘勿助"，故"勿忘勿助"是最简易的工夫法门。圣人"惟精惟一"、"博文约礼"工夫被孟子"勿忘勿助"一口道尽。

在回应中，湛甘泉认为圣学工夫除"惟精惟一"、"博文约礼"、"勿忘勿助"外，并无其他所谓简易之工夫法门。而"惟精惟一"、"博文约礼"、"勿忘勿助"工夫法门中，"勿忘勿助"更为根本，可涵括"惟精惟一"、"博文约礼"。

然而，尧、舜及三代圣王毕竟是假托之名，儒学真正肇始于孔子。湛甘泉从孔子身上抉发出了什么？

---

① （明）湛若水：《答问》，《甘泉先生续编大全》卷二十七，第17页。
② （明）湛若水：《答问》，《甘泉先生续编大全》卷二十七，第17页。
③ （明）湛若水：《答问》，《甘泉先生续编大全》卷二十七，第17页。

孔子志于学即是志于道，道者自然也。从十五时便志于自然之道，至七十从心所欲不逾矩，方得自然之道，到此方是了手，前后始终一致也。①

孔子"十有五而志于学"，将孔子"志于学"理解为"志于道"，此本大体无差。湛甘泉对此理解的独特性在于将"道"理解为"自然"，并且将孔子一生为学历程——"十有五而志于学，三十而立，四十而不惑，五十而知天命，六十而耳顺，七十而从心所欲，不逾矩"置于"自然"脉络之中，于是孔子之学悄然演绎为"自然"之学。于是"志于学"章与其说是求"仁"之年谱②，毋宁说是求"自然"之年谱。

承续孔子"自然"之学脉者乃孟子："孟子之学，其至矣乎！勿忘勿助，其敬之规矩矣乎！孔子之学非孟子弗明。"③孟子之学可归为"勿忘勿助"，即"自然"之学。孔子"自然"之学过于含蓄，发而未出，孟子则以"勿忘勿助"直接标示出来。

为了彰显孟子在"自然"学脉中的地位，湛甘泉这样评价孟子：

天理在心，求则得之。……但求之自有方，勿助勿忘是也。千古惟有孟子发挥出来，须不费丝毫人力，欠一毫已便不是，才添一毫亦不是，此语最是，只不忘助时，便添减不得。天理自见，非有难易也，何用硬格尺量耶？④

"天理"本然于心，欲求则得之，求之根本方式在于"勿忘勿助"。这一根本方式，千古间唯有孟子发挥出来，不费丝毫人力。若添之一分，或减之一分，便有违不费丝毫人力。保持"勿忘"、"勿助"，便不会有添抑或减，于此间便切近"天理"。这一过程，不可谓"难"抑或"易"。由此，湛甘泉不禁反诘：体认"心"中的"天理"，怎么可以用固定格套去规范？

弟子王仁深体甘泉之学，以其所得加以就教：

孟子所谓必有事者，其体认天理之谓乎！勿忘勿助者，其体认天理功夫之节度乎！勿忘勿助之间，甚是中正处，其学之的乎！舍勿忘勿助而语学，则失其中正而过与不及矣！其为老、庄、佛氏者有之，其为仪、秦、

---

① （明）湛若水：《答问》，《甘泉先生续编大全》卷二十七，第 7 页。
② （明）刘宗周：《孔孟合璧》，《刘宗周全集》第二册，第 164 页。
③ （明）湛若水：《雍语》，《泉翁大全集》卷六，第 10 页。
④ （明）湛若水：《新泉问辨录》，《泉翁大全集》卷七十，第 26 页。

管、商者有之，乌足与语学哉？是故学者求之于勿忘勿助，无纤毫私力参杂于其间，则天理在矣。天理者，吾心中正自然之本体，不由安排者也，下此中正工夫自见之。①

这里，王仁表达了三层含义。其一，孟子所谓"必有事"即湛甘泉所谓"体认天理"。体认"天理"的方式，就是"勿忘勿助"。其二，"勿忘勿助之间"，自会臻于"中正"。故舍弃"勿忘勿助"而言学，便意味着失其中正，非过即不及。其三，学人在用功于"勿忘勿助"时，务必不使丝毫私意掺杂其间，于此不知不觉之中，"天理"自会豁然而显。

湛甘泉回答："正是如此。"对于王仁为学之所得湛甘泉还是认可的。接着王仁"勿忘勿助"以至"中"的话语，湛甘泉进而发挥："勿忘勿助，孟子说出中正之的，示人无走作去处，可怪今之学者多未知耳。"② 在湛甘泉心目中，孟子之学便是"勿忘勿助"，孟子发出"勿忘勿助"，正标示出"中正"之标的，以示人心不走作之方。湛甘泉感慨其时学人鲜能洞见此为学之方。

提及"勿忘勿助"，必涉及"必有事"。弟子何大通亦就"勿忘勿助"与"必有事"之间的关系请教于湛甘泉：

"必有事焉"，事字是一点真道理，自是勿忘勿助的道理。苟能扩充此一点，便是圣贤的真乐，便是配义与道，所以恻隐、羞恶、辞让、是非处，皆是中情达乎人，非为人者。由是观之，无恻隐、羞恶、辞让、是非之心，非真无是心也，是自贼其情、自暴其气，为所不为、欲所不欲者也。苟能举此而措诸天下、达诸家国，则天下家国可得而平治，而况父母妻子乎！故曰："苟能充之，足以保四海；苟不充之，不足以事父母。"先生指点出"天理"头脑，较于"事"字明白简易，通虽不敏，请事斯语。③

何大通认为"必有事"之"事"指涉"真道理"，这自然也是"勿忘勿助"所趋向的道理。何大通就此发挥，苟能扩充这一点"真道理"，便可体圣贤之乐，便是孟子所谓"配义与道"。在此意义上，恻隐、羞恶、辞让、是非之心，乃是就中正之情落于人而言。因此，无恻隐、羞恶、辞让、是非之心，并不意味

---

① （明）湛若水：《新泉问辨续录》，《泉翁大全集》卷七十一，第18页。
② （明）湛若水：《新泉问辨续录》，《泉翁大全集》卷七十一，第18页。
③ （明）湛若水：《新泉问辨续录》，《泉翁大全集》卷七十二，第25页。

着无真心，而是自贼其情、自暴其气，为其所不当为、欲其所不应欲。将此恻隐、羞恶、辞让、是非之心，措诸天下，达诸家国，则天下可平，国家可治，遑论侍奉父母。何大通进而指出，相对于"必有事"之"事"，湛甘泉"随处体认天理"之"天理"更简易明白。

对于何大通此番体悟，湛甘泉如是教诲：

> 切须认得所有事者何事？天理即是真道理，真道理即是真心。孟子言乍见孺子入井，怵惕恻隐之心，即是真心。此心是自然之心，勿忘勿助只是做必有事之功夫，此功夫亦是自然功夫，所以能体自然道理。孟子言"充之足保四海"者何谓？盖此本元于天地同体，故云保四海，亦复其本然者耳。其万变万化，亦只是同体中事耳。①

首先，湛甘泉确证"必有事"之"事"就是"天理"，"天理"就是"真道理"，"真道理"就是"真心"。孟子所言"乍见孺子入井"、"怵惕恻隐之心"，指的便是此"真心"。其次，湛甘泉从工夫层面，阐述"真心"便是"自然之心"，"勿忘勿助"便是达于"真心"的不二路径。"勿忘勿助"是"自然"之工夫，所以自能体"自然"之"真心"。最后，湛甘泉具体阐明孟子所谓"充之足以保四海"之义。"真心"本与天地同体，"保四海"，不过是复其本然之心而已。天地间纵然千变万化，亦在浑然同体一"心"之内。

在"勿忘勿助"的为学方式上，湛甘泉认为孔子、孟子、程颢是一脉相承的：

> 明道曰："吾学虽有所受，而天理二字却是自家体认出来。"盖其所自得者多矣。故天理以言其仁也，体认以言其敬也。昔者孔门之教，求仁而已。孟子则曰："仁，人心也。"明道则曰："仁者浑然与天地万物为一体。"而仁之道益明。孔门之学，敬而已矣。孟子则曰："必有事焉而勿正，心勿忘，勿助长。"明道则曰："无丝毫人力。"曰："主一之谓敬。"无丝毫乃主一也，而敬之学益明。然则前圣之蕴，非明道莫尽；后学之的，非明道莫正。自时而后，虽时有明晦，虽人有离合，然而有先生为之指南，而迷方者可以取法矣，其继往开来之功不亦大矣乎！识者谓先生之道如日月之在天，如水之在地，如和气之被万物，无往不在。②

---

① （明）湛若水：《新泉问辨续录》，《泉翁大全集》卷七十二，第25页。
② （明）湛若水：《南京上元县程明道先生书院记》，《泉翁大全集》卷二十七，第21～22页。

在这篇为明道书院所题的"记"中，在将程颢置于儒门为学体系中承前启后的中枢性地位之后，湛甘泉还借表彰程颢所谓"道"来表彰程颢。湛甘泉以"吾学虽有所受，而天理二字却是自家体认出来"来标识程颢之学。当然湛甘泉不是单纯在表述程颢之学，而是在"勿忘勿助"为学脉络下叙述明道之学。由"吾学虽有所受，而天理二字却是自家体认出来"，湛甘泉将程颢之学指认为"自得"之学，进而将"天理"对接于"仁"，认为体认的不二方式是"敬"。这就是说程颢之"自得"之学便是"敬"以求"仁"。作为承前启后式的哲人，程颢沟通前圣与后圣。前圣指向孔子、孟子。在为学宗旨、为学方式两个层面上，孔子、孟子、程颢一脉相承。就为学宗旨而言，孔子首次将"仁"从诸德中抉发出来，将之置为诸德之首，由此确立儒门为学宗旨不外乎求"仁"；孟子进而将所谓"仁"确认为人之本然"心体"；程颢则将"仁"展现为"浑然与天地万物为一体"的境界。就为学方式而言，孔子倡导"敬"，孟子进而将"敬"明确为"必有事焉而勿正，心勿忘，勿助长"，程颢则分而阐述为"无丝毫人力"、"主一之谓敬"。虽分而阐述为二，然而"无丝毫人力"等于"主一"。其中的奥秘就在于"主一"并非程朱理学所倡导的主于一处，而是"无丝毫"之意。在湛甘泉这一不乏自我创造性的诠释中，"敬"的奥义就被揭示出来。显然湛甘泉不是在客观地叙述孔子、孟子、程颢之学，而是在自己"勿忘勿助"为学宗旨、为学方式的脉络中叙述孔子、孟子、程颢之学。在这一叙述模式下，孔子、孟子、程颢之学便一脉相承。湛甘泉并不满足于程颢的承前地位，还欲将其置于启后位置。自程颢后，明而晦、晦而明，时光不免流逝；人时来时往，不免离合。于此间，为学者不免迷失方向。若想重新寻觅到为学方向，为学者当取法于程颢。唯恐意之未尽，语末，湛甘泉借表彰程颢所谓"道"来表彰程颢。若洞悉程颢为学真谛，则程颢所谓"道"，就如日月之明照于天，水之流淌于地，气之贯穿于万物，无往而不在。

前圣指向孔子、孟子，后来者谁可登上圣的位置？在与弟子姜凤的一段问答中湛甘泉给出了答案。姜凤将其为学之所得就教于湛甘泉：

> 道体本自然也，不容一毫人为。故求道者，必用功于勿忘勿助之间，则自然矣。用自然之功夫，方合自然之本体，若加一毫人为则伪，伪则去道远矣。未知如何？[①]

姜凤将"道体"理解为自其而然，不容一毫人力作为。既然"天道"自其而

---

① （明）湛若水：《新泉问辨续录》，《泉翁大全集》卷七十三，第11页。

然，那么体认自其而然的"天道"亦当用自其而然的工夫。自其而然的工夫便是"勿忘勿助"。以"自然"之工夫，体"自然"之本体，若加一毫人为，则为伪，伪则远离"天道"。

对于姜凤为学之所得，湛甘泉这样回应：

> 察见自然之本体，便合用如此功夫。明道谓必有事焉而勿正心，勿忘勿助长，不用丝毫人力，岂非自然？自孟子而后无人识此义，惟明道、石翁知之矣，不可不吃紧理会。①

湛甘泉认同姜凤为学之所得，认为体察"自然"之本体，当用"自然"之工夫。"自然"之工夫，莫非程颢所表彰的孟子话语："必有事焉而勿正心，勿忘勿助长，不用丝毫人力。"孟子之后体察此学精微者，唯程颢、陈白沙二人而已。职是之故，承程颢"自然"之学登上圣的位置者，在湛甘泉看来，不是他人，正是其业师陈白沙。

湛甘泉不厌其烦地一再如此宣称：

> 程明道曰："勿忘勿助之间，乃正当处也。"谢上蔡曰："既勿忘，又勿助，当恁时天理见矣。"白沙先生曰："舞雩三三两两，皆在勿忘勿助之间。"前后若合符节，何也？只有此条是中正路也，更无别路。②

在上述文字中，除了程颢、陈白沙外，湛甘泉还添加一人：谢上蔡。湛甘泉选择程颢的话语是："勿忘勿助之间，乃正当处也。"选择谢上蔡的话语是："既勿忘，又勿助，当恁时天理见矣。"选择陈白沙的话语是："舞雩三三两两，皆在勿忘勿助之间。"在湛甘泉有意识地选择三者三句话语的构思下，程颢、谢上蔡、陈白沙三人皆成为提倡"勿忘勿助"者。"勿忘勿助"意味着"中正"、"自然"，湛甘泉据此认为三人前后相符，一脉相承。

弟子罗郡对"无在无不在"深有体会，于是向湛甘泉表述其所得：

> "无在无不在"，只此五字，循而行之，便有无穷难言之妙，白沙先生所谓"高明之至，无物不覆，反求诸身，把柄在手"者是也。而或者乃曰："无在者，不在于人欲也；无不在者，无不在于天理也。"郡窃谓此五

---

① （明）湛若水：《新泉问辨续录》，《泉翁大全集》卷七十三，第11页。
② （明）湛若水：《新泉问辨录》，《泉翁大全集》卷六十九，第25页。

字当浑全以会其意，不当分析以求其义。分析则支离矣。既有学问思辨之功，应不向别处走，不必屑屑于天理人欲之分析也。此紧关终身受用之地，更愿发挥，归与同志者共之。①

罗郡将其为学之所得归于"无在无不在"，并认为循此用功，便有无穷难言之妙。陈白沙所云"高明之至，无物不覆，反求诸身，把柄在手"正印证此意。有人将"无在无不在"分而诠释之，"无在"，无在于人欲；"无不在"，无不在于"天理"。罗郡则认为，此五字浑全而体之，方可会其意；分而言之，则陷于支离之窠臼。

对于罗郡之所得，湛甘泉这样回应：

> 此段看得好！五字不可分看，如"勿忘勿助"四字一般，皆说一时事，当此时天理见矣。常常如此，恒久不息，所以存之也，白沙先生所谓"把柄在手"者如此。此乃圣学千古要诀，近乃闻不用"勿忘勿助"之说，将孰见之？孰存之乎？是无把柄头脑学问者，不可不知。②

湛甘泉赞同罗郡上述话语。不过湛甘泉弃"无在无不在"而不言，转而言"勿忘勿助"。"勿忘勿助"契于当下一念之刹那，并于当下一念之刹那间体认到"天理"。体认"天理"并非为学之终点，体认"天理"后，当常常持之，恒而不息，由此存养"天理"，于此才能达于为学之终点。由"勿忘勿助"体认"天理"，并进而存养"天理"，在湛甘泉看来，这才是白沙所谓"把柄在手"。在体之、养之的意义上，"勿忘勿助"乃圣学千古之要诀。近来听说有些学者主张为学不于此用功。湛甘泉不禁感喟：非此怎么可能体认"天理"？怎么可能存养"天理"？不如此用功可谓为学无把柄、无头脑。

罗郡将白沙之学归于"无在无不在"，湛甘泉却将白沙之学归于"勿忘勿助"。罗郡、湛甘泉均对白沙之学进行了总结，然而两人总结的向度并不一致：罗郡从本体的向度加以总结，湛甘泉则从工夫的向度来总结。对于罗郡对白沙之学的总结，湛甘泉并不满意。湛甘泉并非不满意于白沙"无在无不在"之本体，而是不满意于罗郡忽视"勿忘勿助"之工夫，而直言"无在无不在"之本体，这在无形中会导致为学无根基，难免流于高蹈。

弟子冼桂奇问于湛甘泉：

---

① （明）湛若水：《新泉问辨录》，《泉翁大全集》卷六十九，第16页。
② （明）湛若水：《新泉问辨录》，《泉翁大全集》卷六十九，第16页。

青萝①不信白沙先生自然之说，谓与明道明觉自然之说不同，明觉是吾心本体也云云。愚谓圣贤之学皆出于明觉之体，无所为而然。若有所为，则涉安排，非自然矣。此白沙之学所以自然为宗也。奇初亦甚不以为然，今乃信之益笃。如何？②

王渐逵认为程颢所云之"自然"与陈白沙所云之"自然"迥然有别。程颢所云之"自然"乃从"明觉"角度言说，"明觉"发于本然"心体"。言下之意是，白沙"自然"之学并非从"明觉"角度而言。冼桂奇不禁为陈白沙辩护，认为圣贤之学源于"明觉"本体，"明觉"本体的特征是自其而然，若有意而为，则涉安排，已违背自然。白沙"自然"之学亦不外乎此。

对于冼桂奇为陈白沙辩护，湛甘泉欣然认同：

青萝之□非青萝之惑也，宋儒以老庄为自然惑之也。既不信自然，何以谓之天理？理只是理耳，而谓之天者，天然之理，天之所为，无丝毫人力安排也。且先师此二字本出于程子，程子无丝毫人力之说出于孟子勿忘勿助之说。自古圣贤之言必同条共贯，乃见天理之一本也。吾少汾知此，须有下手处矣。珍重！珍重！③

湛甘泉回避了冼桂奇之问，而是首先表达青萝之疑惑并非青萝一人之疑惑，这一疑惑具有普遍性，此即有宋以来仍有不少儒者坚持老庄之学为"自然"之学。湛甘泉则不敢苟同于这种观点，认为儒家之学方可称为"自然"之学，道家之学则不可称为"自然"之学。何以做出这样的判断？湛甘泉从"天理"层面来加以阐述。"理"乃就"天"而言，"天理"，即天然之"理"。天然之"理"乃"天"之所为，无丝毫人为安排色彩。通过对"天理"的创造性诠释，湛甘泉将"自然"从道家的专利性概念纳入儒家思想体系。湛甘泉之所以先回避冼桂奇之问，在于欲正本清源。当然湛甘泉这一正本清源，不仅在于批驳道家的"自然"观，更在于暗喻其所谓"天理"之"自然"与冼桂奇所谓"明觉"之"自然"大相径庭。在"天理"之"自然"的层面上，白沙之"自然"承续程颢之"无丝毫人力"，明道之"无丝毫人力"承续孟子之"勿忘勿助"。孟子、程颢、陈白沙三人之学同条共贯，皆出于"天理"之"自

---

① 王渐逵，字用仪，号青萝，广东番禺人。
② （明）湛若水：《答问》，《甘泉先生续编大全》卷二十七，第21～22页。
③ （明）湛若水：《答问》，《甘泉先生续编大全》卷二十七，第21～22页。

然"。在揭示自己"自然"之奥义后，湛甘泉还谆谆教诲冼桂奇为学当循此用功。

弘治十三年（1500）二月初十，陈白沙去世，该年三月八日湛甘泉便撰写好陈白沙祭文：

> 先生独得不传之奥，以传后人。扩前圣之未发，起历代志沉沦，至无而动，至近而神。因圣学以明无欲之敬，举鸢鱼以示本虚之仁。卓有见乎神化，初不离乎人伦。即一事一物之末而悟无声无臭之根，于勿忘勿助之间而见参前倚衡之全。握无为之机而性成久大之业，启自然之学而德有日新之源。无疑所行，行所无事；沛乎如行云流水，就之如和气阳春。至其所谓不可传者，终不可以言而陈。盖必有潜诸心，有践诸身，窥其奥而探其渊，夫然后信先生之所立不远而倬，所学不杂而纯也。呜呼！孰谓不可言之妙、不可传之蕴，今已不可得而复传？而传之者复几何人？堂堂元气，逝将与大化而长奔。一十二万年雪月，四百三十峰晴云，是犹庶几乎先生之真，万古长存。嗟哉！先生昔尝执我之手："惟我与尔，以慨斯文。"今也斯文丧天，予将畴亲？吁悲无垠。[1]

在这篇祭文中，湛甘泉不遗余力地表彰白沙"自然"之学。首先，甘泉将白沙"自然"之学定位为儒学不传之奥。在湛甘泉看来，正是由于陈白沙言前圣所未言，振历代之沉沦，儒门"自然"之学才得以重新问世。接着，因"道体""至无而动，至近而神"的特性，湛甘泉将白沙"自然"之学诠释为无欲之"敬"。至于怎样由"自然"之学而契于"道体"，甫入圣域的湛甘泉可能对"体"无法整体性把握，于是转而以"用"来指点"体"：以"鸢飞鱼跃"喻空灵之"仁"，以日用伦常示神妙莫测之"道体"，于一事一物之末以悟无声无臭之根源，于"勿忘勿助之间"而体察日用之全体。在此前提下，湛甘泉不禁赞叹"自然"之学的功业：在"无为"、"自然"的引导下用功，便能成"久大之业"，日新其"德"。湛甘泉还揭示"自然"之学的奥秘：无疑所行，行所无事。为了表彰"自然"之学的这一奥秘，湛甘泉将其比拟为行云流水之沛然、春天"阳气"之萌发。这一"自然"工夫过程，湛甘泉甚至认为非言语可以表述。为了鼓励学人从事此学，湛甘泉认为若专心循此用心，便能窥见"自然"之学的奥义，并由此目睹陈白沙卓然立于前，相信其学纯乎又纯。基于对白沙"自然"之学的推崇，湛甘泉不禁感喟：苟非陈白沙，谁能传承这不

---

① （明）湛若水：《祭先师白沙先生文》，《泉翁大全集》卷五十七，第1页。

可言、不可传之"自然"之学？为了凸显白沙"自然"之学所揭示的"道"，湛甘泉甚至将白沙之学视域下的"道"推至宇宙论的场域。语末，湛甘泉甚至虚构陈白沙曾执其手云，其时能振作斯文者，唯其与湛甘泉而已。言下之意是，传白沙"自然"之学，舍湛甘泉其谁？语末，湛甘泉还放言：其时学绝道丧，陈白沙去世，与谁共振斯文！

在这篇怀念业师陈白沙的祭文中，湛甘泉敏锐地抓住了白沙之学的真谛在于"自然"，并且不遗余力地表彰之。当然湛甘泉并未停留在这一层面，借着表彰白沙"自然"之学，亦不忘将自己置于白沙之学传承者的地位。这说明甫优入圣域的湛甘泉有承担意识，以弘扬"自然"之学为己任。

嘉靖九年（1530），吴久祥出任广东巡按，出于仰慕陈白沙高风亮节，建白沙书院，湛甘泉当仁不让地撰写了《白沙书院记》：

> 或曰："先生之道何道？而侍御之所以拳拳而表章之者何心也？"甘泉子曰："先生之道即周、程之道，周、程之道即孟子之道，孟子之道即孔子之道，孔子之道即文、武、禹、汤之道，文、武、禹、汤之道即尧、舜之道。"曰："道乌在？"曰："道生于心。记曰：'人者天地之心。'故上下四方之宇，古今往来之宙，同一天地也，同一气也，同一心也。是故尧、舜之心即禹、汤、文、武之心，禹、汤、文、武之心即孔、孟之心，孔、孟之心即周、程之心，周、程之心即白沙先生之心，白沙先生之心即侍御吴君之心。初无二心，初无二道，在觉而存之耳矣。不然，则侍御生乎数十年之后，数千里之远，胡为而有此心哉？"曰："敢问白沙先生之心之道，其有合于尧、舜、禹、汤、文、武、孔、孟、周、程之心之道者，何居？"先生语水曰："千古有孟子勿忘勿助，不犯手段，是谓无在而无不在，以自然为宗者也，天地中正之矩也。"世之执有者为过，泥空者以为不及，岂足以知先生中正之心之道哉？夫心也者，天地之心也；道也者，天地之理也。天地之理非他，即吾心之中正而纯粹精焉者也。是故曰"中"、曰"极"、曰"一贯"、曰"仁"、曰"仁义礼智"、曰"孔、颜乐处"、曰"浑然与天地万物为一体"，皆天理也，尽之矣。尧、舜、禹、汤、文、武之所谓"惟精惟一"，所谓"无偏无党"，即孔子之所谓"敬"也。孔子之所谓"敬"即孟子所谓"勿忘勿助"也。孟子之"勿忘勿助"，即周、程之所谓"一"，所谓"勿忘勿助之间正当处，而不假丝毫人力"也。程子之"不假丝毫人力"，即白沙先生之所谓"自然"也。皆所谓"体认乎天之理"也。夫自然者天之理也，故学至于自然焉，尧、舜、禹、汤、文、武、孔、孟、周、程之道尽之矣。扩先圣之道以觉乎后

之人，为天地立心，为生民立命，为往圣继绝学，为万世开太平，其功岂不伟欤！后之人欲求尧、舜、禹、汤、文、武、孔、孟、周、程之学者，求之白沙先生可也。非求之先生也，因先生之言，以反求诸吾心之本体自有者而自得之也。千圣千贤之道固自在，而尧、舜、禹、汤、文、武、孔、孟、周、程之心，与夫侍御作兴之心为不忘也。[①]

三十年一以贯之，《白沙书院记》的主题仍然指向白沙之学是"自然"之学。相对于三十年前之祭文一味推崇表彰白沙"自然"之学，《白沙书院记》则站在学理的向度表彰之。依据学理向度，《白沙书院记》分为两个部分。第一部分主要通过有人发问，表述了陈白沙承圣圣相传"自然"之学的学脉，从而使之契合"天道"。第二部分则进一步阐述了天下同此一功——"自然"之功，天下同此一"道"——己"心"己"性"。

白沙之学为何"道"，以至侍御吴久祥对其仰慕不已，有人就此叩问于湛甘泉。湛甘泉避白沙之学为何"道"，转而言白沙之"道"承尧、舜、禹、汤、文、武、孔子、孟子、周敦颐、程颢一脉而来。此人对湛甘泉如此曲折的表述表示不解，继续追问："道乌在?"湛甘泉如是训示："道"非外在，而是存于一己之心内。为了诠释何以"道"存于一己之"心"内，湛甘泉引经据典，从《礼记》"人者天地之心"来加以阐发。上下四方、古今往来，同此一天地，同此一"气"，同此一"心"。在此意义上，圣圣相传乃同此一"心"。不仅圣圣相传同此一"心"，即便侍御吴久祥亦同此一"心"。初无二"心"，初无二"道"，唯在于觉而存之。为了进一步启迪问者，湛甘泉语重心长地说：即便数十年之后、处于数千里之外，侍御吴久祥仍是同此"心"同此"理"。听了湛甘泉之教诲，问者仍一脸茫然，不禁接着问：白沙之"心"之"道"，何以合于尧、舜、禹、汤、文、武、孔、孟、周、程之"心"之"道"? 面对问者的疑惑，湛甘泉从自己曾就学于白沙门下之亲历加以训示：就学于白沙门下时，白沙曾亲自晓喻千古间唯孟子发挥出"勿忘勿助"之奥义，无意而为，由是觉察到天地"无在无不在"之"道"。"勿忘勿助"乃以自然为宗，趋于天地中正之规矩。在这一问一答中，问者总是追问何为"道"，可能湛甘泉觉得"道体"过于虚玄，与其言"道体"，不若言工夫，因此湛甘泉尽量回避何为"道体"，而从工夫特质——"勿忘勿助"来回答。

在回答完此人之问后，湛甘泉意犹未尽，进而从"心体"、工夫两个向度阐述天下同此一功，同此一"心"。

---

① （明）湛若水：《白沙书院记》，《泉翁大全集》卷二十七，第34～35页。

湛甘泉感慨世间学人，执着于有者以"自然"之功为过，沉溺于空者以"自然"之功为不及，这岂能体陈白沙中正之"心"、中正之"道"？中正之"心"，乃天地之"心"；中正之"道"，乃天地之"理"。虽分而言"心"、言"道"，其实天地之"道"非他，乃吾人"心"中中正纯粹之灵明。先贤往圣曰"中"，曰"极"，曰"一贯"，曰"仁"，曰"仁义礼智"，曰"孔、颜乐处"，曰"浑然与天地万物为一体"，言虽有所不同，然所指不过是"心"中一点灵明而已。

不满足于单纯从"心体"本身的向度言说"心体"，甘泉进而从工夫的向度来言说"心体"。湛甘泉详细地梳理了历代圣贤的工夫法门：尧、舜、禹、汤、文、武所谓"惟精惟一"、"无偏无党"，孔子所谓"敬"，孟子所谓"勿忘勿助"，周敦颐所谓"一"，程颢所谓"勿忘勿助之间正当处，而不假丝毫人力"，白沙所谓"自然"。尽管历代圣贤所言工夫各异，然而工夫所指向的无外乎"天理"。

甘泉将"天理"定位为"自然"。学至于"自然"，则可以尽尧、舜、禹、汤、文、武、孔、孟、周、程之"道"。

为了鼓励他人，更为了自我勉励，湛甘泉认为当传承"自然"之学，以觉后世未悟之众生。传承"自然"之学，就是对横渠"为天地立心，为生民立命，为往圣继绝学，为万世开太平"四句教的最佳诠释。尧、舜、禹、汤、文、武、孔、孟、周、程之学，归于白沙"自然"之学，因此，欲学尧、舜、禹、汤、文、武、孔、孟、周、程，学白沙便可。这并非求之于白沙本人，乃因白沙之言，反求诸己，觉"道"本具于本然"心体"，从而自我得之。

语末，为了进一步启迪此人领会千圣、千贤所云之"道"本自在于一己之"心"，湛甘泉这样指点：尧、舜、禹、汤、文、武、孔、孟、周、程之"心"，即侍御吴久祥振奋欲为圣之"心"。

既然白沙"自然"之学是儒学之正脉，那么湛甘泉就不免劝勉时人当勤勉为学以振兴白沙"自然"之学，以承前圣往贤之学脉，指示后世学人为学之路径：

> 是故能惓惓然思以大振白沙先生之正学，开示四方后裔之迷途，追濂洛关闽之轨，以入孔孟禹汤文武尧舜之大道。①

与其说湛甘泉劝勉时人，不若说是自我劝勉。能承白沙"自然"之学脉者，湛甘泉自信地认为唯其一人而已。基于这一自信，湛甘泉当仁不让地将其

---

① （明）湛若水：《庐陵黄氏总谱》，《甘泉先生续编大全》卷一，第19页。

本人置于圣圣相续的"道统"体系之中。湛甘泉煞费苦心地编纂"道统"，其原委乃在于此。在编撰过程中，湛甘泉即在宣告自己学术的正统性。

众弟子亦心领神会于湛甘泉之苦心孤诣，将其放进孔子、孟子、周敦颐、程颢、陈白沙"道统"谱系中：

> 夫先生之学受之于白沙陈先生，白沙先生奋起于濂、洛浸微之后，尽扫支离，忘言默识，盖以还洙、泗之源也。[1]

在众弟子心目中，甘泉之学受于陈白沙，陈白沙则奋起于周敦颐、二程之学衰微之际，尽扫支离之学，还原孔子之学本源。在这一叙述模式中，湛甘泉便跻身于圣圣相传的"道统"谱系中。

湛甘泉编纂的"道统"，圣圣相承，乃基于"浑一"、"自然"。"浑一"可统于"自然"。这就是说，串联"道统"的线索可以说是"自然"。职是之故，下文还是关注湛甘泉是如何利用"自然"以串联起"道统"的。

友人史恭甫为湛甘泉新泉精舍建前堂，湛甘泉名之为"自然"，并作序而铭之：

> 夫堂何以名自然也？夫自然者，圣人之中路也。圣人所以顺天地万物之先，而执夫天然自有之中也。夫路一而已矣，学者欲学圣人，不先知圣人之中路，其可至乎？先师白沙先生云："学以自然为宗。"当时闻者或疑焉。若水服膺是训，垂四十年矣，乃今信之益笃。盖先生自然之说，本于明道明觉自然之说，无丝毫人力之说。明道无丝毫人力之说，本于孟子勿忘勿助之说。孟子勿忘勿助之说，本于夫子无意必固我之教。[2]

"自然"本是道家重要概念，陈白沙不避时人之讥，大胆借用这一概念。在陈白沙的视域中，"自然"是对本体"生生"的一种形容。当从"圣人之中路"来界说"自然"时，湛甘泉视域下的"自然"显然已跳出白沙"自然"之界域。"圣人之中路"乃就工夫而言，这就是说，甘泉将"自然"的着重点从对境界的一种形容转移至对工夫的一种指称。圣人之所以能先天地而不违，就在于执天地"自然"之中。天地间"中路"只此一条，学人欲成圣成贤，不可不知圣人所循之中路。陈白沙曾倡导"学以自然为宗"，惜时人多疑之，唯湛

---

① （明）湛若水：《心性书》，《甘泉先生续编大全》卷三十一，第1页。
② （明）湛若水：《自然堂铭》，《泉翁大全集》卷三十三，第16页。

甘泉服膺其"自然"之训。经时间的磨砺,四十年后,湛甘泉愈加信服白沙"自然"之学。白沙"自然"之学非本于白沙自己,而是本于程颢"无丝毫人力"之学。程颢"无丝毫人力"之学,本于孟子"勿忘勿助"之学。孟子"勿忘勿助"之学本于孔子"毋意、毋必、毋固、毋我"之教。在湛甘泉这一叙述中,孔子、孟子、程颢、陈白沙,圣圣相传,构成了一脉相承的"道统"谱系。"道统"本是就"道"的传承而言的,可在湛甘泉这一叙述中,所传承的并不是本体之"道",而是"自然"之工夫。换言之,在"自然"工夫的圣圣相传下,"道统"谱系才得以展现。

时人对甘泉"自然"之学——"勿忘勿助"时有不满,甚至不乏訾议者,弟子王奉为湛甘泉打抱不平:

> 夫子教学者以勿忘勿助,盖阐孟子之秘而示人以易知易能之功也。学者不能实用其力,或以悠悠不进为疑,或以用意则助,不用意则忘为惑,何也?[1]

在王奉看来,湛甘泉以"勿忘勿助"教诲众弟子,由此揭示了孟子为学之奥秘。然而学人未曾于此实用其功,故悠悠无进步处。这些学人不是反观自省,反而从着意则"助"、未着意则"忘"的向度来质疑甘泉"勿忘勿助"之学。

对于王奉的愤慨,湛甘泉深有同感:

> 此与千圣千贤论学工夫皆同条共贯,千圣千贤之学皆主此自然,稍涉忘助便不是自然,便不是圣贤这条路上人也。[2]

湛甘泉将千圣千贤为学工夫归于"自然",或"忘"或"助",皆非"自然"工夫,由是偏离圣贤为学之正途。湛甘泉自己的"勿忘勿助"工夫乃"自然"工夫法门,自立于千圣千贤同条共贯之为学工夫谱系中。

这亦可见湛甘泉表述"道统"之"道"的良苦用心。湛甘泉之所以不愿直接表白"道统"之"道",而是曲折地以工夫法门来表述"道",其原委在于,在湛甘泉看来,与其玄远地言说"自然"之"道",不若脚踏实地地循"勿忘勿助"之"自然"工夫用功,循此用功,便可窥见"自然"之"道",历代圣贤便是其中的典范。

---

① (明)湛若水:《新泉问辨续录》,《泉翁大全集》卷七十三,第9页。
② (明)湛若水:《新泉问辨续录》,《泉翁大全集》卷七十三,第9~10页。

四 批朱驳陆：批驳"曲学"

儒门之内，入湛甘泉法眼，符合"自然"之标准者，则被湛甘泉编进"道统"谱系；不入湛甘泉法眼，不符合"自然"之标准者，则被湛甘泉打为另类，编入另册，其学亦被视为"曲学"。南宋以降，儒学不外理学、"心学"两大系。然而，从"自然"维度来审视，不论理学抑或"心学"，皆存在弊端，均为"曲学"。"自然"之学，如前所云，即浑一之学。从浑一之"自然"来审视，不论理学还是心学，均背离浑一，因此二者在湛甘泉看来皆属"曲学"。

"曲学"，换言之便是"支离"之学。

何谓"支离"？湛甘泉如是界定：

> "曷谓支离？"曰："或偏则外，或偏则内，二之皆支离也。人知偏外者之支离矣，而未知偏内者之为支离。偏外故忘本，忘本则迹；偏内故恶物，恶物则寂。二者皆支离之疾也。"①

偏于外抑或偏于内，均可谓"支离"。这就是说，"支离"之学的特质在于将内外分而为二。学人往往只知偏外为"支离"，却不知偏内亦为"支离"。偏于外则执于物，执于物则忘却本然"心体"；偏于内则有厌物之情，在此情绪下，心未免趋于枯寂。职是之故，不论偏内抑或偏外，均背离了浑一之旨，犯有"支离"之弊。

湛甘泉这里所谓的"支离"之学，不仅指向其时学术主流形态——理学，还指向了刚刚勃兴的"心学"。理学代表性人物是朱熹，"心学"代表性人物是陆九渊，于是湛甘泉所谓"支离"之学所指向的就是朱熹、陆九渊之学。在湛甘泉看来，朱熹、陆九渊之学均有所偏：

> 今夫为朱、陆之辨者赜矣，或失则外，或失则内，或失则上，或失则下，吾弗敢遵焉尔。②

迄明中叶，不少学人仍纠缠于二百多年前的朱陆之辩。在湛甘泉看来，朱陆之辩过于曲折，过于幽奥。或失于内，或失于外，或失于上，或失于下，由是湛

---

① （明）湛若水：《送杨少默序》，《泉翁大全集》卷十六，第13～14页。
② （明）湛若水：《叙遵道录》，《泉翁大全集》卷十六，第10页。

甘泉云未敢遵行朱、陆之学。

"支离"之病的根源何在？

> 夫所谓支离者，二之之谓也，非徒逐外而忘内，谓之支离，是内而非
> 外者亦谓之支离，过犹不及耳。必体用一原，显微无间，一以贯之，乃可
> 免此。①

湛甘泉所谓"支离"，乃割裂内外。逐外忘内谓"支离"，这众所周知。是内
非外亦不可不谓"支离"，令人惋惜的是学人对此并未知悉。在湛甘泉看来，
过犹不及，是内非外，犹如逐外忘内，亦犯了"支离"之病。"支离"的病灶
在于违背了"体用一原"、"显微无间"、"一以贯之"。欲对治"支离"，还待
"体用一原"、"显微无间"、"一以贯之"。湛甘泉的世界观可言为"体用一
原"。"体"乃就超验性本体而言，"用"乃就具体性器物而言。在湛甘泉看
来，"生生"是体，"生生"流行所化生的万物是用，因此不论是体还是用，
皆是就"生生"而言的。在此意义上，"体用一原"。"生生"无形无迹，故可
称为"隐"。"生生"滞则生物，物有形有迹，故可称为"显"。"隐"、"显"
在"生生"意义上无二无别，在此意义上可谓"显微无间"。"生生"流行于
天地间，贯穿于万物间，在此层面上"一以贯之"。约言之，是内或逐外，均
偏离"中"道，从而导致"生生"之意萧瑟。

尽管湛甘泉指出"支离"包含逐外而忘内、是内而非外两个方面，然而湛
甘泉更着意于是内而非外：

> 若谓静未发为本体，而外已发而动以为言，恐亦有岐而二之之弊也。
> 前辈多坐此弊，偏内偏外皆支离，而非合内外之道矣。②

湛甘泉这里所谓的"前辈"显然指的是"心学"家。有明中叶，"心学"重新
崛起。像其他"心学"家一样，湛甘泉也觉察到程朱理学有逐外而遗内之弊，
可他更清醒地意识到"心学"同样有一大流弊：执内而遗外。执于内，则以静
之未发为本体，而以已发之动为外于己，在湛甘泉看来，这如逐外而忘内一
般，打破了内外本一，从而将内外打成两片。不论是"偏外"还是"偏内"，
在湛甘泉看来，均将内外歧而为二，故均非内外合一之学。

---

① （明）湛若水：《答阳明》，《泉翁大全集》卷八，第25页。
② （明）湛若水：《答孟生津》，《泉翁大全集》卷九，第16页。

"逐外"、"是内"，皆背离了"中"道，从而无法彰显"道"的浑然性、一体性。为了揭示朱熹、陆九渊为学之"支离"，湛甘泉还将二者之学与程颢之学进行了对比：

> 明道得孔、孟、濂溪之传者也。故其语学语道，上下体用一贯，大中至正而无弊。朱、陆各得其一体者也。朱语下而陆语上，虽未必截然如此，而宗旨则各有所重矣。[1]

程颢承孔、孟、周敦颐之学脉，其学大中至正、上下体用一贯。朱熹、陆九渊则各得"道"之一面。朱熹得"道"之下一面，陆九渊得"道"之上一面。当然，也可能朱、陆为学未必如此截然划分，但在湛甘泉看来，不可否认的是两人为学宗旨各有偏重。

于朱熹，湛甘泉还是尽量以公允、客观的态度待之：

> 予观周、孔而降，未有文公精神之大者也，而用则过于周、孔。虽其体认天理，师传宗指，反若未遑，而六籍百家，外道小说，以至道德性命，莫不详说备载，略无遗力。学者穷年莫能殚其绪，忽若亡羊于多歧，涉汗漫而无津。[2]

湛甘泉清醒地意识到朱熹为学的长处及短处。其长处在于：精神境界极其宏阔，世间事功甚至超越周公、孔子。其短处则在于：体认"天理"、师承其师宗旨方面，反而未能及其所能。[3] 通过比较，湛甘泉心目中的朱熹是这样一种形象：尽管心胸开阔，然毕竟未能体证到本然"心体"，故尽管六籍百家、外道小说，以至道德性命，无所不知，然而学无统领，未免溺于见闻，失路于歧。

朱熹失路于歧，在湛甘泉看来，其原因在于：

> 晦庵解"格物"为穷至事物之理，欲其极处无不到，此即程子"至其理"之说。其解格为至皆同，但程子以致知在所养，养知莫善于寡欲，以涵养寡欲为格至其理，则兼知行，而晦庵则主知言之耳，所以不同也。[4]

---

① （明）湛若水：《答太常博士陈惟浚》，《泉翁大全集》卷八，第17页。
② （明）湛若水：《朱氏增修文公事迹叙》，《泉翁大全集》卷十五，第1页。
③ 朱熹业师李侗倡"默识澄心，体认天理"，可惜朱熹未能契于师学。
④ （明）湛若水：《新泉问辨续录》，《泉翁大全集》卷七十三，第13页。

朱熹思想内核之一是"格物","格物"思想可追溯至程颐。程颐与朱熹"格物"思想本一脉相承，相差无几，可湛甘泉却故意解读出差异。"格物"，程颐曾释为"致知在所养，养知莫过于寡欲"，湛甘泉从中解读出兼知行。朱熹则将"格物"多释为"至其理"，于是其内涵仅关涉"知"，而无涉于"行"，这样朱熹之学不免倾于名言论理，而缺乏切己性。在湛甘泉的故意解读下，程颐与朱熹的"格物"思想便产生了分歧。

湛甘泉对朱熹的这一判断，在另一处也有所体现：

> 前次书来报东山学规，而未欲答者，以白鹿洞虽出于大儒之手，而止可论理为名言耳，恐无下手用功处也。①

友人谢惟仁告知湛甘泉，东山学规欲模仿白鹿学规而制定。于白鹿学规，湛甘泉早就心怀不满，于是在前封信函中故意默而不答。在湛甘泉看来，白鹿学规虽出于硕儒朱熹之手，然仍停留于名理层面，却无具体下手用功处。

总之，在湛甘泉心目中，朱熹之学非圆融之学，得之在阔，失之在内，其弊在于"偏外"，求诸外而不知返。

"心学"肇始于陆九渊，甘泉之学亦谓"心学"。同属"心学"阵营，有人问湛甘泉如何看待陆九渊之学，湛甘泉这样回答："其论捷矣，人皆喜之。学者当以明道、延平为中正之法。"② 陆九渊为学简捷，学人多喜而趋之。话锋一转，湛甘泉接着指出，学人当以程颢、李侗为楷模，为学当以"中正"为怀。言下之意是，陆九渊尚未达于中正的境地。

约言之，在湛甘泉看来，陆九渊为学未达于中正境地的根源在于"人皆喜之"的简捷。简捷乃陆九渊工夫的特点。陆九渊坦承其为学"先立乎其大，无他伎俩"③。湛甘泉则主张于"勿忘勿助"中体认"天理"。陆九渊这一"简捷"的工夫法门在湛甘泉看来，就未免只有上一截，而无下一截，其学固可言简捷，然无下一截做保证，不免流于虚玄、空荡。正因陆九渊为学有此流弊，程颢为学则中正无斜，故湛甘泉将陆九渊与程颢做了如下对比："象山不能有明道之所有，明道有象山之所无。"④ 这就是说，相对于程颢之学，陆九渊之学还是若有所缺。

在指出陆九渊为学缺陷的同时，湛甘泉亦积极为其回护：

---

① （明）湛若水：《复谢惟仁》，《泉翁大全集》卷十一，第1页。
② （明）湛若水：《雍语》，《泉翁大全集》卷六，第20页。
③ （宋）陆九渊：《陆九渊集》，第400页。
④ （明）湛若水：《雍语》，《泉翁大全集》卷六，第9页。

日领自太常来书，又见近日所进，敬美。象山书，三十时常手抄本读之，见其一段，深得大意。近日学者，虽多谈之，每每忽此。象山可信决知其非禅者，此耳。①

这是湛甘泉回应好友陈惟浚的一封信函。湛甘泉欣然于陈惟浚日有所进。可能陈惟浚在致湛甘泉的信函中提及陆九渊，故湛甘泉在此回函中坦承自己三十岁时曾手抄陆九渊之书，目及其中一段，由此而深得陆九渊为学大意，惜时人多谈陆九渊，然而每每忽略其为学大意。从陆九渊为学大意出发，湛甘泉相信陆九渊非如时人所指责的那样为禅。

于此湛甘泉并未明言其三十岁时目及陆九渊之书中哪一段，不过在致友人孟津的信函中，他如是评点陆九渊："象山在人情事变上用工夫。"② 在今人点校《陆九渊集》中，《语录》载："在人情、事势、物理上做些工夫。"③ 可以推知湛甘泉三十岁时所目及的就是陆九渊之书中的这一话语。湛甘泉与时人一样皆留意到陆九渊，但着意之点迥然有别。在"心学"的思潮下，时人多关注陆九渊"心"、"性"思想，湛甘泉却独具慧眼，发现他人未曾留意处，即"在人情事变上用工夫"，并以之为陆九渊为学大意。"心"、"性"，乃就"心体"而言；"在人情事变上用工夫"，乃就"动"中涵养之工夫而言。湛甘泉别出心裁，从陆九渊思想体系中抉发出"在人情事变上用工夫"思想，目的是改变陆九渊虚寂的形象。摆脱了虚寂形象的陆九渊，自然不可指责为禅。

接着，湛甘泉写道：

近世学者，多落影响支离，吾惟浚独于乡前辈中，择一象山好之，亦可谓善变矣。然学者又每每多有乐其简而好之者，有或虽好之而不知其大意，如别纸所云者，二者皆不著实。恐别有走作，吾惟浚自不如此也。④

在湛甘泉看来，时人多受"支离"之影响，可陈惟浚于前贤往圣中独喜陆九渊，故摆脱了"支离"之影响，这可谓善于精进。话语一转，湛甘泉还是回到陆九渊。时人多乐陆九渊之简捷，然于陆九渊为学大意却茫然。所谓乐于陆九渊之简捷，即乐于其"心"、"性"思想。所谓陆九渊为学大意即前文所云"在人情事变上用工夫"的"动"中涵养工夫。茫然于陆九渊为学大意意味着

---

① （明）湛若水：《答太常博士陈惟浚》，《泉翁大全集》卷八，第14页。
② （明）湛若水：《答孟生津》，《泉翁大全集》卷九，第16页。
③ （宋）陆九渊：《陆九渊集》，第400页。
④ （明）湛若水：《答太常博士陈惟浚》，《泉翁大全集》卷八，第15页。

未曾在人情事变上下过功夫。若只留意到"心性",而未留意"在人情事变上用工夫",正如湛甘泉在致陈惟浚另一封信函中所云,陆九渊本体、工夫俱不着于实地,此恐不免滑向异端之学。于此,湛甘泉不无善意地提醒陈惟浚学陆九渊不仅要留意陆九渊"心"、"性"思想,更应关注陆九渊"在人情事变上用工夫"的"动"中涵养工夫法门。

在信函结束处,湛甘泉再一次提及陆九渊:

> 象山之学,近时学者往往喜其简径而乐道之,至于吾所拈出象山大意,又每每忽之。又有谓其学与气象似孟子,则吾未敢信。孟子固有英气,而皆发于义理之正,先正犹且病之;至于象山与朱子辩论数书皆发于客气,至于琐琐以词说相稽者有之。故其后自有粗心浮气之悔,而以此气象为似孟子,误矣。①

湛甘泉又一次感慨时人往往喜陆九渊之简捷,而对于湛甘泉所拈出陆九渊之为学大意却每每忽略。至于有学人认为陆九渊为学气象类似孟子,湛甘泉并不认同。在湛甘泉看来,孟子具英气,其言其行皆出于义理之正。至于陆九渊,其与朱熹论辩,多发于意气,以至拘滞于言辞。湛甘泉还相信陆九渊在与朱熹辩论后会悔其意气之辩。因此,将陆九渊类比于孟子,实有所误。

在一封信函中三度提及陆九渊,可见对于陆九渊,湛甘泉极为重视。"心学"肇始者是陆九渊,湛甘泉之学亦可谓"心学",湛甘泉对陆九渊可谓高山仰止。然二者为学路径毕竟存在差异,故湛甘泉对陆九渊之态度,似处于模棱两可之间:"陆亦求于内者也。谓之禅,吾不敢也;谓流而非禅,吾不信也。吾敬之而不敢学之。"② 这就是说,陆九渊虽求于内,以发明本然"心体"为其为学宗旨,然欲视其学为禅,湛甘泉不敢下此断语;不过要说陆九渊之学不流于禅,湛甘泉也不敢相信。所以我们可以这么说,湛甘泉对待陆九渊的态度,可言为"敬之而不敢学之"。

约言之,在湛甘泉心目中,陆九渊之学有两个缺陷:一是只有上半截而无下半截,一是执内而遗外。前一个缺陷,湛甘泉试图发掘陆九渊思想中"在人情事变上用工夫"的因素来弥补。至于后一个缺陷,由于违背甘泉"浑然一体"的为学性格,故不可调和,湛甘泉多从这一向度来批驳陆九渊。

有明中叶,佛教、道教风行一时,甚至儒门内有学人亦以倡导佛、道为时

---

① (明)湛若水:《答太常博士陈惟浚》,《泉翁大全集》卷八,第15页。
② (明)湛若水:《雍语》,《泉翁大全集》卷六,第6页。

尚，这就激发了湛甘泉的"道统"意识。说到"道统"，首先牵涉到如何理解"道"。湛甘泉将不偏不倚之"中正"界定为"道"，反对补偏救弊式的"道"。然后牵涉到如何理解"统"。湛甘泉以"中正"为准则，符合"中正"之标准，湛甘泉则将其编进"道统"脉络中；不符合"中正"之标准，则将其编入另册，视其学为"曲学"。

"去伪存真"，依于"中正"，湛甘泉编撰了自己的"道统"谱系。"中正"的标准主要有二：一是"浑一"，一是"自然"。按此标准，湛甘泉以周敦颐、程颢为中轴，往前追溯，往后延续。为了证明"道统"的神圣性，湛甘泉往前追溯至尧、舜、禹、商汤、周文王，并将这些圣王编进其"道统"中。而"道统"的真正肇始者乃孔子。孟子承孔子之学。周敦颐、程颢往后延续，自然是陈白沙。承续白沙之学者自然是湛甘泉本人。于是，在编排这一"道统"谱系时，湛甘泉本人俨然以这一"道统"的承续者自居。这充分体现了湛甘泉的自负意识。

偏离"中正"之"道"，不符合"浑一"、"自然"者，则被湛甘泉打为另类，编入另册，其学亦被视为"曲学"。时人仍纠缠于两百多年前的朱、陆之争，而在湛甘泉看来，朱熹、陆九渊一逐于外，一是于内。逐于外固可谓"支离"，是于内亦不可不谓"支离"。因此朱、陆两人之学均有所偏，远离"浑一"，背弃"自然"。由是湛甘泉认为朱、陆之学均为"曲学"，非"中正"之学所能涵盖。

第二节 力辟慈湖

湛甘泉认为，朱熹、陆九渊之学是儒门"曲学"，并从"中正"的维度对其加以评骘。佛、道二教在湛甘泉眼里则为"别旨"，但是湛甘泉并没有有意识地、主动地去排斥、攻讦。明中叶，随着"心学"兴起，思想界掀起儒、释、道三教会通的思潮[1]，儒门内不乏假儒而倡佛、老者。在强烈的"道统"意识下，湛甘泉并不赞同这股思潮。然而其时假儒倡佛者多为阳明后学[2]，湛甘泉不便直接进行"攻讦"。其时适陆九渊弟子杨简思想颇流行于世，这在湛甘泉看来，是最好不过的靶子，于是直接对其大加挞伐，毫不留情，以表明自

---

[1] 参见程曦《明代儒佛融通思想研究》。

[2] 阳明后学主张儒佛会通，甚至假儒倡佛，参见陈永革《阳明学派与晚明佛教》，中国人民大学出版社，2009。

己的严正立场。

一 慈湖禅否：学术纷争

杨简（1141～1226），字敬仲，浙江慈溪人，曾筑室德润湖（慈湖），世称慈湖先生。慈湖曾从学于陆九渊，在众弟子中卓尔不群，是陆九渊之后的又一位"心学"大师。正如陆九渊在元、明很长时间里湮没无闻，慈湖亦长期处于销声匿迹、无人问津的境地。随着明中叶"心学"萌动，湮没近二百年的慈湖之学在明正德、嘉靖年间才重新问世。

所谓湮没乃就其著作的湮没而言，因此慈湖的重现即其遗著的"出土"。慈湖遗著"出土"的触媒是其同乡秦钺（1482～1540）无意间的一个举动。嘉靖四年（1525），秦钺赴任江西巡抚侍御史，不知有心还是无心，顺便捎上了同乡前贤慈湖的遗著。经过信州时，不知是心血来潮还是深思熟虑，委托江西提学周广（1472～1531）编校《慈湖遗书》（十八卷），并于当年得以刊刻流行。嘉靖十二年（1533），又刊刻增订本《慈湖遗书》（二十卷）。[①]《慈湖遗书》刊刻后，立即得到学界的热烈回应，原本沉寂多年的慈湖突然重出学术"江湖"，并且成为传奇人物，地位飞速上升，甚至与其师陆九渊并立，一时间学术"江湖"传言："右象山，左慈湖。"[②] 借助"心学"思潮，"数年之间，其说盛行如炽"[③]，慈湖成为学术"江湖"的焦点，当然亦不可避免地卷入学术"江湖"之争——儒、禅之辩的旋涡。于是，慈湖是否为禅，成为其时学人争辩的焦点。

首先站出来力辟慈湖者，乃持程朱立场的理学家。基于"卫道"意识，他们"义正词严"，指责慈湖无异于禅，理学后劲罗钦顺就是其中的突出代表：

> 《慈湖遗书》……自十八卷观之，类皆出入经传，不杂以佛氏一语，有以知编者之虑至深，吾虽目为禅学，人或未必尽悟。及观至《续集》，则辞证具备，亦其势终有不可得而隐者，如《炳讲师求训》、《尊冯氏妹词》二首，已自分明招认，尚何说哉！[④]

罗氏认为，《慈湖遗书》从表面看来，皆前圣往贤之言，不杂佛氏一语，然读

---

① 详见王重民《中国善本书提要》，上海古籍出版社，1983，第532页。
② （明）崔铣：《与太宰整庵罗公书》，《崔氏洹词》卷七。
③ （明）湛若水：《杨子折衷引》，《泉翁大全集》，第1页。
④ （明）罗钦顺：《困知记·续卷下》，中华书局，1990，第85页。

至《续集》，不论是词语，还是含义，禅学底色都完全泄露。《炳讲师求训》、《尊冯氏妹词》就是其为禅者的自我招认。

不仅理学家訾议慈湖，"心学"阵营中亦不乏訾议者，如与王阳明亦友亦生的黄绾就力主慈湖就是禅："慈湖以不起意为宗，以《易传》议拟成变化，为非圣人之言，则必欲废思与学，及志道、据德、依仁、游艺之事，乌得而非禅哉？"[1] 黄绾从三个方面力证慈湖为禅：其一，以"不起意"为工夫法门，此与禅学"静坐"以趋于虚寂工夫法门无异；其二，认为《易传》消息变化非圣人之言，这在世界观层面近于佛教的寂灭观；其三，反对思与学，及从事于志道、据德、依仁、游艺诸业，此是欲废下学工夫。从这三个方面视之，黄绾认为，慈湖为禅。

有訾议慈湖者，亦有为慈湖力辩者。为慈湖力辩者乃阳明弟子王龙溪。有冯纬川者钦佩慈湖，建慈湖精舍以纪之。王龙溪偶过其地，冯纬川力邀他主讲其间。冯纬川问于龙溪："或以慈湖之学为禅学，何也？"并非其个人疑惑，乃学界风行之意见，故冯纬川有此一问。对于学界风行之意见，龙溪表达了自己的看法：

> 慈湖之学得于象山，超然自悟本心，乃易简直截根源。说者因晦庵之有同异，遂哄然目之为禅。禅之学，外人伦、遗物理，名为神变无方，要之不可以治天下国家。象山之学，务立其大，周于伦物感应，荆门之政，几于三代，所谓儒者有用之学也。世儒溺于支离，反以易简为异学，特未之察耳。知象山则知慈湖矣。[2]

龙溪从为陆九渊辩护的角度来为慈湖回护。慈湖之学得于陆九渊，超然直契本心，可谓简易直截之学。然学人因其与朱熹之说不合，遂哄然视之为禅。禅学摒弃人伦，遗弃物理，名为神变无方，却不可施于治国平天下。陆九渊之学，内则首立其大，外则神妙万物，居官为政，趋于三代，可谓儒者应物济世之学。俗儒徇外遗内，溺于支离，反以慈湖为异端之学，可谓未察慈湖之学三昧。知陆九渊则知慈湖。

二 甘泉立场：力辟慈湖

对于这一场学术"江湖"之争，作为学术"大佬"之一的湛甘泉如何看

---

[1] （明）黄绾：《明道编》，中华书局，1959，第15页。
[2] （明）王畿：《慈湖精舍会语》，《王畿集》，第114页。

待？湛甘泉书案前的《慈湖遗书》得于顾应祥（1483～1565）。顾应祥正德三年（1508）官任江西饶州推官，有机会接触到《慈湖遗书》，正德十五年（1520）寄《慈湖遗书》于王阳明。^① 热心的顾应祥顺便给湛甘泉亦捎去一套，至于哪一年，已不可考。不过，湛甘泉在《杨子折衷引》一文中叙述了其撰写《杨子折衷》的原委：

> 或曰："象山禅也，辞而摈之，宜也。"甘泉子曰："象山非禅也，然而高矣。"西樵公曰："如是！如是！"甘泉子曰："象山非禅也，其流必至于禅矣。伯夷之清，柳下惠之和，非隘、不恭也，率其清和而流焉，则必至于隘、不恭矣，是故君子之学贵中正也。"或曰："杨慈湖，象山弟子也，而高过于象山，于是众皆趋焉。"甘泉子曰："象山高矣，然而未禅。今日慈湖高过于象山，是何言欤？是何学欤？其得为中正欤？其得不为禅欤？"昔者箬溪顾子自江右寓新刻于南都焉，曰："此象山入室弟子也。"甘泉子开卷阅之，则复之曰："信斯言也，是累象山者也。然而吾得其肯綮矣！吾得其肯綮矣！曰'心之精神是谓圣'，以为孔子之言也，一编之宗指不外是焉，然而非孔子之言也，外家者之流也。夫心之精神，人皆有之，然必得其精神之中正，乃可以语道，而遽以精神为圣，则牛马之奔奔、昆虫之欣欣，凡知觉运动者皆可谓曰圣矣，如蠢动含灵，皆可谓曰佛性矣，而可乎？故知非孔子之言也。"箬溪子报书曰："子之言是矣。"又曰："慈湖于圣，则用其言而不用其意，于禅则用其意不用其言，此何心也？曰：子之言是矣。"数年之间，其说盛行如炽，吾为此惧，闲先圣之道，不得已而为之辩也。吾惧此说行而天下皆以气为性也，吾惧此说行而天皆不知道也，皆不知学也，皆援古先圣王之指以入于夷狄也，为作《杨子折衷》。或谓："孔子予欲无言，子何言焉？"则应之者曰："孟子之学先知言，故曰'诐淫邪遁之辞'，恐其蔽陷离穷乎我心也。又曰：'我亦欲正人心、息邪说、拒诐行、放淫辞，以承三圣者，予岂好辩哉？予不得已也。'孟子何言焉！是故学者能知不好辩之心、不得已之心与欲无言之心，则于道心其几矣！于圣学其几矣。"^②

湛甘泉以假托有人叩问肇始这一段文字。说到慈湖，绕不开陆九渊，因为

---

① 正德十五年，王阳明致函顾应祥："北行不及一面，甚阙久别之怀。承寄《慈湖文集》，客冗未能遍观。"参见《王阳明全集》，第1100页。
② （明）湛若水：《杨子折衷引》，《泉翁大全集》卷七十九，第1～2页。

慈湖毕竟是"象山弟子之冠"。假托之人言陆九渊为禅，应排斥之。言陆九渊为禅，乃其时理学家为了维护程朱正统地位而故意訾议，如罗钦顺云："象山之学，吾见得分明是禅。"① 湛甘泉则站在"心学"立场，为陆九渊辩护：陆九渊非禅，然而不免过于高迈。旁观者西樵公连声称赞湛甘泉对陆九渊的评价。湛甘泉继续指出，陆九渊本身非禅，然其流弊必至于禅。此正如伯夷之清雅、柳下惠之和煦，不可谓之狭隘、不恭，然而循其清雅、和煦而放任之，必至于狭隘、不恭。过犹不及，湛甘泉由此得出君子为学当推崇"中正"。于此可见，对于陆九渊，对于"心学"，湛甘泉的态度是模棱两可的。首先，湛甘泉是"心学"家，自然站在"心学"的立场，可在提倡"心学"时，湛甘泉有所保留，在"心学"萌动之际即意识到"心学"可能有脱略下学工夫的流弊。于是，在否定陆九渊为禅的同时，湛甘泉亦指出陆九渊已趋于高迈。在评点完陆九渊后，湛甘泉又回到本文主角——慈湖。还是假托有人对湛甘泉说道：慈湖，乃陆九渊之高足，且远超于陆九渊，因此众人趋之若鹜。此假托之人，湛甘泉换了另一类人。假若前者指的是程朱理学者，那么后者指的则是"心学"信徒。对于"心学"信徒的这一论调，湛甘泉给予了否定的回答。陆九渊本就高迈，然其毕竟不是禅。慈湖则在高迈的程度上又向前进了一步，过犹不及。湛甘泉不禁诘问：此言何言？此学何学？此学为中正之学乎？能非禅乎？

就这样，湛甘泉对陆九渊、慈湖定下了评判的基调。同一时期，湛甘泉亦多次如是表达。在南雍讲学时，湛甘泉曾这样评价陆九渊："陆亦求内者也。谓之禅，吾不敢也；谓流而非禅，吾不信也。吾敬之而不敢学之。"② 陆九渊倡导反求诸己，主张倾之于内，就此断定其为禅，在湛甘泉看来，不免武断。然就此而肆，亦不能不流于禅。这里湛甘泉在否定陆九渊非禅、为陆九渊辩护的同时，亦充分意识到陆九渊背后始终笼罩着一个阴影，这个阴影就是流而肆之。陆九渊虽非禅，然流而肆之，则为禅。流而肆之为禅，湛甘泉并未确指，然不言自明，所指就是慈湖。

在给好友崔后渠③的信函中，湛甘泉再次表述自己对陆九渊、慈湖之评价：

> 以象山为禅，则吾不敢，以学象山而不至于禅，则吾亦不敢。盖象山之学虽非禅，而独立高处。夫道中正而已矣，高则其流之弊不得不至于

---

① （明）罗钦顺：《答允恕弟》，《困知记·附录》，第114页。
② （明）湛若水：《雍语》，《泉翁大全集》卷六，第6页。
③ 崔铣（1478～1541），字子钟，一字仲凫，号后渠，河南安阳人。

禅，故一传而有慈湖，慈湖真禅者也，后人乃以为远于象山。仆以为象山过高矣，慈湖又远过之焉。①

于陆九渊，湛甘泉不敢断言其为禅，然追随陆九渊者不得不堕于禅，湛甘泉亦自称不敢不如是断言。陆九渊虽不可言为禅，然其人难逃超迈之形象。"中正"可言为"道"，超迈之流肆不得不至于禅。慈湖正是流而肆者，故慈湖为禅乃真实不差。有学人认为慈湖在陆九渊之上，湛甘泉却认为陆九渊超迈，慈湖基于陆九渊之超迈，又超越之，过犹不及。

在对陆九渊、慈湖做出基本评价之后，湛甘泉又提及接触《慈湖遗书》的机缘。其时湛甘泉已出仕，为宦于南畿。② 顾应祥自江西寄《慈湖遗书》与湛甘泉，并有可能随书附信函，告诉湛甘泉，此乃陆九渊入室弟子慈湖之书。湛甘泉读后感慨万千，很快致信顾应祥。慈湖之书在学界早已风行，坊间流行这样一句话——慈湖牵累陆九渊，湛甘泉认为此言无差，这就说明在刚刚"接触"时，湛甘泉就对慈湖并无好印象，认为慈湖连累了其师陆九渊。何以造成如此第一印象？有可能在初读慈湖之书时，湛甘泉就触碰到慈湖重要话语之一——"心之精神是谓圣"，并就此断定慈湖为学之宗旨，不外乎此。"心之精神是谓圣"，语出《孔丛子》，慈湖直接引为孔子之言，并将其作为自己的重要话语形式，以展开其"心学"思想。湛甘泉则竭力否认"心之精神是谓圣"为孔子之言，认为此是外家杂道。③ 既然不是孔子之言，那么就不具有合法性。心之精神，人人本有，不可言为"道"。在湛甘泉看来，精神本身不可言为"道"，精神之中正方可言为"道"，骤然言精神为"圣"，则牛马之奔腾，昆虫之飞翔，此类知觉运动皆可言为"圣"，这与禅宗视蠢动含灵为佛性又有何别？从"心之精神之谓圣"出发，湛甘泉推断出慈湖类似于甚至本身就是"禅"。于此，湛甘泉从理论层面论证"心之精神是谓圣"乃荒诞不经之语。

收到信函后，顾应祥当即回信表示认可湛甘泉之见，指出慈湖于圣人，用其言而不用其意，于禅宗，则用其意而不用其言，足见慈湖居心叵测。在湛甘泉的启发下，顾应祥亦意识到慈湖乃表儒内禅。

此后数年间，慈湖之学在"心学"之风的鼓吹下更加盛行，可谓滥觞一时。对于慈湖之学的风行，湛甘泉忧心忡忡，担忧先圣之道可能随时被遮掩、

---

① （明）湛若水：《寄崔后渠司成》，《泉翁大全集》卷十，第23页。
② 嘉靖七年（1528）湛甘泉升任南京吏部右侍郎。
③ 在《读崔公后渠叙杨子折衷》一文中，湛甘泉从文献向度详细论证"心之精神是谓圣"非源于孔子。见《杨子折衷》卷首，《泉翁大全集》，第1~2页。

闲置。在这一忧患意识的涌动中，湛甘泉勇敢地站出来，批驳慈湖之学。具体而言，湛甘泉之忧患表现为两点：一是慈湖之学盛行，则天下学人皆认"气"为"性"，此无疑会导人入禅；二是慈湖之学风行，天下皆不知正学正道，而援古圣先王之旨入释教。在此忧患情结下，湛甘泉撰写了《杨子折衷》。

在致友人张西盘的信函中，湛甘泉亦透露出这种忧虑："外近编杨子折衷一部奉览，盖以杨慈湖虚无之学近年大行于南北，吾为此惧，闲先（生）〔王〕之道，敢取以为忧焉。"①

还是假托有人责问湛甘泉：孔子言"予欲无言"，你何必鼓噪不已？湛甘泉以孟子"知言"来回应。孟子言："诐辞知其所蔽，淫辞知其所陷，邪辞知其所离，遁辞知其所穷。"（《孟子·公孙丑上》）言辞有此四弊，故孟子得出这样的结论："生于其心，害于其政；发于其政，害于其事。圣人复起，必从吾言矣。"（《孟子·公孙丑上》）在为"辞"正名后，湛甘泉引用孟子之语——"我亦欲正人心、息邪说、距诐行、放淫辞，以承三圣者，岂好辩哉？予不得已也"（《孟子·滕文公下》），以为自己批驳慈湖进行回护，表明这并非意气用事，好争善辩，实乃不得已而为之。为了解决孔子"欲无言"与孟子"不得已之心"之间的扞格，湛甘泉还说，若知"欲无言"与"不得已之心"，则几于"道心"，几于"圣学"。

该文署"资政大夫南京吏部尚书前国子祭酒翰林侍读同修国史增城湛若水撰"，门人刘誉同年孟秋朔日所作《录杨子折衷序》言"先生（湛甘泉）《折衷》甫毕，而是录亦完"，故湛甘泉完成《杨子折衷》应于嘉靖十八年（1539）。② 次年，葛涧刊刻《杨子折衷》于新泉精舍。③

湛甘泉何以将其对慈湖的批驳定名为《杨子折衷》？在该书的序言中，弟子刘誉如是解释："吾师甘泉先生之宰南都也，每退食必燕坐时亭，坐次有慈湖杨子遗书，观焉，然惧其过于高而疾于正也，因折之以归于中，每卷终，辄出以示。"④ 为宦南畿期间，湛甘泉公事之余，手不释卷于《慈湖遗书》。于阅读过程中，湛甘泉忧惧于慈湖之学过于超迈而有悖于中正，因此有心欲折之以使慈湖之学归于正。每每写完一卷，湛甘泉就拿出来供众弟子传阅。

问题还在于湛甘泉是以何种形式撰写《杨子折衷》的。在致友人王端溪的信函中，湛甘泉做出了回答。在表明不得已而非为好辩外，湛甘泉还说，自己近来目睹学者纷然竞趋慈湖，因此"取其书，一一与之说破"，以阻止慈湖之

---

① （明）湛若水：《复张西盘少司徒》，《泉翁大全集》卷十一，第10页。
② 黎业明：《湛若水年谱》，第248页。
③ 黎业明：《湛若水年谱》，第255页。
④ （明）刘誉：《录杨子折衷序》，《泉翁大全集》，第1页。

学风行。在此意义上，故名为《杨子折衷》。① "取其书，一一与之说破"，乃先摘录慈湖一段原文，然后再写一段驳斥的话语，即如崔铣所云："甘泉之于杨，则篇摘而缕数之。"② 因此，《杨子折衷》采取的是"批驳体"形式。

三 "心体"之谬误："心之精神是谓圣"

在湛甘泉看来，慈湖之学偏离"正道"，非圣学，首先表现在其对"心体"的理解不符合圣学。

慈湖的"心体"观可以说是"心之精神是谓圣"。这一对"心体"的界定并非慈湖所创，乃其从《孔丛子》中所谓孔子言中摭拾。《孔丛子》真伪本就是儒学史上的一桩公案，这一"心体"的界定是否为孔子所言，尚待商榷。慈湖并不辨《孔丛子》之真伪，亦无视"心之精神是谓圣"是否为孔子所言，他只关注在此话语之下，能够彰显其"心学"。

慈湖如是言说其"心体"观：

> 某洪惟先圣之道，广大昭明，无所不包统，无所不贯通，在天为乾，在地为坤，在日月为明，在四时为变通，在万物为生，在某为心。心者，某之所自有而先圣之道在焉。实广、实大、实昭明、实无所不包贯，顺而达之，万善毕随，反而离之，百非斯集。某敢不敬养敬保，以敬事先圣。寡过诚难，况于某，又况于为（令）［今］之邑，必有谬差，祈神惠相之！③

慈湖自负地认为自己承先圣之道，此先圣之道，广大昭明，无所不包容，无所不贯通。慈湖是在何种意义上言说先圣之道有这一特性的？慈湖给出了自己的答案：先圣之道，体于天为乾，体于地为坤，体于日月为明，体于四时为变通，体于万物为生生之意，体于人为心之体。心之体，人心本自有，故先圣之道切于己身，就在于本己之中。先圣之道，慈湖将其界定为"心之精神"。在"心之精神"的意义上，先圣之道，广大昭明，无所不包容，无所不贯通。顺着"心之精神"之意涵，慈湖云先圣之道实广、实大、实昭明、实无所不包贯。循此先圣之道，则万善聚于一己之"心"；离此先圣之道，则百非集于一己之"心"。一己之"心"集百善，一己之"心"集百非，面对此"心"，慈

---

① （明）湛若水：《复王端溪简》，《泉翁大全集》卷十一，第9页。
② （明）崔铣：《杨子折衷序》，《泉翁大全集》，第1~2页。
③ （明）湛若水：《杨子折衷》，《泉翁大全集》卷七十九，第22页。

湖表现出不敢不敬而持养的态度。语末，慈湖亦坦承寡过诚难，况处于此邑。饶有趣味的是，慈湖为了寡过，竟祈神佑之。

虽同属"心学"，但对慈湖这一"心体"观，湛甘泉并不以为然："以己心便谓是天地、日月、四时、万物，亦恐欺也。惟有谬差，祈神惠相之，尚有此意念也。"① 湛甘泉不以为然的态度，乃基于两个原因。第一，湛甘泉不敢苟同一"心"便是天地、日月、四时、万物，以之为自欺。湛甘泉之所以不敢苟同，在于在湛甘泉视域下，一"心"可"中正"，可偏斜。"中正"之"心"自然是天地、日月、四时、万物，偏斜之"心"则不可谓天地、日月、四时、万物。第二，意识到百善、百恶集于一"心"，慈湖主张持"敬"以保养，这本无不当，是学人为学常态，不过对于慈湖祈神以佑寡过，湛甘泉以为实在差谬、荒唐。

通过上述解析可知，湛甘泉不满于慈湖，其根源恐在于两人对"心体"有不同的理解。

慈湖将"心体"定位为虚寂，湛甘泉则从"生"的维度来观照"心体"。在"生"的维度观照下，"心体"趋于灵动、活泼，这与慈湖虚寂"心体"形成鲜明的对比。在"生"的维度下，湛甘泉反驳慈湖对"心体"的认知："以静止说心，而不知心常动变，非识心者也。"② 另外，两人"心体"包、贯万物的方式亦不一致。湛甘泉从"生生"来诠释，而慈湖从"心之精神"来宣讲。

约言之，基于"生生""心体"观，湛甘泉对慈湖虚寂"心体"观不以为然："虚明之中即有实理，何谓太空乎？"③ 湛甘泉认为虚明之中有实然之"理"，因此不存在纯粹的、一无所有的"太空"。所谓"实理"，乃指"生生"之理，"生生"之理盎然于心，流行于天地间，这就从根本上排除了一无所有之"虚空"的存在。

虚寂"心体"观，在湛甘泉看来，存在两个方面的错讹。其一，虚寂难以确立东西南北之方位："心里虚明著太空，乾坤日月总包笼。从来个片闲田地，难定西南与北东。"④ 慈湖一如既往倡导"心体"当如同太虚般虚明，如此天地、日月方能涵盖其中。湛甘泉不禁反诘："心体"若就此处于闲适之境中，又如何分东南西北？其二，偏离"中正"："君臣、父子、夫妇、长幼、朋友之间，心不中正即便不实，便皆以为道可乎？毫厘之差便为悖教，得罪圣人，可

① （明）湛若水：《杨子折衷》，《泉翁大全集》卷七十九，第22页。
② （明）湛若水：《杨子折衷》，《泉翁大全集》卷七十九，第11页。
③ （明）湛若水：《杨子折衷》，《泉翁大全集》卷七十九，第28页。
④ （明）湛若水：《杨子折衷》，《泉翁大全集》卷七十九，第28页。

不谨乎?"① 湛甘泉以君臣、父子、夫妇、长幼、朋友五伦为例加以说明。五伦若不顺其所然,"心体"则背离中正,背离中正之"心体"便不实其然,便不可被称为"道"。"中"与"不中"间,差之毫厘,谬以千里,故不可不谨慎。

慈湖这一"心体"观,在湛甘泉看来,已偏离"中正",远离圣人之途,未免故弄玄虚,染有佛、老色彩。

意犹未尽,湛甘泉不仅对慈湖虚寂"心体"观进行批驳,还指出慈湖虚寂"心体"观的负面诸效应。

第一个负面效应是造成"心体"的体用分而为二。

"孔子曰:'心之精神是谓圣。'此心无体,虚明洞照如鉴,万象毕见其中而无所藏。"② 打着孔子"心之精神是谓圣"的幌子,慈湖张扬"心体"虚而灵、灵而虚的特性。在这一特性的引领下,慈湖强调"心体"虽无形无相,却虚明洞鉴,由是世间森罗万象无不毕现于其间。

对于慈湖这一"心体"的理解,湛甘泉并不认同:

> 此议已见前章,惟曰"此心无体",即不识心,既曰"无体",又焉有用?昭昭而不可欺,感之而能应者何物乎?③

湛甘泉从体用不二的向度批驳慈湖此说。在湛甘泉看来,当慈湖说"此心无体"时,就表明慈湖并未直契本然"心体"。假若"此心无体",那么心之用——感而应物从何而来?一味彰显"心"之体虚明洞鉴,"心"之用则处于尴尬境地,无法找到其位置。

这就是说,"心"之体的虚寂,造成心之用无处安放。当然慈湖虚寂的"心体"观弊端不仅表现于此:

> 无体矣,安有用?是徒知见者之为体,而不知不见者之为体也。百姓日用不知,安睹本体?说得何等茅草。④

慈湖之所以倡导虚寂的"心体"观,在于有此"心体",方有世间森罗万象之用。湛甘泉却以之为尽管慈湖将"心体"理解为无边无际,然而并未摆脱有形之窠臼,未能体知到不可睹见者才可谓真正的"心体"。除了对慈湖虚明之

---

① (明)湛若水:《杨子折衷》,《泉翁大全集》卷七十九,第21~22页。
② (明)湛若水:《杨子折衷》,《泉翁大全集》卷七十九,第5页。
③ (明)湛若水:《杨子折衷》,《泉翁大全集》卷七十九,第5页。
④ (明)湛若水:《杨子折衷》,《泉翁大全集》卷七十九,第16页。

"心体"观表达不满外，湛甘泉还对慈湖所云"百姓日用此虚明无体之妙而不自知"不以为然，认为慈湖这一说法太草率、太鲁莽。在湛甘泉看来，"道"流行于当下，就此当下流行，便可体认之。

"理一分殊"是宋明理学体用话语方式之一。从"理一分殊"这一向度，湛甘泉批驳了慈湖的虚寂"心体"观："知理一而未知分殊，连理一亦未识其所谓，一亦是死的一。"① 湛甘泉认为慈湖只把捉到"理一"，却未把捉到"分殊"。"分殊"未把捉到，"理一"亦不可谓把捉到，即便自称把捉到"理一"，亦是死寂之"理一"。这就是说，在湛甘泉心目中，慈湖对"心"之用存在误解，这必然传导到"心体"本身，从而导致对"心体"本身产生误解。

紧紧抓住心之体的虚寂与心之用的灵动之间的扞格，湛甘泉指出慈湖这一"心体"观打破了"心体"体用不二的特性。这就是说，在湛甘泉心目中，慈湖虚寂"心体"观存在体用分而为二的负面效应。

第二个负面效应是对工夫有负面的引导作用。

在虚寂"心体"观的引领下，慈湖倡导虚寂的工夫：

> 人有圣贤之异，道无圣贤之异。孔子曰："心之精神是谓圣。"此心初无圣贤、庸愚之间，百姓日用此心之妙而不自知。禹曰"安女止"，本之不动，文王"缉熙敬止"即不动，孔子"为之不厌"，岂未觉而为哉？亦缉熙敬止，知及之后，观过精微，用力于仁守也。如鉴中象，交错纷然，而虚明未尝有动也。②

慈湖认为人可能有圣贤之别，"道"却无圣贤之异。孔子所云"心之精神是谓圣"便是对这一论断的最好注脚。既然"道"无圣贤之异，那么本然"心体"贯于圣贤庶众之间，只是庶民百姓日用而不知，于本然"心体"之妙熟视无睹。在表达凡圣皆具本然"心体"之妙后，慈湖进而对臻于虚寂境地的工夫法门进行了指点。慈湖将这一工夫法门归于"止"。古圣夏禹所云"安女止"、周文王所云"缉熙敬止"，无不指向"止"这一工夫法门。夏禹、周文王毕竟是传说中的古圣，慈湖还是力图将孔子列于这一谱系之中。如何将孔子列于这一谱系之中？慈湖采取的策略是创造性诠释"为之不厌"。在《论语》原初语境中，"为之不厌"只是孔子对其为学态度的一种形容，慈湖则将其理解为觉悟后的境地。由此，"为之不厌"便被纳入"止"的思想谱系之中。欲臻于这

---

① （明）湛若水：《杨子折衷》，《泉翁大全集》卷八十，第 9 页。
② （明）湛若水：《杨子折衷》，《泉翁大全集》卷七十九，第 10 页。

一境地，当经历一系列工夫程式：首先，由"缉熙敬止"而体悟到寂然不动之"心体"；其次，在此体悟后，在澄明本然"心体"的映衬下，精微之过澄然而显；最后，意识到精微之过，就此改而正之。在慈湖看来，这一观过并从而改之的过程，亦是保任此虚寂"心体"的过程。语末，为了表明"心体"寂然不动，慈湖还用了一个比喻："心体"如镜，即便镜面交错纷然，物来物往，"心体"本身也寂然虚明，未尝有动。这实际上是慈湖虚寂"心体"观及虚寂工夫法门的自我确认。

对于慈湖虚寂"心体"观及虚寂"心体"观所引领的"止"之工夫法门，湛甘泉不敢苟同：

> 此犹前之说，慈湖意只以不动为体、为止，而不知循其本体之自然流行，各止其所者之为不动也。又以孔子为之不厌为已觉而为，他何惑于老、佛无为之说，而不知圣人之为，无所造作，非无为也，异乎佛、老之无为也。可类悟其非矣。《易》："仁者见之谓之仁，知者见之谓之知，百姓日用又不知，故君子之道鲜矣。"仁知之偏，日用之不察，皆以为道。何谓精？何谓一？①

湛甘泉认为慈湖不论在"心体"上，还是在工夫法门上，均将不动理解为"止"，未能把握"止"之三昧——循自然本体之流行，各止于其所应止处。

湛甘泉还对慈湖将"为之不厌"纳入"止"之谱系感到不满。慈湖何以犯以上诸错讹？湛甘泉一针见血地指出，这在于慈湖认同佛、老"无为"之说，却未能领会圣人"无为"之说。圣人为人处世，不得不为。不过圣人之为，非刻意之为，亦可谓"无为"。由此，湛甘泉点出慈湖自称其已体悟，其实仍在悟之门外。在指出慈湖犯错的根源后，湛甘泉还对慈湖所说的"日用而不知"感到不满。《周易》云："仁者见之谓之仁，知者见之谓之知，百姓日用而不知，故君子之道鲜矣。"慈湖据此认为"道"流行于日用间，只是庶民日用而不知之。这样的道体观在湛甘泉看来不无问题，因仁者见仁，智者见智，皆有其所偏，日用间并不能就此而体察到"道"。就此湛甘泉反问：何谓"精"？何谓"一"？在这一反诘中，湛甘泉暗示慈湖根本未把捉到"道"。

为了进一步发挥"止"之工夫法门，慈湖还是从静出发对之进行阐发：

> 禹告舜曰："安女止。"女谓舜也，言舜心本静止，惟安焉而已。奚独

---

① （明）湛若水：《杨子折衷》，《泉翁大全集》卷七十九，第10页。

舜心，太甲本心亦静止，故伊尹告以"钦厥止"，厥犹女也。奚独太甲，举天下古今人心皆然，故孔子曰："于止，知其所止。"于止，本止也。大学曰："知止而后有定，定而后能静，静而后能安。"此非圣人之言也，此以意为之，故有四者之序，不起乎意融明（浊）［澄］［据《慈湖遗书》改字］，恶睹四者？夫人皆有此止而不自知也。①

借舜、禹及夏、商、周三代圣人之训，慈湖鼓噪往古来今人心皆欲趋于静止。在此意义上，孔子所言"于止，知其所止"② 正寓意人心应止于所应止处。孤傲的慈湖一如既往"辱圣人之言"，言《大学》"知止而后有定，定而后能静，静而后能安"之止、定、静、安四者之序乃有意为之，故非圣人之言。慈湖之所以敢"辱圣人之言"，认为止、定、静、安非圣人之言，乃在于在慈湖心目中止、定、静、安不若其工夫主旨——"不起意"。在慈湖看来，若"不起意"，则"意"澄明，不一定非要用《大学》止、定、静、安工夫法门。语末，慈湖还强调人心本"止"，只是人心妄动而不知心之所应止处。

慈湖一味强调"心体"的"止"，自然引起湛甘泉的不满：

> 此未知止之理，即至善言之，亦禅宗戒定慧之定，乃虚定也、虚止也。知止最深，知止即得，有许多节次者，言其自然之势也。③

湛甘泉认为慈湖并未洞悉"止"即"至善"之意，不免滑向禅宗"戒"、"定"、"慧"语境下的"定"。禅宗所谓"定"乃虚"定"、虚"止"。慈湖不仅对"止"之内涵存在误解，而且对达于"止"的方式亦存在误解。慈湖言"人皆有此止而不自知"，不无意味着人当下便可体认"止"。正是在此意义上，慈湖才认为《大学》止、定、静、安非圣人之言。而湛甘泉则认为达于"止"有次第，循工夫之次第，承自然之趋势，方可达于"止"。

"止"无疑是儒家重要工夫法门。然而在湛甘泉心目中，慈湖并未坚持儒家"止"的立场，而是将这一工夫法门引向禅宗之"止"。因此，"止"显然失去了儒家的基本立场，滑向禅宗。

第三个负面效应是基于一己之见对儒家诸概念进行随意诠释。

基于直心而发，慈湖发出如下议论：

---

① （明）湛若水：《杨子折衷》，《泉翁大全集》卷七十九，第12～13页。
② 语出《礼记·大学》："《诗》云：'缗蛮黄鸟，止于丘隅。'子曰：'于止，知其所止。'"
③ （明）湛若水：《杨子折衷》，《泉翁大全集》卷七十九，第13页。

至于曰"斟于中而清明于外",则几于可笑矣。不知道者之言,固宜
其委曲于意象文义之末,而不悟本有之中也。是中,天地以之位,万物以
之育,人以之灵。是中,人之所自有,中无实体,虚明发光,视听言动、
喜怒哀乐皆其妙用,纯然浑然,何内何外?何思何虑?而言斟于中而清明
于外,恶有是理也哉!①

慈湖认为斟于"中"则清明于外诚为可笑,此乃不知"道"之语。斟于
"中"乃专于曲奥之幽,弊于文辞之末,而未悟本然之"中"。本然之"中"
特征有二:其一,天地依"中"而位,万物依"中"而育,人依"中"而灵;
其二,"中"无形无迹,虚明莹澈,视听言动、喜怒哀乐皆此"中"之妙用。
因为这两个特征,故"中"无内无外,无思无虑,言斟于内而清明于外,无
有此理。

对于慈湖对"中"的理解,湛甘泉深为不满,如是批驳:

斟于中而清明于外,是因黄目之象而释其义,亦何不可?如尧钦明文
思,光被四表,是也。至云中无实体,大害道。既无实体,何以有视听言
动、喜怒哀乐之妙用乎?言何思何虑而不言同归一致,殊未见道。②

湛甘泉认为斟于"中"而清明于外,因象以明理,并无不可,此恰如尧之
"钦明文思,光被四表"。至于慈湖将"中"形容为无形无迹,则有害于道。
既然无形无迹,那又怎么能依之而有视听言动、喜怒哀乐之功能?言无思无
虑,而不言殊途同归,不可言为体知"道"。

"忠信"是儒家思想的重要范畴,慈湖如是诠释:

孔子曰:"主忠信。"诸儒未有知其旨者。盖意谓忠信浅者尔,非道。
舍浅而求深,离近而求远,置忠信于道之外,不知道一而已矣!忠信即
道,何浅何深?何近何远!又有学者知忠信不可浅求,遂深求之,推广其
意,高妙其说,谓忠信必不止于不妄语而已!吁!其谬哉!舍不妄语,何
以为道?人心即道,故书曰"道心"。此心无体,清明无际,直心而发,
为事亲,为从兄,为事长上,为夫妇,为朋友,仕则事君临民。③

---

① (明) 湛若水:《杨子折衷》,《泉翁大全集》卷八十,第22页。
② (明) 湛若水:《杨子折衷》,《泉翁大全集》卷八十,第22页。
③ (明) 湛若水:《杨子折衷》,《泉翁大全集》卷七十九,第17~18页。

孔子工夫法门之一是"主忠信"，慈湖认为个中三昧人鲜能体之。在慈湖看来，其时对"忠信"存在两种误读。一是认为"忠信"过于浅近，故非"道"。这类误读乃将"忠信"与"道"打成两截，置"忠信"于"道"外，于是舍近而求远，不知"忠信"即"道"本身。若知悉"忠信"即"道"本身，则何浅何深？何近何远？二是深信"忠信"不可浅尝辄止，当深而究之，"忠信"于是又变成广博之话语、玄妙之词语。在此路径下，"忠信"背离自身，堕为妄语，对此慈湖感慨：何等谬误！慈湖反思，只有摆脱这两种对"忠信"的误读，才能正确理解"道"。反思的结果是慈湖认定"人心即道"。在此意义上，故而《尚书》云"道心"。在"人心"即"道心"的背景下，"道"蕴于内则浑然无体，清明无际；直心而发于外，则父子、兄弟、夫妇、朋友、君臣等五伦皆顺其所然，符合"道"。

慈湖如是诠释"忠信"，湛甘泉自然要加以驳斥：

> 谓"人心即道"，何以有"人心惟危！道心惟微！"之说？且心发于五伦，亦有中正、不中正，中正为道，不中正即非道，安可概谓之道？[1]

湛甘泉对慈湖"忠信"诠释本身不置可否，其不满之处主要体现在慈湖所谓"人心即道"。湛甘泉认为：既然说"人心即道"，那么《尚书》为何要说"人心惟危！道心惟微！"？以《尚书》之语反驳"人心即道"之后，对于慈湖认为在直心而发的情景下五伦皆顺其所然，湛甘泉亦不敢予以认同。直心而发，既发之后，可能中正，亦可能偏斜。中正方可言所然，符合"道"；偏斜则不可言所然，而是远离了"道"。

慈湖之所以随意诠释儒家基本概念、范畴，甚至不惜故意曲解，就在于逞一己之见，以强化其自以为是的理论创见。湛甘泉则力图站在儒家正统的立场，对慈湖"别有用心"的诠释进行不遗余力的批驳。

第四个负面效应是导致当下即是性。

慈湖曾就如何发明心体如是指点："若问如何是此心？能思能索又能寻。汝心底用他人说，只是寻常用底心。"[2] 若有人问己心在何处，慈湖认为心体向外发用，展现为思量功能，就此思量功能便能寻觅到己心。因此寻觅己心无待问他人，循着寻常思索便可。慈湖如是言说，其所谓的思量已不是寻常的思量，而是具有当下即是性的思量，其天然具有中正性。

---

① （明）湛若水：《杨子折衷》，《泉翁大全集》卷七十九，第17~18页。
② （明）湛若水：《杨子折衷》，《泉翁大全集》卷七十九，第27页。

对于这种观点，湛甘泉指出："寻常用的须分邪正。"① 湛甘泉并不否认心体具有思量功能，然而寻常思量有趋于中正者，亦有偏离中正者。趋于中正者，乃己之本心；偏离中正者，不可谓己之本心。故寻常思量当体察是否中正。

在湛甘泉视域下，虽同样从心体中流淌而出，然而思量有可能趋于中正，亦有可能偏离中正，故于寻常思量不可不辨。

慈湖从心之自神、自明出发，作诗一首："此心用处没踪由，拟待思量是讨愁。但只事亲兼事长，只如此去莫回头。"在这首诗中，慈湖表述了心之发用无待思量，若加拟议、思量便是自扰其心，只直心亲其亲、敬其长，如此便是行之正。

对于慈湖这番表述，湛甘泉针锋相对地指出："事亲事长之心不得其中正即非道，思量讨愁，即五祖'才商量著便不中用'。"② 湛甘泉认为直心亲其亲、敬其长时，其心正否，未能确定，尚待思量。"思量讨愁"，湛甘泉指出此乃假借于禅宗五祖弘忍"才商量著便不中用"。湛甘泉这里有意点出慈湖借用五祖之语，显然是在暗示，慈湖已滑向禅。

第五个负面效应是导致"心体"观滑向佛、老。

有名梦协者受慈湖影响，言于湛甘泉："心之精神是谓圣，此圣人之言，何敢不信？"于"心之精神是谓圣"，梦协认为此是圣人——孔子之语，不可以不信从。梦协还引用慈湖之语"学者所造有浅深"，并加以发挥："某谓道无浅深。"

梦协进一步说道："先圣曰'改而止'，谓改过即止，无容他求。精神虚明，安有过失？意动过生，要道在不动乎意尔。"古圣曾云"改而止"，梦协将此诠释为"改过即止"，此本无不当，然而梦协受慈湖影响，认为过失的原委在于"心体"不虚明，言下之意是，若心体虚明，则无过失。扰动"心体"，使"心体"失于虚明者，是意念。因此欲无过，当不起意念。

对于梦协这番言论，湛甘泉并未加以评点，而是直接转向慈湖：

> 从来见慈湖每每连篇累牍，皆以心之精神为圣，观此乃知所谓精神者虚明也，盖圣则虚明而止。谓虚明为圣，则释、道家皆圣矣，不亦误乎！③

---

① （明）湛若水：《杨子折衷》，《泉翁大全集》卷七十九，第27页。
② （明）湛若水：《杨子折衷》，《泉翁大全集》卷七十九，第7页。
③ （明）湛若水：《杨子折衷》，《泉翁大全集》卷八十一，第27~28页。

湛甘泉向梦协表述自己阅读《慈湖遗书》的第一印象是整篇皆弥漫着"心之精神是谓圣"之气息。"心"之"精神"确实指向"虚明"。不过圣人止于"虚明"，并不执着于"虚明"。若谓"虚明"就是圣，则释、道二家门内皆充满圣人，这岂不是误导学人？

慈湖假"心之精神是谓圣"以宣扬其"心学"思想，湛甘泉却从中阅读出虚寂性，并进而指出这一话语所隐藏的佛、老色彩。虚寂之"心体"观，在湛甘泉看来，必然滑向佛、老。慈湖"心体"可能染有佛、老色彩，然是否如湛甘泉所云必然滑向佛、老，在笔者看来，还有待商榷。湛甘泉之所以误解慈湖的"心体"观，还是基于湛甘泉自己的"心体"观。湛甘泉将"生"视为自己的"心体"观。在此视域下，慈湖自然未能把捉到"生"。因此，在湛甘泉的心目中，慈湖只能是假"心之精神是谓圣"而作弄精神的形象。基于此，湛甘泉对慈湖的"心体"观进行了锱铢必较的批驳。

四 工夫论之错谬："不起意"

湛甘泉不仅对慈湖的虚寂"心体"观感到不满，而且对慈湖的工夫论不以为然，认定其非圣学正途。

慈湖如是表述其工夫法门："人心本正，起而为意而后昏，不起则不昏。"[1] 在慈湖看来，人之"心体"本自中正，只是由于起了意，才扰乱了本然心体，若不起意，则心体自豁然明净。因此慈湖的工夫法门可言为"不起意"，希冀通过"不起意"以达心之虚明澄寂境地。

湛甘泉批驳策略是揭示慈湖"不起意"工夫法门本身存在内在扞格。

湛甘泉发觉慈湖"不起意"工夫内在扞格之一是"心体"之虚寂与"心体"在日常运思过程中必然要起"意"存在扞格。

"心体"本虚明澄寂，何以昏昧？慈湖这样解释：

> 至道在心，奚必远求？人心自善、自正、自无邪、自广大、自神明、自无所不通。孔子曰："心之精神是谓圣。"孟子曰："仁，人心也。"变化云为，兴观群怨，孰非是心？孰非是正？人心本正，起而为意而后昏。[2]

基于"至道"在心，慈湖认为"道"不必远求。"至道"在心的特征是"自"：

---

① （宋）杨简：《慈湖遗书》，《文渊阁四库全书》第一一五六册，上海古籍出版社，1987，第608页。

② （明）湛若水：《杨子折衷》，《泉翁大全集》卷七十九，第1页。

自善、自正、自无邪、自广大、自神明、自无所不通。慈湖进而引述孔子"心之精神是谓圣"、孟子"仁，人心也"，以说明人之日用常行皆出于"本心"，皆中正无邪，只是起意后才趋于昏昧。这就是说，人心昏昧的根源在于"意"，"意"起则昏昧，言下之意是，若不起"意"，人心则可保持原初的虚明澄寂。

对于慈湖这一论述，湛甘泉一针见血地指出："慈湖立命，全在'心之精神'一句，元非孔子之言，乃异教宗指也。不起而为意，便是寂灭。"① 湛甘泉敏锐地觉察到慈湖为学根基全在于"心之精神是谓圣"。为了从根本上批驳慈湖为学之根基，湛甘泉否定"心之精神是谓圣"一说出于孔子，这无异于釜底抽薪，慈湖为学根基就此坍塌。既然"心之精神是谓圣"不是出于孔子，那么慈湖之学便堕为异教之旨。在否定"心之精神是谓圣"的合法性后，湛甘泉接着批驳慈湖之"不起意"。心若不起"意"，在湛甘泉看来，无异于使心堕于荒忽寂灭之中。这就意味着心不可能不起"意"，因为"意"本就是心之存在形式之一，不可强行使"意"不生。

相对于"意"，为了揭示"心体"之幽隐，慈湖做了如下评述：

> 思如此，不思则不如此，非永也，永非思之所可及也。而必曰思者，思夫不可得而思也者，斯永也。永非思之所可及也，思而忽觉，觉非思也，斯永也。孔子曰"天下何思何虑"，谓此也；曰"毋意"，谓此也；曰"吾有知乎哉？无知也"，谓此也。②

慈湖在此将"心体"规约为"永"，如此而"思"便能达于"永"，不如此而"思"则不能达于"永"。在此意义上，慈湖认为"思"只是达于"永"的一种手段，并不就是"永"。由于"思"并不就是"永"，慈湖还进一步推断"思"永远不可能达于"永"。既然由"思"无法达于"永"，那么慈湖提出了另一种思路：于"思"之过程中放弃"思"之意识，无思而思，忽而有觉，便能窥见"永"。在这一思路下，慈湖还指出"觉"非"思"所能涵盖。为了表明上述所论具有合理性，慈湖还回到儒家创始人孔子，举了孔子"天下何思何虑"、"毋意"、"吾有知乎哉？无知也"诸例。在慈湖看来，孔子诸例说的正是这层含义。

对于慈湖故作玄奥之语，湛甘泉敏锐地觉察到其中的扞格：

---

① （明）湛若水：《杨子折衷》，《泉翁大全集》卷七十九，第1页。
② （明）湛若水：《杨子折衷》，《泉翁大全集》卷七十九，第9~10页。

谓"思夫不可得而思也者，斯永也"，非动意乎？是索隐也。又谓"圣人无知"，便是死灰了，且其言自相矛盾矣。①

思而无思，在湛甘泉看来，这本身就动"意"了，恐怕是索于幽隐；又云"圣人无知"，则会导人形如槁木，心如死灰。因此，思而无思与"圣人无知"不无扞格。于此扞格中，湛甘泉批驳了慈湖"不起意"之说。

借对《诗经》诗句的诠释，慈湖再一次阐述"不动乎意"：

> 文王不大声以色，故曰"穆穆。"缉者，缉理于思为微细之间，熙有理顺之义，缉熙者，进退精微之谓。进德之实，非思也，非为也，惟可以言敬，敬非思也；惟可以言止，止非思为也。寂然不动，感而遂通，而不属于思为，所谓不识不知者，此也。安女止者，此也。文王之所谓缉熙者，缉熙此也。惟不动乎意，不属乎思为，故缉熙。融释犹雪之融于水，犹云之散于大空，其缉熙于思为微细之间，融释于无思无为之妙如此，岂不是美而可叹服哉！故曰："于惟其道，心不识不知。"故声音不大，形色亦不大，而见为穆穆也。②

《诗经·大雅·文王之什·文王》如是赞美周文王："穆穆文王，於缉熙敬止。""穆穆"，慈湖训为"不大声以色"，如此诠释亦为寻常。在分别训释"缉"、"熙"之后，慈湖将"缉熙"解释为"进退精微"，此亦无不当。慈湖继续发挥，言进退之精微，乃非思、非为。于是，"缉熙"便具有"不动乎意"之义。

对于慈湖如此曲折的诠释方式，湛甘泉不禁反诘：

> "思无邪"非思乎？"思曰睿"、"九思"非思乎？正思岂可无？惟邪思不可有耳。此即寂灭之指。③

将"缉熙"曲折诠释为非思、非为，湛甘泉不禁反问："思无邪"、"思曰睿"、"九思"皆非思乎？在这里湛甘泉表明"邪思"不可有，"正思"亦不可无。若"正思"亦无，就会趋向释教寂灭之宗旨。

---

① （明）湛若水：《杨子折衷》，《泉翁大全集》卷七十九，第 9~10 页。
② （明）湛若水：《杨子折衷》，《泉翁大全集》卷八十，第 17~18 页。
③ （明）湛若水：《杨子折衷》，《泉翁大全集》卷八十，第 17~18 页。

为了论证自己的"不起意",慈湖还引经据典：

> 孔子曰："属辞比事，春秋教也。"属辞比事而不乱，则深于春秋者
> 矣。天有四时，春秋冬夏、风雨霜露，无非教也。地载神气，神气风霆，
> 风霆流形，庶物露生，无非教也。某不胜起敬而赞之曰："大哉圣言！"著
> 庭以属辞比事为职，辞不胜其繁，事不胜其夥，何以不乱？乱生于意，意
> 生纷然，意如云气，能障太虚之清明，能蔽日月之光明。舜曰"道心"，
> 明心即道，动乎意则为人心。孔子曰"心之精神是谓圣"，而每戒学者
> "毋意、毋必、毋固、毋我"，意态万殊，而大概无逾斯四者，圣人深知意
> 之害道也甚，故谆谆止绝学者。①

慈湖所引之经典，包括三个。一是《春秋》"属辞比事"之教。慈湖故意曲
解，将《春秋》理解为四季之春秋，于是《春秋》"属辞比事"之教就变成了
"自然"之教。天地运化、春去夏来、风雨雷霆、庶物发生，这无不是当下即
"道"之教。人心散乱的根源在于"意"，"意"如云气，能妨碍太虚之清明，
遮蔽日月之光明。二是舜之"道心"。借舜曾云"道心"，慈湖将"心"划分
为"道心"、"人心"。本然之"心体"即为"道心"，起"意"而扰乱本然之
"心体"则为"人心"。三是孔子"心之精神是谓圣"。孔子所以云"心之精神
是谓圣"，在于劝诫学者为学当以"毋意、毋必、毋固、毋我"为规矩。生民
意识状态可以万千，然而不可逾此四毋。语末，慈湖这样总结：圣人深知
"意"之害"道"，故每每谆谆教诲学者为学当戒绝"意"。

对于慈湖以"不起意"为工夫法门，湛甘泉如是回应：

> 属辞比事及天有四时等语，皆非孔子之言。又以意譬云，以心譬太
> 虚、日月，则心与意二物、三物矣，不知心与意即一物也。本体为心，动
> 念为意，一感一应，其能寂灭乎？明心即道，辩见前，千言万语，只是意
> 铸千万错。②

对于慈湖将《春秋》"属辞比事"比拟为"四时之教"，湛甘泉断然予以否定，
认为这并非出于孔子之口，因而不符合孔子原意。至于慈湖将"意"比喻为云
气，将"心"比喻为太虚、日月，湛甘泉认为这无形中将"意"与"心"指

---

① （明）湛若水：《杨子折衷》，《泉翁大全集》卷七十九，第 10～11 页。
② （明）湛若水：《杨子折衷》，《泉翁大全集》卷七十九，第 10～11 页。

认为二物、三物，而不知"心"与"意"本同为一体。为了说明"心"、"意"本为一体，湛甘泉还正面阐述本体为"心"，动念则为"意"。既然一感一应是"心"之正常运思，那么"心"怎能趋于寂灭？由此，湛甘泉将慈湖为学误入歧途的根本原因归结为对"意"的误解。

慈湖竭力倡导"不起意"，似乎心不起"意"，便能保持"心体"的虚寂状态。湛甘泉则围绕"心"与"意"不二、同为一体，力图证明"心"不可能完全趋于寂灭，从而批驳了慈湖"不起意"的工夫法门。

"性善"论自孟子伊始便是儒门基本理念。慈湖试图通过保持"心体"的虚寂以保任本然之"性善"。相应地，在慈湖看来，若起"意"，便会扰乱心体虚寂，由此"心体"昏昧，远离"性善"："温州杨某深信人性皆善，皆可以为尧、舜，特动乎意则昏，日用平常实直之心无非大道。"①

对于慈湖此番言论，湛甘泉这样评点：

> 慈湖既以为人性皆善，人皆可以为尧、舜，是矣。却又以为特动乎意则昏，何耶？天道常运，人心常生，盖性者心之生理也，生理故活泼泼地，何尝不动？动则为意，但一寂一感，莫非实理，故性不分动静，理无动静故也。今以动意即非，是认尧、舜人性是死硬的物矣。可谓知道、知性乎？②

湛甘泉指出，慈湖一方面坚信人性皆善，人人皆可以为尧、舜，另一方面又说动于"意"则"心体"昏昧。于日用常行间触事接物，生民难免动乎"意"而趋于昏，昏则不能成为尧、舜。这一话语间存在从"性善"而言人人可以为尧、舜与由于动乎"意"却不能为尧、舜之间的扞格。于此湛甘泉还是回到自己的理论内核——"生"，说明"意"存在的正当性。"天道"常运行不息，人心常运思不已，"性"乃心之生理，生理"活泼泼地"，何尝不动？"性"发则为动，动则为"意"，"性"、"意"一寂一动，莫非"天理"之然，故"性"不可分于"动"、"静"，"理"不可分于"动"、"静"。慈湖执定动之"意"为非，就是以尧、舜般圣人之"性"为死硬僵化之物，这怎么可以称为体知到"道"、体知到"性"？

湛甘泉从自己的理论基点——"生"出发，申明"心体"不能不处于"动"的状态。言下之意是，"性善"抑或"性"不"善"并不在于"心体"

---

① （明）湛若水：《杨子折衷》，《泉翁大全集》卷七十九，第1页。
② （明）湛若水：《杨子折衷》，《泉翁大全集》卷七十九，第1页。

的虚寂与否，而在于"心体"运思时是否趋于"中正"。

为了说明"意"扰乱虚寂本心，慈湖借《周易》"需"卦加以发挥：

> 人所需待，多动乎意，非光也。光如日月之光，无思无为而无所不
> 照，此之谓道。如此则人咸信之，故曰孚。如此则得所需矣，亨矣。得所
> 需亨通，或放逸失正，故又曰贞，乃吉。孚与光与正，本非三事，以三言
> 发明道心。一动乎意，则不孚、不光、不正，谓之人心，故舜曰："人心
> 惟危。"①

"需"卦，乃待之意。人有所待，则动乎"意"，由此"心体"暗昧。"心体"
本光明洞彻，如日月之光，无思无虑，无所不照。在此意义上，"道"本然地
具于"心体"。"心体"本然地具有此"道"，众人皆信服之。众人信服则事无
不亨通，然而在此亨通中，"心体"或放逸而失去其本然之正，故有待于贞定，
贞定后"心体"方趋于吉。在表述光、孚、正三层含义后，慈湖认为光、孚、
正虽可言为三，却只是一事，这事便是发明"道心"。而一动乎"意"，"心"
则不诚信、不光明、不中正，"人心"正是如此，故舜慨叹："人心惟危。"

对于慈湖对"需"卦的诠释，湛甘泉不禁感慨："正意岂可无？大学诚
意，何谓乎不动意？是死灰也。"② 慈湖强调"心"不可起"意"，这便触动了
湛甘泉敏感的神经，当下的反应便是正"意"岂可无？若如是，则《大学》
所言"诚意"，何尝不动乎"意"？若"心"中无"意"，"心"便如死灰般
寂灭。

基于本然"心体"虚寂，慈湖以"不起意"为不二工夫法门。然而在湛
甘泉看来，"意"乃日用运思的正常情态，怎么可能强行消弭，使"心"处于
虚寂状态？

在发觉慈湖"意"之日用常态与"心体"虚寂之间存在扞格的同时，湛
甘泉还觉察到慈湖"不起意"工夫本身与"心体"虚寂之间亦存在扞格。

慈湖如是描述自己早年为宦浙西时所居寓所之情景：

> 四明杨某为浙西抚属，淳熙十一年八月朔既领事，而僦宅隘陋，外高
> 中卑，无宴息之所，客至不可留，不可以奉亲。偶得在官僧屋于宝莲山之
> 巅，帅君雅礼士为更其居，又便某惟意规摹之。乃创书室于高爽之地，东

---

① （明）湛若水：《杨子折衷》，《泉翁大全集》卷八十，第3~4页。
② （明）湛若水：《杨子折衷》，《泉翁大全集》卷八十，第3~4页。

江、西湖，云山千里，幽人骚士来其上，无不曰奇、曰壮、曰快哉。①

慈湖初任浙西抚属，衙署颓圮简陋，家徒四壁，内不可养亲，外不可留客；偶寄寓宝莲山巅官僧之所，附庸风雅之士无不以奇、壮、快称许山巅之景。

对于慈湖不无自我标榜式张扬为宦浙西之所居寓所，湛甘泉做了如下评述：

> 其曰惟意规摹之，又知于高爽之地，又称曰奇、曰壮、曰快，非动意乎？是知天地未尝一时而不运行，人心未尝一息而不生生感应也，安得不动？虽慈湖说不动，亦即动心也，除死乃不动耳，故佛者终日学死。②

湛甘泉指出，慈湖所居山巅之寓所并非偶然无意之为，乃有意之抉择。山巅乃高爽之地，风景奇、壮、快，慈湖择而居之，这就是动乎"意"。由此，湛甘泉推之于天地。天地未尝一息不运行，相应地，人"心"未尝一息不与天地"生生"相感相应。在这一内外感应中，"心"焉能不动？由此看来，慈湖虽然鼓噪不应动"心"起"意"，然而在现实中"心"未尝不在动，"意"未尝不在起。除非"心"如死灰，"意"如槁木，"心"才不动，"意"才不起。由此，湛甘泉指出慈湖"不动意"类似释者终日坐禅，旨趣在于使"心"趋于虚寂。

为了阐明"心体"之无"意"，慈湖抓住孔子的话语——"心之精神是谓圣"而加以阐述：

> 舜曰"道心"，明心即道，动乎意则为人心。孔子语子思曰："心之精神是谓圣。"孟子亦曰："仁，人心也。"心可言而不可思，孔子知（闻）［门］［据《慈湖遗书》改］弟子必多，以孔子为有知，明告之曰："吾有知乎哉？无知也。"知即思。又曰："天下何思何虑。"周公仰而思之，夜以继日，即思非思。孔子临事而惧，好谋而成，即惧非惧，即谋非谋。如鉴之照，大小美恶往来（差）［参］［据《慈湖遗书》改］错，且有而实无。日月之光，万物毕照，入松穿竹，历历皎皎，而日月无思。③

---

① （明）湛若水：《杨子折衷》，《泉翁大全集》卷七十九，第4页。
② （明）湛若水：《杨子折衷》，《泉翁大全集》卷七十九，第4页。
③ （明）湛若水：《杨子折衷》，《泉翁大全集》卷七十九，第25～26页。

依于"意",慈湖将"心"分为"道心"、"人心"。动乎"意"为"人心",不动乎"意"则为"道心"。基于不无自我杜撰的孔子话语——"心之精神是谓圣",慈湖进而阐明何以"心"之不动乎"意"便为"道心"。孔子教诲众弟子:"吾有知乎哉?无知也。"慈湖将"知"诠释为"思",又将"思"诠释为"意"。由此"无知"便被训释为"无意"。孔子所云"天下何思何虑"与"吾有知乎哉?无知也",在慈湖看来,异曲同工,指向的均是不动乎"意"。为了进一步说明不动乎"意"就是"道心",慈湖还举了两个例子。一是周公。周公殚精竭虑,仰而思之,思即非思。一是孔子本人。孔子临事而惧,好谋而成。在慈湖看来,孔子惧即非惧,谋即非谋。此心恰如万物往来镜面般,万物似有而实无。这又恰如日月之光,万物皆在普照之下,历历皎皎,日月却无所运思。通过周公、孔子之例,慈湖诡辩般地将思转化为无思,以证明"心体"之澄明。

对于慈湖对"心体"的此番表述,湛甘泉针锋相对地予以反驳:

> 都是种种之说,已辩在前。慈湖主张不动意,不用思,及不惧,至于周公仰思,孔子临事而惧,好谋而成,说不去了,又云"即思非思,即惧非惧,即谋非谋",是遁词也。惟有中思、出谋戒惧最的当。①

湛甘泉指出,慈湖假借周公仰思,孔子临事而惧、好谋而成以表达一己之谬见;即思非思,即惧非惧,即谋非谋,更是乖诡之辩。在甘泉看来,中正而思,戒惧而谋,最为恰当。

"心"为活物,不可能不起"意"。这并不意味着湛甘泉就此放任"意",而是主张依于"中正"而起"意":

> 意得其中正者即不私,不偏,未闻一切意皆可无,无则槁木死灰矣。孔子所戒无意者,谓不好的私意耳。若好恶安可无得?惟作好作恶则私耳。孟子先知言,学者不可不知。②

"意"得"中正"便不为私,不为偏,湛甘泉感慨从未听闻过无意念的"心体",若无意念,"心"便如槁木死灰般沉寂。孔子所戒的是"无意"者,即戒不好的私意。好恶本身怎么可能戒得?有意作好作恶则趋于私。语末,湛甘

---

① (明)湛若水:《杨子折衷》,《泉翁大全集》卷七十九,第25~26页。
② (明)湛若水:《杨子折衷》,《泉翁大全集》卷八十,第11页。

泉语重心长地说，孟子等先知之语，学者不可不知。

约言之，慈湖意欲不起"意"，以趋于本然"心体"之虚寂。在湛甘泉看来，其一，本然"心体"充满"生生"之意，并不趋于"虚寂"；其二，既然"意"不可不起，那么与其勉强不起"意"，不若使"意"趋于中正。

弟子追忆慈湖曾经说："见善则迁，有过则改，当如风雷之疾，如此则获益也。人谁无好善改过之心？或有以为难而不能迁改者，患在于动意。"①

"见善则迁，有过则改"乃儒家平常的工夫法门，本平淡无奇，慈湖接此话语加以发挥，认为践行这一工夫法门当迅如风雷，由此方能有益。若有人以为难以践行这一工夫法门，在于践行这一工夫法门时"意"已动。

湛甘泉敏锐地发觉慈湖此话尚有商榷的余地："动意亦惟动私意，故改过迁善为难；若夫能诚意，则意意念念皆天理，即至善也。何改过之难乎？"②湛甘泉认为"迁善"工夫难行的原委不在于动"意"，而在于动"私意"。若能"诚意"，则何难之有？

"忠信"是儒家思想的重要范畴之一。慈湖如是表述自己对"忠信"的理解："忠信之心，无精粗、无本末、无内外、无所不通，但微起意即失之矣！"③"忠信"在儒门内本是伦理规范，慈湖将之转化为澄澈"心体"的工夫。经由"忠信"，本然心体趋于无精粗、无本末、无内外、无所不通。这一话语显然是禅学话语，表明慈湖已将"忠信"禅学化。慈湖之所以要做这一处理，目的就在于将"忠信"导向不起"意"，由是"心"无所牵挂。"心"一无所挂，本然心体方如此玄妙。

对于慈湖将"忠信"做禅学化的处理，湛甘泉给予坚决驳斥："不起意即是禅寂也，即是死的忠信，而非活的忠信也。"④ 对于"不起意"，湛甘泉直接指认为禅寂。从"不起意"的角度来言说"忠信"，在湛甘泉看来，意味着将"忠信"导向死寂，从而使"忠信"失去其本有的伦常活力。由是"忠信"便失去其原本的儒家伦理规范的性质。

在这一驳斥中，湛甘泉不仅指出慈湖"忠信"的禅学化，其意还在于暗示慈湖思想在这一禅学化过程中，已滑向禅学的窠臼。

还是在"忠信"话语体系中，孔子曾以"言忠信，行笃敬，立则见其参于前，在舆则见其倚于衡"教诲弟子子张。有弟子就此叩问于慈湖："所见者何状耶？"慈湖如是教诲：

① （明）湛若水：《杨子折衷》，《泉翁大全集》卷八十，第6页。
② （明）湛若水：《杨子折衷》，《泉翁大全集》卷八十，第6页。
③ （明）湛若水：《杨子折衷》，《泉翁大全集》卷七十九，第19页。
④ （明）湛若水：《杨子折衷》，《泉翁大全集》卷七十九，第19页。

此忠信笃敬。忠信之时，心无他意；笃敬之时，心亦无他意。所见非意象，昭明有融，荡荡平庸。学者往往率起意求说，不思圣人每每戒学者毋意。①

慈湖指出孔子这是在言说"忠信"、"笃敬"，并就此故意曲解"忠信"、"笃敬"，将其导向心不起"意"。心不起"意"，则所见非具体意象，乃昭明融彻，流行于日用间。"忠信"、"笃敬"倾向于"不起意"，然而学人往往于意中求"忠信"、"笃敬"，于是学人为学未免南辕北辙。职是之故，学人为学当仔细思索圣人每每"不起意"之训。

慈湖对"忠信笃敬"做如是故意曲解，湛甘泉当仁不让地予以驳斥：

参前倚衡，不思何物，而曰"何状"，而求之昭明有融、荡荡平庸，终无实体。忠信笃敬，非意而何？是好的意也，非毋意之意也。②

湛甘泉认为，参之于前、倚之于衡时，不思所见为何物，慈湖却于此时，揣摩所见为何形状，进而索之于昭明融彻，求之于伦常，终无有见于"实体"。若由是反省，"忠信笃敬"不就是"意"？不过"忠信笃敬"只可谓善之"意"，不可谓恶之"意"，故"忠信笃敬"不可言为"不起意"。

慈湖故意曲解"忠信笃敬"，将其视为澄心工夫。湛甘泉则敏锐地觉察到这一澄心过程中，其实无不在起"意"。

慈湖不仅在这一工夫法门中犯这一错误，而且在其他工夫法门中亦不免于此误，如改过工夫过程中。

慈湖如是教诲其弟子："人心何尝不正，但要改过，不必正心，一欲正心，便是起意。"在慈湖看来，人心本正，故不必在"心体"上下功夫，于现实中改过即可。因为一欲正心，意念反而纷然而起，于此间心则不正。

对这一改过工夫，湛甘泉不禁反问："然则一欲改过，亦非一起意乎？"③湛甘泉以慈湖之矛攻慈湖之盾：若循着慈湖思维，于现实中改过，不亦意念纷起？

湛甘泉还不忘抓住机会，对慈湖加以讥讽。

《周易·乾卦》："君子学以聚之，问以辨之，宽以居之，仁以行之。"弟

---

① （明）湛若水：《杨子折衷》，《泉翁大全集》卷七十九，第20~21页。
② （明）湛若水：《杨子折衷》，《泉翁大全集》卷七十九，第20~21页。
③ （明）湛若水：《杨子折衷》，《泉翁大全集》卷八十一，第22~23页。

子汲古对此加以诠释并就教于慈湖："先儒谓学聚、问辨，进德也。宽居、仁行，修业也。此言如何？"慈湖如是回应：

> 学贵于博，不博则偏则孤。伯夷惟不博学，虽至于圣而偏于清；柳下惠惟不博学，虽至于圣而僻于和。学聚之，无所不学也。大畜曰："君子以多识前言往行。"语曰："君子博学于文。"学必有疑，疑必问，欲辨明其实也。辨而果得其实，则何患不宽？何患不仁？①

慈湖的回应中规中矩，言学贵于博、贵于疑。由博才能不偏，由疑才能问，由问才能实，由实才能宽、才能仁。

对于慈湖如此中规中矩的回答，出于心理惯性，湛甘泉依然不依不饶：

> 此段庶几近之，然既知学、问、思、辨、笃行，如何常说不可动意？常说无思？可以推此，曲畅旁通而悟其非矣！②

对于慈湖的回答，湛甘泉大体认同，不过湛甘泉还是从慈湖的回应中挑出弊端。既然在说学、问、思、辨、笃行，那么于此过程中，不就是在动"意"吗？不就是在思吗？由此推而广之，可知慈湖为学之非。

约言之，在湛甘泉看来，在践行"不起意"工夫以趋于心体"虚寂"时，本身就在起"意"，从而扰动本然"心体"之虚寂。这意味着慈湖"不起意"之工夫与虚寂之"心体"内嵌式地存在无法克服的扞格。

湛甘泉敏锐地觉察到慈湖为学存在这两个罅漏："意"在日用中不得不起与日用中以"不起意"为旨趣存在矛盾，通过"不起意"以趋于虚寂之"心体"在扰动"心体"。这可谓慈湖为学的内在症结。基于此，湛甘泉指出，慈湖之学终究会滑向禅学。

五 慈湖为禅：假圣人之言以掩饰

如前所言，慈湖在明中叶重新出场，时人多目之为禅，湛甘泉亦不外乎此。可是，慈湖毕竟名列儒门，满口儒家话语。为了指证慈湖禅之根底，湛甘泉认为慈湖乃假圣人之言以掩饰其内在根底为禅。

曾点之乐是儒门的经典话题，慈湖曾留意于此。

---

① （明）湛若水：《杨子折衷》，《泉翁大全集》卷八十，第2页。
② （明）湛若水：《杨子折衷》，《泉翁大全集》卷八十，第2页。

弟子恪建堂名"咏春",并以此就教于慈湖,慈湖就此发挥:

> 入而事亲,其旨也;出而事君,其旨也;兄而友、弟而恭,其旨也;
> 夫妇之别,其旨也;朋友之信,其旨也;其视听,其旨也;其言其动,其
> 旨也;儆戒就业,其旨也;喜怒哀乐,其旨也;思虑详曲切至,其旨也;
> 春秋冬夏、风雨霜露,其旨也;风霆流形、庶物露生,其旨也。①

慈湖认为"咏春"之旨在于"生","生"散发于人间则为五伦,落实于人则
为视听言动,展现于修养则为戒慎恐惧,流行于天地则为四季轮回、风雨博
施、万物萌生。

由于慈湖言而又止,故有弟子仍然感到困惑,继续追问。慈湖便回到曾点
之乐,"暮春者,春服既成,冠者五、六人,童子六、七人,浴乎沂,风乎舞
雩,咏而归",以此开导该弟子:"其疑者亦是旨也。乐哉!"② 慈湖当机指点:
从此疑惑本身便能感受到"生生"之旨,进而便能感受到乐。慈湖这里所云之
乐即"生生"之乐。

堂之东房铭曰"时斋",他日弟子恪又以此请教于慈湖,慈湖说道:"唐、
虞而上,道之名未著,惟曰'时',尧曰'畴咨若时',时,是也,以不可得
而名,姑曰'如是'。又咏春之旨也。"在慈湖看来,由尧、舜追溯而上,
"道"之名未显于世,故多以"时"言"道"。"时",亦指向"咏春"——
"生"之旨。

堂之西房铭曰"勿斋",慈湖做了以下阐释:"凡动乎意皆害道,凡意皆
勿大概无逾斯四者,入斯室者,能寂然不动如天地乎?则无庸服是药矣。"这
里,慈湖又回到其不二工夫法门——"不起意"。"意"之动则有害于"道",
故凡意念之动,当勿逾越此四毋——"毋意、毋必、毋固、毋我"。循此准则,
"意"便寂然不动如天地之初。不过臻于这一境界后,则不必再执着于四毋。

堂之东院铭曰"熙光",慈湖释之为:

> 光如日月之光,无思无为而万物毕照,《易》曰:"知光大也。"又
> 曰:"笃实辉光。"又曰:"动静不失其时,其道光明。"又曰:"君子之
> 光,缉熙斯道,不动乎意,熙和而理。"亦咏春之旨也。其左曰"昭融",
> 昭明融一,即熙光。其右曰"修永",修其永永而无息者,即熙光、即昭

---

① (明)湛若水:《杨子折衷》,《泉翁大全集》卷七十九,第2页。
② (明)湛若水:《杨子折衷》,《泉翁大全集》卷七十九,第2页。

融、即咏春之旨。①

慈湖将"熙光"之光理解为日月之光，日月无思无为，故万物无所不照。为了表明日月之光的这一内涵，慈湖还引用《周易》数语以佐证之。值得注意的是下面的话："君子之光，缉熙斯道，不动乎意，熙和而理。"借天道以言人道，慈湖言日月之光，其宗旨还是言心灵之光，认为不动"意"的心地才能光明。这亦在指向"咏春"——"生"之旨。

堂旁有别室，铭为"喜哉"，慈湖做如是解释：

> 舜作歌曰："股肱喜哉。"斯喜不可思也。曰"止所"，《易》曰："止其所也。"斯止非止，斯所无所，是谓止得其所，皆咏春之旨也。斯止非难，无劳兴意；斯止非远，无劳索至，斯止在笔端，光照天地。②

舜曾作歌曰"股肱喜哉"，"喜哉"一词即源于此。慈湖将"喜哉"诠释为"止所"，"止所"亦即《周易》"止其所也"。"止"，慈湖认为不是停止之意，而是止于其所止，这亦指向"咏春"——"生"之旨。在慈湖看来，止于所止有两个重要特征：其一，不是难事，故不必用心寻觅；其二，不在遥远的他处，就在当下，不用求索，不期而至。

对于慈湖以上阐释，湛甘泉如是评论：

> 一篇皆禅之宗指，而一一文之以圣人之言，人徒见其与圣人之言同，而不知其实与圣人之言异，差之毫厘、谬以千里也。佛者每援毋意、必、固、我之说以自附，殊不知意、必、固、我皆人欲之私，是可无也，彼乃以一切意诚、心正皆宜无之，非诬圣人之言乎？胡康侯谓五峰曰："佛者与圣人句句合、字字是，然而不同。"五峰问："既曰合、曰是，如何又说不同？"康侯曰："于此看得破，许你具一只眼。"康侯何谓卓有所见矣。③

基于一如既往的误解，湛甘泉指出慈湖以上诸话语虽文之以圣人之言，却隐含禅宗的宗旨。学人徒见其以圣人之言敷衍成文，却不见其圣人之言背后的禅意。由是湛甘泉不胜感慨：差之毫厘，谬以千里。释教每每将其所论附于儒门

---

① （明）湛若水：《杨子折衷》，《泉翁大全集》卷七十九，第3页。
② （明）湛若水：《杨子折衷》，《泉翁大全集》卷七十九，第4页。
③ （明）湛若水：《杨子折衷》，《泉翁大全集》卷七十九，第4~5页。

"毋意、毋必、毋固、毋我"名目下，在儒家视域中意、必、固、我皆出于一己之私，故当去除此一己之私，可是释教则连"意诚"、"心正"皆欲去除，这不是篡改圣人之言又是什么？为了进一步阐明慈湖为禅的判断，湛甘泉还引用了胡康侯与胡五峰的一段对话。胡康侯对胡五峰说：从表面上看，释教与圣人句句相合，字字相似，然内里迥然有别。五峰大惑不解：既然句句相合，字字相似，又为什么释儒迥然有别？康侯回答说：于此能看得透彻，需具一双慧眼。于此对话中，湛甘泉借赞叹胡康侯卓然有见，意在表明欲看穿慈湖表儒内禅，尚待一双慧眼。

慈湖如是表述其对"心体"的理解：

> 道心大同，人自区别。人心自善，人心自灵，人心自明，人心即神，人心即道，安睹乖殊？圣贤非有余，愚鄙非不足，何以证其然？人皆有恻隐之心，皆有羞恶之心，皆有恭敬之心，皆有是非之心，恻隐仁，羞恶义，恭敬礼，是非知，仁义礼知愚夫愚妇咸有之，奚独圣人有之？人人皆与尧、舜、禹、汤、文、武、周公、孔子同，人人与天地同，又何以证其然？人心非气血、非形体，广大无际，变化无方，倏焉而视，又倏焉而听，倏焉而言，又倏焉而动，倏焉而至千里之外，又倏焉而穷九霄之上，不疾而速，不行而至，非神乎？不与天地同乎？[①]

如程朱理学般，慈湖将"心"划分为"道心"、"人心"，不过在慈湖看来，在其"自"的特征牵引下，"人心"即"道心"。于此"道心"，圣贤非有余，愚鄙非不足。如何证明人皆有此"道心"？慈湖还是回到孟子四心、四德语境，认为在此语境下人皆有"道心"。慈湖认为，庶人与尧、舜、禹、汤、文、武、周公、孔子等圣人无差无别。庶民不仅与圣人、与天地无差无别，而且可以与天地相参。何以然？慈湖从无形无体、广大无际、变化无方、神乎其神诸方面，阐明"道心"与天地异曲同工。

慈湖这段文字给湛甘泉留下的印象是：

> 首数句词气，正与坛经"何其自性"数言相类，其引"人皆有恻隐之心"等语，乃援儒入释者也。其"倏焉而视"数语，乃以知觉运动为性、为道也，岂不谬哉？[②]

---

① （明）湛若水：《杨子折衷》，《泉翁大全集》卷七十九，第7~8页。
② （明）湛若水：《杨子折衷》，《泉翁大全集》卷七十九，第7~8页。

开头数句与《坛经》"何其自性"数语并无二致。至于话语形式，仍是孟子四心、四德等。及至"倏焉而视"数语，则类似于禅宗所倡导的以知觉运动为"性"、为"道"。

通过上述文字，湛甘泉竭力将慈湖打造为禅者形象。于是在湛甘泉看来，慈湖所云，只能沦为援儒入释的伎俩，即尽管字面上慈湖仍在说着儒家的话语，可从根底而言无不是在宣扬禅学。在这一伎俩下，湛甘泉认为，慈湖假儒家之话语还是难以掩饰其禅学根底。

湛甘泉认为慈湖假儒以掩饰其根底为禅，还表现在"心"的自适性上："元度所自有，本自完成，何假更求？视听言动，不学而能，恻隐、羞耻、恭敬、是非，随感辄应，不待昭告。"① 在慈湖看来，"本心"具有自适性，故不必他求。视听言动，顺其自然，不待学而后能。恻隐、羞耻、恭敬、是非，随感而应，不待训导。

对于慈湖的这番论调，湛甘泉忍无可忍，严词驳斥："视听言动不学而能一节便错，若如此说，是运水搬柴，无非佛性矣。"② 湛甘泉抓住其间的要害——"视听言动，不学而能"，认为若如此说，便如禅宗所谓运水搬柴无非佛性。

慈湖曾故弄玄虚，作一首绝句以感怀："谁省吾心即是仁，荷（池）[他][据慈湖遗书改] 先哲为人深，分明说了犹疑在，更问如何是本心？"③ 荷池深深如渊，可只有哲人方能察之。这恰如"本心"即"仁"，先贤往圣分明已揭示世间之奥秘，然而他人仍疑惑不信，还在追问"道心"何在。

对于慈湖如此故弄玄虚，湛甘泉反问道："岂以知觉运动之心即为仁乎？孟子'仁，人心也'，须善看。"④ 当慈湖如是言说时，实际上已将知觉运动之"心"视为"仁"。仔细思量孟子所云"仁，人心也"，便知知觉运动之"心"不可谓"仁"。

假孔子之语以阐发自己的思想，是慈湖的一贯"伎俩"：

> 子曰："谁能出不由户，何莫由斯道也！"圣人如此明告，不知学者何为乎不省？视听言动者道也，俯仰屈伸者道也，寐如此、寤如此，动如此、止如此。徒以学者起意欲明道，反致昏塞；若不起意，妙不可言。若不起意，则变化云为，如四时之错行，如日月之代明，故孔子每每戒学者

① （明）湛若水：《杨子折衷》，《泉翁大全集》卷七十九，第21页。
② （明）湛若水：《杨子折衷》，《泉翁大全集》卷七十九，第21页。
③ （明）湛若水：《杨子折衷》，《泉翁大全集》卷七十九，第27页。
④ （明）湛若水：《杨子折衷》，《泉翁大全集》卷七十九，第27页。

毋意。①

孔子云："谁能出不由户，何莫由斯道也！"（《论语·雍也》）慈湖故意曲解孔子本意，将话语的意蕴从原本的人当循"道"而行转移到视听言动、俯仰屈伸当下即"道"。唯恐学人不明白其中寓意，起"意"以求"道"，以致堕于昏塞、暗昧之中，慈湖由是主张不起"意"。不起"意"，"心"则神妙莫测、变化万千，如四季之轮回、日月之轮换，自其而然。由此出发，慈湖认为孔子欲学人"毋意"。显然这是慈湖将自己的私意强加给了孔子。

对于慈湖这一曲解，湛甘泉自然加以反驳：

> 千言万语只是这个宗指，以视听言动为道，俯仰屈伸为道，即错认圣人也。以由户为道，是以器为道矣，运水搬柴无非佛性矣。②

湛甘泉亦认同孔子"谁能出不由户，何莫由斯道也！"（《论语·雍也》）之言，认为圣人千言万语只是说此而已。然而由此推论出视听言动、俯仰屈伸当下便是"道"，这就错认了孔子之意。从"由户为道"，转而以器为"道"，慈湖不知不觉导人误入释教"运水搬柴无非佛性"之歧途。

慈湖还运用这一"伎俩"于"中"：

> 百圣传授唯曰一中，初疑其肤，近疑其庸，又疑其若未免乎意，而百圣一辞，莫知其所为。一日觉之，百圣之切谕明告，诚无以易斯。人心即道，故大舜曰"道心"，本无可疑，意起而昏，为非为僻，始知其有学者亦意起，又从而过之，凡思凡为，皆离皆非。③

在慈湖的"道统"脉络中，圣圣相传唯"一"、唯"中"。以"一"、"中"为"道统"之"道"，慈湖有自己的切身体验。最初慈湖以"一"、"中"为肤浅之言、庸常之语，进而又疑其未免起于一己之"意"。一日，慈湖忽然觉悟"中"之意蕴，圣圣相传"一"、"中"之旨由此便明白易晓，诚无可改易。体悟"一"、"中"之旨后，慈湖试图打通"人心"与"道心"。在慈湖看来，"人心"本即"道心"，然"意"起则昏，非趋于僻即趋于邪，即便为学亦难

---

① （明）湛若水：《杨子折衷》，《泉翁大全集》卷八十，第38～39页。
② （明）湛若水：《杨子折衷》，《泉翁大全集》卷八十，第38～39页。
③ （明）湛若水：《杨子折衷》，《泉翁大全集》卷八十一，第18页。

以避免"意"起，从而逾越"中"。约言之，在慈湖看来，一起思一欲行，便意味着远离于"中"，从而亦意味着悖逆于"道"。

对于慈湖对"中"如此曲解，湛甘泉如是回应："一中岂云肤庸？惟人心即道、即心见性成佛，为可疑尔。"①"一"、"中"，在湛甘泉看来，乃本体谱系的概念，怎么可以说其肤浅、平庸？对于慈湖将"一"、"中"定位为"百圣传授"，湛甘泉还是认同的。然而湛甘泉还是觉察到慈湖进而说"人心即道"时，已趋于禅宗"见性成佛"。

于他处，湛甘泉亦对慈湖做过类似的评价：

> 观慈湖言"人心精神是谓之圣"，是以知觉为道矣。如佛者以运水搬柴无非佛性，又蠢动含灵无非佛性，然则以佛为圣，可乎？②

慈湖以"人心精神是谓之圣"为自己的为学宗旨，这与以知觉为"道"暗通款曲，趋于释氏之"运水搬柴无非佛性"、"蠢动含灵无非佛性"。由此可见，在湛甘泉的心目中，慈湖虽然口头上说着儒家的话语，可是心底里还是滑向了禅宗，染有禅学的气息。

从表面审视，慈湖与湛甘泉同倡"中"，可是两人对"中"的理解趋于殊途。慈湖将"中"直接理解为"人心即道"。而在湛甘泉看来，人心可能处于中正，亦可能趋于偏斜。处于中正是"道"，趋于偏斜则非"道"。人心可能趋于中正，可能偏离中正，故湛甘泉不会认同"人心即道"的结论。倡导"人心即道"，湛甘泉认为这是导致慈湖滑向禅学的根本原因。

击磬，本是孔子的话语之一。《论语·宪问》："子击磬于卫。有荷蒉而过孔氏之门者，曰：'有心哉，击磬乎！'既而曰：'鄙哉！硁硁乎！莫己知也，斯己而已矣。'"

借"击磬"话语，慈湖说道：

> 天有四时，春秋冬夏，风雨霜露，无非击磬也。地载神气，神气风霆，风霆流形，庶物露生，无非击磬也。君尊臣卑，父慈子孝，兄爱弟敬，夫妇别，长幼顺，朋友信，无非击磬也。目之视，耳之听，心之思虑，口之言，四体之运动，无非击磬也。子曰："二三子以我为隐乎？吾

---

① （明）湛若水：《杨子折衷》，《泉翁大全集》卷八十一，第18页。
② （明）湛若水：《新泉问辨录》，《泉翁大全集》卷七十，第22页。

无隐乎尔，吾无行而不与二三子者。"是皆击磬之旨也。①

击磬，本来单纯是孔子的音乐活动，慈湖却将其"升华"为无言之言之征象。慈湖从自然、伦理、人之言行三个方面来阐述击磬。自然、伦理、人之一举一动皆贯注着"道"，故自然、伦理、人之一举一动皆可言为击磬，三者皆在无声无息地言说"道"。

湛甘泉一眼窥破慈湖的"心机"：

> 此是佛家击磬以警动人心宗指，何足以知以圣人之心？使慈湖在当时闻之，则止于警动其心而已，又岂如荷蒉者于击磬中知孔子不忘天下之心乎？②

慈湖的"心机"便是利用儒家之话语来言说禅宗之内涵。击磬，以警动人心，无不是禅宗口呵棒喝之类，迥异于圣人之学。在湛甘泉看来，即便慈湖当时闻之警动其心，其"心"也是禅宗灵明孤寂之"心"，而孔子击磬，孔子之"心"乃怀天下之"心"。

礼仪是中华文明的重要特征，慈湖借灌礼加以发挥：

> 明堂位曰："灌尊，夏后氏以鸡彝，殷以斝，周以黄目。"罍之为象雷也，古雷三田字，雷犹云也。礼物多为云象，皆古列圣勤启诲后人之至。震动变化如雷如云，皆足以为道心变化之默证，非诲诂所能殚。孔子曰："风雨霜露，神气风霆，无非教也。"③

慈湖借灌礼所指向的是雷动云变，以说明风雨霜露、神气风霆无非是教。对于这样的发挥，湛甘泉做如是评述：

> 慈湖言道心未尝不常明，惟蔽故昏，是也。但欲震动变化如雷如风霆，则未免有禅者杖喝警动之意。④

先扬后抑，湛甘泉首先表彰慈湖明悉"道心"常明，只是被物欲遮蔽，故

① （明）湛若水：《杨子折衷》，《泉翁大全集》卷七十九，第9页。
② （明）湛若水：《杨子折衷》，《泉翁大全集》卷七十九，第9页。
③ （明）湛若水：《杨子折衷》，《泉翁大全集》卷八十，第22页。
④ （明）湛若水：《杨子折衷》，《泉翁大全集》卷八十，第22页。

"道心"昏昧。然而雷动风变无非是教，则未免与禅宗杖喝警动同一路数。风霆雷动无非警动人心，这是湛甘泉认为慈湖滑向禅的另一个重要原因。

慈湖借孔子之言，言其为学工夫：

> 孔子曰："默而识之，学而不厌。"又曰："予欲无言。"又曰："吾有知乎哉？无知也。"圣语昭然，而学者领圣人之旨者，在孔已甚无几，而况于后学乎！比来觉者何其多也？觉非言语心思所及。季思已觉矣，汩于事而昏。孔子曰："心之精神是谓圣。"谓季思之心已圣，何不信圣训而复疑，皆不复致问？季思以默识矣，季思平平守此默默，即不厌之学，即喜怒哀乐之妙，即天地四时变化之妙，即先圣默识之妙。①

"默而识之，学而不厌"，"予欲无言"，"吾有知乎哉？无知也"乃孔子为学的重要话语，本意是强调学不在乎多言，当默而识之。然而慈湖却故意曲解孔子以上诸话语，言孔子以上诸话语皆是"心之精神是谓圣"的注脚。通过这一故意曲解，慈湖竭力将孔子打扮成"觉"者的形象，"觉"则非言语思虑所及，故当信而任、默而识，以体天地四时变化之妙。慈湖还扭曲"默而识之，学而不厌"，认为"默而识之"即"学而不厌"，"学"既"不厌"，于是学便不再具有单独的意义，只不过是对"不厌"的一种形容。总之，慈湖在"觉"的话语中，消解了学的意义和价值。

对于慈湖以"觉"为学，湛甘泉相当反感：

> "比来觉者之多"，多于孔门，岂有此理？乃一时几尽于禅矣。又云"平平守默默，即圣，即不厌之学云云"，岂援圣学功夫入于禅乎？②

对于慈湖泛言"觉"，湛甘泉相当忌讳，认为孔门无有此理。慈湖泛言"觉"，湛甘泉以为此泄露了慈湖禅学之根底。对于慈湖主张为学当默而守之，湛甘泉亦表示了极大不满。在湛甘泉看来，这是慈湖假圣学工夫以入于禅。慈湖无学，湛甘泉认为这也是慈湖滑向禅的一个重要原因。

孔子晚年清晰地勾勒出其一生的为学历程："吾十有五而志于学，三十而立，四十而不惑，五十而知天命，六十而耳顺，七十而从心所欲，不逾矩。"（《论语·为政》）慈湖据此评述孔子之学：

---

① （明）湛若水：《杨子折衷》，《泉翁大全集》卷七十九，第 14~15 页。
② （明）湛若水：《杨子折衷》，《泉翁大全集》卷七十九，第 14~15 页。

> 孔子之学异乎他人之学，他人之学，冥行而妄学，孔子之学，明行而实学。子曰："吾尝终日不食，终夜不寐以思，无益，不如学也。"孔子于此深省天下何思何虑，实无可思虑者。经礼三百，曲礼三千，皆吾心中之物，无俟乎复思，无俟乎复虑。至于发愤忘食，虽愤而非起意也。好谋而成，虽谋而非动心也。终日变化云为而至静也，终身应酬交错而如一日也，是谓适道之学。①

依据孔子一生之为学历程，慈湖认为孔子之学异于他人之学。他人之学，由于冥然而行，因此其学为妄；孔子之学，明而后行，因此其学为实。这本无差。然而，慈湖却将"吾尝终日不食，终夜不寐以思，无益，不如学也"曲解为"何思何虑"，进而将"何思何虑"理解为"无思无虑"。于是孔子为学的特质似乎就变成了"无思无虑"。"无思无虑"，这就又回到了慈湖之工夫——"不起意"。这里，慈湖乃借孔子之酒杯浇自己之块垒。为了说明"无思无虑"为孔子为学之特质，慈湖还继续故意对"发愤忘食"、"好谋而成"进行扭曲性发挥，言"发愤忘食"，虽发愤却并不起"意"；言"好谋而成"，虽谋虑却并不动"心"。约言之，孔子虽终日酬酢万变，内心却寂然不动。

对于慈湖借孔子之语来表述自己的工夫特质，湛甘泉如是批驳：

> 陆然语及何思何虑，而不知同归一致之实，是禅而已。谓发愤非起意，好谋非动心，正如禅谓"终日食饭未尝咬破一粒粟，终日穿衣未尝挂一条丝"，岂有此理？圣人之学，虽愤虽谋，无非诚意之发，勿忘勿助之间，乃终日动意而未尝动也。差之毫厘，谬以千里。②

慈湖虽言及"何思何虑"，却不知"何思何虑"当归于实，故在湛甘泉看来，这不可避免地染有禅学气息。湛甘泉洞察到慈湖所云发愤非起"意"，好谋虑非动"心"，与禅宗"终日食饭未尝咬破一粒粟，终日穿衣未尝挂一条丝"同出一辙，儒门何有此学？何有此理？湛甘泉从"勿忘勿助"维度重新诠释"发愤忘食"、"好谋而成"：其愤其谋，非无"意"，乃"诚意"之发；"勿忘勿助之间"，"意"虽终日在动，然"意"之根未尝动。

慈湖自认为身处儒门，故对禅宗亦"矫情"地拟七绝以批之："可笑禅流错用心，或思或罢两追寻。穷年费校精神后，陷入泥涂转转深。"慈湖嘲笑禅

---

① （明）湛若水：《杨子折衷》，《泉翁大全集》卷八十，第32页。
② （明）湛若水：《杨子折衷》，《泉翁大全集》卷八十，第32页。

宗用错心，徘徊于或思或罢，多年耗散于两者之间，一直陷入这一泥沼而不能自拔。对于慈湖这首七绝，湛甘泉如是评点："禅者正不用思量，正不费精神，慈湖恐是操戈入室。"[①] 湛甘泉认同慈湖对于禅宗不用思量的判断。正是从不费思量，湛甘泉进而言之，慈湖虽指出禅宗不费思量之弊端，可自己亦不免深染禅宗这一弊端。

慈湖强调"不起意"之工夫，在湛甘泉看来，这不可避免地亦成为慈湖滑向禅的重要原因。

明中叶，释、老更加深入士人之心，士人出入佛、老成为常态。于此之际，慈湖假"心学"之风重新出场。对于慈湖的重新出场，其时学界存在两种声音。一种声音是站在"心学"的维度，欢迎前辈的"重生"。另一种声音则是持儒门正统观念，訾议慈湖为禅。饶有趣味的是，身处"心学"阵营，湛甘泉却如正统儒学般，訾议慈湖为禅。此中原委固然在于，湛甘泉误解慈湖"不起意"为慈湖欲禁锢人的起心动念，这会使灵动之"心"枯槁，使"心"趋于虚寂，于是湛甘泉固执地认为慈湖虽着儒衣，说儒话，却摆脱不掉禅学的根底，但湛甘泉不满慈湖的根本原委在于慈湖假儒以倡佛的思想迎合了明中叶以来三教会通的思潮，以至儒门不乏如慈湖般假儒倡佛者。通过力辟慈湖敲山震虎，湛甘泉一方面表明自己对儒、释、道三教会通持反对的立场，另一方面对儒门内假儒倡佛者亦示其"威严"。于是湛甘泉不顾年老力衰，撰写《杨子折衷》，力辟慈湖。在湛甘泉看来，慈湖在心性论、工夫论上的主张会不可避免地导致其滑向禅学。在心性论上，慈湖主张"心之精神是谓圣"，此与禅宗"蠢动含灵"暗通款曲。在工夫论上，慈湖力倡"不起意"，此与禅宗趋于虚寂之宗旨不谋而合。湛甘泉力辟慈湖，并非有意非难前辈，而在于通过力辟慈湖，表达自己对其时士人出入佛、老的一种忧虑，欲力挽明中叶儒者出入佛、老之学风，树立儒门"中正"之统。

第三节 痛非老子

在儒、释、道三教会通的思潮下，儒门有假儒倡佛者，亦有假儒倡老者。对于假儒倡佛者，湛甘泉采取敲山震虎的方式，尽量克制自己的情绪；对于假儒倡老者，湛甘泉则动了肝火，直接进行针锋相对的批驳。湛甘泉动肝火的原委在于其弟子王道侧身其间。王道假儒以倡老，撰写《老子亿》，这玷污了师

---

① （明）湛若水：《杨子折衷》，《泉翁大全集》卷七十九，第 27～28 页。

门之正统，扭曲了师门之学风，作为其业师的湛甘泉必须站出来，表明立场，以维护其儒门正统形象。

一 弟子倡老：批驳《道德经》的缘起

王道（1487～1547），字纯甫，号顺渠，谥文定，山东武城人，曾任南京、北京国子监祭酒，官至吏部侍郎。"先生（王道）初学于阳明，阳明以心学语之，故先生从事心体，远有端绪。其后因众说之淆乱，遂疑而不信。……先生又从学甘泉，其学亦非师门之旨，今姑附于甘泉之下。"① 应该说，王道早年慨然有成圣之志，故就学于王阳明，然因众说纷扰，终疑而不信。"当时学于湛者，或卒业于王，学于王者，或卒业于湛，亦犹朱、陆之门下，递相出入也。"② 王道告别王阳明，就学于湛甘泉。然王道之学非湛甘泉所能羁绊，最终还是溢出湛门之外。溢出湛门甚至儒门之外的重要标志，是王道迎合其时儒、道、释三教会通之思潮，会通儒、道。嘉靖十三年（1534），王道辞去南京国子监祭酒之职，致仕于乡，读书育人，怡然自得，《老子亿》即成书于这一时期。

《老子亿》完成后，恰旧友安如山在高唐任知州，王道请其刊刻该书。安如山任高唐知州的时间为嘉靖二十年（1541）至嘉靖二十二年（1543），由此可以推断《老子亿》刊刻于这一阶段。该书刊刻后颇为流行，以至远在广东的湛甘泉于嘉靖二十七年（1548）亦风闻并浏览了《老子亿》。其时湛甘泉已年过花甲，致仕退隐，居于南海西樵山。对于昔日弟子王道的著作持何种态度？湛甘泉《非老子叙》透露了些许端倪：

> 世之倍圣离道之君子，曲为忆说，又从章而解句释之，以圣经贤传之言附会其说，并称二圣。或援孔以入老，或推老以附孔，皆望风捉影之为。……今且不暇鸣鼓而攻之于庭庭也，特为此惧，闲先圣之道；又恐诐淫邪遁之言，或蔽陷离穷乎我也。夫孟子之学必先于知言，学者常知言焉，则邪说不能入之矣。故予忘其年之耄耄，词而非之。③

"忆说"，乃指《老子亿》，"曲"意味着《老子亿》已偏离儒门正统，曲学阿世。"君子"，这里所指的就是王道，似乎湛甘泉在客气地尊称，然而在此尊称

---

① （清）黄宗羲：《明儒学案》，第 1036 页。
② （清）黄宗羲：《明儒学案》，第 875 页。
③ （明）湛若水：《非老子叙》，《甘泉先生续编大全》卷三十二，第 2 页。

的背后却掩藏着湛甘泉对王道的不满。王道曾为湛甘泉的得意弟子，本不必如此客套，湛甘泉这里却故作正经，为的就是与王道拉开距离，这就在暗示湛甘泉已将王道排斥在师门之外。"倍圣离道"，便是此时湛甘泉心目中昔日弟子王道的形象。"从章而解句"乃《老子亿》文体，王道通过对《道德经》章句式训释来撰写《老子亿》。"以圣经贤传之言附会其说"，是湛甘泉对《老子亿》一书的整体评价。老子本列于儒门之外，更谈不上儒门之圣人，王道却借古圣先贤之言来附会老子之语，试图将老子打扮成圣人形象，以混淆儒、道之别。在此背景下，老子自然与孔子并列，俨然为圣。"或援孔以入老，或推老以附孔"，湛甘泉一眼就看穿《老子亿》写作之"技巧"：援孔以入老、推老以附孔。老子穿着孔子的"衣服"，这样在孔子的掩饰下，他人便不好再对老子学说说三道四。湛甘泉指出王道笔下之老子假孔子之威，乃捕风捉影，完全没有学理基础。在剥去《老子亿》的儒家外衣之后，湛甘泉亮出其对《老子亿》的态度：鸣鼓而攻之。湛甘泉之所以会有如此激烈的态度，就在于《老子亿》不仅可能妨碍圣学之道，而且可能陷湛甘泉自己于"歧途伪学"之中。批驳《老子亿》，湛甘泉可谓公私兼顾。从公的方面而言，这样做才能为儒门廓清面貌，从而防止假儒学来倡他学。从私的层面而言，王道是湛甘泉昔日弟子，在湛甘泉看来，《老子亿》不单单是王道私人的著作，而且表征着湛门。既然如此，《老子亿》之援儒入道在他人的心目中，就绝不仅仅是王道个人的学术观点，而是象征着湛门的看法。

　　湛甘泉素来有忌讳佛老之心结，避之唯恐不及。这一心结源于其师陈白沙。白沙之学总是被其时学人甚至同门訾为禅，议为道。其时，天下学术，官方仍尊程朱理学，民间则阳明学风被天下。面临这两个方面的挤压，为了替自己争得一学术空间，处于夹缝中的湛甘泉心态难免有点失衡，对外界的"风吹草动"不能不动于心。"《老子亿》的出现让湛若水处于一尴尬的地位"，至于这尴尬地位的产生与其说"系于《老子亿》拟老子于孔圣而作"[1]，不如说是因为王道系湛甘泉昔日弟子，他人若写类似著作，湛甘泉可能不会多在意，可王道写出此书，自己无论如何也不能摆脱干系。

　　王道在师门内还是有所影响的，故弟子中不无替其惋惜者。孔子曾曰："民可使由之，不可使知之。"孟子亦曰："行之而不著焉，习矣而不察焉，终身由之而不知其道者，众也。"冼桂奇就此就教于湛甘泉："其意一也。非如老子弃知去慧之说也。王子往往引孔子之言以明老子之说，何邪？""王子"就是王道，冼桂奇认为，孔、孟均欲庶民知"道"而行，与老子弃知去慧之愚民

---

　　①　张佑珍：《江门道统与〈非老子〉》，《花莲师院学报》2003 年第 16 期。

迥然有别。由此产生疑问：王道为什么假孔子之言来阐述老子之说呢？

有趣的是王道触碰到了湛甘泉敏感的神经，于是湛甘泉对问题本身不置一词，对王道却不禁大发感慨："王子若不是引孔子之言以附会其说，则吾亦未至忧之深、辩之切如此也。"① 湛甘泉亦坦承假若王道不假孔子之言以附会老子之说，其亦不至于忧患至此、急辩至此。

可见，《老子亿》之错谬不仅在于《老子》著作本身，更在于《老子亿》拟老于孔圣，从而援儒入道，使儒道趋于一。这自然使有强烈宗门意识的湛甘泉心生不满。湛甘泉对《老子亿》不满的奥秘在于此，只是不方便直抒衷曲，弟子冼桂奇心领其师心思，说出其师未发之心声：

> 注《老子》者多矣，未有如王纯甫拟老子于孔圣者。虽然，王子未知道，不足怪也。独怪其出于门下，非惟于师道无所发明，反贻名教之累也。此书传于天下，将必有追咎者矣。②

冼桂奇以假孔圣以饰老子批驳王道。然这尚非其间的机枢，若王道本不知圣人之道，此亦无可厚非。可王道毕竟出于甘泉门下，其非但未能发扬师说，发明圣学，反而"别出心裁"，援儒入道，会通儒、道以至贻害"名教"。"名教"有广义，有狭义。广义所指乃儒家，狭义所指乃湛学。可见，湛甘泉对《老子亿》不满，以致割断师徒之情，愤而批驳的根源在于王道虽名列湛门③，《老子亿》之流传却可能有损甚至连累湛门。"此书传于天下，将必有追咎者矣"，就是冼桂奇的自我心理暗示，生怕学界有相关的谤议。

这一点，湛甘泉自己亦明确地表达过："吾惧夫先圣之道之不著也，吾惧夫后世之学之不明也，吾惧夫后之小子之效尤，争倍先师而淫于其说也。"④基于两个方面原委，湛甘泉忧惧于《老子亿》：一是由此圣学不得彰明；二是师门后学效尤王道，争背师门而浸淫于佛老之学。相对于圣学不得彰明，湛甘泉更忧惧师门之内出现"离经叛道"者。在湛甘泉看来，《老子亿》乃"祸起萧墙"，不能不为之忧惧。为了纾解其忧惧，不给他人留以口实，湛甘泉主动与王道划清界限，于是不顾师生之情、死者为尊⑤，号召门徒对王道"鸣鼓而攻之"。

---

① （明）湛若水：《非老子》附录《问辩》，《甘泉先生续编大全》卷三十二，第47页。
② （明）湛若水：《答问》，《甘泉先生续编大全》卷二十七，第27页。
③ 《明儒学案》将王道列入《甘泉学案》之中。
④ （明）湛若水：《非老子》附录《非老子跋》，《甘泉先生续编大全》卷三十二，第63页。
⑤ 王道卒于嘉靖二十六年（1547）。

湛甘泉这一情绪亦影响了诸弟子。如有人问于冼桂奇："亿老子者非翁之徒与？且拟之孔圣矣，何居？"为了消除不必要的误会，冼桂奇主动辩解："此翁非老子之所由作也。鸣鼓而攻，吾辈有余责矣。"[①] 这正是湛甘泉作《非老子》的缘由。当冼桂奇如此言说时，实际上已将王道排除在师门之外，于是鸣鼓而攻之，亦是湛门弟子责任之所在。值得玩味的是，在真正要批驳《老子亿》时，湛甘泉却有所退缩，并未直接批驳《老子亿》，而是绕开《老子亿》，去批驳《老子》，通过批驳《老子》来表明自己的立场。

"闭关旬日，而《非老子》上下卷成，命中誊而校之。"[②] 不顾年老体衰，经数旬闭关艰辛笔耕，嘉靖二十七年（1548）湛甘泉终于完成了《非老子》。对《老子》作者及《老子》，湛甘泉又是如何评价的呢？弟子霍任问于湛甘泉："老子一书，只是老子之后有一人，资质之偏、之高、之朴者为之也。何如？"霍任认为，《老子》一书作者并非老子；在此基础上，霍任力图中允地评价《老子》一书作者：一方面才高质朴，另一方面资质偏斜。可湛甘泉并不认同霍任之评价："此人非朴非高，直是偏驳狡谲之人也。"湛甘泉认为此人才非高、质非朴，是邪恶狡诈之人。湛甘泉对其评价可谓毫不留情。似乎不能接受湛甘泉这一评价，霍任接着问："夫何王子纯甫乃惑之而为之忆焉，则王子于吾儒大中之学未究，不见日新之益，盖可知也。我师尊谓为何如？"既然《老子》一书作者是如此狡谲之人，王道何以被迷惑以至撰写《老子亿》？霍任猜测王道未能把捉到儒门中正之学，未见乾乾日新之德。对于霍任的猜测，湛甘泉不无感伤地说："相与讲学长安，尽有见解。后失其故步，遂至胡涂无所分别尔。"[③] 昔日湛甘泉与王道相与讲学于京畿，王道极聪慧，于学有所见解。只是分别后王道学无所基，以至糊涂将儒、道打并为一，无所分别。这也透泄了湛甘泉非有心批驳《老子》，只是弟子王道假儒以倡老，为了表明自己的立场，湛甘泉不得不故作姿态，撰《非老子》。

《非老子叙》结束处，湛甘泉还不忘为自己撰写《非老子》回护，说明自己并非意气用事，出于好辩，而是就为学本身而言，当先知言，知言方可辟邪学，以表明自己不得不作《非老子》的苦心。《非老子》并非有意非难老子其人，而是非难《老子》其书（《道德经》）。换言之，在湛甘泉看来，《道德经》非老子所作。[④] 这可能是湛甘泉为了避免不必要的纠缠而采取的一种策略。

① （明）湛若水：《非老子》附录《非老子跋》，《甘泉先生续编大全》卷三十二，第62页。
② （明）湛若水：《非老子》附录《非老子跋》，《甘泉先生续编大全》卷三十二，第63页。
③ （明）湛若水：《非老子》附录《孔子问礼辩》，《甘泉续编先生大全》卷三十二，第61页。
④ 具体阐述湛甘泉批《道德经》而非批老子的原委，参见张佑珍《江门道统与〈非老子〉》，《花莲师院学报》2003年第16期。

二 《道德经》"道"之非：体用二分

《非老子》一书采取批驳体形式撰写，摘抄一章，批驳一章。

《道德经》的核心概念就是"道"，湛甘泉非难《道德经》就从非难《道德经》对"道"的理解开始。

《道德经》第三十九章："天无以清，将恐裂；地无以宁，将恐废；神无以灵，将恐歇；谷无以盈，将恐竭；万物无以生，将恐灭；侯王无以正，将恐蹶。"此段老子欲表明天地万物乃依"道"而生，湛甘泉却从中阅读出"老子未识天地鬼神万物之道"。其具体原委，湛甘泉如是诠释：

> 且天有气无形，何以言裂？鬼神天地造化流行不息，何以言歇？天地万物生生不穷，何以言灭？知此则知道不为尧存，不为桀亡，而老子书之言皆非矣。①

湛甘泉从三个层面加以诠释：其一，就天而言，其乃"气"之弥漫，无具体形貌，故不可言裂；其二，鬼神天地运行不已，故不可言歇；其三，天地间万物生生不已，故不可言灭。在此诠释下，"道"不为尧存，不为桀亡，永存于天地间。从这三个方面，湛甘泉力图证明《道德经》未能把捉到"生"之奥义。

既然《道德经》未能把捉到"生"之奥义，于是对"道"的理解不可避免地存在错谬。

《道德经》二十五章云："有物混成，先天地生。寂兮寥兮，独立而不改，周行而不殆，可以为天地母。"此章老子意在形容"道"的先在性、无声无臭性。湛甘泉紧紧抓住"寂""寥"二字，认为："以寂寥为道，则感通天下之故者非道耶？是物其物，而非圣人之所谓物矣。"② 既然以寂寥为道，那么"道"怎能感通天下？因此老子所云之"道"非圣人之"道"。老子本以"寂寥"来形容"道"之无声无臭，湛甘泉却故意将"寂寥"等同于"道"，于是湛甘泉心目中的老子之"道"倾于虚寂、静态。如此诠释，结论便是：老子所察仍停留在"气"的层面，未曾窥见易之体、"气"之化——"生"。

在他处，湛甘泉亦有类似话语。弟子葛涧问于湛甘泉："康节谓：老子得易之体，何如？"邵康节判断老子体察到"易"之体，葛涧就此叩问于湛甘

---

① （明）湛若水：《非老子》，《甘泉先生续编大全》卷三十二，第 21 ~ 22 页。
② （明）湛若水：《非老子》，《甘泉先生续编大全》卷三十二，第 14 页。

泉。湛甘泉断然否定邵康节这一判断："老子任气，何易体之有？"① 在湛甘泉看来，老子只体认到"气"的层面，未能进而窥见"易"之体。这就是说，在湛甘泉心目中，老子所体认之"气"乃静态之"气"，而未体认到动态之"气"。于是在老子眼中，世界是静止、沉寂的世界，而非灵动、活泼的世界。静止、沉寂的世界观显示出老子还是未能把捉到"易"之体。

对"道"理解的错谬，自然影响到对"道"、"气"关系的正确理解。

《道德经》三十九章："昔之得一者：天得一以清；地得一以宁；神得一以灵；谷得一以盈；万物得一以生；侯王得一以为天下正。"这一章老子将"道"言为"一"，天地得此"一"而神，而灵。湛甘泉对这一段的总体评价是"似是矣"：

> 但不知老子之所谓一者何物也？学固有似是而非者，知言君子当深辩之。胡康侯谓："句句合，然而不同，于此看得破，许尔具一只眼。"此不可不辩也。天下固有具眼者。②

湛甘泉做出这一评价的原委在于，在其看来，老子所谓"一"不知何指。这就是说，道家讲"一"，儒家亦未尝不讲"一"。儒、道两家均讲"一"，于此间便存在似是而非的问题，君子为学当深辨之。深辨之，当具一双慧眼，这样才能穿透其间。

于这一非难中，湛甘泉只是指出儒、道两家均讲"一"，于此间当具一双慧眼深辨之；至于儒、道两家所谓"一"的具体内涵，湛甘泉并未点明。不过在他处，湛甘泉还是点出了儒、道两家"一"之内涵的差别。弟子萧时中因孔子"君子不以人废言"，认为《道德经》此章（第三十九章）"似亦可取者"，并就此叩问于湛甘泉。湛甘泉这样回应：

> 吾非以老子而废此言，直以此言断其是非真伪耳。彼所谓得者，彼得此之谓也。吾以道观之，则天之清即天之一，地之宁即地之一，神之灵即神之一，万物之生即万物之一，王侯之贞即王侯之一，天地鬼神万物王侯同得此一，皆是此一个一，故道一本也。本是一，而此书一一言得，则二之也。又吾儒之所谓一者理也，彼之所谓一者气尔。知言君子，当知其

---

① （明）湛若水：《雍语》，《泉翁大全集》卷六，第35页。
② （明）湛若水：《非老子》，《甘泉先生续编大全》卷三十二，第21页。

微，似是而非。①

湛甘泉竭力表明自己并没有因人废言，并没有因是老子所讲就否定此言，也没有根据言语本身来判断是非真伪。《道德经》第三十九章云："昔之得一者：天得一以清；地得一以宁；神得一以灵；谷得一以盈；万物得一以生；侯王得一以为天下正。"湛甘泉对老子原文进行了删改，在这一删改中，湛甘泉主要将"得"改写为"即"。在这一改写中，湛甘泉得出了在言"得"时，老子实际上已将"道"与万物截然二分；只有在言"即"时，"道"与万物才浑然为一。湛甘泉进而指出，老子所言之"道"是就"气"而言，儒家所言之"道"（"理"）是就"一"而言。

由此可见儒门所谓"一"，是"道"的另一种指称，"一"便是"道"。弟子王奉未能勘破儒、道"一"之"同与？异与？"，故叩问于湛甘泉。湛甘泉这样教诲："此千里之谬，老子所谓一者，气也；圣人所谓一者，理也。"② 湛甘泉之教诲与上文所述同出一辙，同言"一"，儒家所言之"一"乃就"理"而言，道家所言之"一"乃就"气"而言。问题在于"理"、"气"之别又意味着什么。

湛甘泉讲学于新泉书院时，弟子田叔禾听闻"老氏任气，圣人任理，任理则公，任气则私"之训，于是将其理解言于湛甘泉：

> 愚谓理气皆道也，自其会通者而言谓之理，自其浑沦者而言谓之气，气则其虚，而理则其实也。圣人任理，故万物皆备于身；老氏任气，则虽四体犹以为赘，故其言曰："圣人虚其心，实其腹，弱其志，强其骨。"是使天下蠢蠢然相率为犬豕麋鹿而后可也。③

田叔禾认为不论是"理"还是"气"，均可言为"道"，只是从物之会通处而言，谓"理"；从万物浑沦处而言，谓"气"；"气"为虚，"理"为实。圣人听任"理"，故万物皆备于身；老子听任"气"，故以四体为累赘。在这一理论支撑下，老子才主张天下生民皆蠢蠢然与犬豕麋鹿浑然相处。

对于田叔禾之理解，湛甘泉如是评点：

> 理气皆道，即气是道，孟子形色天性也，此无疑矣，然与老氏任气、

---

① （明）湛若水：《非老子》附录《问辩》，《甘泉先生续编大全》卷三十二，第46页。
② （明）湛若水：《新泉问辨录》，《泉翁大全集》卷六十八，第3页。
③ （明）湛若水：《新泉问辨录》，《泉翁大全集》卷六十七，第24页。

圣人任理之说不同。老氏只炼精化气，专以调这些气为主，圣人则以气之得中正是理，全不相干。会通浑沦之说，亦是就圣人所论理气上说如此。理气不分浑沦与会通，更须体认。①

湛甘泉在赞同田叔禾的"理气皆道"的同时，亦指出其从"会通"、"浑沦"维度来诠释存在瑕疵。湛甘泉从孟子"形色天性也"讲起。孟子"形色天性也"所指向的是"理"、"气"均可言为"道"。不过孟子此说与"老氏任气"、"圣人任理"有所区别。老子只沉溺于"炼精化气"，以调气养生作为自己的思想主旨。圣人则以"气"之中正为"理"。为了使其体会"气"之中正为"理"，湛甘泉还语重心长地提醒田叔禾，当仔细思量"理""气""会通"、"浑沦"之说。

于这一段师徒间对话中，儒家之"道"与老子之"道"内涵之别得到完全彰显。老子之"道"，在湛甘泉看来，是专就调"气"以养生而言；而儒家之"道"是就"气"之中正而言。调"气"以养生，老子强调"炼精化气"，进而专注于一己之私。儒家则强调"气"之中正，由此而契于万物之性。在此意义上，湛甘泉又言："任理则公，任气则私。"有弟子问于湛甘泉："老氏何以非道？"湛甘泉如是解释："老氏任气，圣人任理。任理则公，任气则私。理气之异，毫厘千里。"②"任气"、"任理"非无关紧要，"任气"在"气"的驱使下趋向于私，"任理"则在"理"的牵引下趋向于公。故在湛甘泉看来，"理"、"气"之别，差之毫厘，谬以千里。

儒家之公与老子之私，其具体内涵，湛甘泉还进一步做了阐释：

> 儒于释、老，有若同是焉，唯智者能辨其非；有若同公焉，唯仁者能辨其私。营营绝根，乃碍其身；区区炼气，乃局其器。而云周遍，而云神化，何足以语大公之仁？是故圣人兼济天下而同体万物，兼济故不局于器，同体故不碍其身，非天下之聪明，其孰能与于此！③

湛甘泉将释、老打并为一，并对释、老之私与儒家之公进行了比较。儒与释、老，从表面上看，三者宗旨似乎相同，湛甘泉不无感喟：唯待智者才能辨释、老之非，唯待仁者才能辨释、老之私。释教汲汲于断绝欲之根，故以身为碍；

① （明）湛若水：《新泉问辨录》，《泉翁大全集》卷六十七，第24页。
② （明）湛若水：《新论》，《泉翁大全集》卷二，第2页。
③ （明）湛若水：《新论》，《泉翁大全集》卷二，第13页。

老氏热衷于炼精化气，乃执于一己之身。囿于此，释、老虽言周遍，虽语神化，然此周遍、神化岂能等同于儒门大公之仁？儒门圣人有兼济天下之胸怀，进而臻于与万物同于一体之境界。兼济天下，故不局限于一己之身；与万物同于一体，故不以一己之身为碍。

这一段湛甘泉比较了释、老之私与儒家之公。不论是释教之以身为碍，还是老氏之执于一己之身，均局限于一己。局限于一己，则为私。而儒家以兼济天下为怀，以与万物同体为旨，则跳出一己之囿。跳出一己之囿，则为公。

从这一角度出发，湛甘泉批驳了《道德经》第七章："天长地久。天地所以能长且久者，以其不自生，故能长生。是以圣人后其身而身先；外其身而身存。非以其无私邪？故能成其私。"

本章老子欲表达天地因其无私故能成其私。于此观点，湛甘泉并不认同：

> 天地运化，道之自然不息，故曰生生。不可以言自生，亦不可以言不自生，此不字是谁不也？是老子以私窥天地也。圣人体天地之道，亦本于自然，纯亦不已，亦不曾有意后先内外其身也。圣人，天地之道，廓然大公，故能成其公，非成其私也。①

这里，湛甘泉并不直接反驳天地无私以成其私，而是从天地运化说起。天地运化，生生不已，故可以"生生"来形容天地。在这一点上，儒、道并无二致。区别在于，在儒门视域中，天地间生生，不可言自生，亦不可言不自生。因为不管自生还是不自生，都尚待有个"生生"者。这就是说，在儒门内，"生生"是自然过程，不存在一固态的"生生"者。尽管与儒门相似，老子亦窥见天地之奥妙——"生生"，然而老子却执着于"生生"而不放，于是"生生"不再仅是"生生"过程本身的一种形容，而是有个"生生"者存在。儒门圣人因体天地生化之道，故能顺天地之自然，不曾着意于后先内外其身。圣人，如天地之道般，廓然大公，由此而成其公，而非成其私。公，意味着物我浑然，体用不二；私，则意味着物我有间，体用二分。

约言之，儒、老之别在于对"生"的理解不同。老子虽体察到"生"，但执着于"生"，从而成一己之私；在"私"的引导下，"道"趋于体用二分。儒家则体察到"生"，但并不执着于"生"，从而廓然大公；在"公"的牵引下，儒家之"道"趋于体用不二。

在湛甘泉看来，老子"体""用"二分，不仅体现在本体"生"的层面，

---

① （明）湛若水：《非老子》，《甘泉先生续编大全》卷三十二，第4～5页。

还体现在"虚""实"层面。

《道德经》第六章："谷神不死，是谓玄牝。玄牝之门，是谓天地根。绵绵若存，用之不勤。"这一章表达的是天地之根空旷幽渺，却绵绵若存，运化不已。湛甘泉从儒门"虚"、"实"一体的角度来驳斥此章：

> 儒道亦言虚，然虚实同体，虚中有实，实中有虚。而独言虚者，虚无之弊也。况以谷言虚，则谷有限而虚无穷。如天之太虚，虚中流行运化，无非实理，何尝独虚？而生生化化，不舍昼夜，此生意何尝有门？若言绵绵若存，用之不勤，颇似孟子"勿忘勿助之间"矣，而孟子则先曰"必有事焉"。本说理，而老子此言则说气，所谓"句句合，然而不同，看得破，许汝具一只眼者"，真知言也。达者信之而世儒惑焉。[1]

湛甘泉指出，儒家言"虚"，老子亦言"虚"。但儒家之"虚"乃"虚"、"实"一体之"虚"，"虚"中涵"实"，"实"中涵"虚"。老子此章却只言"虚"，不言"实"，实则陷入虚无之泥沼中。况老子以谷喻"虚"，谷有限，"虚"却无穷。湛甘泉在这里言"虚"时又回到自己的"太虚"理论中。"太虚"虽空旷，内里却运化不已，运化中无不蕴含"实理"。生化不已，此生意何尝有个根源处？对于"绵绵若存，用之不勤"一句，湛甘泉倒是满意，认为类似孟子"勿忘勿助之间"。然而此句毕竟不能等同于"勿忘勿助之间"，因为孟子在说"勿忘勿助之间"之前，先言"必有事焉"。言下之意是，"绵绵若存，用之不勤"并无实质性内容，仅是涵养而已。结束处，湛甘泉又一次指出，为学本应言及"理"，老子却仍停留在"气"的层面。

《道德经》第十六章："致虚极，守静笃。"这一章老子表彰的是虚静工夫，可湛甘泉所目及的只是"虚"、"静"字眼，于是评论道："圣人之道，虚实动静同体。"[2]

湛甘泉念念不忘的还是"道"的特征："虚"与"实"、"动"与"静"乃浑然一体。可老子所言的"虚"比较单纯，就是虚无、不存在。相应地，"实"就是实体之物、具体的存在。"虚"、"实"之间并无直接勾连，由此"虚"是"虚"，"实"是"实"，趋于二分。

儒家倡导"体用不二"，老子主张"体用二分"，湛甘泉在批驳老子"体用二分"的同时，亦不忘倡导"体用不二"。倡导"体用不二"，还是从"道"

---

① （明）湛若水：《非老子》，《甘泉先生续编大全》卷三十二，第4页。
② （明）湛若水：《非老子》，《甘泉先生续编大全》卷三十二，第9页。

"气"相即谈起。

《道德经》第四十二章:"道生一,一生二,二生三,三生万物。万物负阴而抱阳,冲气以为和。"于此章,老子表述了天地化生的具体过程。"一",一般理解为"气","二",通常指向"阴""阳"二气,"三",则是"阴""阳"二气交错。在此化生过程中,化生的主体是"气",天地化生过程正是"气"的流行过程,在一"气"流行过程中化生了万物。

湛甘泉认为这种说法似是而"非":

> 一即道也,道即一也。万物阴阳莫非道之流行也,而云道生一云云,岂知道之言乎?此书断非老聃所为矣。①

湛甘泉认为此章谬误的根源在于未能正确理解"道"与"气"的关系。湛甘泉首先确认"道"即"一","一"即"道"。可问题是"一"的内涵是什么?"一",在老子的语境中是"气",湛甘泉接着老子话语说,亦以之为"气"。"道"即"一","一"即"道",湛甘泉所欲表达的是"道"与"气"浑然无别,即"气"即"道"。在此前提下,世间森罗万象,包括"阴""阳"二气,皆源于"道"之流行发用。但"道"之流行发用化生万物,不可表述为"生"。因为这一表述无形中将无形之化生曲解为有形之生育,从而违背了"道""气"相即之原则。因此,"道生一"等语,在湛甘泉看来,非知"道"之言,湛甘泉进而推断出一个石破天惊的结论:《道德经》非老子所撰。

"道"与"气"的关系可言为"相即",那么"相即"的具体形式是什么?《道德经》第二十章:

> 众人熙熙,如享太牢,如春登台。我独泊兮,其未兆;沌沌兮,如婴儿之未孩;儽儽兮若无所归。众人皆有余,而我独若遗。我愚人之心也哉!俗人昭昭,我独昏昏;俗人察察,我独闷闷。澹兮其若海,飂兮若无止。众人皆有以,而我独顽且鄙。

此章老子本欲表达对世俗智慧的警惕,从而保持纯然质朴性。湛甘泉却从此句阅读出另一番意蕴:"圣人与人物同春,又何暇较较云云?"②湛甘泉仅抓住首句,而忽略后文。抓住首句,故发挥出"生"之意;在"生"之意下,体道

---

① (明)湛若水:《非老子》,《甘泉先生续编大全》卷三十二,第23页。
② (明)湛若水:《非老子》,《甘泉先生续编大全》卷三十二,第11~12页。

之人与他人他物皆沐浴于春意荡漾中,又何暇计较人我之别。"道"为"生"之意,"生生"贯于物,故"体"贯于"用"。可见,"道""气"相即的具体形式便是"体"贯于"用"。

《道德经》第四章:"道冲,而用之或不盈。渊兮,似万物之宗;挫其锐;解其纷;和其光;同其尘;湛兮,似或存。吾不知谁之子,象帝之先。"此章老子形容"道"之虚空性、深沉性,湛甘泉却从中解读出道体贯穿性:"道体精粗上下无不贯,而徒以冲言道者,非知道也。道在我,随感而应,物物各足,而道体无穷也。"① 湛甘泉认为道体贯穿万物,无分精粗,不别上下。徒以虚空言"道",非知"道"之言。接着此话语,湛甘泉继续发挥,言"道"内在于一己,随感而应,物各自足于己,而道体无穷尽。

弟子何滚对《道德经》首章"道可道,非常道;名可名,非常名"做如是诠释,并以此就教于湛甘泉:"以可道可名则有变易,故举而归诸无名。此其见道之偏,而一书之空寂所由起也。要之,君子之道不沦于空,不涉于有,为千变万化之所从出者与!"② 可道可名者皆有变易,言下之意是,不可道不可名者便趋于不易,有名最终皆归于无名。由此何滚推定"道可道,非常道;名可名,非常名"乃有见于"道"之一隅。老子之所以未能有见于"道"之全貌,其根源可追溯到《道德经》通篇以空寂为基调。约言之,君子所谓的"道"不可执着于有无,由此千变万化才能从"道"中流淌而出。

对于何滚之诠释,湛甘泉如是评点:

> 可道可名,道也;不可道不可名,亦道也。道贯体用、动静、隐显、有无。程子曰:"体用一源,隐显无间。"二之则非道,老子于是乎不识道矣。③

对于何滚的诠释,湛甘泉不置可否,而是转向"体"、"用"。可道可名者,可言为"道",不可道不可名者,亦不可不言为"道"。湛甘泉并未明言可道可名者为何,不可道不可名者为何,然可道可名者所指向的就是具体物象,不可道不可名者所指向的就是无形迹者。具体物象呈现为用、动、显、有,无形迹者呈现为体、静、隐、无。"道"则贯通体用、动静、隐显、有无。为了说明"道"贯体用,湛甘泉还引用明道之"体用一源,隐显无间",进而得出"体

① (明)湛若水:《非老子》,《甘泉先生续编大全》卷三十二,第3页。
② (明)湛若水:《非老子》附录《孔子问礼辩》,《甘泉先生续编大全》卷三十二,第50页。
③ (明)湛若水:《非老子》附录《孔子问礼辩》,《甘泉先生续编大全》卷三十二,第50页。

用不二"的结论。而老子在言可道可名、不可道不可名时，则在将"体"、"用"截然二分。由此可见，老子并未体认到"道"。

"体"贯于"用"，"用"则表征着"体"。《道德经》第二十五章云："吾不知其名，强字之曰'道'，强为之名曰'大'。大曰逝，逝曰远，远曰反。"此章老子所表述的是"道"的无名性、循环性。湛甘泉却从中解读出另一番含义："大小往来远近皆道，不可以执一名也，况既曰不知名，而又有许多名目出来耶？"① 湛甘泉认为，无论物是大还是小，是远还是近，皆表征着"道"，但不可由此执定一物为"道"。湛甘泉还发现老子此句表述中存在逻辑错误。说"道"不可名，却又一再名之。

在对《道德经》的批评性解读中，湛甘泉得出"体用不二"的结论。从此维度出发，湛甘泉批评了《道德经》"体"、"用"二分。

《道德经》开宗明义："道可道，非常道；名可名，非常名。"

对于老子将"道"进行不可言、不可名化的处理，湛甘泉自然不能认同：

> 易曰："一阴一阳之谓道。"上下精粗皆具矣，何其直截明白也。老子此言周遮支离，欲求高远无名，已不识道，反又晦焉。盖下一道字即是名矣，岂名外又有无名之名耶？②

从《周易》"一阴一阳之谓道"的维度，湛甘泉对老子上述话语进行了驳斥。"一阴一阳之谓道"，湛甘泉认为该句涵盖了上下、精粗，直接明了地表述了"道"。《道德经》却将"道"形容为隐晦、支离，欲求高渺、无名，这便远离了"道"，并在一定意义上遮蔽了"道"。在驳斥了老子"道可道，非常道"论后，湛甘泉进而批驳"名可名，非常名"。言说"道"时，便已命名，怎么可以在此名之外再附加无名之名？

接着首句，《道德经》云："无名，天地之始。有名，万物之母。"在描述"道"之本源性时，老子将本源划分为"有名"、"无名"两个层次。"有名"乃万物之本根，"无名"乃万物之本始。对于老子这一本源性论述，湛甘泉亦不敢苟同：

> 易曰："形而上者谓之道，形而下者谓之器。"同一形字，只上下之间耳。老子以无名有名分天地万物，与易相反矣。况以道观天地万物，则天

---

① （明）湛若水：《非老子》，《甘泉先生续编大全》卷三十二，第14页。
② （明）湛若水：《非老子》，《甘泉先生续编大全》卷三十二，第1页。

地亦一物耶！①

湛甘泉认为老子这一本源性论述有悖于《周易》"形而上者谓之道，形而下者谓之器"。"道"、"器"同就一个形而言，只是"道"为"形而上"，"器"为"形而下"。老子却以"有名"、"无名"来描述天地万物之源起，此与《周易》"道"、"器"背道而驰。况且，若以"道"观天地万物，天地万物皆无差无别。湛甘泉之所以对老子通过"有名"、"无名"来描述天地的源起不满，就在于不论是"有名"还是"无名"，均为离"气"而言。离"气"而言"有名"、"无名"，则"有名"、"无名"并无实质内容，成为孤悬的"体"。

弟子冼桂奇听闻朱熹两次言及老子的"体"、"用"论。一次是邵康节云"老子得易之体，孟子得易之用"，朱熹曾非难之。一次是朱熹就"体"、"用"观评点老子："老子有老子之体用，孟子有孟子之体用。将欲取之必固与之，此老子之体用也。"于此两句冼桂奇均"窃恐未然"，认为："即此二句，亦何体用之有乎？"约言之，对于朱熹评论老子的"体"、"用"观，冼桂奇不敢苟同，故问于湛甘泉。

对于冼桂奇之问，湛甘泉这样回答：

> 体用一原，何分体用？文公果□□□，未见的当。若谓老子之体用非吾儒之真用也。"将欲取之，必固与之"，此乃诡谋，不正本□□如是。②

对"体"、"用"话语湛甘泉天然地反感，其原因就在于"体"、"用"一原，本不必加以区分。故邵康节言"老子得易之体，孟子得易之用"所见并不恰当。至于"老子有老子之体用，孟子有孟子之体用。将欲取之必固与之，此老子之体用也"，湛甘泉认为老子可能亦似儒家有其"体"、"用"观，但其"体"、"用"非儒家之"体"、"用"；"将欲取之必固与之"，乃老子诡谲之处，并非儒门中正之"心"。

三 《道德经》"自然"观：违背儒门"生"之"自然"观

《道德经》的思想基点是"自然"，"道"的基本内涵之一便是"自然"。在湛甘泉看来，儒家虽然没有口口声声言说"自然"，却是"自然"之学；老子虽然念兹在兹，却非"自然"之学。基于此，湛甘泉在批驳《道德经》"自

---

① （明）湛若水：《非老子》，《甘泉先生续编大全》卷三十二，第1页。
② （明）湛若水：《非老子》附录《问辩》，《甘泉先生续编大全》卷三十二，第48页。

然"观时，可谓不遗余力。更何况，江门之学的宗旨就是"学以自然为宗"，湛甘泉亦倡"勿忘勿助"，故湛甘泉不得不面对老子之"自然"观，以表明老子的"自然"观并非本真之"自然"观，而自己与白沙一脉相承的"自然"观才是契合本真之"自然"观。

《道德经》第五十一章云："道之尊，德之贵，夫莫之命而常自然。"本章老子指出"道"尊"德"贵，而"道"尊"德"贵的根源就在于"道"、"德"的"自然"性。对老子的这一表述，湛甘泉如是评述：

> 此自然与圣人所谓自然者不同。《中庸》："天下之达道五，所以行之者三达德。天下之达德三，所以行之者一。"乃圣人所谓自然也。世儒以老庄明自然，岂得为自然？[1]

湛甘泉认为老子所谓的"自然"与儒门圣人的"自然"迥然有别。湛甘泉将儒家"自然"归于《中庸》"天下之达道五，所以行之者三达德。天下之达德三，所以行之者一"。虽世之俗儒认为老、庄明晓"自然"，但与儒门圣人"自然"相较，老、庄所谓"自然"岂得"自然"之三昧？

弟子王崇庆曾叩问于湛甘泉如何看待老子、释教之"自然"，湛甘泉做了如下评点："圣人只是自然，佛、老只是不自然，古称老、庄明自然，便是倒说了。"[2] 在湛甘泉心目中，只有儒门圣人才可谓把捉到"自然"之三昧，而老子、释教多违逆"自然"之三昧，古来多称老、庄之学为"自然"之学，乃倒说了。

那么湛甘泉心目中的"自然"内涵为何？特别是儒家之"自然"与老子之"自然"有何差别？学界已有两篇专门关涉《非老子》的论文，他们是如何诠释儒门之"自然"观的？张佑珍认为"自然"是"顺天地万物之化"[3]，黎业明则将"自然"理解为"物各付物"[4]。在笔者看来，张、黎二位均指涉到湛甘泉心目中儒门"自然"的特征，然而均未能完整阐发湛甘泉心目中儒家"自然"观的内涵，从而亦未厘清儒家之"自然"与老子之"自然"的区别。

儒家"自然"观的内涵为何，下文也许能给出些许线索：

---

① （明）湛若水：《非老子》，《甘泉先生续编大全》卷三十二，第 27 页。
② （明）湛若水：《问疑录》，《泉翁大全集》卷七十五，第 26～27 页。
③ 张佑珍：《江门道统与〈非老子〉》，《花莲师院学报》2003 年第 16 期。
④ 黎业明：《湛若水关于儒道之别的观点述略——以〈非老子〉为中心》，《深圳大学学报》（人文社会科学版）2013 年第 5 期。

　　天理者，天之道也。天理自然，君子法之，以直养无害。孟子曰：
"必有事焉而勿正，心勿忘，勿助长。"无害自然而已。彼訾老、庄以自
然，诬也。老、庄逆天者也，遂以自然非道，不智孰大焉！①

　　湛甘泉是在"天理"视域下阐释儒门"自然"观的。"天理"就是天之"道"，
亦即"自然"。故"天理"与"自然"是同位的格："夫自然者，天之理也。
理出于自然也，故曰自然也。"②湛甘泉将判断"自然"的标准归于"天理"，
"天理"就是天之"道"。儒家契合天之"道"，故其学便是"自然"之学；老
子背离天之"道"，便不可谓其学为"自然"之学。接下来的问题便是："天"
的内涵是什么？"天"乃大自然之征象，故"天"就是自然本身。于是，问题
又回到如何理解大自然。湛甘泉心目中的大自然是何种形象？史恭甫热心建新
泉精舍之前堂，命名为"自然"，并请湛甘泉铭之。在《自然堂铭》中湛甘泉
阐述了自己心目中的"自然"：

　　或曰老庄，无亦其禅。曰彼二氏，私智烦难，焉睹本体？焉知自然？
曰自然者，何以云然？夫自然者，自然而然。……或失则少，或失则多，
或过不及，如自然何？仰维宣圣，示学之大，毋意毋必，毋固毋我。川上
之叹，不舍昼夜。天时在上，水土在下，倬彼先觉，大公有廓。自喜自
怒，自哀自乐，天机之动，无适无莫。知天所为，绝无丝毫人力，是谓自
然。其观于天地也，天自为高，地自为卑。乾动坤静，巽风震雷，泽流山
峙，止坎明离。四时寒暑，自适其期。一阴一阳之谓道，道自无为，是谓
自然。其观于万物也，化者自化，生者自生，色者自色，形者自形。自动
自植，自飞自潜。鸢自戾天，鱼自跃渊，不犯手段，是谓自然。是何以
然？莫知其然。其然莫知，人孰与之？孰其主张？孰其纲维？孰商量之？
孰安排之？③

　　湛甘泉还是首先表明老庄、禅宗非"自然"之学。老庄、禅宗皆逞一己之私
智，趋于烦复、繁难，当然违背了"自然"。在此判断下，湛甘泉才进而铺陈
其心目中的"自然"义。在此铭中，湛甘泉阐述其心目中的"自然"有如
下四层含义。

---

① （明）湛若水：《新论》，《泉翁大全集》卷二，第15页。
② （明）湛若水：《重刻白沙先生全集序》，《陈献章集·附录三》，第896页。
③ （明）湛若水：《自然堂铭》，《泉翁大全集》卷三十三，第17页。

第一层，"中"。"或失则少，或失则多，或过不及"，湛甘泉指出以上皆不可称为"自然"，这就是说，"中"才可称为"自然"。只有"中"才能契于"自然"，过、不及均远离"自然"。弟子吕怀困惑于何为"中"、何为"理"，湛甘泉这样回应："在天地与在人一般，其在天地，一阴一阳合德，是之谓中，是之谓理。民受天地之中，在生生不息，刚柔合德，即是天地之性，所谓天地万物一体者也。"① 湛甘泉在天人一体的语境中加以回答。天地间不过一"气"流行而已，一"气"又分为阴阳。阴阳二"气"燮和，则可谓"中"、谓"理"。庶民受天地中正之"气"而生，故禀受天地之"性"，心中充溢"生生"之意。

第二层，"毋"。欲趋于"自然"，湛甘泉提出当"毋意毋必，毋固毋我"。若不能做到"毋"，则有所执；有所执则不免勉强、造作，从而远离"自然"。因此当"毋"，即无所执；无所执，则顺其自然，由此趋于"自然"。在"自然"的境界中，天地廓然大公：廓然，万物才畅其生；大公，庶物才遂其意。这就是说，只有"毋"，才能契于"自然"。弟子余胤绪困于学之不进，叩问于湛甘泉。湛甘泉这样教诲："中有物也。有物则梗，梗则滞，今之功名利达，其学之大梗也与！"② 湛甘泉认为余胤绪学之不进的根源在于心中有物，心中有物则梗塞于心，梗塞于心则心有所滞，功名利禄乃心中之大梗。梗，便是执。心中若无梗，则无执。湛甘泉在教诲弟子如何为学时说道："要求实用，须养实体。要造公溥，须去己私。然去己私，斯见实体矣！"③ 为学固当于实中践履，以于实中有所见，但实有所见的前提是去除一己之私。去除一己之私，方能实有所见。有私则有塞，无私则无塞。私便有执，无私便无执。无执才能察见实体。无执，又可言为"虚"。故湛甘泉如是教诲弟子："惟学逊志，虚者受善之原；玩物丧志，塞者陷恶之端。"④ 为学当放下自己身段，内心保持虚廓，则善泪然而生；心中若有所滞，则陷入恶之渊。

第三层，"生"。"子在川上曰：'逝者如斯夫！不舍昼夜。'"（《论语·子罕》）儒门之内，"川上之叹"多为时间流逝之意象，湛甘泉则从另一维度——"生"来阐述。为了表述"自然"蕴含"生生"之意，湛甘泉不惜故意曲解经典。这不仅表现在对"川上之叹"的诠释上，还表现在对《中庸》"慎独"的诠释上：

---

① （明）湛若水：《新泉问辨录》，《泉翁大全集》卷七十，第25页。
② （明）湛若水：《雍语》，《泉翁大全集》卷六，第5页。
③ （明）湛若水：《问疑录》，《泉翁大全集》卷七十五，第34页。
④ （明）湛若水：《新论》，《泉翁大全集》卷二，第2页。

师尊解中庸"慎独"，以独者不可见闻而可独知之体也，理也；戒慎恐惧，乃所谓慎存其体也。心谓果能如此，必见此道无所不在，色色皆天理流行，庶或窥无声无臭之妙，是谓德修而道凝矣。程子只在谨独之意殆如是乎！初学固未敢论此，诚有望洋之惧焉！且莫理会川上及无声无臭之妙，只且去下慎独功夫，则自见无声无臭之妙、川上之体矣。①

为了使对"慎独"的诠释更具权威性，湛甘泉假托此处"慎独"之诠释并非自己所解，而是其业师白沙所释。在诠释过程中，湛甘泉紧紧抓住"独"。"独"，在湛甘泉看来，是不可见、不可闻独知之体。此体无声无臭，色色皆天理流行。如何才能体此体？湛甘泉给出的法门是"慎独"。在"慎独"工夫法门下，则能体会到无声无臭之妙，把捉到川上之体。在这一诠释中，独知之体无疑处于核心地位。而此独知之体，湛甘泉用了两个意象来形容，一是无声无臭，一是川上。湛甘泉之所以用这两个意象来表征独知之体，就在于这两个意象均孕育着"生生"之意。

第四层，"自"。"自喜自怒，自哀自乐，天机之动，无适无莫"表述了自然而然性。自然，乃万物生长、展开之场域。在此场域中，万物回归其自身，保持其自身的本性。

白沙之学是"自然"之学，在重刻白沙文集时，湛甘泉如是形容"自然"：

夫先生诗文之自然，岂徒然哉？盖其自然之文言，生于自然之心胸；自然之心胸，生于自然之学术；自然之学术，在于勿忘勿助之间，如日月之照，如云之行，如水之流，如天葩之发，红者自红，白者自白，形者自形，色者自色，孰安排是，孰作为是，是谓自然。②

湛甘泉认为白沙之学是"自然"之学，展现于"勿忘勿助之间"。"勿忘勿助之间"，如日月随运而照耀，如水随势而流，如花朵悄然绽放，红者自我呈现为红，白者自我呈现为白，形者自我成形，色者自我裁决自我为何色，没人安排，没人预设，此谓"自然"。

在彰显白沙之学为"自然"之学的同时，湛甘泉亦在表达自己对"自然"的理解。湛甘泉心目中的"自然"就是万物在生生流行中自其所然，非有外在主宰、支配。

---

① （明）湛若水：《新泉问辨录》，《泉翁大全集》卷七十，第 2 页。
② （明）湛若水：《重刻白沙先生全集序》，《陈献章集·附录三》，第 896 页。

　　湛甘泉从四个方面确立自己心目中的"自然"观,并以此"自然"观逐条批驳老子的"自然"观。

　　首先,老子之"自然"非趋于"中"。《道德经》第五十五章云:"知和曰常,知常曰明。益生曰祥。心使气曰强。物壮则老,谓之不道,不道早已。"该章老子表达生民当守常知明,才能避不预之祸,免不期之灾。湛甘泉对这一表述表达了不满,反驳道:

> 圣人之道中立而和生,知和而和,则非圣人之所谓和矣。知常以下数言,名理未当。盖不知而作,好事者为之也。①

湛甘泉对老子这一章不满的根源在于老子将"常"理解为"知和",这就潜在地将"和"之源头理解为"知和而和",而不知"中立而和生","和"乃源于"中"。"知和而和,不以礼节之,亦不可行也。"(《论语·学而》)在儒学圣门中,"和"并不是最高范畴,一味为"和"而和,非圣人之所求。在求"和"的过程中,当以礼节之。求"和"而以礼节之,湛甘泉言为"中",故"中立而和生"。正因老子对"和"理解有误,故"知常"以下数言名理不当,非知"道"者所言。

　　《道德经》第八章:"上善若水。水善利万物而不争,处众人之所恶,故几于道。居善地,心善渊,与善仁,言善信,政善治,事善能,动善时。夫惟不争,故无尤。"该章,老子以水为例,说明人当处弱就下。湛甘泉对此人生态度更不以为然:

> 圣人体天地之道,刚柔阴阳惨舒,莫非自然。遇争战则争战,遇揖让则揖让,安土敦仁,无往而非天理之自然,而我无与焉,此大中至正之道也。观此言一一有为,非自然矣。世儒谓老庄明自然,遂以自然为戒,惑也甚矣。②

湛甘泉心目中的圣人乃体天地之道者,圣人之行刚柔、阴阳、惨舒,莫非"自然"。在"自然"的境地中,生民各安其本分,敦其本心,则无往而非出于"天理"之本然,而我无与其间,这便是大中至正之"道"。反观老子之所言,皆有意而为,非出于"自然"。在此意义上,世俗之儒以老、庄明悉"自然"

---

① (明)湛若水:《非老子》,《甘泉先生续编大全》卷三十二,第30页。
② (明)湛若水:《非老子》,《甘泉先生续编大全》卷三十二,第5页。

之奥义，遂以"自然"为忌，此乃世俗之儒的迷惑。

在湛甘泉看来，"自然"与"中"是同等的范畴，可以相互诠释。老子背离了"中"，自然亦违背了"自然"。

其次，老子之"自然"并不能达"毋"之境界，未免有所执，从而使自我私意作祟其间。

《道德经》第五十三章："使我介然有知，行于大道，唯施是畏。"老子在这里指出为人处世当如履如临，湛甘泉却于此中敏锐地觉察到老子非"自然"："一弛一张，莫非自然，毫发加意，便属私心。"[1] 一张一弛，当循于"自然"，若加丝毫己意，便属私心。老子假设己若有知，便行于大道。在行于大道的途中，唯谨唯畏，在湛甘泉看来，此已加了私意。

《道德经》第六十四章："合抱之木，生于毫末；九层之台，起于累土；千里之行，始于足下。为者败之，执者失之。是以圣人无为故无败；无执故无失。"此章老子表达了执而不有的人生态度，湛甘泉对此不予认同：

> 圣学之所谓无为者，天理自然，物各付物，不加毫末，所谓行所无事也。未尝以己与之，舜之无为而治，亦以有人为之，而己不容私智耳。今此既曰"为之于未有"，而又曰"无为"，何耶？[2]

儒门圣学所谓无为，乃顺"天理"之自然，物各付物，不加丝毫之意，即行所无事。舜无为而治，非不为，只是不加一己私智而为。然而老子一方面说"为之于未有"，另一方面又说"无为"，这不是自相矛盾吗？

《道德经》第七十九章："是以圣人执左契，而不责于人。有德司契，无德司彻。天道无亲，常与善人。"老子于此章所欲表达的是天地无所偏私。湛甘泉则认为，此处表面看来似乎无所偏私，可仍然讲"亲"论"善"，可见此之无所偏私还是有所偏私。相较于圣人，老子尚未达于无所偏私："圣人物我一体，廓然大公，物来顺应，无执无契。"[3]。圣人与物浑然一体，其心境亦廓然大公，物来而应，无所谓执持，亦无所谓契约。

约言之，在湛甘泉心目中，老子表面言"自然"，可还是脱不了私意的底色，故非如儒家无私意、廓然大公之"自然"。在此视域下，老子未免是阴谋论者。

① （明）湛若水：《非老子》，《甘泉先生续编大全》卷三十二，第28页。
② （明）湛若水：《非老子》，《甘泉先生续编大全》卷三十二，第35页
③ （明）湛若水：《非老子》，《甘泉先生续编大全》卷三十二，第42页

《道德经》第三十六章云："将欲翕之，必固张之；将欲弱之，必固强之；将欲废之，必固兴之；将欲取之，必固与之。是谓微明。柔弱胜刚强。鱼不可脱于渊，国之利器不可以示人。"湛甘泉对这一段论述的评价是："此皆阴谋取胜之说。"①

再次，湛甘泉所言"自然"，蕴含"生生"，老子之"自然"则是枯寂之"自然"。《道德经》第十六章云："致虚极，守静笃。"老子这里的意思乃趋于虚寂，于虚寂中安顿自己。湛甘泉对老子虚寂之姿态，自然要加以反驳："圣人之道，虚实动静同体。"②圣人之道，虚实动静一体；其所一体，乃虚中涵实，静中涵动。

为了进一步说明虚中涵实，静中涵动，湛甘泉在批驳《道德经》第六章"谷神不死，是谓玄牝。玄牝之门，是谓天地根。绵绵若存，用之不勤"时做如下论述：

> 儒道亦言虚，然虚实同体，虚中有实，实中有虚。而独言虚者，虚无之弊也。况以谷言虚，则谷有限而虚无穷。如天之太虚，虚中流行运化，无非实理，何尝独虚？而生生化化，不舍昼夜，此生意何尝有门？若言绵绵若存，用之不勤，颇似孟子"勿忘勿助之间"矣，而孟子则先曰"必有事焉"。本说理，而老子此言则说气，所谓"句句合，然而不同，看得破，许汝具一只眼者"，真知言也。达者信之而世儒惑焉。③

湛甘泉认为，儒、道两家皆言及"虚"，但道家独言"虚"，则流于虚无之弊。而儒家所言之"虚"，乃"虚""实"同体，"虚"中有"实"。况且，老子以山谷喻"虚"，山谷有限，"虚"却无限。湛甘泉以天之"太虚"喻"虚"中有"实"。"太虚"生化不已，故无非实理，何可谓之虚？生生化化，永不停息，此生意何尝有所谓的门？老子所言"绵绵若存，用之不勤"，类似于孟子"勿忘勿助之间"，然孟子于"勿忘勿助之间"前尚有"必有事焉"。儒家言"理"，老子这里所言只及"气"。故儒道两家表面看句句合，内里却判若云壤。于此觑破，在湛甘泉看来，当具一双慧眼。圣者知儒道之别，俗儒则惑于此。

最后，湛甘泉所言之"自然"，乃自然而然；老子之"自然"，虽亦言自

---

① （明）湛若水：《非老子》，《甘泉先生续编大全》卷三十二，第19页。
② （明）湛若水：《非老子》，《甘泉先生续编大全》卷三十二，第9页。
③ （明）湛若水：《非老子》，《甘泉先生续编大全》卷三十二，第4页。

然而然，可其背后仍隐藏着无形的主宰者。《道德经》二十五章云："故道大，天大，地大，人亦大。域中有四大，而人居其一焉。人法地，地法天，天法道，道法自然。"老子于此强调了"道"的自然性，湛甘泉却发现此"自然"并不自然：

> 老子之道，平日只为其小，如何又称四大？天地人只是一气一体，而云"人法地，地法天"，是天地为二矣，而况于人乎？天即道，道即自然也，而云"天法道，道法自然"，岂足以知天地人之道之自然乎？其言人法可也，而又于天地道自然皆曰法，是孰法之者？故老子书非知道者。①

老子平日言"道"为至小，此处何又言"道"为四大之一？天地人皆一气所化，浑然一体，老子却言"人法地，地法天"，是以天地为二，况人乎？天即"道"，"道"即自然，老子却言"天法道，道法自然"，此岂可言为知天地人之"道"为自然？言人法则可，言天地自然皆曰法，则法之主体为何？所以，一言以蔽之：《道德经》非知"道"之作。

《道德经》第五章云："天地之间，其犹橐籥乎？虚而不屈，动而愈出。"老子言天地犹橐籥，乃欲表达天地形体虚廓，功用却不穷竭，一"气"运行则生生不已。湛甘泉对此表述，如是反驳："一气阴阳，消息运行，自屈自信，非若橐籥须人动之为二也。此可谓知道之言乎？"②阴阳二气，自消自息，自屈自伸，并不是犹如橐籥般，待人启动：此非知"道"之语。

总而言之，在湛甘泉看来，老子之"自然"乃偏于一己、枯槁、有待外在主宰之"自然"，这显然有违儒门生生之"自然"。

湛甘泉并非刻意要批驳《道德经》，只是弟子王道撰写了《老子亿》，假儒以倡老，为了表明自己的立场，维护己学的正统，湛甘泉才不得不站出来，痛非《道德经》；湛甘泉之痛非《道德经》，非基于《道德经》本身，而是基于自己的思想主旨——"生"。于是《道德经》错谬的根源在于违背了天地之"生"。通过对《道德经》的批驳，湛甘泉实际上亦进一步彰显了自己的思想主旨——"生"。

湛甘泉以"生生"为轴心，编撰儒家"道统"谱系。在儒门内，此"道统"外之学被湛甘泉斥为"曲学"。湛甘泉所谓"曲学"指向的就是朱熹、陆九渊。在甘泉看来，朱熹执内而遗外，陆九渊是内而非外，皆偏离"中正"，

---

① （明）湛若水：《非老子》，《甘泉先生续编大全》卷三十二，第14页。
② （明）湛若水：《非老子》，《甘泉先生续编大全》卷三十二，第3~4页。

故不可避免地沦为支离之学。明中叶儒、释、道三教会通思潮颇为流行，在此思潮下，儒门不乏假儒以倡佛、老者。基于"道统"意识，湛甘泉对此股思潮不以为然。由于假儒倡佛者多为阳明后学，湛甘泉不便批驳。于是在"心学"思潮下重新"复活"的慈湖便成为湛甘泉批判的靶子。在力辟慈湖的过程中，湛甘泉力图冷静、客观处之；在面对假儒倡老者时，湛甘泉不免动了肝火。因为自己昔日的弟子——王道侧身其中。为了表明自己的立场，维护己学的正统性，湛甘泉不得不站出来痛非《道德经》，这也是湛甘泉不得已而为之。

第五章　甘泉与阳明之间的交涉

若论湛甘泉与谁志同道合，当首推王阳明。二人同为有明中期硕儒："时天下言学者，不归王守仁，则归湛若水。"①"时海内主盟道术，惟吾夫子（王阳明）与甘泉翁。夫子主良知，甘泉主天理。"② 故二人相见恨晚，一见定交。因湛甘泉、王阳明惺惺相惜的因缘，甘泉后学、阳明后学亦相互出入，黄宗羲如是评述："王、湛两家，各立宗旨，湛氏门人，虽不及王氏之盛，然当时学于湛者，或卒业于王，学于王者，或卒业于湛，亦犹朱、陆之门下，递相出入也。"③ 有明以来，程朱理学日益蜕变为利禄之学，相应地，儒门日趋沉闷。湛甘泉、王阳明均敏锐地觉察到程朱理学之堕落、儒学之陈腐，于是不约而同地提出了"心学"主张，从而打破了程朱理学之窠臼，掀起了"心学"思潮，明中后期思想面貌由此亦焕然一新。

本章将沿着时间的轨迹梳理湛甘泉、王阳明之间的交涉。王阳明一生思想多变，本章依据王阳明思想二次"突变"——"龙场悟道"、"致良知"的提出，将湛甘泉与王阳明的交涉划分为三个阶段："龙场悟道"之前的志同道合、"龙场悟道"至"致良知"之间的相争相辩、"致良知"之后的话不投机。依此交涉的三个阶段，本章具体探析湛甘泉与王阳明之间的学术对话：早期交涉阶段的共倡圣学、中期交涉阶段的"格物"之辩、晚期交涉阶段的"必有事"与"勿忘勿助"的工夫之争。

第一节　早期交涉：共倡圣学

众所周知，阳明思想突破于"龙场悟道"，本章将"龙场悟道"之前设为湛甘泉、王阳明交涉的早期阶段。

---

① （清）张廷玉等：《明史》卷二八二《儒林传一》，第 7244 页。
② （明）王畿：《刑部陕西司员外郎特诏进阶朝列大夫致仕绪山钱君行状》，《王畿集》卷二十，第 591 页。
③ （清）黄宗羲：《明儒学案》，第 875 页。

一 初次晤面：种圣学种子

湛甘泉生于明成化二年（1466），王阳明生于明成化八年（1472）。湛甘泉仅年长王阳明六岁，可谓同一代人。同为有明中叶硕儒，但两人人生起点并不一样。王阳明出身官宦之家，且少年早慧，二十八岁（弘治十二年，1499）举进士，由此走上了官宦之途。而湛甘泉早年失怙，一路坎坷，二十七岁（弘治五年，1492）虽中乡试，次年会试却名落孙山。失望之余，越明年（弘治七年，1494）二月，湛甘泉问学于白沙门下。问学六年，在陈白沙的引导下优入圣域。陈白沙去世后，在母亲的催促下，湛甘泉才于弘治十八年（1505）再次上京参加会试。这一次湛甘泉时来运转，中进士，旋入翰林院任庶吉士，惜此时湛甘泉已近不惑之年。而阳明才三十四岁，可谓风华正茂，且已在宦途历练多载，时任职于兵部，职务为武选清吏司主事。尽管相对于王阳明，湛甘泉后入宦途，不过其却比王阳明早入圣域。早在白沙门下，湛甘泉提出"随处体认天理"[①]，就意味着已优入圣域。而王阳明其时为学之状况，下面的话准确地给予了描述：

> 是年（弘治十八年）先生门人始进。学者溺于词章记诵，不复知有身心之学。先生首倡言之，使人先立必为圣人之志。闻者渐觉兴起，有愿执贽及门者。至是专志授徒讲学。然师友之道久废，咸目以为立异好名，惟甘泉湛先生若水时为翰林庶吉士，一见定交，共以倡明圣学为事。[②]

此段文字表达了两层含义。第一，其时王阳明方摆脱佛老之纠缠，回归圣学，知圣学乃身心之学，并在此意识下，不避时嫌，大张旗鼓地招生徒，讲圣学。第二，遇到志同道合者——湛甘泉。王阳明聚众讲学，在他人看来有标新立异、沽名钓誉之嫌，不免侧目视之。唯独甫至京畿的湛甘泉，因身处陌生环境，听闻此风后，兴致勃勃地前往参加阳明组织的讲学活动。于此年（1505）或第二年某个时间点，不同轨道的两个生命终于相互交涉。[③] 基于同样的圣学情怀、同样的趋圣志向，王阳明、湛甘泉相见恨晚，一拍即合，一见定交，从

---

① 弘治十年（1497）十月一日，湛甘泉致函陈白沙（《上白沙先生启略》），首次提出"随处体认天理"。

② （明）王守仁：《王阳明全集》，第1352页。

③ 湛、王初次相见的时间，学界有不同的说法，《王阳明年谱》（钱德洪）、《阳明先生行状》（黄宗贤）皆载为弘治十八年（1505），而甘泉《阳明先生墓志铭》、《奠王阳明先生文》则载为正德元年（1506）。两种说法均不可确证，故本书采取大概的说法，在弘治十八年至正德元年间。

此多聚会一起，相互磋商，视对方为知己。这一阶段，王阳明极其推许甘泉："予求友于天下，三十年来，未见此人。"① 甚至说道："吾与甘泉友，意之所在，不言而会，论之所及，不约而同；期于斯道，毙而后已者。"② 湛甘泉亦极看重其与王阳明间的友谊："某平生与阳明公同志，他年当与同作一传矣。"③ 可以说，湛甘泉、王阳明初次见面便心心相印，由此奠定了两人一生的友谊。

湛甘泉在以后的岁月中一再将笔端触及两人初次晤面的场景。在致友人应吉士的信函中，湛甘泉如是深情地回忆：

> 斯衰而友义之废也久矣。自予抱此志以求于天下，天下非无爱予者，而独寡予助者也。正德丙寅，始得吾阳明王子者于京师，因以得曰仁徐子者。④

初至京师，湛甘泉虽春风得意，然不免孤独寂寞，感慨学绝道丧久矣，无有知音能一起谈天论道。直至遇见王阳明，才释然于怀。嘉靖七年十一月二十九日（1529 年 1 月 9 日），王阳明病逝于旅途中。湛甘泉闻之悲痛不已，于次年三月草就《奠王阳明先生文》，最初定交及共同切磋圣学的情景再次浮现于眼前：

> 嗟惟往昔，岁在丙寅与兄邂逅，会意交神，同趋大道，期以终身。浑然一体，程称"识仁"，我则是崇，兄亦谓然。⑤

湛甘泉追忆其与王阳明初次邂逅后，两人共期以圣学为己之终身之志。湛甘泉向王阳明表述自己推崇程颢"浑然一体"之学，王阳明大为赞同。程颢"浑然一体"之学是湛甘泉心目中的圣学典范。"浑然一体"表征着物我圆融、相与无间，泄露了圣学之奥义，揭示了儒家"天人合一"思想的真谛。不可否认，湛甘泉在陈白沙门下就已优入圣域，并得到陈白沙的认可，在其心目中，物我自然无二无别、相互贯通。可王阳明刚摆脱佛、老之纠缠，甫倾心于圣学，至于圣学之内涵、如何才能优入圣域，王阳明仍懵然不解，处于探索阶段。幸运的是，恰在此时，王阳明遇见湛甘泉，湛甘泉将圣学内蕴毫无保留地

---

① （明）罗洪先：《墓表》，《湛甘泉先生文集》卷三十二，《四库全书存目丛书·集部》第五十七册，第 243 页。
② （明）王守仁：《王阳明全集》，第 258 页。
③ （明）湛若水：《答王汝中兵曹》，《泉翁大全集》卷十，第 8 页。
④ （明）湛若水：《赠别应元忠吉士序》，《泉翁大全集》卷十五，第 6 页。
⑤ （明）湛若水：《奠王阳明先生文》，《泉翁大全集》卷五十七，第 16 页。

透露给王阳明，这意味着王阳明能够窥见圣学之奥义离不开湛甘泉的启迪。于此点，王阳明自己亦坦陈：

> 夫求以自得，而后可与之言学圣人之道。某幼不问学，陷溺于邪僻者二十年，而始究心于老、释。赖天之灵，因有所觉，始乃沿周、程之说求之，而若有得焉。顾一二同志之外，莫予翼也，岌岌乎仆而后兴。晚得友于甘泉湛子，而后吾之志益坚，毅然若不可遏，则予之资于甘泉多矣。①

刚刚告别释老之学迈入圣学的时刻，王阳明就有幸遇见湛甘泉。虽云"赖天之灵"，才循周、程之学而用功，但从《奠王阳明先生文》来看，虽委之于"天"，然亦有湛甘泉的成分，通过湛甘泉，王阳明才接触到周、程之学，从而学有所得，窥见圣学奥义一二。亦正是在此意义上，王阳明才感慨结交湛甘泉，为学之志方愈加坚毅。

笔者认为，在初次晤面之后的日子里，湛、王并非平等对话关系，多是湛说王听，虽不至于"随声附和"②，然亦可谓虚心倾听。周、程之学对于其时的王阳明意味着什么？笔者认为是相对于外向性"格物"之学，而得之于一己的"自得"之学。此时王阳明之所以倾心于"自得"，与其早年的经历有关："始泛滥于词章。继而遍读考亭之书，循序格物。顾物理吾心终判为二，无所得入。"③ 对于早年的王阳明来说，"格物"之困惑始终横亘其心间。欲优入圣域，首先当从外回到内，体证一己之心。值得留意的是，湛甘泉业师白沙之学就是"自得"之学，并且陈白沙亦以此教诲湛甘泉："今之学者各标榜门墙，不求自得，诵说虽多，影响而已，无可告语者。"④ 对于刚刚回归圣途的王阳明来说，从湛甘泉那里获得的不仅是圣学支援意识，更是圣学之内涵——"自得"。在此意义上，湛甘泉不仅是王阳明的益友，更是良师。

在初次晤面之后的日子里，湛甘泉在王阳明心中种下了圣学之种子，而此种子之发芽尚待某种机缘去亲身体证。

不久后到来的王阳明人生困厄开启了此机缘。正德元年（1506），明王朝皇帝更迭，给王阳明的人生带来了莫大的影响。1506 年，明孝宗去世，明武宗登上皇位。武宗荒淫无道，任用宦官刘瑾。刘瑾口含天宪，弄权于朝，引起了

---

① （明）王守仁：《王阳明全集》，第 257～258 页。
② 笔者不敢苟同钱明先生"不能把甘泉的作用看得过大"的判断。参见钱明《阳明学的形成与发展》，江苏古籍出版社，2002，第 87 页注释。
③ （清）黄宗羲：《明儒学案》，第 181 页。
④ （明）陈献章：《与湛民泽》（九），《陈献章集》卷二，第 193 页。

戴铣等人的不满，戴铣等人上疏弹劾刘瑾，明武宗祖护刘瑾，戴铣等人被捕入狱。王阳明秉直上书，为戴铣等人辩白。这一果敢、正直的行动却招致其人生的重大挫折——被贬往贵州龙场。

刚刚结交就要分别，湛甘泉赠诗九首，除了表达依依惜别之情外，还劝慰王阳明应超然于世外。于此劝慰中，湛甘泉再次向王阳明表述自己的"自得"之学："圣人常无为，万物常往来。何名为无为？自然无安排。勿忘与勿助，此中有天机。"[1] 这对于王阳明未来的悟道不无启迪作用。

祸福相倚，在"居夷处困"中，王阳明却有意外的收获——借此机缘而悟道：

> 自计得失荣辱皆能超脱，惟生死一念尚觉未化，乃为石椁自誓曰："吾惟俟命而已！"日夜端居澄默，以求静一；久之心中洒洒。……因念："圣人处此，更有何道？"忽中夜大悟格物致知之旨……始知圣人之道，吾性自足，向之求理于事物者误也。[2]

这就是著名的"龙场悟道"。由"龙场悟道"，王阳明优入圣域。换言之，"龙场悟道"所悟之"道"便是"自得"，其具体内涵便是格物致知不应求于外，而应反身向内寻觅。其中的原委在于格物致知所指向的"理"并不在外，而就在本然"心体"之内，故求"理"不应求于外，而应求于"心"。明此"理"，则物不外乎吾心，那么物我便不再是相对关系，而是相契无间、浑然一体的关系。这不就是程颢"浑然一体"的意象？不就是湛甘泉向王阳明表达的意蕴？湛甘泉在王阳明心中种下的圣学种子，在人生退无可退的困厄中，破土而出。

二　再次聚首：相约共盟

随着刘瑾的失势，王阳明很快被赦罪，重新开始官宦生涯。经过一段时间的在外漂泊，正德五年（1510）十一月，王阳明又回到京城。此时，湛甘泉仍在京畿，并已升任翰林院编修。好友再次相逢，格外亲切。此时湛甘泉择居于长安灰场，"居仁为美"，王阳明选宅于灰场右面，与湛甘泉比邻而居。此时，王阳明的同乡、同样有圣学情结的黄绾（字宗贤）加入他们的圈子，三人朝夕相处，起居与共，相互砥砺，讲学不辍，并誓约"终身共学之盟"。这一阶段，湛甘泉与王阳明的感情更笃。

---

[1] （明）湛若水：《泉翁大全集》卷四十，第2页。
[2] （明）王守仁：《王阳明全集》，第1354页。

王阳明病逝后，黄绾、湛甘泉缅怀曾经的同道者时均不约而同地追忆起此盟约。黄绾如是深情款款地追忆：

> 是岁冬，（阳明）以朝觐入京，调南京刑部主事，馆于大兴隆寺。予时为后军都事，少尝有志圣学，求之紫阳、濂、洛、象山之书，日事静坐；虽与公有通家之旧，实未尝深知其学。执友柴墟储公罐与予书曰："近日士夫如王君伯安，趋向正，造诣深，不专文字之学，足下肯出与之游，丽泽之益，未必不多。"予因而慕公，即夕趋见。适湛公共坐室中，公出与语，喜曰："此学久绝，子何闻而遽至此也？"予曰："虽粗有志，实未用功。"公曰："人惟患无志，不患无功。"即问："曾识湛原明否？来日请会，以订我三人终身共学之盟。"明日，公令人邀予至公馆中，会湛公，共拜而盟。①

湛甘泉则这样追忆：

> 时讲于大兴隆寺，而久庵黄公宗贤会焉。三人相欢语，合意。久庵曰："他日天台、雁荡，当为二公作两草亭矣。后合两为一焉，明道一也。"②

如此"相欢"的时光很快被打断。正德七年（1512），湛甘泉奉朝廷命出使安南，从此湛甘泉、王阳明的漫漫生涯，多天各一方。

不论是初次晤面，还是再次聚首，湛甘泉、王阳明两人思想都颇为相近，共以圣学为期。基于此，本章将湛甘泉、王阳明早期交涉定位为共倡圣学。

第二节　中期交涉："格物"之辩

"龙场悟道"后，阳明思想渐趋成熟，由是湛甘泉、王阳明之间的关系亦发生微妙的变化，从志同道合转为貌合神离，于是两人关系亦从早期交涉共倡圣学的阶段进入中期交涉相争相辩的阶段，争辩的焦点便是"格物"。

---

① （明）王守仁：《王阳明全集》，第1558页。
② （明）王守仁：《王阳明全集》，第1540页。

一　初次交锋：内外之争

湛甘泉、王阳明首次"格物"之辩发生于正德十年（1515）：

> 正德乙亥，九川初见先生（王阳明）于龙江，先生与甘泉先生论格物之说，甘泉持旧说，先生曰："是求之于外了。"甘泉曰："若以格物理为外，是自小其心也。"①

正德十年（1515），湛母病故，湛甘泉扶柩南归。此时王阳明恰任职于南京，湛甘泉南归途中经南京，王阳明吊唁于龙江关。虽在吊唁期间，湛甘泉、王阳明还是不忘交流学之所得。

"格物"乃《大学》主旨。有明前期，在以程朱理学为官方哲学的背景下，朱本《大学》②为有明指定科举教材之一，于是朱本《大学》成为《大学》权威版本，更成为有明士子们书案边必备书籍。朱本《大学》的出现离不开有宋学术背景。随着理学的兴起，有宋时经学日渐式微，四书脱颖而出，《大学》自然成为理学家关注的焦点，不断有理学家为其注疏。其间，朱熹对《大学》进行注疏，题为《大学章句》。朱本《大学》对郑玄本进行了大胆的删改、修正。其删改、修正的内容包括：第一，将《大学》分为经传；第二，依据三纲八目，为《大学》补作了《格物致知传》。③由于朱熹对《大学》补作了《格物致知传》，所以"格物"就成了朱本《大学》的核心内涵之一："所谓致知在格物者，言欲致吾之知，在即物而穷其理也。"④朱本《大学》"格物"特质之一就是"理"在物中，因此当即物以穷"理"。此引导学人执于外而忽于内，有茫荡无归之嫌。早年王阳明慨然有志于圣，循程朱"格物"之路径，以冀优入圣域。两度"格竹"，不想未入圣域，反而疾病缠身，不得已而放弃"格物"之路径。至"龙场悟道"，"始知圣人之道，吾性自足，向之求理于事物者误也"⑤。此时王阳明方体知"理"本不在外，而在于一"心"之内。经由此番磨砺，王阳明终于优入圣域。优入圣域后，王阳明自然要清算程朱之学。在这一清算过程中，首当其冲的便是朱熹的"格物"说。经历数年

---

① （明）王守仁：《王阳明全集》，第 102 页。
② 即《四书章句集注·大学章句》，相对于朱本，郑玄本被称为"古本"。
③ 参见马晓英《文本、宗旨与格物之争——明代〈大学〉诠释的几个问题》，《哲学动态》2013 年第 11 期。
④ （宋）朱熹：《四书章句集注·大学章句》，《朱子全书》第六册，第 20 页。
⑤ （明）王守仁：《王阳明全集》，第 1354 页。

酝酿，正德七年（1512），阳明正式提出自己的"格物"说，以反驳朱子的"格物"说。该年王阳明升任南京太仆寺少卿，弟子徐爱升南京工部员外郎，于是徐爱亦追随阳明买舟南下。于南下途中，徐爱时时就教于王阳明。王阳明尽倾自己数年研读《大学》之所得以教之，阳明"格物"之旨终得以首揭。

在为官南京的这段时间里，王阳明不断以其所解《大学》教诲门生。有弟子问阳明如何理解"格物"，王阳明如是回答："格者，正也。正其不正以归于正也。"① 王阳明将"格物"的对象从外在之物转换为人的具体行为，于是"格物"的含义便是将不正之行为纠正为正之行为。将"格"训为"正"，这是王阳明的创见，并由此扭转了"格物"的诠释方向，将"格物"指向由外转向内。在与徐爱的对话中，王阳明更详细地诠释了"格物"之内涵："'格物'如孟子'大人格君心'之'格'，是去其心之不正，以全其本体之正。"② 在王阳明的视域里，修身乃内在心性之修养，使不正之心念归于正。"心"触物而生"意"，故"意"易倾于徇物而动，于是阳明之正"心"便落实为"诚意"："君子之学，以诚意为主。格物致知者，诚意之功也。犹饥者以求饱为事，饮食者，求饱之事也。"③ 由此可见，王阳明早期在"诚意"的语境中言说"格物"，将"诚意"视为根本工夫法门：

> 仆近时与朋友论学，惟说"立诚"二字。杀人须就咽喉上着刀，吾人为学，当从心髓入微处用力，自然笃实光辉。④

至正德十年（1515），王阳明"格物"思想已趋成熟，遇好友自然迫不及待地倾诉其"格物"新说。"甘泉先生持旧说"，恐是王阳明误解，想当然认为湛甘泉仍持朱子之旧说。⑤ 稽之甘泉著作，于朱熹，湛甘泉并无特别留心之处。至于其学术渊源，湛甘泉更与朱熹无特别勾连。"格物"说，可以说是在早期湛甘泉学术的视野之外，其从未认真思虑过，正可谓"不置一词"，然若说此"不置一词"就意味着"持肯定意见"⑥，未免牵强。在过度沉溺于己所发见的王阳明看来，他人皆持朱子旧说，求于外，即便知己好友湛甘泉亦不例

---

① （明）王守仁：《王阳明全集》，第45页。
② （明）王守仁：《王阳明全集》，第7页。
③ （明）王守仁：《王阳明全集》，第183页。
④ （明）王守仁：《王阳明全集》，第171页。
⑤ 陆世仪对湛甘泉不无訾议，但亦曾中允地云："阳明谓求之于外，此是阳明认错。"（清）陆世仪：《诸儒类》，《思辨录辑要》卷九。
⑥ 王文娟：《湛甘泉哲学思想研究》，第127页。

外。其实，这是王阳明不理解湛甘泉"人心与天地万物为体，心体物而不遗，认得心体广大，则物不能外矣"①的"大心"说，从而误解了湛甘泉的体物观。

湛甘泉自然不会认同王阳明对自己的误解，不过当时并未直接回应。甫一告别，于旅途中湛甘泉就致函王阳明，阐述自己对"格物"说的理解，以为自己辩白：

> 昨承面谕《大学》格物之义，以物为心意之所著，荷教多矣。但不肖平日所以受益于兄者，尚多不在此也。兄意只恐人舍心求之于外，故有是说。不肖则以为人心与天地万物为体，心体物而不遗，认得心体广大，则物不能外矣。故格物非在外也，格之致之之心又非在外也。于物若以为心意之著见，恐不免有外物之病，幸更思之。②

湛甘泉委婉地表达，龙江关之会，自己受益于王阳明颇多，然而于王阳明之"以物为心意之所著"却不敢苟同。湛甘泉一眼就看穿王阳明"格物"说用意所在：恐人泥于外而忽于内。在湛甘泉看来，以此訾议其学，恐有穿凿之处。从其"大心"出发，"心"不在内，物不在外，"心"与万物浑然一体。若体得本然"心体"廓然大公，则万物皆备于一己之"心"。物不在外，格物之"心"亦不在外。故在湛甘泉看来其学并非如朱学般泥于外。反戈一击，湛甘泉反而指责以物为"心意之著见"，恐倒有厌物之弊。

回到家乡增城，面对官场浑浊、诡谲，湛甘泉学其师陈白沙，致仕于乡，建西樵之舍，开始近十年的隐居生涯。在阳明"格物"说的触动下，此时甘泉开始关注《大学》"格物"说。正德十三年（1518）秋，湛甘泉再次致函王阳明，介绍其居乡期间对"格物"的所思所得：

> 所示前此支离之憾，恐兄前此未相悉之深也。夫所谓支离者，二之之谓也，非徒逐外而忘内，谓之支离，是内而非外者亦谓之支离，过犹不及耳。必体用一原，显微无间，一以贯之，乃可免此。仆在辛壬之前，未免有后一失，若夫前之失，自谓无之，而体用显微，则自癸甲以后自谓颇见归一，不知兄之所憾者安在也？③

---

① （明）湛若水：《先次与阳明鸿胪》，《泉翁大全集》卷八，第1页。
② （明）湛若水：《先次与阳明鸿胪》，《泉翁大全集》卷八，第1~2页。
③ （明）湛若水：《答阳明》，《泉翁大全集》卷八，第25页。

念念不忘的是王阳明对其学有支离之憾，湛甘泉就此指出此乃王阳明未能知悉其"大心"说。围绕支离，湛甘泉为自己进行辩护。逐外而遗内固谓支离，倾内而弃外同样不可不谓支离。内外分而离之，在湛甘泉看来，均可谓支离。尽管王阳明不再执泥于外而反观于内，阳明之学却如朱子之学般，同样陷入支离的窠臼，过犹不及。如何避免支离？湛甘泉自信地认为只有自己的"大心"说才能避免支离。在湛甘泉看来，己之"大心"说有三大特质：体用一原，显微无间，一以贯之。体为心，用为物，心物无二，体用一原；充塞为显，流行为微，充塞与流行皆一"气"运化，相契无间；一"气"运行，化生万物，生意贯注其间。信函中，湛甘泉亦坦承自己在辛壬①之前尚有类似王阳明执内忽外之流弊，然湛甘泉认为自己自癸甲②以来所见已与王阳明所见无差别，由是对于王阳明之所谓遗憾，湛甘泉不禁感慨不知所云。

在评述甘泉学术思想时，黄宗羲留意到湛甘泉、王阳明对"心"理解的差异，亦可以说这是对两人之间这一学术公案的一个评判：

> 先生（湛甘泉）以为心体万物而不遗，阳明但指腔子里以为心，故有是内而非外之诮。然天地万物之理，不外于腔子里，故见心之广大。若以天地万物之理，即吾心之理，求之天地万物，以为广大，则先生仍为旧说所拘也。③

显然黄氏未能公正地评判湛、王"心"说，而是明显地站在王学"心学"立场，袒护阳明"心"说，对甘泉"心"说不无偏见，以为甘泉"心"说仍拘泥于朱熹旧说。其时，黄氏如王阳明一般，未能体悟到甘泉"大心"说，故不免对甘泉"心"说持有误解。

此阶段与王阳明"格物"之争，使湛甘泉不仅留意于其时主流思想形态——朱学外向式弊端，而且留意于王阳明"心学"内倾式弊病。于是，湛甘泉两面作战，试图克服两面之弊端，这促成了其"内外合一"之学的形成。

上述就是湛甘泉与王阳明初次"格物"之辩。令人惋惜的是此次之辩缘起于王阳明误解湛甘泉守朱熹"旧说"，湛甘泉进而就此进行反驳，故此次"格

---

① 辛壬是概指，辛指辛酉年，弘治十四年（1501）；壬指壬戌年，弘治十五年（1502）。弘治十年（1497）湛甘泉致函陈白沙，首揭"随处体认天理"，这意味着此时湛甘泉已优入圣域。辛壬年间可以说湛甘泉刚刚踏入圣域。
② 癸甲亦是概指，癸指癸亥年，弘治十六年（1503），甲指甲子年，弘治十七年（1504），癸甲年间甘泉奉母命北上，入南京太学学习。
③ （清）黄宗羲：《明儒学案》，第876页。

物"之辩，只是阴差阳错之争辩，并未真正围绕"格物"的内涵而展开。

二　再次碰撞：知行之辩

随着时间的流逝，对于《大学》，湛甘泉的态度从最初的"不置一词"，演绎为认真思虑。经过深思熟虑，湛甘泉接受王阳明之劝告，采用古本《大学》。如在大科书院中，湛甘泉就如是教诲诸弟子："诸生读《大学》……至于切己用功，更须玩味古本《大学》。"① 一方面受制于思想背景的支援意识，湛甘泉在自己的思想体系下，重新诠释"格物"；另一方面，在此诠释过程中，湛甘泉亦接受古本《大学》诸说。

经过一段时间积淀后，湛甘泉很快就跳出"内外"之辩，形成自己的"格物"说。正德十四年（1519），湛甘泉撰成《古大学测》、《中庸测》，恰阳明弟子杨仕德回潮经西樵，便托杨仕德带一封信函于王阳明，信函中湛甘泉阐述了其对"格物"的初步思考：

> 格物之说甚超脱，非兄高明，何以及此！仆之鄙见大段不相远，大同小异耳。鄙见以为：格者，至也，格于文祖、有苗来格之格。物者，天理也，即言有物、舜明于庶物之物，即道也。格即造诣之义。格物者即造道也。知行并造，博学、审问、慎思、明辨、笃行，皆所以造道也。读书、亲师友、酬应，随时随处，皆求体认天理而涵养之，无非造道之功。……知至即孔子所谓闻道矣，故其下文以修身释格物，而此谓知之至，可征也。故吾辈终日终身只是格物一事耳。②

湛甘泉首先通过对阳明"格物"说的表彰以示认同其说。这一认同并非客套之语，而是基于同为"心学"，湛甘泉赞同"心学"立场下的阳明"格物"说。不过阳明对"心"的理解毕竟与甘泉"大心"说还有一定距离，于是湛甘泉将其"格物"说与阳明"格物"说定位为大同小异。接着，湛甘泉阐述自己的"格物"说与阳明的格物说在何种意义上"大同小异"。"格者，至也。"这显然是程颐式话语，程颐训"格"为"至"，湛甘泉沿袭此说，并引述"格于文祖、有苗来格之格"以说明之，此无甚新见。不过于"物"的理解上，湛甘泉则超越程颐训释，表现出一定的创见。

然后，湛甘泉还是回到自己的思想核心——"生"，在"生意"即"道"

---

① （明）湛若水：《大科书堂训》，《泉翁大全集》卷五，第15页。
② （明）湛若水：《答阳明》，《泉翁大全集》卷八，第28～29页。

的语境下训"物"为"理"。"道",就是"生意","生意"盎然于一"心"之内,贯穿于森罗万物间,故"道"不可分心事,不可言内外。"生意",在物为"道",在心则为"性"。因此,湛甘泉所谓的"格物",非朱子式向外求物之"理",而是反身向内,以发明己之本然"心体"为宗旨。这与甘泉"随处体认天理"之为学宗旨趋于一致。在此意义上,湛甘泉利用"格物"说进一步论证自己的理论宗旨——"随处体认天理","格物也者,体乎天之理而为言者也"①。在"心学"意义上,湛甘泉与王阳明是"大同"。在表达"大同"——共同的"心学"背景之后,湛甘泉表示自己与阳明"格物"说还存在"小异"。"小异"便是"知行并造"。

倡导"知行并造",这是湛甘泉有意对抗阳明"致良知"。王阳明倡言"良知","良知"重要特质之一就是自然会知:"知是心之本体。心自然会知:见父自然知孝,见兄自然知弟,见孺子入井自然知恻隐,此便是良知,不假外求。"② 善恶,在"良知"的照鉴下自然分辨。然在湛甘泉看来,借一颗"心"的灵明之知,尚不能够充分分辨善恶、确认"道体",职是之故,当"博学、审问、慎思、明辨"。"知行合一",王阳明以"知"代"行",将"行"完全归于"知";湛甘泉则除了倡导"知"外,还提倡"行"。"格物"即"造道",此本平淡无奇,湛甘泉却于其中诠释出新意。"造",湛甘泉释为"造诣","造诣"乃足迹所至之义③,意味着只有亲身践履,才能体贴到"道"。这显然是针对王阳明而言的。王阳明在"正心"意义上言"格物",这就将"格物"局限于一己之心内。湛甘泉敏锐地觉察到阳明之"弊端",于是将"造"训为"造诣",其目的就在于使"格物"跳出一己的内在心理活动,展现为道德践履。这与古本《大学》以"修身"训"格物"不无暗合,故湛甘泉自觉认同古本《大学》"格物"之"修身"说。有人问湛甘泉:"子之〔必主〕乎古本,何也?"答曰:"古本以修身申格致,其教人也,力〔身〕之也,非口耳之也。学者审其词焉,其于道〔斯〕过半矣。"④ 湛甘泉认同古本《大学》"格物"说,在很大程度上乃是认同古本《大学》从修身来言说"格物"。曾有门生问"何为格物",湛甘泉直语:"修身而已矣。"⑤ "知"乃是对"道"之知,"行"乃是知"道"而践之,故知、行均指向"道","道"即"理",故在甘泉看来,"造道"相应于自身宗旨——"随处体认天理"。"体认天理"

---

① (明)湛若水:《小瀛赠别序》,《泉翁大全集》卷十六,第24页。
② (明)王守仁:《王阳明全集》,第7页。
③ 王文娟:《湛甘泉哲学思想研究》,第133页。
④ (明)湛若水:《古大学测序》,《泉翁大全集》卷十六,第19页。
⑤ (明)湛若水:《樵语》,《泉翁大全集》卷一,第19~20页。

乃儒家之共法，湛甘泉"体认天理"之殊胜处在于"随处"。在"知"、"行"并"进"的过程中，湛甘泉进一步阐述"随处"之内涵，日用常行中，如读书、亲师友、酬应时，皆应将"天理"存于心中，不可须臾放逐。

不过，湛甘泉"知行并造"的内涵至此尚未得到完全揭示。"知"，如孔子所云"闻道"，这与《大学》以修身释"格物"相应，亦即"知之至"。"知之至"为"行"，此意味着"知"贯于"行"。

杨仕德将湛甘泉信函捎给王阳明，王阳明这样回复：

> 旬日前，杨仕德人来，领手教及《答子莘书》，具悉造诣用功之详。喜跃何可言！盖自是而吾党之学归一矣，此某之幸！后学之幸也！
>
> 来简勤勤训责仆以久无请益……其间所见，时或不能无小异，然吾兄既不屑屑于仆，而仆亦不以汲汲于兄者。正以志向既同，如两人同适京都，虽所由之途，间有迂直，知其异日之归终同耳。向在龙江舟次，亦尝进其《大学》旧本及格物诸说，兄时未以为然，而仆亦遂置不复强聒者，知兄之不久当自释然于此也。乃今果获所愿，喜跃何可言！①

尽管湛甘泉诸说不合于己，王阳明还是深感欣慰，原委在于湛甘泉终于认同其古本《大学》说。当初于龙江关，王阳明向甘泉推介古本《大学》，甘泉不以为然，王阳明便不再强人所难，然而还是坚信甘泉不久的将来定会认同古本《大学》，而今甘泉果然如此。于此，王阳明不禁深感欣慰。

经过这次信函来往，湛甘泉、王阳明"格物"思想再次发生碰撞，不过相对于上次碰撞的主体是王阳明，这次碰撞的主体是湛甘泉。湛甘泉主动向王阳明言及其"格物"思想。湛甘泉亦坦承通过对"格物"的思虑，"知"、"行"进入其视域，这对其思想的展开有很大促进作用：

> 吾年五十而后学渐得力，盖从前未曾深加致知之功，虽力行涵养而未能真知，是以未能无惑也。始知博学、审问、慎思、明辨、笃行，阙一不可。是故大学之教，必知止而后有定，譬如夜行无烛，其心眩惑，安能直前？②

尽管早在弘治十年（1497）湛甘泉便已优入圣域，湛甘泉却自述其至

---

① （明）王守仁：《王阳明全集》，第194～195页。
② （明）湛若水：《知新后语》，《泉翁大全集》卷三，第13页。

五十岁①为学方有得力处。得力具体原委在于"知"、"行"的介入使其思想更具方向性。"知"、"行"是"格物"思想的重要内涵之一,故此次争辩已涉及"格物"思想本身。

三 最后的相争:"心"之内涵分歧

又经若干年的思虑,湛甘泉的"格物"思想已臻于成熟。成熟的"格物"思想已溢出"心学"范畴,渗透进甘泉思想整体体系,特别是工夫论体系。湛甘泉发觉王阳明工夫与其工夫有根本分歧,由是湛甘泉认为其与阳明的"格物"思想已无法用"大同小异"来定位,即两者"格物"思想的异已超过同。基于此,正德十六年(1521)六月,湛甘泉再次致函王阳明,通过批驳的方式——阳明"格物"说不可采者有四,以彻底"清算"阳明"格物"说:

> 盖兄之格物之说,有不敢信者四。自古圣贤之学,皆以天理为头脑,以知行为工夫,兄之训格为正,训物为念头之发,则下文诚意之意,即念头之发也,正心之正即格也,于文义不亦重复矣乎?其不可一也。又于上文知止能得为无承,于古本下节以修身说格致为无取,其不可二也。兄之格物训云:"正念头也。"则念头之正否,亦未可据。如释、老之虚无,则曰"应无所住而生其心",无诸相无根尘,亦自以为正矣。杨墨之时皆以为圣矣,岂自以为不正而安之,以其无学问之功,而不知其所谓正者乃邪,而不自知也。其所自谓圣,乃流于禽兽也。夷、惠、伊尹,孟子亦以为圣矣,而流于隘与不恭而异于孔子者,以其无讲学之功,无始终条理之实,无智巧之妙也。则吾兄之训徒正念头,其不可三也。论学之最始者,则说命曰:"学于古训,乃有获。"周书则曰:"学古入官。"舜命禹则曰:"惟精惟一。"颜子述孔子之教则曰:"博文约礼。"孔子告哀公则曰:"学、问、思、辨、笃行。"其归于知行并进,同条共贯者也。若如兄之说,徒正念头,则孔子止曰"德之不修"可矣,而又曰"学之不讲",何耶?止曰"默而识之"可矣,而又曰"学而不厌"何耶?又曰「信而好古敏求者」何耶?子思止曰"尊德性"可矣,而又曰"道问学"者何耶?所讲、所学、所好、所求者何耶?其不可四也。②

---

① 正德十年(1515),湛甘泉五十岁。该年母亲去世,湛甘泉扶柩南归,王阳明将其"格物"说言于湛甘泉,而湛甘泉认为得力于该年,尽管不可以将湛甘泉得力的原委完全归于王阳明的"格物"说,不过得力于"格物"说还是有充分理由的。

② (明)湛若水:《答阳明王都宪论格物》,《泉翁大全集》卷九,第9~10页。

湛甘泉毫不客套地指出其不敢认同阳明"格物"思想之原因有四。其一，阳明"格物"说不符合圣学标准。圣学标准，在湛甘泉看来，以"天理"为头脑，以"知""行"并进为工夫。王阳明解"格"为"正"，训"物"为"念头"，这与古本《大学》下文"正心"文意重叠。这一文意重叠说明王阳明只有"知"而无"行"，违背"知""行"并进工夫法门。其二，湛甘泉不仅指出王阳明将"格物"训为"正念头"，与古本《大学》下文"正心"文意重叠，还点出"格物"这一训释与古本《大学》上文"知止能得"无所承接，与下节以"修身"释"格物"又存在扞格。其三，训"格物"为"正念头"，然"念头"之正与否无依据。释、老主张虚无，倡导"应无所住而生其心"，自以为正确，实乃舛误。其四，古之论学，皆倡"知""行"并进，而王阳明独倡"正念头"，此乃古之论学中之"知"部分，于"行"之部分则遗忘了。

约言之，湛甘泉对阳明"格物"不满的根源在于王阳明将"格物"训为"正念头"。在这一训释的过程中，王阳明将其工夫法门完全归于"正念头"。"正念头"，在湛甘泉看来，只可涵盖"知"，却无法包含"行"，这便与"知""行"并进的圣学工夫法门相背离。笔者认为，湛甘泉这一批驳，还是基于其对阳明思想的误解。在王阳明看来，"一念发动处，便即是行了"①，"正念头"本身已蕴含"行"，并不存在湛甘泉所谓与"知""行"并进的圣学工夫法门相背离的现象。

在批驳阳明"格物"说四不可之后，湛甘泉信心满满地宣说自己的"格物"说可采者有五：

> 若仆之鄙说似有可采者五。训格物为"至其理"，始虽自得，然稽之程子之书，为先得同然，一也。考之章首"止至善"，即此也，上文"知止、能得"为知行并进，至理工夫，二也。考之古本下文，以修身申格致，为于学者极有力，三也。大学曰："致知在格物。"程子则曰："致知在所养，养知在寡欲。"以涵养寡欲训格物，正合古本以修身申格物之旨为无疑，四也。以格物兼知行，其于自古圣训学、问、思、辨、笃行也，精一也，博约也，学古、好古、信古也，修德、讲学也，默识、学不厌也，尊德性、道问学也，始终条理也，知言养气也，千圣千贤之教为不谬，五也。②

---

① （明）王守仁：《王阳明全集》，第 109～110 页。

② （明）湛若水：《答阳明王都宪论格物》，《泉翁大全集》卷九，第 10 页。

王阳明通过训释学的方式以展开"格物"思想，湛甘泉亦遵循相同的运思路线。首先，湛甘泉将"格物"训为"至其理"。湛甘泉认为这虽是其自我得之，但稽之二程之书，若合符节。其次，湛甘泉进而将《大学》章首"止至善"训释为"至其理"。"格物"前所云"知止"、"能得"所指向的就是"知""行"并进，在"知""行"并进中便可臻于"至理"。再次，以"修身"释"格物"。以"至其理"训"格物"，乃就"格物"宗旨而言；以"修身"训"格物"，则是就学者为学下手工夫而言。以"修身"训"格物"，乃古本《大学》训释，然在程朱理学一统的学术背景下，宋明以降，学人有选择性地遗忘了这一训释。经王阳明之指引，湛甘泉回归古本《大学》。在这一回归过程中，湛甘泉留意到这一训释，并且坚持这一训释。湛甘泉为何坚持这一古训？在笔者看来，有两个方面的原委。第一，这一训释的宗旨如阳明将"格物"训为"正念头"的宗旨一般，在于将程朱理学"格物"的外向性方向扭转为内在性，趋于本然"心体"。第二，相对于"正念头"之训释，"修身"无疑更为笃实。又次，《大学》云"致知在格物"，明道以"致知在所养，养知在寡欲"释之，湛甘泉认为其与古本《大学》以"修身"释"格物"不谋而合。最后，意犹未尽，湛甘泉还是回到圣学的标准是"知""行"并进，指出"格物"包含"知"、"行"两个方面的含义，古训学、问、思、辨、笃行，精一，博约，修德、讲学，尊德性、道问学等皆指证这一圣学标准。

约言之，通过批驳阳明"格物"说四不可，宣扬其"格物"说五可，湛甘泉总结其与阳明思想之根本之别在于工夫。在湛甘泉看来，阳明工夫体系中只有"知"，没有"行"，职是之故，尚不够圆融；而湛甘泉自己则"知"、"行"并倡，由是其工夫乃圆融之工夫法门。

湛甘泉对于阳明"格物"说的态度不可谓不果决，其批驳不可谓不峻激。形成鲜明对比的是，王阳明倒心平气和，在阅览此函件后，如是回函：

> 世杰来，承示《学庸测》，喜幸喜幸。中间极有发明处，但于鄙见尚大同小异耳。"随处体认天理"是真实不诳语，鄙说初亦如是，及根究老兄命意发端处，却似有毫厘未协，然亦终当殊途同归也。修齐治平，总是格物，但欲如此节节分疏，亦觉说话太多。且语意务为简古，比之本文反更深晦，读者愈难寻求，此中不无亦有心病。①

对于湛甘泉近作《学庸测》，王阳明欣然认同，认为该作不无发明之处，与其

---

① （明）王守仁：《王阳明全集》，第 202 页。

所见大同小异。"随处体认天理"亦是真实无诳之语，王阳明自己初见亦不外乎此。然从学问根究处审视，王阳明还是认为其与湛甘泉存在不可妥协之处。不过王阳明还是坚信这无碍于其与甘泉殊途同归。信末，王阳明不禁为自己"格物"说进行回护。王阳明指出修、齐、治、平可归于"格物"一处。节节分疏，反而有两大弊端：一是太过烦琐，二是更加晦涩。于此间，读者愈加难以寻觅到其中的奥义，并可能引起心中的懊恼。

这一次王阳明与湛甘泉的"格物"之辩，围绕工夫论而展开。这就是说，湛甘泉、王阳明此次"格物"之辩是两人工夫论的直接对话、交锋。通过这次对话、交锋，"格物"思想成为甘泉思想体系的重要一翼，湛甘泉甚至视之为"圣学一大头脑"①。

总而言之，正是在与王阳明的论辩中，"格物"方进入湛甘泉的视域，并且通过不断深入的辩论，甘泉的"格物"思想方不断地丰盈。正如王文娟所云，甘泉的"格物"思想随着与"王阳明的讨论的层层深化而展开"②。从"格物"之辩，湛甘泉获益良多，王阳明亦不外乎此。然而湛甘泉与王阳明"格物"之辩的意义尚不止于此。通过"格物"之辩，湛甘泉、王阳明二人的思想各自得到演绎，从而使两人的思想内涵得到充分彰显并不断完善。

第三节　后期交涉："必有事"与"勿忘勿助"的工夫之争

王阳明晚年工夫论可以归纳为"致良知"。"是年先生始揭致良知之教。"③这里的"是年"指的是正德十六年（1521），时王阳明年五十。王阳明这样评述"致良知"：

> 吾"良知"二字，自龙场已后，便已不出此意，只是点此二字不出，于学者言，费却不少辞说。今幸见出此意，一语之下，洞见全体，真是痛快，不觉手舞足蹈。④

早在"龙场"悟道之后，王阳明便体悟到"良知"，只是无法以明确的言语来表达。宸濠、忠泰之变，王阳明动其心、忍其性，"本然心性"又一次触

---

①　（明）湛若水：《泗州两学讲章》，《泉翁大全集》卷十二，第15页。

②　王文娟：《湛甘泉哲学思想研究》，第117页。

③　（明）王守仁：《王阳明全集》，第1411页。

④　（明）王守仁：《王阳明全集》，第1747页。

发。在这一情境中，多年欲语而又无从说起的"良知"终于脱口而出，这正式标示其教的核心为"致良知"。"致良知"的提出，意味着阳明思想的最终成熟以及工夫论的最终定型。王阳明将"致良知"定位为"圣门正法眼藏"①，这就意味着揭示"致良知"之教后，王阳明以"致良知"为天下之正教、学之正统，他教、他学皆不入其法眼。在此自负的情绪下，王阳明依据"致良知"，批评甘泉的工夫法门——"勿忘勿助"。当此之时，湛甘泉思想已趋于成熟，"勿忘勿助"工夫法门亦臻于完善。对于王阳明的批评，湛甘泉自然不能认同，奋起为自己的工夫论辩护。

如上所述，"勿忘勿助"源于孟子对"集义"的阐述："必有事焉而勿正，心勿忘，勿助长也。"（《孟子·公孙丑上》）在这一语境下，"致良知"相应于"必有事"。因此，湛甘泉、王阳明晚年之争便围绕"勿忘勿助"与"必有事"（"致良知"）而展开。王阳明、湛甘泉两人晚年工夫论之间的不可调和导致王阳明、湛甘泉之间的关系由中期的相争相辩阶段进入晚期的话不投机阶段。

一　相争的缘起与以"致良知"为主导的体认工夫论

"勿忘勿助"与"必有事"之争源起于王阳明致聂文蔚的一封信函：

来书所询，草草奉复一二：近岁来山中讲学者，往往多说"勿忘勿助"工夫甚难。问之则云："才着意便是助，才不着意便是忘，所以甚难。"区区因问之云："忘是忘个甚么？助是助个甚么？"其人默然无对。始请问。区区因与说，我此间讲学，却只说个"必有事焉"，不说"勿忘勿助"。"必有事焉"者，只是时时去"集义"。若时时去用"必有事"的工夫，而或有时间断，此便是忘了，即须"勿忘"。时时去用"必有事"的工夫，而或有时欲速求效，此便是助了，即须"勿助"。其工夫全在"必有事焉"上用，"勿忘勿助"只就其间提撕警觉而已。若是工夫原不间断，即不须更说"勿忘"；原不欲速求效，即不须更说"勿助"。此其工夫何等明白简易！何等洒脱自在！今却不去"必有事"上用工，而乃悬空守著一个"勿忘勿助"，此正如烧锅煮饭，锅内不曾渍水下米，而乃专去添柴放火，不知毕竟煮出个甚么物来。吾恐火候未及调停，而锅已先破裂矣。近日一种专在"勿忘勿助"上用工者，其病正是如此。终日悬空去做个"勿忘"，又悬空去做个"勿助"，漭漭荡荡，全无实落下手处；究竟工夫只做得个沉空守寂，学成一个痴騃汉，才遇些子事来，即便牵滞纷

①　（明）王守仁：《王阳明全集》，第1411页。

扰，不复能经纶宰制。此皆有志之士，而乃使之劳苦缠缚，担阁一生，皆由学术误人之故，甚可悯矣！

夫"必有事焉"，只是"集义"。"集义"只是"致良知"。说"集义"则一时未见头脑，说"致良知"即当下便有实地步可用功。故区区专说"致良知"，随时就事上致其良知，便是"格物"；著实去致良知，便是"诚意"；著实致其良知而无一毫意必固我，便是"正心"。著实致良知，则自无忘之病；无一毫意必固我，则自无助之病：故说格、致、诚、正则不必更说个忘助。孟子说忘助，亦就告子得病处立方。告子强制其心，是助的病痛，故孟子专说助长之害。告子助长，亦是他以义为外，不知就自心上"集义"，在"必有事焉"上用功，是以如此。若时时刻刻就自心上"集义"，则良知之体洞然明白，自然是是非非纤毫莫遁，又焉有"不得于言，勿求于心；不得于心，勿求于气"之弊乎？孟子"集义"、"养气"之说，固大有功于后学，然亦是因病立方，说得大段，不若《大学》格、致、诚、正之功，尤极精一简易，为彻上彻下，万世无弊者也。①

该信函撰于嘉靖七年（1528）十月②，距阳明去世仅一月余。在此意义上，海外阳明学大家陈荣捷将其定位为"绝笔之书"③。

信函开端，王阳明谈到有从外地前来求学者，向其抱怨"勿忘勿助"工夫甚难。王阳明询问缘由。求学者说，才有意做之就是"助"，才不用心便是"忘"，所以难以下手。王阳明并未直接回答，而是反问："忘是忘个甚么？助是助个甚么？"求学者讶然，不知如何应答。王阳明这才正式回应诸人所问：我闲时所教之法，只说"必有事焉"，而不说"勿忘勿助"。在"必有事焉"工夫中，时或间断，便是"忘"，此时需"勿忘"；若欲求速效，有所期待，便是"助"，此时需"勿助"。所以只要在"必有事"上用功便可，所谓"勿忘勿助"工夫，只是于这一工夫过程中须臾提撕警觉而已。假若"必有事"工夫未尝间断，那么就不必提"勿忘"；"必有事"工夫未尝求速效，那么亦不必提"勿助"。"必有事"工夫何等简洁明了！在"必有事"与"勿忘勿助"之间，王阳明显然强调"必有事"，他认为"勿忘勿助"只是对"必有事"必要的补充。为了说明"必有事"工夫的重要性以及"勿忘勿助"工夫的可有可无性，王阳明用了一个形象的比喻：烧锅煮饭，锅内未曾放水下米，却去添

---

① （明）王守仁：《王阳明全集》，第93~95页。
② （明）王守仁：《王阳明全集》，第1460页。
③ 〔美〕陈荣捷：《王阳明〈传习录〉详注集评》，重庆出版社，2017，第214页。

柴烧火，恐怕火候未调好，锅已被烧裂。近日专在"勿忘勿助"用功者，其病正如此。在王阳明看来，整天悬空做"勿忘"工夫，或整天悬空做"勿助"工夫，均"漭漭荡荡"，实未曾有所得。一遭遇现实，便纷扰困惑不已，不能应事裕如。尽管从事"勿忘勿助"者可谓有志之士，然而不免劳顿一生，一事无成。此皆空头学术误人，可怜可悲！

王阳明以"致良知"诠释孟子之"必有事"。在此诠释下，原本一时未见头脑的"集义"便有着实可用功之处。王阳明还用"致良知"来诠释"格物"、"诚意"、"正心"诸概念，将诸种工夫归纳于"致良知"法门之下，并认为由此便可克服"忘"、"助"之病。所以说"格、致、诚、正"就可，而不必画蛇添足，再说"忘"、"助"。于此，王阳明对"勿忘勿助"的不满转化为对孟子"集义"、"养气"思想本身的质疑。在王阳明看来，孟子之所以提及"忘"、"助"，是就告子义外之病所开之药方而已。孟子"集义"、"养气"之说，固然有功于后学，然而因为是因病立方之说，强聒多句，尚不如《大学》"格、致、诚、正"简易明了，彻上彻下，万世无弊。

批驳完"勿忘勿助"，王阳明继而批评聂文蔚为学未能专一。意犹未尽，王阳明再次指出："近时悬空去做勿忘勿助者，其意见正有此病，最能担误人，不可不涤除耳。"[1]

对"勿忘勿助"的訾议非王阳明一时兴起，实是有感而发，有所针对。他所针对的"山中讲学者"不是别人，就是曾经的志同道合者——湛甘泉。前来求学者可能曾就学于湛甘泉门下，湛甘泉教之以"勿忘勿助"，学无所得乃转学于阳明门下，并有上述之问。王阳明定风闻甘泉"勿忘勿助"之教，故对聂文蔚才有此番议论。

这一时期，除了在致聂文蔚的信函中，王阳明还在致弟子邹守益的信函中，再次主动提及甘泉工夫法门——"勿忘勿助"。在该信函中，王阳明将其工夫法门——"致良知"与甘泉工夫法门——"勿忘勿助"进行了比较："随处体认天理，勿忘勿助之说，大约未尝不是，只要根究下落，即未免捕风捉影。纵令鞭辟向里，亦与圣门致良知之功尚隔一尘。若复失之毫厘，便有千里之缪矣。"[2] 在整体认同甘泉"随处体认天理"、"勿忘勿助"工夫法门的同时，王阳明亦指出甘泉"随处体认天理"、"勿忘勿助"未能把握到为学的根究处，因此未免捕风捉影。为学的根究处，在王阳明看来，便是知是知非的"良知"。从"致良知"的向度来审视，"随处体认天理"、"勿忘勿助"固然向内用功，

---

① （明）王守仁：《王阳明全集》，第98页。
② （明）王守仁：《王阳明全集》，第1461页。

然而与王阳明为学的根究处——"致良知"之学还是有细微的差别。正是由于这一细微的差别，"随处体认天理"、"勿忘勿助"才与"致良知"分道扬镳，成为两种工夫法门。

约言之，王阳明在确立了"致良知"工夫主旨后，将儒家诸理论皆纳入"致良知"体系来阐释。"必有事焉而勿忘勿助"亦不外乎此。"必有事"乃"致良知"的另一种表述方式，根本工夫法门还是"致良知"。直下体认"良知"后，"一是百是"①，故无所谓"忘"，亦无所谓"助"。在"致良知"的视域下，"勿忘勿助"多此一举，并可能误导后学。将"必有事焉而勿忘勿助"置于宋明理学体认、涵养工夫脉络来审视，"必有事"属于"体认"一脉，"勿忘勿助"则属于涵养一脉。"致良知"是就"体认"而言，王阳明以"体认"主导、引领涵养，"良知"之体认乃是第一位的，"良知"之涵养则等而次之。作为涵养方式的"勿忘勿助"自然不入王阳明法眼，不被其所重视亦在情理之中。②

二　以"勿忘勿助"为主轴的涵养工夫论

尽管王阳明在致弟子的私人信函中表达了其对甘泉工夫法门——"勿忘勿助"的不满，然而不论是聂文蔚还是邹守益，均与湛甘泉时有书信往来，互通信息。通过聂文蔚、邹守益，湛甘泉必然知悉王阳明对其工夫法门——"勿忘勿助"的不满。对此不满，湛甘泉必然要有所回应。

在具体阐述湛甘泉的回应之前，还是先审视湛甘泉"勿忘勿助"工夫法门的来源。

湛甘泉"勿忘勿助"工夫法门源于其业师陈白沙。《孟子》在有宋升格为儒学基本经典之一，"集义"随之进入学人的视野。不过其时学人多言"必有事"，唯程颢语及"勿忘勿助"。至明中叶，陈白沙承程颢之绪，倡言"勿忘勿助"："舞雩三三两两，正在勿忘勿助之间。"③ 湛甘泉早年就学于白沙门下，陈白沙曾以《孟子》"必有事"一节相授。湛甘泉得悟"必有事"一节之奥秘，从而揭示"随处体认天理"之工夫法门。陈白沙"深然之"——"著此一鞭，何患不到古人佳处也"④，并以衣钵相授。早年湛甘泉以"随处体认天

---

① （明）王守仁：《王阳明全集》，第39页。

② 饶有趣味的是，刘宗周如是评价王阳明该段话语："致良知只是存天理之本然。"［（明）刘宗周：《刘宗周全集》第五册，第19页］刘宗周似乎欲调和王阳明、湛甘泉工夫论之间的差异。

③ （明）陈献章：《与林郡博》（七），《陈献章集》卷二，第217页。

④ （明）湛若水：《答问》，《甘泉先生续编大全》卷二十八，第7页。

理"为自己的工夫法门，并经此工夫，优入圣域。可是"随处体认天理"毕竟只是为学的大头脑，至于如何具体体认"天理"，尚待"勿忘勿助"作为工夫法门。假若"必有事"落实为体认，那么"勿忘勿助"则落实在涵养。随着时间的推移、思想的成熟，湛甘泉愈来愈着意于"勿忘勿助"，希冀于从容不迫中涵养出个"天理"。在此过程中，"必有事"逐渐淡出湛甘泉思虑的中心地带，他的工夫论围绕"勿忘勿助"而展开。对于"勿忘勿助"，湛甘泉信心满满，以之为圣学不二工夫法门。风闻王阳明訾议"勿忘勿助"工夫法门，湛甘泉一再为自己辩白。

王阳明在劳顿的旅途中，基于其工夫法门——"致良知"，对昔日同志湛甘泉工夫法门——"勿忘勿助"有所訾议。湛甘泉其时为宦于南畿，南畿远离政治中心，多是闲职。闲暇之余，湛甘泉讲学于新泉书院。王阳明对湛甘泉"勿忘勿助"的訾议传至新泉书院后，湛甘泉与弟子不断就"必有事"与"勿忘勿助"进行探讨。

弟子王元德受王阳明影响，从王阳明之立意诘问湛甘泉：

> 本体功夫，只是一真切，如乍见孺子入井，怵惕恻隐之心，□□良知良能之心，是其真也，随处只是一个天□本来真切之心，随感而发而存存焉，[过] 了一毫便不可，忽了一毫便不可，此之谓勿忘勿助之间，乃真切之至也。今之为勿忘勿助之学者，吾惑焉！率不得真切之体，而徒漫焉为之，是恶得为勿忘勿助之学？愚欲以是箴时弊，可否？①

王元德的思路一如王阳明，认为为学当先体认后涵养。体认得真切，然后以"勿忘勿助"涵养之。若体认不到真切之"天理"，茫然为之，"勿忘勿助"之学怎能成立？王元德认为唯此才能规诫为学之时弊。

面对王元德的诘问，湛甘泉如是辩解：

> 须于勿忘勿助之间停停当当，乃见真切，真切即天理本体也。今乃反于真切上求勿忘勿助之功，则所谓真切者，安知不为执滞之别耶？安知不为助长耶？吾非不传，子自不习，于勿忘勿助、体认天理之功，尚未见真切，未见得力，乃欲以箴时之弊，是反戈也。②

---

① （明）湛若水：《新泉问辨续录》，《泉翁大全集》卷七十四，第24页。
② （明）湛若水：《新泉问辨续录》，《泉翁大全集》卷七十四，第24页。

于"勿忘勿助之间",坦坦荡荡,自能体认真切,而真切就是"天理"。可是今日一些学人却于真切上反求"勿忘勿助"之效,真切因而滑落为执滞,可能不知不觉中就犯了助长之弊。湛甘泉不禁感慨,其学非其不传授,而是王元德自己未曾习得。针对王元德自信地认为先体认后涵养可规诫为学之时弊,湛甘泉指出王元德未能真切地把捉到"勿忘勿助"、"体认天理"之三昧,而欲规诫其时为学之弊,可能适得其反。

当然,亦有不少弟子赞同湛甘泉观点,门人津如是说:

> 鸢飞鱼跃,活泼泼地,学者用功,固不可不识得此体。若一向为此意担阁,而不用参前倚衡的功夫,终无实地受用,须是见鸢飞鱼跃的意思,而用参前倚衡功夫,虽用参前倚衡的功夫,而鸢飞鱼跃之意自在,非是一边做参前倚衡的功夫,一边见鸢飞鱼跃的意思,乃是一并交下,惟程明道谓:"必有事焉而勿正心,勿忘勿助长,未尝致纤毫人力。"最尽。①

津认为其时学人多沉溺于鸢飞鱼跃之"生"意,从而无视参前倚衡之随处工夫。在津看来,正确的工夫法门,乃在用参前倚衡之随处工夫的同时,亦不忘鸢飞鱼跃之"生"意。这就是说,用参前倚衡之随处工夫,鸢飞鱼跃之"生"意便宛然而在。二者是同时并进、交互影响的关系。此交互关系,明道之"必有事焉而勿正心,勿忘勿助长,未尝致纤毫人力"说得最为妥帖。

津不反对鸢飞鱼跃之"生"意流行于心间,而是警惕沉溺于此"生"意就可能导致认欲为理。故津提倡在"生"意流行于心间的同时,亦不忘参前倚衡的工夫。

对于津的观点,湛甘泉深以为然,进而如是评述:

> "鸢飞鱼跃"与"参前倚衡"同一活泼泼地,皆察见天理功夫,识得此意而涵养之,则日进日新,何担阁之云?不可分为二也。所举明道"必有事焉勿正,勿忘勿助,元无丝毫人力"之说最好。勿忘勿助中间,未尝致丝毫人力,乃必有事焉之功夫的当处。朱传"节度"二字最好,当此时节,所谓"参前倚衡",所谓"鸢飞鱼跃"之体自见矣。阳明谓勿忘勿助之说为悬虚,而不知此乃所有事之的也,舍此则所有事无的当功夫,而所事者非所事矣。②

---

① (明)湛若水:《新泉问辨录》,《泉翁大全集》卷六十九,第8~9页。
② (明)湛若水:《新泉问辨录》,《泉翁大全集》卷六十九,第8~9页。

在整体赞同津的观点的基础上，湛甘泉进行了部分修正，主要体现在将鸢飞鱼跃从工夫后的效应转移至工夫层面，这便与参前倚衡处于同一层面。假若说参前倚衡是就身边的伦常而言，那么鸢飞鱼跃是就周遭的自然而言。在湛甘泉看来，周遭的自然与身边的伦常均流淌着生生之意，就此便可体察到生生之"天理"。在体察到生生之"天理"后，当继而涵养之，人之德性方能日进日新。若如此用功，则不会存在所谓认欲为理的问题。这就是说，在湛甘泉看来，工夫的全部内涵包含体认、涵养。在指出工夫全部内涵后，甘泉还提示体认与涵养不可截然二分，而应一时俱在。湛甘泉认可津所引用程颢"必有事焉勿正，勿忘勿助，元无丝毫人力"以表述体认与涵养的一时俱在性，不过津引用此句后便戛然而止，湛甘泉则从中捻出"勿忘勿助"，继而发挥之。"勿忘勿助"之妙处，在于未尝致丝毫人力，亦达"必有事"之功。在这一表述中，甘泉以"勿忘勿助"将体认、涵养打并为一，进而赞同朱熹以"节度"来诠释"勿忘勿助"。在"勿忘勿助"这一为学过程中，所谓"参前倚衡"、"鸢飞鱼跃"之体澄然呈现于心间。在表彰"勿忘勿助"之功后，王阳明对其"勿忘勿助"的訾议又一次浮上心头，甘泉亦不忘对此做出回应。王阳明以"勿忘勿助"为虚悬高蹈，却不知"勿忘勿助"正是"所有事"之功。舍"勿忘勿助"，"所有事"无恰当之工夫，则所事者皆非所事。

津意识到，为学宗旨与为学具体法门之间有内在关联，这就是程颢"必有事焉而勿正心，勿忘勿助长，未尝致纤毫人力"。对于津之体悟，湛甘泉表示认同。与此同时，湛甘泉抓住津言而又止的程颢之语，简练为"勿忘勿助"。在"勿忘勿助"中，达"所有事"之功，识生生之意。

假若说津从反面阐述若无"勿忘勿助"则会产生怎样的后果，那么子嘉则从正面阐明若从"勿忘勿助"出发则有何效益，并以此就教于湛甘泉：

> 程子曰："勿忘勿助之间，乃是正当处。"正当处即天理也，故参前倚衡与所立卓尔，皆见此而已。必见此而后可以语道。或以为勿忘勿助之间乃虚见也，须见天地万物一体，而后为实见。审如是，则天地万物一体与天理异矣。人惟不能调习此心，使归正当，是以情流私胜，常自扞格，不能体天地万物而一之。若能于勿忘勿助之间，真有所见，则物我同体在是矣。或于此分虚实者，独何与？故图说曰："性者，天地万物一体者也；心也者，体天地万物而不遗。"舍勿忘勿助之间，何容力乎？①

---

① （明）湛若水：《新泉问辨录》，《泉翁大全集》卷六十九，第10～11页。

子嘉从程颢"勿忘勿助之间，乃是正当处"说起，认为"勿忘勿助"便可至"正当处"，此"正当处"便是"天理"，这与参前倚衡、所立卓尔异曲同工。可有些学人并不认同"勿忘勿助"这一工夫法门，以之所见为虚，认为体察到天地万物为一体才可谓实有所见。子嘉不敢苟同于这一观点，认为若如是，则将天地万物一体与"天理"判然为二。子嘉还是坚持以"涵养"之法趋于"天理"。这里，子嘉采用的是正反两面的论证方式。从反面而言，若未能调习此心，使之归于正，则情意流肆而私欲流行，心存扞格，世间万物自不能纳于一心之内。从正面而言，若于"勿忘勿助"间能体认真切，则物我浑然。子嘉不禁感慨：涵养以趋于"天理"，何虚之有？结束处，子嘉再次申明舍"勿忘勿助之间"，无用力之处。

接着子嘉的话语，湛甘泉继续发挥：

> 惟求心必有事焉，而以勿助勿忘为虚，阳明近有此说，见于与聂文蔚侍御之书，而不知勿正勿忘勿助，乃所有事之功夫也。求方圆者必于规矩，舍规矩则无方圆，舍勿忘勿助，则无所有事而天理灭矣。下文"无若宋人然"，"非徒无益而又害之"，可见也。不意此公聪明，未知要妙，未见此光景，不能无遗憾。可惜！可惜！勿忘勿助之间，与物同体之理见矣，至虚至实须自见得。①

湛甘泉心知肚明是自己昔日的"同志"——王阳明以"必有事"为实而以"勿忘勿助"为虚，并且亦知其出处。湛甘泉自不会认同王阳明对其訾议，坚持认为"勿正勿忘勿助"即"必有事"之工夫。这就是说，在湛甘泉看来，"勿忘勿助"并非如阳明所云为虚见。为了证明"勿忘勿助"工夫实有所见，湛甘泉从规矩的向度来加以回护。欲求方圆，必有规矩，舍规矩则无方圆。同理，舍"勿忘勿助"则"必有事"不知何向，"天理"亦不知何求。于是湛甘泉不禁感叹：王阳明此等聪慧者，竟亦未知"勿忘勿助"之要妙，未能领会"勿忘勿助"之光景，不能不有所遗憾。"勿忘勿助之间"，浑然与物同体，体会于此，虚与实之间自能辨析。

湛甘泉将"勿忘勿助"定位为工夫之规矩，这意味着循"勿忘勿助"，才实有用力之处；舍"勿忘勿助"，则无所着手之处。在此意义上，"勿忘勿助"是"必有事"的不二工夫法门。

"必有事"与"勿忘勿助"始终横梗于心间，在与弟子周道通的闲谈中，

---

① （明）湛若水：《新泉问辨录》，《泉翁大全集》卷六十九，第 10~11 页。

甘泉主动如是教诲:

> 必有事焉，乃吾终日所谓随处体认天理；勿正心勿忘勿助长，乃所有事之功夫规矩也，亦吾所谓体认天理之功夫规矩也。若舍勿忘勿助之功，而求必有事焉，则所事或过不及，不中不正而非天理矣。近日或有主必有事焉，而非勿正勿忘勿助之功也，不亦异乎？求有事于天理者，必勿忘勿助，譬之为方圆者，必以规矩。是方圆非规矩，可乎？[①]

湛甘泉将"必有事"等同于自己的工夫宗旨"随处体认天理"。"勿忘勿助"是"必有事"的规矩，"必有事"即"随处体认天理"，于是"勿忘勿助"亦成为甘泉"随处体认天理"的规矩。在此前提下，湛甘泉具体诠释了"勿忘勿助"为"必有事"规矩的内涵。"必有事"，所"事"可能过，可能不及，过抑或不及都会远离所"事"之宗旨——"天理"。这就是说，只有在"勿忘勿助"的指引下，所"事"才能趋于中正，从而发明"天理"。在阐明"勿忘勿助"是"必有事"之规矩后，甘泉不禁愤然于有学人主"必有事"，转而却訾议"勿忘勿助"。为了进一步阐明"勿忘勿助"是"必有事"之规矩，甘泉重述求方圆必以规矩，求有"事"必以"勿忘勿助"，进而反诘：舍规矩而求方圆，可得乎？

为了阐明"必有事"之先在性，王阳明列举了"烧锅煮饭"之例。为了回应王阳明这一事例，湛甘泉亦举了相似的例子：

> 必有事焉，此吾丹头真种子也；勿正勿忘勿助，乃吾之火候也。无火候是无丹也，非勿正勿忘勿助，是无所事也。[②]

湛甘泉将"烧锅煮饭"转换为道家之炼丹。"必有事"恰如炼丹之真种子——"丹砂"，"勿忘勿助"则对应火候。无恰当火候，"丹砂"不可炼成；若舍"勿忘勿助"，所"事"亦不可成。

王阳明利用"烧锅煮饭"以强调当先有米，有米才可"煮饭"。在炼丹之例中，除了如阳明般强调丹砂这一"真种子"外，湛甘泉还着意于炼丹之火候。这就是说，在体认"天理"层面，王阳明与湛甘泉并无分歧，在体认"天理"后，阳明与甘泉则趋于不同的路径。王阳明认为体认"天理"，致己之

---

① （明）湛若水：《新泉问辨录》，《泉翁大全集》卷六十九，第23页。
② （明）湛若水：《新泉问辨录》，《泉翁大全集》卷六十九，第23页。

"良知"后，则"一是百是"；湛甘泉则认为体认"天理"后，不可能"一是百是"，体认到的"天理"亦可能失去，故体认"天理"后还应涵养之。

弟子刘心赞成湛甘泉涵养工夫法门，并将自己的理解语于甘泉：

> 人心与天地万物为一体，是则然矣。但学者用功只当于勿忘勿助上著力，则自然见此心虚明之本体，而天地万物自为一体尔，故曰"立则见其参于前也，在舆则见其倚于衡也"，曰"古人见道分明"，曰"已见大意"，曰"见其大"，皆指见此心本体言之尔。若为学之始，而遽云"要见天地万物为一体"，恐胸中添一天地万物，与所谓守一中字者不相远矣。未知是否？①

在刘心看来，为学之宗旨固然是达成与万物浑然一体的境界，但欲臻于这一境界，当于"勿忘勿助"中用功。"勿忘勿助"，本然"心体"趋于虚明，于此际万物便呈于心。古圣所云"立则见其参于前也，在舆则见其倚于衡也"、"古人见道分明"、"已见大意"、"见其大"，皆指示众人于此用功。为学假若遽然以体察天地万物一体之意为入手处，恐是胸中横着数物，这与为学心中守一"中"殊途同归。

对于刘心为学所体，湛甘泉由衷赞同，说道："吾意正是如此。"接着刘心之话头，湛甘泉继续加以发挥：

> 勿忘勿助，心之中正处，这时节天理自见，天地万物一体之意自见。若先要见，是想象也。王阳明近每每欲矫勿忘勿助之说，惑甚矣。②

湛甘泉认为"勿忘勿助"是趋于万物浑然一体境界的不二工夫法门，若于此工夫法门前先立个万物浑然一体之意，便不免陷入想象之窠臼。王阳明对这一工夫法门却时时訾议，此可见阳明为学之惑。

湛甘泉将"勿忘勿助"视为自己独特的工夫法门，提倡在"勿忘勿助"从容不迫的涵养中体察到"天理"，这显然有别于王阳明直契心体、当下即是的"致良知"工夫法门。

直契式工夫法门，王阳明自诩乃圣门聪慧者法门。针对这一言论，湛甘泉在教诲弟子周克道时，故意以"聪明"作为话头，说道：

---

① （明）湛若水：《新泉问辨录》，《泉翁大全集》卷七十，第18~19页。
② （明）湛若水：《新泉问辨录》，《泉翁大全集》卷七十，第18~19页。

聪明圣知，乃达天德，故入道系乎聪明。然聪明亦有大小远近浅深，故所见亦复如此。曾记张东所谓："《定性书》静亦定、动亦是定，有何了期？"王阳明近谓："勿忘勿助，终不成事。"夫动静皆定，忘助皆无，则本自然，合道成圣，而天德王道备矣。孔、孟之后，自明道之外，谁能到此？可知是本习经历。二君亦号聪明，亦止如此。故人之聪明，亦有限量。①

湛甘泉基本上认同基于聪明，便可上达天德，与万物为一。尽管聪明圣知者可能有大小远近浅深之别，然而所见无外乎此。上达天德的方式无疑是"勿忘勿助"。为了维护"勿忘勿助"这一工夫法门，湛甘泉将王阳明对"勿忘勿助"的指责，比拟为自己同门张东所对程颢"动亦定，静亦定"的指责。明道在《定性书》中倡导"动亦定，静亦定"。基于其"自然"工夫法门，张东所认为："静亦定、动亦是定，有何了期？"同样基于自己的"致良知"，王阳明认为湛甘泉"勿忘勿助"终不会上达天德。基于为学经历，湛甘泉认为，孔、孟之后，唯程颢能上达天德。然而如张东所、王阳明这等聪颖者却仍然徘徊于明道工夫之外。在此意义上，对一己之私智，甘泉还是持保留态度。

晚年，湛甘泉、王阳明工夫论趋于定型，二人之间的交涉便围绕工夫论展开。王阳明之工夫法门可言为"致良知"，湛甘泉之工夫法门可谓"勿忘勿助"。王阳明认为工夫的机枢在于致心中一点"良知"、信心中一点"良知"，致而信心中一点"良知"，世间染污、心性尘埃则冰消雪融。湛甘泉并不否定致而信心中一点"良知"，只是认为"良知"可致，亦可失，故工夫的关键在于体认而涵养之。涵养的具体方式便是"勿忘勿助"，在从容不迫的涵养中，"生意"便畅然于心间。在此意义上，湛甘泉的"勿忘勿助"并非如王阳明所指责的那般悬空做工夫。日本学者东正纯亦不禁为湛甘泉打抱不平："甘泉岂悬空讲勿忘勿助者乎？"②

三 甘泉暮年：主动调和

天妒英才，嘉靖七年（1528）十一月，王阳明病逝。对于昔日同志的病逝，湛甘泉十分悲伤，越明年三月撰《奠王阳明先生文》③，深情款款地追忆

---

① （明）湛若水：《新泉问辨录》，《泉翁大全集》卷七十，第21～22页。
② 转引自〔美〕陈荣捷《王阳明〈传习录〉详注集评》，第215页。
③ （明）湛若水：《奠王阳明先生文》，《泉翁大全集》卷五十七，第15～17页。

其与王阳明交游、论学的一幕幕。与此相应，湛甘泉亦意识到尽管王阳明与其学术观点不尽相同，话不投机，然与己同道者唯阳明而已，于是一改与王阳明相争之风，转而主张调和两家学说。

嘉靖十一年（1532），阳明弟子钱绪山赴苏州任教授，就"教学之道"叩问于湛甘泉。有学人对此深表不解，认为钱绪山就学于阳明门下，深得阳明"良知"之说，又何必再就教于湛甘泉，且湛甘泉之学乃"天理"之学，与阳明"良知"之说不免有出入之处。面对此种谤议，湛甘泉如是回应：

> 无所安排之谓良，不由于人之谓天，故知之良者，天理也，孟氏所谓爱敬之心也，知良知之为天理，则焉往而不体？故天体物而不遗，理体天而不二，故良知必用天理，天理莫非良知，不相用不足以为知天。良知必用天理，则无空知；天理莫非良知，则无外求。①

湛甘泉以"自然"来沟通己之"天理"与阳明之"良知"。在"自然"的语境下，"良知"即"天理"，两者相互依存。"良知"依于"天理"，则"良知"所知非空知；"天理"依于"良知"，则本心自足，无待外求。在"天理"、"良知"的相互依存中，湛甘泉尽量淡化分歧，在求同存异中处理二者间的关系。

湛甘泉之所以调和与阳明之学的关系，与当时的政治背景不无关联。王阳明甫一去世，朝廷旋即有人谤议之，明世宗竟听从小人之谤议，嘉靖八年（1529）宣布阳明之学为伪学。② 这就意味着"心学"岌岌可危。唇亡齿寒，湛甘泉亦感到压力，与王学"抱团"，共同抵抗谤议，这也许是"心学"得以生存的最佳方式。

薛侃与王阳明亦师亦友，与湛甘泉时通音信，其向湛甘泉抱怨天下时人晓晓于湛甘泉"天理"之说，湛甘泉如是安慰：

> 前者良知之学亦已遭此，今日天理之学何怪其然？凡横逆之来，在我能善用之，反为进德之地。他山之石，可以攻玉，以玉攻玉，其能成之乎？静言思之，自反自责，大抵在吾同志尚有未协者，何怪乎其它？夫道至一无二者也，认得本体，则谓之良知亦可，谓之良能亦可，谓之天理

---

① （明）湛若水：《赠掌教钱君之姑苏序》，《泉翁大全集》卷二十二，第17页。
② 王阳明心学被訾为伪学，详见左东岭《王学与中晚明士人心态》，商务印书馆，2014。

亦可。①

在湛甘泉看来，时人非议其"天理"说，一如昔日时人訾议阳明之"良知"说，何足为怪。横逆之来，无动于心，反以之为进德之地，则横逆之来有助于吾辈成德成仁。湛甘泉进而反省，同道中人尚未能协同一致，他人非议又何以为怪？"道"一而已，若真能体认，则谓之"良知"亦可，谓之"良能"亦可，谓之"天理"亦可。面对外来非议，湛甘泉更强调阳明"良知"说、己之"天理"说本同为一"道"，谓之"良知"抑或"天理"，本无不可。

不实的非议，使湛甘泉倍感压力，有时不禁追忆起王阳明的担当精神：

> 盖此学如线几绝，得一人如阳明公焉，出而担当之，虽在孔门门路，所由者众矣。哓哓非之，如同舟之人不奋舟楫之力，而互相非哄，其不为自败乃载乎？②

文中"此学"指的就是湛甘泉与王阳明所共倡的"心学"，"心学"其时虽如履薄冰，却未断绝，这多有赖于王阳明当初勇于承担的精神。面对时人之哓哓，湛甘泉指出若同志间相互攻讦，则自招失败，因此同道之人当同舟共济。

在此意识下，湛甘泉在致友人的信函中反省其与王阳明为学之辩：

> 盖二家之学，善用则同，不善用则异。故吾区区之心念，初与阳明公共起斯文。虑晚学或失其初，而每与之明辨。如韶州讲良知良能一章，忠于阳明者至也。且不图十余年，乃有诸君今日之终合。人有因御外侮而兄弟忘其阋墙之私者，非一家之福乎？幸各示同志而为大同焉，谁敢侮之！……二家若以大同为公，何患斯道之不兴乎？执事以兴起斯文为心者，幸自以为功，遍告同志察见天理，真为良知，默而成之，不言而信，暗然日章焉，天下后世斯文幸甚。③

在湛甘泉看来，湛门之学、王门之学并不存在绝对的同或异，善用则同，不善用则异。当初湛甘泉与王阳明一见定交，以共倡斯道为己任。只是担忧后学不明本然"心体"，故每每与王阳明争辩。尽管与王阳明有所争辩，然在湛甘泉

---

① （明）湛若水：《答薛尚谦》，《泉翁大全集》卷十，第18～19页。
② （明）湛若水：《与桂阳欧平江太守》，《甘泉先生续编大全》卷八，第15页。
③ （明）湛若水：《再答戚黄门秀夫》，《泉翁大全集》卷十，第20～21页。

看来，其与王阳明所讲亦无不相合，如于韶州讲"良知良能"一章，与阳明同出一辙。不期十余年后与王学又相契相合。湛甘泉一再强调，共御外侮，应忘阋墙之私。若两家之学趋于一致，则谁敢非之？信末，甘泉还念念叨叨，希望两家能以趋同为己意，以兴斯道为己任。

于此，湛甘泉尽量弱化自己与王阳明之间曾经的争辩，而着意于起初、终究与王阳明同倡圣学。可以这么说，到了暮年，面对外在强大的谤议，湛甘泉还是回到起点，期待与王门后学共倡圣学，以使天下共趋斯道。

嘉靖六年（1527），王阳明不得不应朝廷之征招以平思（思恩）、田（田州）之乱。思、田之乱平定后，由于身体每况愈下，王阳明不待朝廷之命就起程还乡。在返乡途中，王阳明还是特意绕道广东增城湛甘泉故居，并留诗两首。其中一首深情款款地描述湛甘泉与其的情谊："落落千百载，人生几知音？道通著行迹，期无负初心。"① 在王阳明看来，其一生知音舍湛甘泉不知其谁；尽管在最初的相遇后，踏上不同的人生旅途，然而王阳明认为其与湛甘泉均无负当初的约定。这一约定便是共倡圣学。这就是说，由于学术的分歧，湛甘泉、王阳明的关系从早年的亲密无间转向中年的相争相辩，再至晚年的话不投机，然而这并无碍于两人的惺惺相惜。难能可贵的是，历史的画卷展现了湛甘泉、王阳明当初的约定：共倡圣学之圣学指向的是"心学"，而"心学"果然主导明中后期的思想。

---

① （明）王守仁：《王阳明全集》，第880页。

结　语　甘泉之学的辩诬、正源

通过上述诸章的阐述，我们可以知悉"生"是湛甘泉思想的内核，湛甘泉整个思想体系围绕"生"而展开。鉴于时下学人对甘泉之学还存在诸多误解，笔者不禁还欲对甘泉之学进行辩诬、正源。首先，摆脱宋明理学研究路径的依赖，笔者对甘泉"心学"的定位进行反思，指出与其将甘泉"心学"定位为朱学与"心学"的折中，毋宁将其定位为"气学"与"心学"的折中。其次，基于甘泉"心学"是明中叶"心学"重要一支，笔者指出甘泉"心学"对明中后期思想有重要影响。再次，通过与阳明"心学"的简略比较，揭示甘泉"心学"是别具一格的"心学"。最后，对湛甘泉、王阳明身前同为学界执牛耳者，身后遭际却判若云泥，笔者提出自己的管见。

一　甘泉"心学"的定位：从朱学与"心学"的折中到"气学"与"心学"的折中

时下中晚明思想史研究存在严重的路径依赖现象。这一路径依赖便是"朱陆异同论"。在面对某一个中晚明思想家时，时下学人几乎直觉地提问和判断：这一思想家属于王学，还是朱学？在这一解释框架下，多数哲人被置于王学阵营抑或朱学阵营，少数无法归纳者则被处置为"亦朱亦陆"式的折中。① 当下甘泉之学便属于这一解释框架中的少数无法归纳者的情况。时下学人认为甘泉之学既非程朱理学，亦非陆王"心学"，于是折中于两者便成为最方便的处置方式。时下学界多认可湛甘泉是位"心学"家，但是甘泉"心学"毕竟不那么纯粹，其理论并非完全建基于一"心"。故学界在承认甘泉之学为"心学"的同时，往往不忘加上这样的限定：染有程朱色彩。②

甘泉之学在何种意义上染有程朱色彩？学界一般从两个层面来讲。其一，

---

① 刘勇：《中晚明士人的讲学活动与学派建构——以李材（1529～1607）为中心的研究》，商务印书馆，2015，第7页。

② 《宋明理学史》在认可湛甘泉是"心学家"的同时，不忘加上一句："似乎具有某种客观性质，和程、朱理学有某种接近。"侯外庐、邱汉生、张岂之主编《宋明理学史》（下），第178页。

在本体层面上，湛甘泉虽然倡导"心"，但他并未放弃"天理"，仍在讲"天理"，于是湛甘泉视域下的"心"便染有程朱客观之"天理"的意蕴。① 其二，湛甘泉倡导"博学、慎思"，在为学方式上接近程朱。②

就第一点而言，湛甘泉通过一"气"运化来讲"理"。这就是说，他是在"实然"层面来阐述"天理"的，与程朱从"所然"层面来阐述"天理"判若云泥。当湛甘泉从"实然"层面阐述"天理"时，与明中后期儒学"去实体化"的思潮正相符合。③"实然"视域下的"天理"已退去超验性、固态性特征，"理"乃即"气"之中而言。同讲"天理"，这并不能说明湛甘泉就承袭程朱理学的"天理"观。鉴于程朱理学的意识形态地位，湛甘泉不得已暂时借用"天理"这一概念，内在地却已抽空程朱理学"天理"的内涵。就湛甘泉"心"、"性"而论，其亦与程朱理学"心"、"性"迥异其趣。湛甘泉"心"、"性"论，得追溯到其业师陈白沙。陈白沙假借道家之"静"、释教之"虚"来体本然"心体"所蕴之"生生"。湛甘泉之"心"、"性"观直承白沙之绪，他从"生"来讲"心"论"性"，与程朱从"天命"、"气质"来讲"心"论"性"，属于两套不同的话语体系。尽管湛甘泉沿用朱熹"道心"、"人心"等"心""性"话语，然而这只是名词概念的假借而已。从内涵来说，湛甘泉之"道心"、"人心"已非朱熹"道心"、"人心"所能羁络。湛甘泉所谓"道心"乃就一"气"而言。一"气"就于中，则为"道心"；一"气"偏于斜，则为"人心"。这样，"道心"便失去了程朱理学的主宰性，"人心"亦不只是消极的被支配者。当湛甘泉如是言说"道心"、"人心"时，已突破程朱理学的"心""性"观，甚至可以被视为泰州学派承认"欲"之合法性的先声。

就第二点而言，湛甘泉的确跟程朱一样，也在倡导"博学、慎思"。然而两者倡"博学、慎思"的背景并不一样。程朱强调"博学、慎思"，乃就格物而言，欲体究客观事物之"所然"，以期"豁然贯通"，洞悉天地之"理"。湛甘泉倡导"博学、慎思"则是在"心学"背景下而言的，是对情之"中"的一种判断、调整。

既然在本体、为学两方面甘泉之学与程朱理学都无任何直接瓜葛，那么将甘泉"心学"做"亦朱亦陆"的折中可谓无根之论。由是我们又该如何看待甘泉之学，如何定位甘泉"心学"呢？这还待回到甘泉思想基点——"气"。从一"气"运化出发，湛甘泉构建了其"生生"的思想体系。在此意义上，

① 杨国荣：《王学通论——从王阳明到熊十力》，华东师范大学出版社，2003，第45页。
② 赖昇宏：《湛甘泉理学思想之研究》，第128页。
③ 陈来：《元明理学的"去实体化"转向及其理论后果》，《诠释与重建——王船山的哲学精神》，第419~513页。

甘泉"心学"无疑染有"气学"色彩。我们认为甘泉"心学"与其说是朱学与"心学"的折中，毋宁说是"气学"与"心学"的折中。

日本著名学者山井涌就曾注意到甘泉思想体系中"气"的因素，并就此将甘泉之学置于"气学"一系。① 抛开时下流行的"理学"、"心学"范式，山井涌另辟蹊径，在"气学"中安顿甘泉之学，这可谓一个大胆的创见。值得留意的是，明代"气学"是个广泛的学术谱系。在这一谱系下，有不同的类型。我们还是顺着时下学者对明代"气学"的分疏，试图在这些分疏中，为甘泉之学找到其在"气学"谱系中应归属的位置。

日本著名中国学学者马渊昌也将明中叶"气学"分为两大思潮、三大类型。两大思潮便是朱子学系"气学"、"心学"系"气学"。在面对"心学"系"气学"时，基于是否坚信一般人天然具有把捉"理"的能力，马渊昌也将"心学"系"气学"分为两种类型：持有信任类型、持有不信任类型。前者代表性人物是阳明弟子王龙溪，后者代表性人物则有湛甘泉、唐鹤征、刘宗周、王道、蒋信、杨东明、郝敬、孙慎行等。② 在选择后一类型代表性人物以具体解析该类型"气"与"心"的关系时，马渊昌也选择了湛甘泉。其中的原委恐非与罗钦顺同时那么简单。③ 在上述所列举诸人中，湛甘泉乃学界前辈，而其他诸人多是学界后辈，甚至是湛甘泉弟子、传人。在诸人中，湛甘泉无疑更具代表性。

马渊昌也别具匠心，敏锐觉察到在部分明代"心学"家的"心学"思想体系中，"气"与"心"有重合之处，并把这一部分"心学"称为"心学"系"气的哲学"。饶有趣味的是，马渊昌也特别抉择出湛甘泉，将甘泉之学树立为"心学"系"气的哲学"两大类型之一的典型代表。站在"气学"、"心学"之间，同时染有"气学"、"心学"色彩，正指向"气学"、"心学"之间的折中。正是在"气学"、"心学"的折中中，处于"气学"、"心学"之间的甘泉"心学"方凸显而出。

对明代学术进行分疏，由此觉察到甘泉之学折中于"气学"、"心学"之间，并非学界个案，台湾地区学者刘又铭亦有同样的学术洞见。

在对台湾及大陆宋明理学研究模式反思的基础上，刘又铭指出宋明理学除

---

① 〔日〕小野泽精一、福永光司、山井涌编《气的思想：中国自然观与人的观念的发展》，李庆译，上海人民出版社，2007，第 345 页。
② 〔日〕马渊昌也：《明代后期"气的哲学"之三种类型与陈确的新思想》，杨儒宾、祝平次编《儒家的气论与工夫论》，华东师范大学出版社，2008，第 121 页。
③ 〔日〕马渊昌也：《明代后期"气的哲学"之三种类型与陈确的新思想》，杨儒宾、祝平次编《儒家的气论与工夫论》，第 122 页。

了"理"本论、"心"本论外，还存在第三系——"气"本论。① 刘又铭进而
将"气本论"分为两系："神圣气本论"、"自然气本论"。前者又分为两型：
第一型以王夫之为代表，这一"气本论"涵摄"理本论"的观点，"气""理"
相容相合；第二型以刘宗周、黄宗羲为代表，该"气本论"融汇"心本论"，
"心""气"相容相合。② 尽管刘又铭没有提及湛甘泉，然而就学脉师承而言，
刘宗周、黄宗羲承湛甘泉一脉而来。因此，湛甘泉应属该系。

　　时下学人多从理想模型出发，将宋明理学分为"理学"、"心学"，抑或加
上"气学"。然而若回到明中后期学术的现场，没有一个学人的义理体系那么
纯粹，"理学"、"心学"、"气学"三学之间往往相互渗透，相互交融。甘泉之
学就属于"心学"、"气学"相互渗透、相互交融的典型。在这一相互渗透、
相互交融的视角下审视甘泉既讲"气"又倡"心"，"气""心"之间的关系则
不会显得那么突兀，有明显的张力。

　　马渊昌也、刘又铭或隐或显地将甘泉之学归为"气学"，而且两人都留意
到甘泉"气学"中的"心学"因素。换言之，甘泉思想处于"气学"与"心
学"之间，是两者的折中。职是之故，笔者认为，与其将甘泉"心学"定位为
朱学与"心学"的折中，毋宁将其定位为"气学"与"心学"的折中。

二　甘泉"心学"对明中后期思想的影响

　　时下学界论及明中后期思想时，总是从阳明学的视角来加以描述，似乎阳
明学乃其时为学之正统，其他学派可以存在，但其付出的代价便是在阳明学的
映衬下方得以出场，否则，该学派在明中后期就无法找到自己的位置。③

　　笔者认为，"心学"的确在明中后期风靡一时。不过作为其时一股思潮，
"心学"是广义的思想倾向，阳明"心学"远远不能涵盖这一广义的思想倾
向。除了阳明"心学"，还有其他"心学"存在，如甘泉"气"化"心学"。
甘泉这一"气"化"心学"重新出场，有益于打破阳明"心学"对明中后期
"心学"的垄断，凸显甘泉之学对明中后期思想的影响。

　　笔者下面从三个方面揭示这一影响。

---

① 刘又铭：《宋明清气本论研究的若干问题》，杨儒宾、祝平次编《儒家的气论与工夫论》，第
　　141 页。
② 刘又铭：《宋明清气本论研究的若干问题》，杨儒宾、祝平次编《儒家的气论与工夫论》，第
　　143～144 页。
③ 这一叙述模式源于黄宗羲的《明儒学案》。在编撰《明儒学案》时，黄宗羲并非客观地记录
　　明代道学，而是以"心学"为宗。而"心学"直指阳明"心学"，似乎阳明"心学"便是
　　明代"心学"的代名词。

首先，甘泉"心学"的重新出场有利于勾勒出有明中后期"心学"完整的、全幅的图景。甘泉"心学"原本是有明中叶"心学"极为重要的一系。缺少了甘泉"心学"这一系，有明"心学"图景便不完整，有缺陷，甚至走样。在整理、审视明中后期"心学"思潮时，黄宗羲以阳明及其后学为中心，他的爬梳围绕阳明"心学"而展开。阳明"心学"的话语方式、理论谱系久而久之固定为特定的范式，甚至成为叙述有明"心学"的唯一方式。其实这一叙述范式严重扭曲了有明中后期"心学"原初本真图景。王阳明本身有狂者胸次。"阳明先生之学，有泰州、龙溪而风行天下，亦因泰州、龙溪而渐失其传。"① 阳明后学更是狂而荡，非名教所能羁络。后人在叙述那段历史思潮时，大多感慨有明"心学"空疏、流荡，甚至有人将有明衰落、灭亡归咎于此学的流行。当真正走进历史现场时，人们便会发觉甘泉"心学"本就是有明"心学"重要拼图之一，由是有明"心学"顿时焕然一新。相对于阳明"心学"的狂放不羁，甘泉"心学"有"气"化宇宙论的支撑，故更为平实、稳健。在阳明、甘泉"心学"的交映、互动中，有明"心学"方呈现出是其所是的样子。约言之，当甘泉"心学"重新出场时，有明"心学"并不一定意味着空疏、流荡。我们可以这么说，甘泉"心学"思想浮出历史地平线，不仅可以改变明代"心学"固化印象，而且可以丰富明代"心学"图景，对于当今学人重新梳理明代"心学"的脉络不无启迪意义。

其次，有利于重新叙述有明学术传承。由于阳明学居于明中后期学术的枢纽地位，有关这一时期学术传承的勾勒和叙述大多围绕阳明学而展开，其他学派要么被遮蔽，要么被强行纳入阳明学谱系。这两种现象在甘泉学的学术传承的勾勒和叙述上体现得尤为显著。明代"心学"的重要一系——陈白沙、湛甘泉、刘宗周，以湛甘泉为核心的"心学"学统，常常被遮蔽，甚至被生硬地嫁接到阳明学的学术谱系中。陈白沙乃湛甘泉的业师，湛甘泉乃白沙之学的传人，陈白沙、湛甘泉一脉相承，这既有事实基础，又有学理根基。然而，随着阳明声誉日隆，王阳明身后，不断有学人热衷于勾勒陈白沙、王阳明的学术师承。② 黄宗羲的感慨就很典型："两先生（白沙、阳明）之学，最为相近，不知阳明后来从不说起，其故何也。"③ 有了虚构的陈白沙、王阳明之间的师承关系，作为白沙之学嫡传的湛甘泉必然处于尴尬的境地。其实，陈白沙、王阳明本处于不同的学术体系中。陈白沙、王阳明同样在走出程朱理学窠臼过程中

---

① （清）黄宗羲：《明儒学案》，第 703 页。
② 详见钱明《阳明学的形成与发展》，第 103 页。
③ （清）黄宗羲：《明儒学案》，第 79 页。

建构自己的为学体系，不过两人走出的方式并不一致。程朱理学在明中叶已从学术演变为意识形态。"斯理也，宋儒言之备矣。吾尝恶其太严也。"① 陈白沙觉察到作为意识形态的程朱理学太过拘谨、严苛，人的本然之性难以在其中得到绽放。于是，陈白沙在儒门内抉发出"生"。在天地"生生"之流行中，陈白沙认为人的本然之性便会得到放飞。程朱理学将"天理"置于心腔外，物我亦随之趋于内外二分，王阳明认为这种程朱理学已沦为支离之学。不惧时嫌，王阳明倡导"心学"，试图将"天理"拉回到一"心"之内，由是万物便不外乎一"心"，物我重新得到贯通。

　　明代理学殿军刘宗周，从学于许孚远。许孚远乃湛甘泉再传弟子。就师承而言，刘宗周乃湛甘泉三传弟子。尽管刘宗周未曾一语言及湛甘泉，但刘宗周论学既讲"气"，又倡"心"，在一"气"流行的脉络下处理"心"、"性"。这就是说，在学术基本理念和义理构架上刘宗周之学与甘泉之学基本一致。在此意义上，刘宗周无疑学承湛甘泉，属甘泉学一脉——"气学"下的"心学"。饶有意味的是，刘宗周遭遇了湛甘泉一样的尴尬，即其思想如何定位："气学"抑或"心学"？② 学界主流处置方式同样是"亦朱亦陆"式折中。③ 其实，若如上节所述，明晰了湛甘泉的思想定位，刘宗周的思想定位便会豁然开朗。若能把捉到蕺山之学属于"气学"下的"心学"一脉，将蕺山之学纳入阳明"心学"一脉的说法便不攻自破。在此视域下，刘宗周对阳明之学的批评绝非"修正"一词所能概括。④ 至于刘氏未曾一语言及湛甘泉，在笔者看来，这是由于明中期与末期社会思想背景已发生极大的变化，刘氏为学宗旨显然已有别于湛甘泉。不过为学宗旨的差别无法掩饰两者义理架构的一致性。"（甘泉后学）未必仍其宗旨，而渊源不可没也。"⑤ 此其一。其二，作为一个学派，甘泉学的确未如阳明学那样有浓厚的学派师承意识。甘泉学派作为一个学派更强调学术渊源、思想架构的一脉相承性，而这正是甘泉学派作为一个学派存在的原委和特色。

　　最后，可以正确地确认明中后期"生生"思潮的源头。日本著名中国学学

---

① （明）陈献章：《复张东白内翰》，《陈献章集》卷二，第131页。
② 东方朔：《刘宗周评传》，南京大学出版社，1998，第88页。
③ 如高海波博士就将刘宗周之学的特点描述为"融合朱王"。参见高海波《慎独与诚意：刘蕺山哲学思想研究》，生活·读书·新知三联书店，2016，第543页。
④ 时下学界还是多将蕺山之学置于阳明学一脉，至于刘宗周对阳明学的批评，则以修正释之。于是蕺山之学属于阳明学修正一脉。作其俑者乃嵇文甫。参见嵇文甫《晚明思想史论》第五章"东林派与王学修正运动"，东方出版社，1996。时下著名阳明学学者钱明亦如是处理。参见钱明《阳明学的形成与发展》相关章节。
⑤ （清）黄宗羲：《明儒学案》，第875页。

者岛田虔次在阅读《明儒学案》的过程中，敏锐地阅读出嘉靖、万历年间，"生生不容已"成为"明代思想界基调的最具有特征的语言"①。笔者非常钦佩岛田先生敏锐的眼光，不过笔者并不认同岛田先生将"生生不容已"的源头追溯至阳明"良知"与"万物一体之仁"的结合。② 这一追溯过于勉强，并未能揭示明中后期"生生"思潮的真正源头。若留意到甘泉思想内核是"生生"，则明中后期"生生"思潮的源头便不言而喻，不必曲折地到王阳明那里寻觅。明中后期，倡导"生生"的学人或多或少与湛甘泉有直接、间接的关联，大可不必曲折地到王阳明那里去溯源。至于阳明后学中不少学人思想染有"生生"色彩，这正是对王门、湛门弟子"递相出入"③ 的最佳诠释。

三 甘泉"心学"：别具一格的"心学"

"（王阳明、湛甘泉）虽微有不同，然其要归则相近。"④ 不可否认王阳明、湛甘泉在"心""性"理解、工夫法门上确有所不同，然而两人心照不宣，均以发明本然"心体"作为为学宗旨，因此甘泉之学属"心学"范畴，这一点毋庸置疑。然而时下学界言"心学"，则预设了陆九渊、王阳明一系是"心学"的典型模式，其他学者虽倡"心"，其学亦可能被容纳到"心学"体系，其人甚至亦被接纳到"心学"阵营之中，承认其为"心学"家，然而总摆脱不掉被歧视的命运，似乎陆王"心学"才是"正宗"，其他"心学"则是"歧出"，甘泉"心学"正处于这样尴尬的境地中。笔者认为对于"心学"，应做广义的理解，不可狭义地将陆王"心学"视为"心学"正宗，他者"心学"皆歧出。⑤ 正宗、歧出，乃出于狭隘的门户之见，实际上，各门各派的"心学"使"心学"的思想图景更加多姿多彩。

相对于阳明"心学"，甘泉"心学"是别具一格的"心学"。它的独特性体现在以下四个方面。

第一，甘泉"心学"刻意避免其他"心学"分支空疏、玄虚的缺陷。在明代"心学"诞生之初，湛甘泉就清醒地意识到"心学"存在致命的缺陷，即沉溺于一"心"所化的境界论，于宇宙观则不免在一"心"范畴内自说自

---

① 〔日〕岛田虔次：《中国思想史研究》，邓红译，上海古籍出版社，2009，第30页。

② 牟宗三就曾明确指出："唯其（阳明）契接'於穆不已'之体处仍嫌弱而不深透。此即其仍未至于圆整而饱满也。"（牟宗三：《心体与性体》，第355页）在牟宗三看来，阳明之学仍不够圆满，其原因就在于与"於穆不已"（"生"）尚未完全契接。

③ （清）黄宗羲：《明儒学案》，第875页。

④ （清）全祖望：《槎湖书院记》，《鲒埼亭集外编》卷十六。

⑤ 陆王"心学"本身亦非天然作为一个学派存在，而是后世学人在倡导"心学"的过程中不断地构建起来的。

话，缺乏坚实的客观根基，从而未免流于空疏、玄虚。鉴于此，湛甘泉从一"气"运化出发，建构了自己的理论内核——"生"。以"生"作为核心概念和术语，湛甘泉建构起了缜密的宇宙论体系。在这个方面，其类似重视宇宙论体系建构的理学家。换言之，甘泉思想确实染有程朱理学的色彩。另外，以"生"为核心的甘泉思想既是宇宙论，更是境界论。这就是说，湛甘泉没有像理学家那样止步于宇宙论层面，而是由宇宙论跨越至境界论。这一跨越决定了湛甘泉由理学向"心学"的升华。

第二，湛甘泉对"心"有独特的理解。王阳明从"良知"的向度来讲"心"。"良知"这一概念来源于《孟子》，孟子曾云："人之所不学而能者，其良能也。所不虑而知者，其良知也。孩提之童无不爱其亲者，及其长也，无不知敬其兄也。"（《孟子·尽心上》）孟子指出人具有超越学、虑的"良知"、"良能"，至于人何以具有"良知"、"良能"，孟子只是从爱亲、敬兄的亲情中加以直觉性地处理。由于亲情过于狭隘，无法实现"知"、"能"的普遍性，当王阳明再次拈出"良知"时，必然遭遇如何超越亲情之狭隘，以实现"知"的普遍性的问题。"良知只是个是非之心，是非只是个好恶，只好恶就尽了是非，只是非就尽了万事万变。"[1]"良知"能够当下知是知非，其内在机理在于好、恶。王阳明这里所云好、恶，源于"如恶恶臭，如好好色"（《礼记·大学》）。人当下嗅到恶臭便会对是不是恶臭做出直觉性判断，当下看见美色便会对是不是美色做出直觉性判断。王阳明将这一直觉性判断嫁接到"良知"，于是"良知"得以能"知"。这一能"知"对亲情式狭隘之"知"进行了超越，实现了"知"的普遍性。王阳明好恶之"良知"实现了对孟子亲情性"良知"的超越，然而值得留意的是，王阳明好恶之"良知"承续了孟子亲情性"良知"的直觉性。相对于王阳明从"心"之功能（知是知非）讲"心"之体，湛甘泉讲"心"的方式更为曲折。欲探析湛甘泉"心"的思想还待回到湛甘泉的宇宙观。在湛甘泉看来，盈天地间一"气"而已。一"气"屈伸，分"阴"、"阳"，"阴"、"阳"二"气"相摩相荡，于是天地间"生生"流行不已。"生"，弥漫于天地，敛于一"心"。这就是说，湛甘泉是从更广阔的流行于天地间的"生"言"心"的。

第三，一"心"涵万物的方式具有独到之处。王阳明、湛甘泉两人之学所臻之境界极为相似，旨趣均为一"心"涵摄万物。然而王阳明、湛甘泉两人一"心"涵摄万物的方式并不相同。"意之所在便是物"[2]，王阳明在意向性的意

---

①　（明）王守仁：《王阳明全集》，第126页。
②　（明）王守仁：《王阳明全集》，第58页。

义上言"物"。"物",在王阳明的视域中,在"心"("良知")的朗照下方得以诞生。在此意义上,世界在一"心"("良知")灵明中得以绽放,万物在一"心"("良知")澄明中得以出场。如前所言,湛甘泉则在"生"的场域下言"心"。一"心"蕴含无限"生意"。在本然"心体"所蕴"生意"的发动下,"心"与万物相感相应,由是"心"不在内,物不在外,"心"物无二无别,浑然一体。

第四,湛甘泉发明本然"心体"的方式具有独到之处。王阳明的工夫法门可以归纳为"致良知"。"良知"虽内在于人之一"心",却流行于日用常行中,"致良知"之"致"有"警觉"之义。[①]"致良知"便是对流行于日用伦常的"良知"加以警觉,并加以肯认,逆而觉之。这一逆觉过程,具有当下即是性[②],若致得"良知",则一了百了。职是之故,能否致得"良知"是王阳明致思的焦点。至于致得"良知"后的涵养,尽管王阳明亦强调"事上磨炼",然而在王阳明工夫视域中"事上磨炼"毕竟属工夫第二序列。湛甘泉则将其工夫法门归纳为"随处体认天理":"吾所谓天理者,体认于心,即心学也。"[③]"天理"乃一心之"理",这正是甘泉"心学"的最好注脚。"随处体认天理"乃是湛甘泉工夫之大头脑,而具体操作方式则是"勿忘勿助"。"勿忘勿助",一切退听,汰滤心地杂质,使心灵趋于虚明、澄澈。"生意"从本然"心体"汩然而涌,便能亲切地体知本然"心体"。尚需留意的是,"随处体认天理"只是甘泉工夫法门的简略表述,其完整的表述为"随处体认天理而涵养之"。这就是说,甘泉的工夫法门包含体认、涵养两个方面,这便迥别于阳明"致良知"的工夫法门。如前所述,"致良知"只着意于体认,至于涵养,则可有可无。湛甘泉则体认、涵养并重,不仅要体认心中一点"生意",更欲涵养此一点"生意"。体认不在先,涵养不在后。在即体认即涵养中,"生意"沛然于一"心"。

四 甘泉、阳明身后遭际判若云泥之我见

湛甘泉、王阳明生前同为有明中叶硕儒,执其时学界之牛耳,生后遭际却判若云泥:王阳明声誉日隆,湛甘泉则俨然成为零余者,鲜有人关注。明中叶程朱理学就理论本身而言有逐外遗内之流弊,甚至堕落为利禄的工具。甘泉、阳明之学应时而生。二者均觉察到程朱理学内外之症结,都欲通过重振"心

---

① 牟宗三:《从陆象山到刘蕺山》,第162页。
② 参见吴震《阳明后学研究》。
③ (明)湛若水:《新泉问辨录》,《泉翁大全集》卷六十八,第27页。

学"的方式来对治程朱理学之弊。不过二人重振"心学"的方式不同：在"狂者的胸次"①的鼓动下，王阳明直接张扬"心学"之帜；湛甘泉性格更为沉稳，故采取了"旧瓶装新酒"的方式。湛甘泉表面上似乎倾向于程朱理学，在本体层面继续讲"天理"，工夫层面仍然倡"敬"。然而，就其内涵而言，不论是本体之"天理"，还是工夫之"敬"，甘泉之学与程朱理学都南辕北辙。在学理层面，阳明、甘泉之学本无高下之分。一在暗中侵蚀程朱理学之根基，一在明处宣扬"心学"。但是，就社会影响而言，直接张扬的"心学"更能契合时代的脉动。明中后叶，随着商品经济的发展，个体浮出历史的地平线，个性成为那个时代人们自我呈现的方式。换言之，对个体的尊重、个性的张扬表征着时代的脉动。王阳明敏锐地把捉到这一脉动，提出了简捷、方便的教法——"致良知"。尽管湛甘泉为学更为笃实、稳健，他的教法——"勿忘勿助"也更具可操作性，可毕竟无法直接契合于时代的脉动。王阳明的声誉日隆，湛甘泉的落寞零余，也就不难理解了。笔者不吝笔墨，乃力图矫正对甘泉之学不实的误解，从而呈现甘泉之学的本然图景，由是为湛甘泉辩诬、正源，还原其本该有的学术地位：与王阳明同执其时学界牛耳，共同掀起有明中后期"心学"思潮。

---

① （明）王守仁：《王阳明全集》，第 132 页。

主要参考文献

一　古籍类

1. （明）湛若水：《泉翁大全集》八十五卷，钟彩钧点校，明嘉靖三十四年刻本，万历二十一年修补本，台湾图书馆藏。

2. （明）湛若水：《甘泉先生续编大全》三十三卷，钟彩钧、游腾达点校，明嘉靖三十四年刻本，万历二十三年修补本，台湾图书馆藏。

3. （明）湛若水：《湛甘泉先生文集》，《四库全书存目丛书·集部》第五十六、五十七册，齐鲁书社，1997。

4. （明）湛若水：《圣学格物通》，广西师范大学出版社，2015。

5. （唐）韩愈：《韩愈全集》，上海古籍出版社，1997。

6. （宋）周敦颐：《周敦颐集》，陈克明点校，中华书局，1990。

7. （宋）程颢、程颐：《二程集》，王孝鱼点校，中华书局，1981。

8. （宋）张载：《张载集》，章锡琛点校，中华书局，1978。

9. （宋）朱熹：《朱子全书》，上海古籍出版社、安徽教育出版社，2002。

10. （宋）陆九渊：《陆九渊集》，中华书局，1980。

11. （宋）杨简：《慈湖遗书》，《文渊阁四库全书》第一一五六册，上海古籍出版社，1987。

12. （元）脱脱等：《宋史》，中华书局，1977。

13. （明）罗钦顺：《困知记》，中华书局，1990。

14. （明）陈献章：《陈献章集》，孙通海点校，中华书局，1987。

15. （明）王守仁：《王阳明全集》，吴光、钱明、董平、姚延福编校，上海古籍出版社，2012。

16. （明）王畿：《王畿集》，吴震编校整理，凤凰出版社，2007。

17. （明）黄绾：《明道编》，中华书局，1959。

18. （明）刘宗周：《刘宗周全集》，浙江古籍出版社，2007。

19. （明）聂豹：《聂豹集》，凤凰出版社，2007。

20. （明）王时槐：《王时槐集》，钱明、程海霞编校，上海古籍出版社，2015。

21.（明）焦竑：《熙朝名臣实录》，明刻本。

22.（清）黄宗羲：《明儒学案》，沈芝盈点校，中华书局，2012。

23.（清）黄宗羲：《宋元学案》，中华书局，1986。

24.（清）屈大均：《广东新语》，中华书局，1985。

25.（清）全祖望：《鲒埼亭集》，（台北）鼎文书局，2003。

26.（清）张廷玉等：《明史》，中华书局，1974。

二　专著类

1. 简又文：《白沙子研究》，（香港）简氏猛进书屋，1970。

2. 王重民：《中国善本书提要》，上海古籍出版社，1983。

3.〔美〕陈荣捷：《王阳明与禅》，（台湾）学生书局，1984。

4. 章沛：《陈白沙哲学思想研究》，广东人民出版社，1984。

5. 陈郁夫：《江门学记：陈白沙及湛甘泉研究》，（台湾）学生书局，1984。

6. 林继平：《明学探微》，（台湾）商务印书馆，1984。

7. 侯外庐、邱汉生、张岂之主编《宋明理学史》，人民出版社，1987。

8. 张立文主编《道》，中国人民大学出版社，1989。

9. 张立文主编《气》，中国人民大学出版社，1990。

10. 杨国荣：《王学通论——从王阳明到熊十力》，华东师范大学出版社，2003。

11. 罗光：《生命哲学》，（台湾）学生书局，1990。

12. 陈来：《宋明理学》，辽宁教育出版社，1991。

13. 容肇祖：《明代思想史》，齐鲁书社，1992。

14. 张立文主编《心》，中国人民大学出版社，1993。

15. 关步勋、黄炳炎、陈裕荣、丁枫主编《湛甘泉研究文集》，花城出版社，1993。

16. 乔清举：《湛若水哲学思想研究》，（台北）文津出版社，1993。

17. 黄敏浩：《湛甘泉的生平及其思想研究》，（台北）文津出版社，1988。

18. 陈鼓应主编《道家文化研究》（第四辑），上海古籍出版社，1994。

19. 朱伯崑：《易学哲学史》，昆仑出版社，2009。

20. 张岱年：《张岱年文集》，清华大学出版社，1995。

21. 吕思勉：《理学纲要》，东方出版社，1996。

22. 吕妙芬：《胡居仁与陈献章》，（台北）文津出版社，1996。

23. 嵇文甫：《晚明思想史论》，东方出版社，1996。

24.〔美〕陈荣捷：《宋明理学之概念与历史》，（台北）"中央研究院"中国文哲研究所，1996。

25. 张祥浩：《王守仁评传》，南京大学出版社，1997。

26. 蔡方鹿：《宋明理学心性论》，巴蜀书社，1997。

27. 刘宗贤：《陆王心学研究》，山东人民出版社，1997。

28. 钟泰：《中国哲学史》，辽宁教育出版社，1998。

29. 苗润田：《中国儒学史·明清卷》，广东教育出版社，1998。

30. 黄明同：《陈献章评传》，南京大学出版社，1998。

31. 东方朔：《刘宗周评传》，南京大学出版社，1998。

32. 冯友兰：《中国哲学史》，华东师范大学出版社，2000。

33. 张君劢：《新儒家思想史》，中国人民大学出版社，2006。

34. 朱汉民：《宋明理学通论——一种文化学的诠释》，湖南教育出版社，2000。

35. 张学智：《明代哲学史》，北京大学出版社，2000。

36.〔日〕冈田武彦：《王阳明与明末儒学》，吴光等译，上海古籍出版社，2000。

37. 左东岭：《王学与中晚明士人心态》，商务印书馆，2014。

38. 陈来：《朱子哲学研究》，华东师范大学出版社，2000。

39. 章继光、刘兴邦、张运华主编《陈白沙研究论文集》，湖南大学出版社，2001。

40.〔日〕荒木见悟：《佛教与儒教》，杜勤、舒志田等译，中州古籍出版社，2005。

41. 牟宗三：《从陆象山到刘蕺山》，上海古籍出版社，2001。

42. 傅小凡：《晚明自我观研究》，巴蜀书社，2001。

43. 束景南：《朱熹年谱长编》，华东师范大学出版社，2001。

44. 钱明：《阳明学的形成与发展》，江苏古籍出版社，2002。

45. 李书增、岑青、孙玉杰、任金鉴：《中国明代哲学》，河南人民出版社，2002。

46. 陈来：《中国近世思想史研究》，商务印书馆，2003。

47. 吴震：《阳明后学研究》，上海人民出版社，2003。

48. 韦政通：《中国思想史》，上海书店出版社，2003。

49. 尹继佐、周山主编《相争与相融——中国学术思潮史的主动脉》，上海社会科学院出版社，2003。

50. 景海峰编《传薪集：深圳大学国学研究所二十周年文选》，北京大学出版社，2004。

51. 蒙培元：《人与自然——中国哲学生态观》，人民出版社，2004。

52. 陈来：《诠释与重建——王船山的哲学精神》，北京大学出版社，2004。

53. 彭国翔：《良知学的展开——王龙溪与中晚明的阳明学》，生活·读书·新知三联书店，2005。

54. 陈来：《有无之境：王阳明哲学的精神》，北京大学出版社，2006。

55. 张学智：《心学论集》，中国社会科学出版社，2006。

56. 唐君毅：《唐君毅全集·中国哲学原论·原教篇——宋明儒学思想之发展》，九州出版社，2016。

57. 杨泽波：《牟宗三三系论论衡》，复旦大学出版社，2006。

58. 牟宗三：《心体与性体》，上海古籍出版社，1999。

59. 姜允明：《王阳明与陈白沙》，（台北）五南图书出版股份有限公司，2007。

60. 〔日〕小野泽精一、福永光司、山井涌编《气的思想：中国自然观与人的观念的发展》，李庆译，上海人民出版社，2007。

61. 牟宗三：《智的直觉与中国哲学》，中国社会科学出版社，2008。

62. 汪晖：《现代中国思想的兴起》，生活·读书·新知三联书店，2008。

63. 杨儒宾、祝平次编《儒学的气论与工夫论》，华东师范大学出版社，2008。

64. 程曦：《明代儒佛融通思想研究》，合肥工业大学出版社，2008。

65. 陈永革：《阳明学派与晚明佛教》，中国人民大学出版社，2009。

66. 林月惠：《诠释与功夫：宋明理学的超越蕲向与内在辩证》，（台北）"中央研究院"中国文哲研究所，2008。

67. 苟小泉：《陈白沙哲学研究》，中华书局，2009。

68. 梁启超：《儒家哲学》，上海人民出版社，2009。

69. 姚才刚：《儒家道德理性精神的重建：明中叶至清初的王学修正运动研究》，中国社会科学出版社，2009。

70. 蔡仁厚：《宋明理学·南宋篇》，吉林出版集团有限责任公司，2009。

71. 黎业明：《湛若水年谱》，上海古籍出版社，2009。

72. 曾亦、郭晓东：《宋明理学》，南京大学出版社，2009。

73. 〔日〕岛田虔次：《中国思想史研究》，邓红译，上海古籍出版社，2009。

74. 钱穆：《宋明理学概述》，九州出版社，2010。

75. 陈来：《宋元明哲学史教程》，生活·读书·新知三联书店，2010。

76. 谢无量：《谢无量文集》第二卷《中国哲学史》，中国人民大学出版社，2011。

77. 赖昇宏：《湛甘泉理学思想之研究》，（新北）花木兰文化出版社，2011。

78. 王博编《哲学门》（第二十四辑），北京大学出版社，2011。

79.《国际阳明学研究》（第一卷），中国社会科学出版社，2011。

80. 柯小刚主编《儒学与古典学评论》（第一辑），上海人民出版社，2012。

81. 王文娟：《湛甘泉哲学思想研究》，巴蜀书社，2012。

82.〔美〕白诗朗：《论创造性：朱熹、怀特海和南乐山的比较研究》，陈浩译，中国社会科学出版社，2012。

83. 蔡仁厚：《王阳明哲学》，九州出版社，2013。

84. 黄明同：《明代心学开篇者——陈献章》，上海古籍出版社，2013。

85. 梁涛：《儒家道统说新探》，华东师范大学出版社，2013。

86. 唐君毅：《中国哲学原论·导论篇》，中国社会科学出版社，2005。

87. 杨立华：《宋明理学十五讲》，北京大学出版社，2015。

88. 刘勇：《中晚明士人的讲学活动与学派建构——以李材（1529～1607）为中心的研究》，商务印书馆，2015。

89. 袁行霈主编《国学研究》（第33卷），北京大学出版社，2014。

90. 黄泊凯：《湛若水工夫论之研究》，（新北）花木兰文化出版社，2016。

91. 高海波：《慎独与诚意：刘蕺山哲学思想研究》，生活·读书·新知三联书店，2016。

92. 刘兴邦：《甘泉与白沙》，广州出版社，2017。

93. 黄明同：《心学大师湛甘泉》，广州出版社，2017。

94. 戢斗勇：《甘泉学派》，广州出版社，2017。

95. 黄明喜：《甘泉与阳明》，广州出版社，2017。

96. 张天杰、邹建锋、喻志：《明朝思想》，南京出版社，2017。

97.〔美〕陈荣捷：《王阳明〈传习录〉详注集评》，重庆出版社，2017。

98. 黎业明：《明儒思想与文献论集》，商务印书馆，2017。

三 学位论文类

1. 张佑珍：《从出世到入世：湛甘泉对"学宗自然"之阐释》，硕士学位论文，台湾成功大学，2003。

2. 刘同辉：《湛若水教育心理思想之研究》，硕士学位论文，上海师范大学，2003。

3. 李宇婷：《湛甘泉哲学思想之研究》，硕士学位论文，台湾文化大学，2003。

4. 吴爱邦：《随处体认天理》，硕士学位论文，华南师范大学，2005。

5. 童中平：《随处体认天理——湛甘泉哲学研究》，博士学位论文，华东师范大学哲学系，2007。

6. 张晓剑：《湛若水的"体用合一"之学与践履》，博士学位论文，浙江大学人文学院，2008。

7. 黎业明：《湛若水生平与学术思想研究》，博士学位论文，中山大学哲学系，2009。

8. 许惠敏：《陈白沙自得之学研究》，博士学位论文，台湾大学，2009。

9. 印梅：《湛甘泉〈心性图说〉研究》，硕士学位论文，湖南大学，2010。

10. 叶智勇：《湛甘泉心学研究》，硕士学位论文，陕西师范大学，2012。

11. Woo, Ann-ping Chin, "Chan Kan-Ch'uan and the Continuing Neo-Confucian Discourse on Mind and Principle," Dissertertion, Columbia University, 1984.

四 期刊论文类

1. 崔大华：《江门心学简述》，《中州学刊》1986 年第 2 期。

2. 蔡方鹿：《湛若水哲学的二元论倾向》，《广东社会科学》1987 第 3 期。

3. 〔日〕荒木见悟：《陈白沙与湛甘泉》，李凤全译，《中国人民大学学报》1991 年第 6 期。

4. 余化民：《甘泉学派的理学思想及与王学的异同》，《孔子研究》1992 年第 1 期。

5. 蔡方鹿：《王守仁、湛若水心学思想之异同及对明代心学的影响》，《社会科学辑刊》1993 年第 2 期。

6. 刘宗贤：《湛、王心学异同论略》，《孔子研究》1994 年第 1 期。

7. 丁为祥：《从"格物"之辩看阳明与甘泉心学的分歧》，《孔子研究》1994 年第 2 期。

8. 潘振泰：《明代江门心学的崛起与式微》，《新史学》1996 年第 2 期。

9. 宋志明：《陈献章工夫论评述》，《中国哲学史》1997 年第 3 期。

10. 郭晓东：《致良知与随处体认天理——王阳明与湛若水哲学之比较》，《中国哲学史》1998 年第 4 期。

11. 刘兴邦：《湛甘泉"随处体认天理"的价值义蕴》，《求索》1999 年第 4 期。

12. 方国根：《湛若水心学思想的理论特色——兼论湛若水与陈献章、王阳明心学的异同》，《哲学研究》2000 年第 10 期。

13. 钟彩钧：《湛甘泉哲学思想研究》，《中国文哲研究集刊》2001 年第 19 期。

14. 景海峰：《陈白沙与明初儒学》，《中国哲学史》2001 年第 2 期。

15. 李锦全：《白沙与甘泉在认识方法上的异同——兼对"静坐"问题的

评述》，《燕山大学学报》（哲学社会科学版）2001 年第 2 期。

16. 钱茂伟：《论湛若水〈杨子折衷〉的学术价值》，《宁波大学学报》（人文科学版）2002 年第 2 期。

17. 张佑珍：《江门道统与〈非老子〉》，《花莲师院学报》2003 年第 16 期。

18. 方映灵：《试论陈白沙与湛甘泉哲学的师承关系——兼与陈来先生商榷》，《广东社会科学》2004 年第 3 期。

19. 张运华：《从陈白沙的主静修持方法看道家思想的影响》，《五邑大学学报》（社会科学版）2005 年第 1 期。

20. 陈宪猷：《论湛甘泉对陈白沙的继承与扬弃》，《华东师范大学学报》（社会科学版）2005 第 4 期。

21. 曾亦：《论朱子与湖湘学者关于知行问题的讨论》，《船山学刊》2005 年第 1 期。

22. 向世陵：《易之"生"意与理学的生生之学》，《周易研究》2007 年第 4 期。

23. 张晓剑、王坤：《湛若水"体用浑一"思想纲要》，《西安电子科技大学学报》（社会科学版）2008 年第 4 期。

24. 童中平、粟红英：《"天理"与"良知"的紧张与磨合——湛若水与王阳明哲学思想比较》，《探索》2010 年第 4 期。

25. 苏子媖：《湛甘泉"天理之心"与杨慈湖"精神之心"的差异——由〈杨子折衷〉论析》，《当代儒学研究》2010 年第 9 期。

26. 乔清举：《论〈易传〉的"生生"思想及其生态意义》，《南开学报》（哲学社会科学版）2011 年第 6 期。

27. 卓进、王建军：《"静坐中养出端倪"到"随处体认天理"——陈白沙、湛甘泉心学教育理念比较研究》，《五邑大学学报》（社会科学版）2012 年第 2 期。

28. 康宇：《论明代"江门心学"的经典解释思想——以陈献章、湛若水为中心》，《中国哲学史》2012 年第 2 期。

29. 马寄、王月清：《湛若水"浑沦一体"思想探微》，《理论学刊》2013 年第 5 期。

30. 刘长安：《"天理"与"自然"：湛甘泉陈白沙新论》，《中国哲学史》2013 年第 1 期。

31. 余冶平：《"生生"与"生态"的哲学追问》，《黑龙江社会科学》2013 年第 1 期。

32. 黎业明:《湛若水关于儒道之别的观点述略——以〈非老子〉为中心》,《深州大学学报》(人文社会科学版) 2013 年第 5 期。

33. 孟淑媛:《湛若水"体用浑一"修养工夫的思想理路》,《江淮论坛》2013 第 6 期。

34. 马晓英:《文本、宗旨与格物之争——明代〈大学〉诠释的几个问题》,《哲学动态》2013 年第 11 期。

35. 马寄:《湛若水、王阳明"格物"之辩》,《贵阳学院学报》(社会科学版) 2014 年第 4 期。

36. 王文娟:《湛若水的人性论与德性修养理论发微》,《道德与文明》2015 年第 5 期。

37. 郭海鹰:《湛甘泉的生意说》,《鹅湖》2014 年第 5 期。

38. 王文娟:《从三个重要主张的阐释看湛若水对师说的继承与发展》,《中国哲学史》2015 年第 3 期。

39. 马寄:《论湛若水"随处体认天理"的功夫》,《伦理学研究》2015 年第 6 期。

40. 何静:《论湛甘泉的自得之学》,《浙江社会科学》2016 年第 11 期。

41. 向世陵:《湛甘泉道统观辨析》,《现代哲学》2017 年第 2 期。

42. 马寄:《论陈白沙、王阳明"心学"的差异——兼对"心学"一段著名公案的解读》,《广西大学学学报》(哲学社会科学版) 2017 年第 4 期。

43. 马寄:《湛甘泉痛非〈老子〉——从"生"的角度》,《佛山科学技术学院学报》(社会科学版) 2017 年第 4 期。

后　记

　　本书是在我博士学位论文的基础上修改而成的。陆陆续续，五年的"笔耕"化作上述不成熟甚至还显得生涩的一堆文字。饮水思源，面对这些不成熟甚至还显得生涩的文字，我首先想到的是这几年来给予我不倦教诲和无私帮助的诸位师友。

　　首先要感谢的是我的导师王月清老师。我现在能安静地坐在电脑桌前敲击闪耀着哲学灵光的文字，完全缘于王月清老师若干年前在我人生最困顿之际给了我一个拜其门下的机会。由于王老师的谆谆教导和耐心指引，我总算知道中国哲学说些什么话语。硕士毕业后，离开师门，我摸索着读书，但泛而不知所归，于是十年后重回师门，继续深造。王老师不嫌弃我天资驽钝，又一次接纳了我。读博伊始，王老师以敏锐的眼光觉察到与王阳明同为心学巨擘的湛若水，虽有几篇相关博士学位论文选题，但尚有另辟路径继续深入探究的必要，与我商量能否以湛若水为选题。在王老师的指引下，我最终选择了湛若水作为博士学位论文的选题。在一年多的写作过程中，王老师以其敏锐的觉察、丰富的学识，对我的论文提纲、立意构思提出了诸多意见，我的论文的完成凝聚了王老师的心血和辛劳。

　　还要感谢李承贵老师。李老师平易近人，使我能有机会面对面向其请教诸问题。本论文的成文还要感谢赖永海老师。在博士学位论文开题时，我只是懵然地感觉到湛若水的思想主题是"生"，赖老师抓住本论文的症结，指出了本论文应在何种意义上言说湛若水"生"之思想。这使得在撰写本论文时，我在潜意识中总是能够抓住这一问题，并围绕这一问题来展开写作。

　　舍友雒少峰天资聪颖，在写作过程中每每遭遇"瓶颈"时，我都不禁向少锋"倾诉"，少锋耐心听我"倾诉"，为我指点迷津，使我茅塞顿开。在论文定稿时，少锋又耐心指导我论文格式，并主动承担了论文编目等烦琐杂事。同学陆永胜则成为我生活、学习中的"伴侣"，饭后一起散步，一起分享读书心得，那段时光是我三年博士生涯中最美好的记忆。

370

　　本书能在社会科学文献出版社出版，要感谢闽南师范大学老校长李进金、闽南师范大学社科处处长陈国良从中牵线搭桥。社会科学文献出版社刘荣副编审、程丽霞编辑在编辑此书过程中逐字逐句进行校对，付出许多。在我读博、修改论文的五年时间里，闽南师范大学马克思主义学院院长陈再生亦在学习、工作中多方照顾，于此一并感谢。

马寄于漳州九龙江畔

2019 年 5 月 24 日